HR制度与流程合规管理全书

劳动合同法融入人力资源管理体系实战全攻略

韩铁华 | 著

中国法治出版社
CHINA LEGAL PUBLISHING HOUSE

前　言

《中华人民共和国劳动法》（以下简称《劳动法》）是我国企业人力资源管理实践的一部基本法律。在《劳动法》颁布之前，我国已经历了十几年的改革开放。

1995年1月1日开始施行的《劳动法》，规定企业与员工之间建立劳动关系，明确了企业和员工的权利义务关系，解决了员工和企业的关系问题。这个问题的解决，促使企业开始认真研究自身的人力资源管理问题，并直接促进了企业人力资源管理的繁荣和发展。特别是一些职业经理人，加入不同企业后，给这些企业的人力资源管理带来了科学的管理理念和管理工具。

因此，《劳动法》的颁布和实施，对我国企业的发展和繁荣做出了贡献，甚至可以说是我国人力资源管理的一大里程碑。2008年《中华人民共和国劳动合同法》（以下简称《劳动合同法》）的实施，则可以看作对《劳动法》颁布十几年之后企业法律实践的进一步完善。

笔者从1994年开始从事人力资源管理工作，经历了《劳动法》颁布后一些企业员工从固定工到合同工身份转变的过程。考虑到国家劳动法律在人力资源管理中扮演的角色，笔者意识到《劳动法》将成为企业日常管理的重要法律。也就是这时候起，笔者作为HR开始对《劳动法》及相关法律法规感兴趣。在1997年获得律师执业资格后，参与了大量劳动争议的处理工作，并在工作中一直保持这方面的学习和研究。

当前，我国已经从工业经济时代进入数字经济时代，人才对企业的重要性日益凸显。因此，处理好与员工的劳动关系，激发员工的工作积极性，变得愈加重要。人才已成为数字经济时代企业所拥有的巨大财富。一些具有代表性的高科技企业的成功，都离不开优秀的人才和人才管理，以及对员工积极性的有效调动。

可以说，在数字经济时代，虽然资金等资产仍然是企业成功的重要因素，但是人才和有效的人才管理是企业成功的关键。由于人才和人才管理的作用越来越不可替代，从事人才管理的HR在企业中的角色和作用，也变得越来越重要。

实务中，除了日常琐碎的管理工作，HR把大部分精力放在企业组织能力和人力资源管理体系的建设上。比如，关注企业使命、愿景、战略、关键成功因素、关键绩效指标和组织核心能力，同时着力建设企业文化以及招聘管理体系、薪酬管理体系、绩效管理体系、人才发展体系、领导力发展体系等人力资源管理体系。

应该说，人力资源管理体系是一个极为复杂的企业管理系统工程。人才的质量、管理层的决心、战略的方向、业务的成熟度等大量的因素影响着这个体系的建设。而其中 HR 尤其不可忽视的是《劳动合同法》及相关法律法规对人力资源管理体系的深度影响。

《劳动合同法》是一部调整企业与员工关系的法律。现实中，企业在对员工的具体管理实践中，往往存在一系列与《劳动合同法》规定不一致的地方，当这种不一致或者冲突出现时，企业必须遵守《劳动合同法》及相关法律法规的规定。这就要求 HR 在做人员管理决策的时候，必须符合《劳动合同法》及相关法律法规的规定。

熟悉《劳动合同法》及相关法律法规的 HR，当然会依据法律的规定制定政策、流程、制度或做出决策。但现实情况是，并不是所有的 HR 都熟悉《劳动合同法》，加上《劳动合同法》及相关法律法规的复杂性，不少 HR 对《劳动合同法》的把握并不到位，进而出现一些问题。例如，在企业人力资源管理体系的建设中，有一些制度或者政策本身就违反了《劳动合同法》相关规定，从而导致与员工的争议和纠纷；在具体的人员管理实务中，不熟悉《劳动合同法》的管理者一些违反《劳动合同法》的决定和行为，也导致与员工的争议和纠纷；日常粗放式管理则导致出现纠纷时缺乏必要的证据等。

虽然企业和员工通过协商等途径解决了一部分争议和纠纷，现实中仍有一些争议和纠纷走到了劳动仲裁或者诉讼的地步。而这些劳动纠纷，不少以企业败诉告终。

无论基于何种原因，企业与员工发生劳动争议，都会对企业造成直接和间接的损失，更会对 HR 努力构建的人力资源管理体系造成严重损害。

就直接损失来说，企业因为劳动纠纷败诉，其损失不仅是支付一定的经济补偿、赔偿以及承担仲裁或诉讼的相关费用，还有因应诉而产生的人工费、交通费、会议成本、时间成本等费用。

就间接损失来说，企业与员工的劳动争议，会给企业形象造成损害，而且大多数时候这种伤害带来的损失远远高于其所造成的直接损失。尤其在自媒体高度发达的时代，一旦处理不当，就会无法控制事件传播的范围和速度。例如，某些互联网企业粗暴对待被裁员工的视频和文字等内容在网上快速传播，给这些企业的品牌和形象造成了很大损害。

企业与员工发生劳动争议，不但影响其外部形象，还会在企业内部产生负面影响。"唇亡齿寒",当企业与员工发生纠纷时,企业的处理方式往往会影响其他员工对企业的看法。特别是企业违反《劳动合同法》及相关法律法规的规定处理员工关系时,影响会更加负面。

企业 HR 所做的一切努力,包括建设人力资源管理体系的主要目的是吸引、保留和激励员工努力工作。但是,建设的制度、体系和流程再好再完美,几个违反《劳动合同法》的决定或者事件,就可能把大部分的努力消耗殆尽。

因此,对公司人力资源管理体系来说,《劳动合同法》及相关法律法规是基石。不把这个地基打好,建设在上面的体系是不牢靠的。

长期以来,企业与员工的劳动争议案件不断出现,企业的败诉率也居高不下。导致这些问题的原因主要有以下几个。

第一个原因是企业管理者在人才和人才管理的认知上存在滞后,没有把员工看作企业成功的主要因素。这些管理者把员工看作成本,把企业的成功归结为战略、资产、机会和市场等因素。因此,一些企业管理者才会做出一些违反劳动相关法律法规的决定。

第二个原因则出在 HR 身上。《劳动合同法》及相关法律法规是一个庞大的知识体系,是 HR 的必修课。但实务中,一些 HR 对此并不是很熟悉,习惯于出问题后再向专业律师咨询解决办法。但是,劳动关系不像其他民事经济合同关系,是一种有人身依附性的法律关系。有了问题再处理而不是提前做好准备,效果会大打折扣。由于不熟悉《劳动法》,对一些容易发生劳动纠纷的管理节点无法做到管理前置,没有提前作出约定或者规定,也是导致企业在劳动争议中败诉的原因之一。

第三个原因是企业管理上的粗放,使企业很多时候无法有效提供能够证明自己合法决策的证据。例如,加班工资发放了,却没有让员工在工资单上签字确认;员工做出了损害企业的行为,企业却没有运用经法定程序的规章制度作为处理依据;等等。

第四个原因是《劳动合同法》本身一些规定比较原则性或者比较模糊,落实和执行起来确实有很大的难度。有时即使了解相关规定,在具体操作中也不可避免地会出现问题。例如,《劳动合同法》规定劳动者不能胜任工作,经过培训或者调整工作岗位,仍不能胜任工作的,用人单位提前三十日以书面形式通知劳动者本人或者额外支付劳动者一个月工资后,可以解除劳动合同。这个规定非常容易理解,大部分 HR 也熟悉这项规定,但如何落实,是令 HR 颇感头痛的。因为 HR 需要两次证明员工不能胜任工作,对非标准化工作岗位来说，这就是一个难点。

如何才能在企业管理中尽最大可能避免不必要的劳动争议和纠纷，建设和谐的劳动关系，使人力资源管理体系发挥最大的作用呢？本书试图通过把《劳动合同法》及相关法律法规的规定，融合到企业人力资源管理体系的各项制度和流程中，来解答这个问题。

前面讲过，不是所有的HR都了解和熟悉《劳动合同法》及相关法律法规，HR主要的关注点在于建设人力资源管理体系和组织能力。可以说，《劳动合同法》及相关法律法规与人力资源管理体系时常会处于分离的状态。

解决这个问题的办法之一就是企业在制定人力资源管理体系各项制度的时候，把《劳动合同法》及相关法律法规融入其中。HR在工作中未必会时常查询《劳动合同法》，但是通常会遵守企业的日常规章制度。把《劳动合同法》融入制度和流程后，即使HR岗位更换轮替，也照样会按照企业内部管理制度的规定行事。

本书的主要内容就是全面介绍和阐述自《劳动合同法》实施以来，HR在具体工作中常见的相关痛点和问题。同时，把这些《劳动合同法》中关于解决痛点和问题的规定和方法融入企业的人力资源管理体系各项规章制度。

本书基本涵盖了HR在具体工作中容易遇到的问题和挑战。章节内容的安排上，与一些图书按《劳动合同法》内容逻辑安排不同，是按照人力资源管理体系的内容逻辑安排的，以便于不同模块的HR阅读和学习。希望所有阅读本书的读者，都能从中有所收获。

韩铁华

2025年2月于北京陶然亭

目　　录

第一章　把劳动合同法融入招聘和录用管理制度

第一节　HR在招聘和录用环节合法合规的痛点解析　／ 003
　一、招聘和录用过程中的就业歧视　／ 003
　　案例：某科技公司招聘司机限35周岁以下，构成就业歧视　／ 004
　二、招聘条件和录用条件　／ 005
　　案例：员工试用期内非因工患病请假，被认定为不符合录用条件　／ 007
　三、录用通知书（Offer）管理　／ 008
　四、入职体检管理　／ 011
　五、试用期管理　／ 012
第二节　劳动合同法融入招聘和录用管理制度之实操解析　／ 018

第二章　把劳动合同法融入绩效管理制度

第一节　HR在绩效管理中劳动合同法方面的痛点解析　／ 030
　一、绩效管理指标量化　／ 030
　二、调整不能胜任员工的工作岗位　／ 033
　　案例：公司以员工不能胜任工作为由调岗调薪，被判胜诉　／ 035
　三、调整不能胜任员工的工资标准　／ 035
　　案例：公司以员工不能胜任工作为由调薪，被判败诉　／ 036
　四、试用期的绩效管理　／ 036
　五、员工假期绩效管理　／ 037
　六、离职员工绩效管理　／ 037

　　　　案例：员工被动离职，公司支付年终奖　/ 039

　　七、员工绩效考核结果为不能胜任而解除劳动关系　/ 039

　　　　案例：公司绩效考评太主观，不能认定为员工不能胜任工作　/ 041

　　八、绩效管理制度的程序合法　/ 041

第二节　劳动合同法融入绩效管理制度之实操解析　/ 043

第三章　把劳动合同法融入薪酬管理制度

第一节　HR 在薪酬管理中劳动合同法方面的痛点解析　/ 051

　　一、工资的构成　/ 051

　　二、最低工资标准的构成　/ 053

　　三、加班工资管理　/ 055

　　　　案例：公司员工自愿放弃加班费协议无效　/ 061

　　四、工资标准的变更　/ 061

　　五、特殊情况下的工资支付　/ 062

　　　　案例：公司因延期发放月度工资导致员工离职，被判支付经济补偿金　/ 065

　　六、工资支付中的扣减　/ 065

　　七、违反工资支付规定的法律责任　/ 066

　　八、与薪酬管理有关的举证责任　/ 067

　　　　案例1：公司不能提供员工加班记录证据的代价　/ 067

　　　　案例2：公司以员工违反薪酬保密制度为由解除劳动关系违法　/ 068

第二节　劳动合同法融入薪酬管理制度之实操解析　/ 069

第四章　把劳动合同法融入培训制度和竞业限制管理

第一节　HR 在员工培训管理中劳动合同法的痛点解析　/ 076

　　一、服务期的约定条件　/ 076

　　二、服务期期限之痛点　/ 076

　　三、服务期违约金　/ 077

　　四、服务期叠加　/ 077

　　五、培训但没有约定服务期违约金　/ 078

六、以户口、住房等为条件约定服务期 / 079

七、需要支付和不需支付服务期违约金的情形 / 079

  案例：培训服务协议中的违约金不应当包含员工工资 / 080

第二节 HR在竞业限制管理中的痛点解析 / 081

第三节 劳动合同法融入培训制度及竞业限制管理之实操解析 / 085

第五章 把劳动合同法融入劳动合同管理

第一节 HR在劳动合同管理中的痛点解析 / 092

一、劳动合同期限管理 / 092

二、工作内容和工作地点管理 / 094

  案例：公司以业务变化为由调整员工岗位和工作地点，获仲裁庭支持 / 096

三、劳动报酬的约定及劳动报酬标准的调整 / 097

  案例：公司以员工泄露保密信息为由调整员工工资，被判胜诉 / 098

四、劳动合同与规章制度的关系 / 099

五、关于通信地址的约定或规定 / 099

  案例：公司解除劳动关系通知没有送达员工，被判补缴社会保险 / 100

第二节 劳动合同法融入劳动合同管理之实操解析 / 102

第六章 把劳动合同法融入员工手册

第一节 HR在制定员工手册内容中的痛点解析 / 117

一、员工手册的主要内容 / 117

二、工作时间 / 117

三、考勤 / 119

四、休息休假 / 120

五、商业秘密和知识产权 / 124

六、劳动纪律 / 125

第二节 HR在员工手册制定中的程序管理痛点解析 / 129

一、规章制度的制定程序 / 129

二、员工手册制定程序的实操流程 / 130

案例：子公司以集团员工手册为依据解除员工劳动关系的行为无效 / 136
第三节　劳动合同法融入员工手册之实操解析 / 138

第七章　把劳动合同法融入离职管理流程

第一节　HR 在劳动合同解除管理中的痛点解析 / 161
一、协商解除劳动关系 / 161
二、员工单方面解除劳动合同 / 162
　　案例：公司 5 个月后同意员工离职申请的决定无效 / 164
三、企业单方解除劳动合同 / 164
　　案例 1：公司不能以员工拒绝超过法定时间的工作安排为由解除
　　　　　劳动关系 / 166
　　案例 2：公司仅以员工接受供应商吃请属严重违反规章制度为由
　　　　　解除劳动关系违法 / 167
　　案例 3：公司取消业务模块不属于客观情况发生重大变化 / 170
四、企业单方解除劳动合同的限制性规定 / 171
　　案例：员工因严重违反规章制度被解除劳动关系，但公司开具的
　　　　离职理由是协商一致，被判支付经济补偿金 / 172

第二节　HR 在劳动合同终止管理中的痛点解析 / 173
一、根据《劳动合同法》第四十四条的规定，如果下列条件出现，企
　　业和员工的劳动合同终止 / 173
二、根据《劳动合同法》相关规定，劳动合同到期不能终止的情形 / 174
　　案例：公司"解除劳动关系"写成"劳动合同终止"，被判无效 / 175

第三节　HR 在经济补偿金或赔偿金计算中的痛点解析 / 176
一、经济补偿金支付的法律依据 / 176
二、经济补偿金的三个关键要素 / 177
三、企业无须支付经济补偿金的情形 / 178
四、赔偿金 / 178
　　案例 1：因员工提高续签劳动合同的条件导致劳动关系终止，公
　　　　　司无须支付补偿金 / 179

案例 2：劳动合同期限履行跨越 2008 年，协商一致解除劳动关系时经济补偿金的计算方法 / 179

案例 3：劳动合同期限履行跨越 2008 年，公司强制解除劳动关系时经济补偿金的计算方法 / 180

案例 4：劳动合同期限履行跨越 2008 年，员工平均工资超过社平工资 3 倍时经济补偿金的计算方法 / 181

第四节　HR 在离职手续办理中的痛点解析 / 182

一、员工工作交接 / 182

二、企业出具解除或者终止劳动关系的证明 / 182

三、竞业限制协议 / 183

四、经济补偿金和赔偿金个人所得税的计算 / 183

五、明确经济补偿金或者赔偿金的性质 / 183

第五节　劳动合同法融入离职管理制度之实操解析 / 185

第八章　把劳动合同法融入社会保险及非典型劳动关系管理

第一节　HR 在社会保险管理中的痛点解析 / 195

一、养老保险管理 / 195

二、工伤保险管理 / 196

案例：员工派驻外地工作，非上班期间自然死亡属于工亡 / 200

第二节　HR 在劳务派遣管理中的痛点解析 / 201

一、劳务派遣用工的法律关系 / 201

案例：劳务外派员工没有缴纳社保工亡，被派遣单位承担连带责任 / 202

二、劳务派遣岗位性质的认定 / 202

三、劳务派遣员工的退回 / 203

四、劳务派遣与业务外包的不同 / 205

五、劳务派遣员工的竞业限制 / 205

第三节　HR 在非全日制用工中的痛点解析 / 206

一、非全日制用工的时间特点 / 206

二、非全日制员工的社保要求 / 206

三、其他规定 / 206

第四节　HR在大学生实习、退休返聘等管理中的痛点解析 / 207
　　一、大学生兼职或者实习的关系管理 / 207
　　　　案例1：应届毕业大学生在某公司实习被认定为劳动关系 / 208
　　　　案例2：公司实习生没有按约定取得大学毕业证，仍被认定为劳动关系 / 208
　　二、退休返聘人员的关系管理 / 209
　　　　案例：员工办理退休手续后继续在原公司工作，离职时公司不必支付经济补偿金 / 210
　　三、涉外和涉港澳台人员劳动关系的管理 / 210
第五节　劳动合同法融入社会保险以及非典型劳动关系的管理之实操解析 / 212

第九章　HR工作劳动合同法管理痛点之有问有答

　　一、劳动关系管理 / 216
　　　　疑难问题1：自1995年《劳动法》施行20多年以来，为什么劳动纠纷案件中企业败诉率很高？ / 216
　　　　疑难问题2：HR如何做好劳动关系管理？ / 218
　　二、招聘和录用管理 / 219
　　　　疑难问题3：HR如何尽量减少公司发了Offer又反悔的情况发生？ / 219
　　　　疑难问题4：如何避免入职体检引起争议？ / 219
　　三、劳动合同管理 / 221
　　　　疑难问题5：法定情形原因致使劳动合同顺延后员工达到连续工作满十年标准的，也要签订无固定期限劳动合同吗？ / 221
　　四、薪酬绩效管理 / 221
　　　　疑难问题6：员工绩效考核不合格能否直接认定为不能胜任工作？ / 221
　　　　疑难问题7：员工有违纪行为是否可以降薪？ / 222
　　　　疑难问题8：女职工"三期"内不能胜任工作，企业可以调岗调薪吗？ / 222
　　五、劳动合同履行 / 223
　　　　疑难问题9：企业部门取消可否成为企业单方调岗的合法理由？ / 223
　　　　疑难问题10：企业有权对员工实施罚款处罚吗？ / 224

疑难问题 11：实行不定时工作制的员工如何界定"旷工"行为？ / 224

疑难问题 12：员工用微信或短信请假，领导没有回复的，如何认定？ / 225

疑难问题 13：员工拒绝或无法签字时，HR 应当如何把有关文件或通知送达给员工？ / 226

疑难问题 14：企业与员工在劳动合同中约定"可以根据业务需要调整员工的工作岗位"是否有效？ / 228

疑难问题 15：HR 如何在日常管理中保留证据？ / 230

六、劳动合同的解除或终止 / 230

疑难问题 16：企业解除劳动合同没有履行通知工会的程序，是否合法？ / 230

疑难问题 17：如何正确遵照"严重违反用人单位的规章制度"的规定解除劳动关系？ / 231

疑难问题 18：公司如何正确运用"劳动者不能胜任工作，经过培训或者调整工作岗位后，仍然不能胜任工作"的规定，依法解除劳动合同？ / 232

疑难问题 19：如何根据"劳动者患病或非因工负伤，在规定的医疗期满后不能从事原工作，也不能从事用人单位另行安排的工作"的规定，依法解除相关员工的劳动关系？ / 233

疑难问题 20：如何根据"严重失职，营私舞弊，给用人单位造成重大损害"的规定解除员工的劳动合同？ / 235

七、经济补偿金 / 235

疑难问题 21：企业与员工没有签订培训服务期协议，员工离职是否可以要求员工支付赔偿金？ / 235

疑难问题 22：原劳动部发布的《违反和解除劳动合同的经济补偿办法》已经被废止，那么如何计算《劳动合同法》实施之前的经济补偿？ / 236

疑难问题 23：员工没有办理工作交接，企业能否以此为由拒付应发工资及经济补偿金？ / 236

疑难问题 24：企业与员工双方协商一致解除劳动合同，约定的经济补偿金可以低于劳动合同法规定的标准吗？ / 237

附 录   238

中华人民共和国劳动合同法   238
（2012 年 12 月 28 日）

中华人民共和国劳动合同法实施条例   248
（2008 年 9 月 18 日）

中华人民共和国劳动争议调解仲裁法   251
（2007 年 12 月 29 日）

中华人民共和国社会保险法   256
（2018 年 12 月 29 日）

工伤保险条例   264
（2010 年 12 月 20 日）

最高人民法院关于审理劳动争议案件适用法律问题的解释（一）   272
（2020 年 12 月 29 日）

人力资源社会保障部、最高人民法院关于劳动人事争议仲裁与诉讼衔接有关问题的意见（一）   278
（2022 年 2 月 21 日）

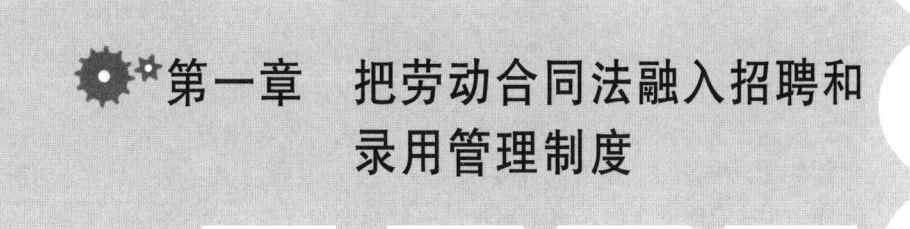

第一章 把劳动合同法融入招聘和录用管理制度

人才和人才管理是公司成功的关键要素。而成功吸引、招聘、激励和保留人才，是 HR 主要的工作目标和职责之一。日常管理中，负责招聘的 HR 经常会感受到来自公司管理层或者业务部门施加的人才招聘压力。特别是一些尚在创业或者成长阶段的公司，随着业务的不断发展，对人才的渴求更是与日俱增。

因此，负责招聘的 HR 每天忙于人才画像、发布招聘广告、在网上搜索简历、面试候选人、推荐给业务部门并安排面试、发录取通知书（Offer）、安排新员工入职等工作，很少有时间考虑在整个招聘录用过程中的合法合规问题。

当然，在招聘录用阶段发生纠纷和争议的案例确实比劳动合同实际履行阶段所产生的纠纷和争议相对要少。而且从事招聘的 HR，也不像从事员工关系管理的 HR 对《劳动合同法》的规定那样熟悉。

所以，在公司人才招聘和录用阶段，很多 HR 往往会忽略这个过程中的合法合规问题。而在招聘和录用操作流程中，一旦发生争议和纠纷，不但会给公司造成损失，也会让 HR 陷入一个尴尬的境地。因为从管理层和业务部门的角度来看，《劳动合同法》是 HR 应该掌握的基本知识，还没有正式进入劳动合同履行阶段或者还在试用期就与候选人或者新员工产生劳动纠纷，即使管理层和业务部门没有抱怨或者指责，HR 自己也会感到被动和尴尬。

对公司和 HR 来说，防患于未然，提前预防和避免发生任何可能的争议或者纠纷，永远是有效管理的上上策。

考虑到并不是所有的 HR 都熟悉《劳动合同法》及相关法律法规，因此实现这个目标的最好方法，就是把《劳动合同法》及相关法律法规的有关规定，融入关于公司招聘和录用管理制度或者管理流程。实务中，负责招聘的 HR 如果按照事先制定好的管理制度或者管理流程操作，就不容易忽略合法合规问题了。即使 HR 岗位轮换，也不会因人员的变化而产生新的合法合规问题。就会避免或者预防不必要的争议或者纠纷。

第一节　HR在招聘和录用环节合法合规的痛点解析

在阐述如何把《劳动合同法》融入招聘和录用环节管理制度或者管理流程之前，我们先来分析一下在招聘和录用过程中，有哪些环节容易发生争议和纠纷。

实务中，在招聘和录用时，最容易发生纠纷和争议的环节，主要有以下几个方面：
1. 招聘和录用过程中的就业歧视；
2. 招聘条件和录用条件；
3. 录取通知书；
4. 入职体检；
5. 新员工的试用期。

一、招聘和录用过程中的就业歧视

在招聘过程中，一些企业的招聘条件中存在对年龄、性别等因素的歧视性要求。但是，由于求职人抱着多一事不如少一事的心态，实务中，因就业歧视行为而产生的争议和纠纷并不是很常见。由此，很多公司在发布招聘广告、面试候选人以及录用决策时，较少注意到就业歧视问题。

对一个专业的HR来说，必须在招聘和录用过程中注意避免这个问题。因为在这个自媒体极为发达的时代，一旦发生就业歧视事件，传播范围和传播速率基本是不可控的，极有可能给公司的雇主品牌和HR自身带来非常大的冲击和影响，还可能会给公司造成直接经济损失。

招聘和录用阶段，就业歧视一般发生在招聘广告、招聘条件、面试和录用决策过程中，但是由于录用决策属于内部决定，候选人不容易了解公司的内部决策过程。面试阶段候选人虽然知道有可能被歧视了，但是很难固定证据。因此，在具体实践中，就业歧视案件多数情况下是因为招聘广告以及招聘条件中出现了相关歧视性的内容。

当然，面试过程中感受到被歧视的不愉快经历，也可能导致候选人启动就业歧视纠纷和争议。HR和业务部门面试官在面试过程中也要注意避开一些容易引起就业歧视的问题。

关于就业歧视，在《劳动法》和《中华人民共和国就业促进法》（以下简称《就业促进法》）中有如下规定：

《劳动法》第十二条规定："劳动者就业，不因民族、种族、性别、宗教信仰不同而受歧视。"第十三条又进一步规定："妇女享有与男子平等的就业权利。在录用职工时，除国家规定的不适合妇女的工种或者岗位外，不得以性别为由拒绝录用妇女或者提高对妇女的录用标准。"

《就业促进法》第三条规定："劳动者依法享有平等就业和自主择业的权利。劳动者就业，不因民族、种族、性别、宗教信仰等不同而受歧视。"

根据《劳动法》和《就业促进法》的规定我们可以得知，法律对民族、种族、性别、宗教信仰的就业歧视作出了规定。具体实践中，对民族、种族和宗教信仰的就业歧视相对较少，多数情形下发生的是对性别的歧视。同时，我们也看到两部法律虽然对平等就业权作出了原则性的规定，但是对近几年普遍存在的就业年龄歧视并没有作出具体的规定。

虽然《劳动法》和《就业促进法》没有关于就业年龄歧视的明确规定，但是 HR 在招聘和录用过程中，还是要注意。否则，也有可能造成不必要的损失。

典型案例

案例：某科技公司招聘司机限 35 周岁以下，构成就业歧视

王某于 1975 年 6 月出生，截至 2020 年 7 月的实际年龄是 45 岁。王某拥有多年的小型客车驾驶经验，并持有交通管理部门颁发的有效的驾驶证件。

2020 年 7 月，某科技公司的 HR 发布了招聘广告，为公司领导招聘专职司机，月薪 6000 元，公司缴纳五险一金。招聘条件是：(1) 年龄限 35 周岁以下；(2) 有五年小客车驾驶经验；(3) 持有有效的小客车驾驶证件。王某到某科技公司应聘，但是某科技公司以王某年龄不符合要求为由，拒绝录用王某。

王某认为某科技公司的行为构成了就业歧视，把某科技公司告到了人民法院。请求人民法院判令某科技公司：(1) 当面赔礼道歉；(2) 支付精神损害赔偿金 2 万元；(3) 本案诉讼费由被告承担。

法院审理后认为，劳动者平等就业的权利受国家法律保护。王某应聘某科技公司领导的专职司机岗位，驾驶的是小型客车；而《机动车驾驶证申领和使用规定》规定："申请小型汽车、小型自动挡汽车、残疾人专用小型自动挡载客汽车、轻便摩托车准驾车型的，在 18 周岁以上……"也就是说，法律对人们驾驶小型汽车的年龄规定是 18 周岁以上。从年龄这个维度来看，只要年满 18 周岁，人们都有权利申领小型汽车驾驶证。某科技公司把招聘年龄限制在 35 周岁以下，侵害和剥夺了包括王某在内的 35—60 岁这一类群体平等就业的机会。公安部门已经从年龄条件、身体条件和驾驶技能等几个方面明确规定了各类准驾车型驾驶证的申领条件，而被告某科技公司的行为明显侵害了王某的平等就业权。

因此法院认为，某科技公司的侵权行为成立，并作出了如下判决：某科技公司向王某赔礼道歉并赔偿王某精神损失费 2000 元。

通过上述案例我们得知，法律已经对禁止就业歧视作出了规定，处理不当就有可能发生争议，因此负责招聘的 HR 应该在招聘工作中予以注意，在招聘信息中，避免出现对民族、种族、性别、宗教信仰含歧视的内容。而对年龄的要求，也尽量不出现在对外发布的信息中。

实务中，HR 在人才画像时，可能会从业务需求角度考虑性别、年龄等要求，但这些需求最好是内部掌握即可。况且，在实际操作中，有些人才画像的要求还是相对比较主观的，不对外发布这些门槛线似的要求，说不定还能够发现原来认为条件不合适，但实际上非常合适的人选。

需要特别指出的是，目前《就业促进法》等法律除了原则性规定了对民族、种族、性别、宗教信仰方面的就业歧视规范，还对残疾人就业、农村劳动者进城就业以及传染病病原携带者的就业歧视问题作出了一些原则性的规定。考虑到日常实践中 HR 并不是经常遇到残疾人就业以及就业市场基本不再区分劳动者的身份，因此这里不做赘述。而传染病病原携带者的有关内容，我们将在本章的体检环节予以阐述。

随着社会的进步，人们维护自身权利的意识不断提升，就业歧视方面的案例也会越来越多。而《就业促进法》第六十二条也赋予了人们遇到就业歧视时，通过诉讼进行法律救济的权利："违反本法规定，实施就业歧视的，劳动者可以向人民法院提起诉讼。"另外，《就业服务与就业管理规定》第二十条规定："用人单位发布的招用人员简章或招聘广告，不得包含歧视性内容。"这也给 HR 提出了明确的要求。

二、招聘条件和录用条件

招聘条件和录用条件是两个常见的概念，但实际上 HR 自己也很容易把这两个概念弄混淆。从《劳动合同法》的角度看，这是两个完全不同的法律概念，有着完全不同的内涵。

招聘条件是公司招聘员工时的门槛性条件，通常包含对学历、职称、技术资格、一些特定经历等内容的要求。招聘条件是面向不特定多数人的，由公司单方面制定和发布。招聘广告信息发布的内容就是招聘条件。招聘条件的适用期限一般是发布招聘广告信息到发出录用通知的这段时间。

录用条件则是公司对一个特定招聘岗位要求的全部条件，面向的是特定的候选人。而且录用条件虽然是公司根据岗位要求和特点制定的，但是必须通知到特定的候选人。特定的候选人既要符合录用条件，也要认可录用条件。因为如果候选人不认可录用条件，双方也就无法签订劳动合同。录用条件的适用期限一般是发布录用通知到试用期结束的这段时间。

招聘条件的重点是岗位人才画像的一些基本特点，HR 在招聘条件环节需要注意就业歧视问题。而录用条件，则是一个公司正式录用以及考核试用期内新员工是否达到岗位要求的一些标准性条件。录用条件使用得当，会给 HR 的管理带来极大的方便，也会减少不必要的争议和纠纷。

《劳动合同法》第三十九条第一项规定，劳动者在试用期间被证明不符合录用条件的，用人单位可以解除劳动合同。第二十一条规定，用人单位在试用期解除劳动合同的，应当向劳动者说明理由。这是程序上的规定。

现实操作中，多数公司解除试用期员工的劳动合同，常常使用的理由是"不符合录用条件"。但是当 HR 使用这个理由的时候，会发现公司很多时候并没有提前与员工就岗位录用条件达成一致，因而很难说服员工"不符合录用条件"，争议和纠纷由此而起。因此，一个管理完善的公司或者专业的 HR，在招聘和录用过程中，一定会提前确定招聘岗位的清晰、可衡量的录用条件。并在新员工入职时，与新员工协商签订包含录用条件的相关书面文件。这个有关录用条件的书面文件，可以是劳动合同或者员工手册，也可以是试用期协议。当然也可以单独签订岗位录用条件协议。

实务中，有的 HR 可能会嫌麻烦、浪费时间，不愿意在录用条件方面花费时间。但是一旦产生纠纷，麻烦可能会比签订一个包含录用条件的书面文件大得多。"试用期内被证明不符合录用条件的，公司可以解除劳动合同"，这实际上给 HR 提出了两个方面的要求。公司解除试用期员工的劳动合同，不但要证明员工所在岗位的录用条件是什么，还要提供证据证明员工的行为或者表现不符合该录用条件。因此，制定清晰并可衡量的录用条件以及量化员工试用期的考核，是 HR 的必修课。

录用条件一般包括工作表现条件、资质条件、职业规则条件三个方面。不同行业、不同公司、不同岗位的具体录用条件可能会有差别，但总体上就是"做事和做人"两个方面。

我们前面强调录用条件一定要清晰并可以衡量。这样的录用条件不容易产生歧义，有问题也容易说服对方或者提供有效的证明。一旦产生纠纷或者争议，这些可以衡量的录用条件，更容易举证，也更容易被仲裁机构或者法院理解和认定。而模糊的录用条件，如"及时有效地完成领导交代的任务"，一旦公司提出员工没有做到"及时有效地完成领导交代的任务"，就容易产生争议，公司 HR 也很难举证证明。如，"试用期内，受到客户口头投诉 4 次，或者书面投诉 2 次，视为不符合录用条件"则是一个清晰可衡量的录用条件。这是工作表现方面的录用条件，如果试用期内新员工受到客户口头投诉低于 4 次或书面投诉低于 2 次，则符合录用条件；反之，则不符合录用条件。录用条件清晰、简单、可衡量，就不容易产生争议，即使有争议，也容易解决并达成一致。

虽然不同的行业、公司、岗位的录用条件可能会有所不同，但是大多数录用条件是存在一定共性的。需要特别指出的是，存在"不能胜任""患病或者非因工负伤"等《劳动合同法》规定限制解除劳动合同的情形时，用人单位在试用期的录用条件中可以不受该约束，作出解除合同的相关约定。即在试用期内，公司可以约定如果员工出现这两种情形，则解除劳动关系。但试用期内，如果没有在"录用条件"中作出在这两种情形下可以解除合同的相关约定，公司则不能随意解除与员工的劳动合同，必须依照法定程序继续履行劳动合同。试用期转正后，公司便不能把这些情形约定为解除劳动合同的条件，而是必须遵循《劳动合同法》的相关规定。

这里我们尽量列举一些常用的或者具备一定共性的录用条件，以供 HR 参考。
1. 员工无法提供公司要求的办理入职和社会保险手续等所需要的证明材料；
2. 员工患有精神性疾病或国家法律法规规定的禁止从事相关工作的传染病；
3. 员工与原公司没有依法解除、终止劳动关系，没有取得原公司离职证明；
4. 员工与原公司存在生效的竞业禁止协议约定且公司在该竞业禁止协议约定的限制范围之内或者故意隐瞒或未披露对原单位的竞业限制义务；
5. 员工不同意按公司提供的合法的劳动合同版本签订劳动合同；
6. 员工故意隐瞒曾经受过相关国家法律处罚的事实；
7. 员工不符合招聘条件，如员工被证明不具有公司所要求的文化知识、学历资质、工作资历、技术水平、身体状况、思想品质等条件或法律法规规定的基本录用条件；
8. 员工未通过公司在试用期内对其进行的考评或试用期内的工作表现不符合岗位职责要求；（注：以试用期业绩考评结果为准。根据试用期绩效考核办法，试用期内考评结果低于××分的，视为无法胜任）
9. 在向公司求职过程中，员工虚假陈述、提交虚假材料（包含但不限于应聘入职时提供的材料：学历学位证书、工作经历、教育经历、体检证明材料等）；
10. 员工拒不提供公司要求的合理信息及材料；
11. 员工在订立劳动合同过程中有欺骗、隐瞒或其他不诚实行为；
12. 员工曾经被本公司或关联公司以违纪为由辞退或曾在本公司或者关联公司擅自离职；
13. 员工在试用期内患病或者非因工负伤连续请病假超过××天，或者累计病假超过××天；
14. 员工在试用期内请事假累计超过××天；
15. 员工在试用期内 1 个月内因个人原因迟到或早退达××次；
16. 员工在试用期内有旷工行为；
17. 员工在试用期内有任何违反公司规章制度的行为；
18. 员工在试用期内有公司能提供证据认定其不符合录用条件的其他情况。

证明员工在试用期内不符合录用条件，是公司避免招聘到与公司不匹配员工的有力工具。用好这个工具，对公司招聘和录用适合自己的优秀人才，及时顺利地结束与公司不匹配的新员工的劳动关系是非常有效的。

典型案例

案例：员工试用期内非因工患病请假，被认定为不符合录用条件

某医疗大数据公司（以下简称大数据公司）与一家三甲医院签约了一个医疗数据开发项目，项目总合同额高达 6000 万元，约定一年内交付。大数据公司为了做好这个项目，专门从某互联网大厂高薪聘请了吴某做项目经理，具体负责项目的数据开发和应用，对项目软件部分负总责。在入职的时候，大数据公司与吴某签订了劳动合同，并在劳动合同中约定了录用条件。其中有"试用期内非因工请病假一个月内超过 10 个工作日的，或者试用期内非因工请病假累计超过 15 个工作日的，视为不符合录用条件"。吴某入职后的第二个月，因患有较为严重的抑郁症，不得不住院治疗休养，从而提出请病假一个月。大数据公司以此为由，提出与吴某解除劳动关系。吴某治疗一段时间，有所康复后，向仲裁机构申请仲裁。仲裁机构经审理后认为，大数据公司和吴某确定的录用条件经过双方的确认，已经达成一致。而吴某因为生病住院请假一个月，也是客观事实。大数据公司解除与吴某的劳动关系，符合《劳动法》的规定。因此裁定驳回吴某的请求。

这个案例中，如果大数据公司没有明确有关非因工病假的录用条件，要想解除与吴某的劳动合同，就会变得非常麻烦。大数据公司将不得不在吴某医疗期满后，与吴某协商解除劳动合同并支付经济补偿金。如果吴某不同意协商解除劳动合同，公司还要证明他不能胜任原工作且不能胜任另行安排的工作，才能解除与吴某的劳动合同并支付经济补偿金。而这个流程，可以说是《劳动合同法》中最难以操作和落地的流程之一了。

因此，新员工入职时，与新员工明确约定录用条件，应该成为 HR 日常工作的流程之一，不应该被忽略。

三、录用通知书（Offer）管理

公司在笔试或面试等一系列考察流程结束后，一般会给满意的候选人发放录用通知书，也就是我们通常所称的 Offer。录用通知书的内容一般包含工作岗位名称、工作地点、薪酬待遇、福利待遇、入职需要的各项材料等内容。

给候选人发放录用通知书是 HR 的一个日常工作。但是在发放录用通知书的时候，HR 还需厘清有关录用通知书涉及的一些法律法规方面的问题，尽量避免一些不必要的纠纷或者争议。

从《中华人民共和国民法典》（以下简称《民法典》）的角度看，公司发出的录用通知书，本质上是一个成立劳动合同的要约。也就是公司以书面通知的方式，向经考察满意的候选人发出一个订立劳动合同的意向。如果候选人拒绝，则公司和候选人双方就不会建立劳动合同关系。如果候选人同意，同意的法律术语叫承诺，那么公司和候选人就通过要约和承诺的方式形成了订立劳动合同的一个协议。

实务中，公司一般通过发送电子邮件的方式把录用通知书发给满意的候选人（要约），候选人也通过此方式回复公司来表示同意（承诺）或者拒绝。

在经济合同中，合同当事人双方或者多方完全可以通过要约和承诺达成一份合同或者协议，如果没有其他要求或者没有细化合同条款的需要，可以不必签订新的民事经济合同了。而劳动关系则与此不同，公司和候选人通过录用通知书达成协议后，候选人入职的时候，还需签订劳动合同。虽然有的录用通知书内容包含劳动合同的关键

条款，法律上也认可包含劳动合同关键条款且经双方签字的录用通知书就是一份简单的劳动合同。但是实务中，员工入职时，HR一般都会与新员工重新签订一份劳动合同。

录用通知书和劳动合同的关系有两个方面需要关注。一是录用通知书和劳动合同的内容有冲突的部分，要说清楚以哪个内容为准。一般情况下，实操中当然是以劳动合同为准。二是出于保密的原因，实施保密工资制的公司在劳动合同中一般不会出现薪酬和福利的具体内容，而只在录用通知书中明确员工的具体薪酬和福利待遇。因此，这些内容公司要在劳动合同或者录用通知书中明确说明，录用通知书是劳动合同的组成部分，但是两者有冲突的，应当以劳动合同的约定为准。

虽然《民法典》规定要约可以有条件地撤回或者撤销，但是，实务中以电子邮件方式发出的录用通知书，撤销或者撤回的可能性较低。而在候选人承诺后，双方达成了要约和承诺的协议生效结果，录用通知书就生效了。如果公司在录用通知书生效到候选人入职报到的这段时间内出于各种原因反悔，不再继续履行双方的约定，就要承担一定的责任了，在法律上，这个责任就是缔约过失责任。当然，实务中也有很多候选人最后选择了更心仪的公司而毁约的情况，同样给公司造成了时间等成本的损失。

无论是公司反悔还是候选人反悔，都是一种违约行为，都应该赔偿对方的损失。一旦发生这种违约行为，就容易产生争议。争议的焦点多是赔偿的具体数额，因为缔约过失责任，一般没有明确的赔偿标准。过失的一方想降低赔偿数额，而无过错的一方则想提高赔偿的数额。双方协商达不成一致，就会产生诉讼。诉讼的成本实际上是很高的，不但费时而且费力。解决这个问题的办法，就是在录用通知中设定违约金。一般情况下，有了明确的违约金标准，双方容易履行，也就不会在具体的赔偿数额上纠缠了。因为即使无责任的一方不满意，也许通过诉讼会多得一些赔偿，但是考虑到麻烦，一般也会放弃采取进一步的行动。

除了岗位、待遇、工作地点、入职需要的材料等内容，录用通知书中一定要设定候选人答复的时间。比如，5个工作日之内答复或者××××年××月××日之前答复。这个设定给要约失效设定了一个时限，防止因候选人无休止地拖下去而给急等用人的公司造成被动的局面。设定了答复的时限，如果候选人到期没有答复，则录用通知书失去作为要约的效力，公司就可以重新启动招聘了。

录用通知书模板

录用通知书

尊敬的_____先生/女士：

　　基于对您职业精神、职业操守、专业技能以及潜力的信任和尊敬，我们邀请并欢迎您加盟____公司！在此，人力资源部代表公司很高兴地通知您：双方就以下条款和条件达成一致后，您将成为____事业平台上的重要一分子。

一、职　　务：

二、入职日期：××××年××月××日

三、劳动合同：

公司将在您正式报到之后与您签订正式的劳动合同，合同期限____年，试用期为____个月。

四、薪酬福利：

1. 税前月工资标准：基本工资____元/月；

2. 您入职即参加绩效考核，绩效奖金发放标准参照公司《绩效管理办法》规定执行；

3. 此薪资已包含国家规定的所有津贴和补贴；

4. 社会保障：五险一金，按照入职地国家及当地法律规定标准执行；

5. 其他福利。

五、工作地点：您的工作地点在____，并会根据工作需要经常出差甚至长驻其他城市。

六、报到资料：

1. 身份证（出示原件，提供复印件，需本人签名）；

2. 学历证书（出示原件，提供复印件，学信网证明）；

3. 近期免冠白底一寸彩照×张；

4. 区县级以上医院体检合格报告（半年以内有效）；

5. 与原单位终止、解除劳动合同的证明书（或离职证明原件）；

6. 提供上家公司____个月工资发放银行流水单或收入证明原件（总监及以上级别提供）；

7. 户口簿（出示原件，提供首页和本人页复印件）；

8. 本人××银行卡复印件1份，写明卡号、开户行名称和本人签名。

七、其他：

1. 未尽事宜以双方约定为准。

2. 您在公司工作期间，公司可以根据您的工作情况调整您的工作岗位及工作内容，同时当您的工作岗位或工作内容发生变化的时候，您的薪资将随之做相应的调整。

3. 您的业绩呈现也将推动您的薪资不时地向上调整。

4. 您的薪资福利待遇属于公司机密，未经许可不得向第三方透露，否则立即按公司规定做辞退处理，并承担因此而引起的后果。

5. 本录用通知将作为双方签订的劳动合同的一部分。如有关条款与劳动合同冲突，则以劳动合同为准。

注：明确录用通知与劳动合同的关系，解决两份文件中可能存在的内容冲突问题。

6. 本录用通知生效后，如果公司违约，将支付本录用通知书第四条第一款约定的您本人一个月标准工资作为违约金；如果您违约，您需支付公司本录用通知书第四条第一款约定的您本人一个月标准工资作为违约金。

注：约定违约金，有助于解决可能的缔约责任纠纷。当然，是否约定，还要根据公司的具体运营管理情况决定。

您对公司的认同、良好的职业道德、充沛的工作激情和优秀的专业技能必将成为＿＿＿公司的宝贵财富，我们非常高兴并期待与您一起工作。

温情提示：如您不能如期到岗或背景调查不合格、体检不合格，双方就职承诺关系自然终止。

本录用通知自签发之日起＿＿＿日内有效，请您在有效期内通过邮件回复，如果您在有效期内没有答复，则视为您拒绝接受本录用通知。邮箱地址：＿＿＿＿。

××公司＿＿＿＿　　　　　　　　　　员工签名：＿＿＿＿

时间：＿＿年＿＿月＿＿日　　　　　时间：＿＿年＿＿月＿＿日

四、入职体检管理

实务中，HR在新员工入职环节的主要痛点有两个：一是有可能发生就业歧视；二是入职体检的时间安排，不建议在发放录取通知书之后，建议安排在发放录用通知书之前。

实务中，新员工入职体检，已经是一个标准操作流程了。无论是员工患职业病还是患病或者非因工负伤，公司都需承担更高的成本和责任。《劳动合同法》对患病或者非因工负伤的员工，规定了一定期限的医疗期。医疗期满，公司仍然不能随意解除双方的劳动合同。而是在医疗期满后，如果员工不能从事原工作，也不能从事另行安排的工作的，公司才能解除双方的劳动关系，还须提前30天通知员工或者额外支付一个月工资的代通知金。《劳动合同法》对患职业病或者因工负伤的员工，规定得更严格。对从事职业病危害作业的员工，上岗前公司必须要求其体检。否则，就有可能被处以罚款、警告等行政处罚。如果公司能够证明员工的职业病是在入职本公司之前就有的，则无须承担责任。相反，如果公司不能证明，则需承担法律规定的相应责任。因此，入职体检在一定程度上，能够降低公司成本，减少纠纷和麻烦，体检也就成了公司招聘新员工的必要程序。

入职体检管理中公司可能面对的一个问题是就业歧视。《就业促进法》第三十条规定，用人单位招用人员，不得以是传染病病原携带者为由拒绝录用。《就业服务与就业管理规定》第十九条第一款也进一步明确，用人单位招用人员，不得以是传染病病原携带者为由拒绝录用。但是，经医学鉴定传染病病原携带者在治愈前或者排除传染嫌疑前，不得从事法律、行政法规和国务院卫生行政部门规定禁止从事的易使传染病扩散的工作。原劳动和社会保障部发布的《关于维护乙肝表面抗原携带者就业权利的意见》也规定，要保护乙肝表面抗原携带者的就业权利。严格规范用人单位的招、用工体检项目，保护乙肝表面抗原携带者的隐私权。用人单位在招、用工过程中，可以根据实际需要将肝功能检查项目作为体检标准，但除国家法律、行政法规和卫健委规定禁止从事的工作外，不得强行将乙肝病毒血清学指标作为体检标准。各级各类医疗机构在对劳动者开展体检过程中要注意保护乙肝表面抗原携带者的隐私权。这些法律法规，都对乙肝病毒携带者的就业提供保护。而公司在要求员工体检及对体检结果进行考核的过程中，就要注意避免发生对乙肝病毒携带者的就业歧视。

实务中，一些公司的 HR 习惯先发录用通知书，再要求候选人进行体检。这个流程实际是存在问题的。因为一旦候选人对录用通知书答复同意，公司和候选人之间就形成了一种合同关系。这种关系与经济合同不同，有人身依附的特征。

如果在发录用通知书之前先口头或电话通知候选人，要求候选人体检，体检合格的再发录用通知书，既不会增加成本，又会避免可能的纠纷，建议 HR 在日常工作中对此予以重视。

五、试用期管理

对一家公司来说，通过各种渠道招聘到优秀的人才，是成功的前提。一个不重视人才的公司，大概率不会成为一家成功的公司，或者至少不会成为一家长期成功的公司。

大部分公司的招聘一般是通过几轮面试或者笔试来实现的，有的公司也会使用一些测评、无领导小组讨论、文件筐等工具。虽然这些工具和流程大多数情况下能够帮助公司招聘到符合要求的员工，但是实务中出现偏差的概率也比较大。毕竟一个人是不是公司真正寻找的人才，是否适合公司的管理、业务和文化，还要在具体的工作中去观察和判断。

《劳动合同法》给予公司观察和判断新入职员工工作表现是否符合要求的机会，就是试用期。实际上，试用期是《劳动合同法》赋予公司和员工的一段相互考察和磨合的时间。对公司来说，能否把握好考察新员工工作能力和表现的这个窗口期，是人才招聘和录用中的一个关键环节。对 HR 来说，管理好试用期的关键，是把握好试用期管理的几个关键环节和痛点。

1. 可以约定试用期的情形

不是所有的劳动合同都能约定试用期。只有劳动合同期限超过三个月（含三个月）的固定期限劳动合同或者无固定期限劳动合同才能约定试用期。合同期限三个月以下的固定期限劳动合同、以完成一定工作任务为目的的劳动合同以及非全日制用工，都不能约定试用期。

2. 试用期次数

《劳动合同法》第十九条第二款规定："同一用人单位与同一劳动者只能约定一次试用期。"但是在实务操作中，HR 可能还会有一些问题和困惑。例如，试用期可以延长吗？试用期内遇到医疗期，导致试用期考察员工的目的无法达到，该如何处理？员工调动、调整工作岗位，甚至晋升，也就是岗位不同了，公司对员工在新岗位的工作表现有不确定性，能否再行约定试用期？离职的员工重新入职，能否约定试用期？等等。

《劳动合同法》施行之前，原劳动部发布的《关于实行劳动合同制度若干问题的通知》第四条规定："用人单位对工作岗位没有发生变化的同一劳动者只能试用一次。"从这个规定看，当员工的岗位发生变化的时候，是可以重新约定试用期的。但是《劳动合同法》第十九条第二款规定"同一用人单位与同一劳动者只能约定一次试用期"，这个意思表述就非常明晰了。无论是员工内部调动、晋升还是续订劳动合同，都不能再次约定试用期。

人力资源管理实践中，HR常常使用的延长试用期的操作不再符合法律规定。有时候，公司与新员工约定的试用期少于法律规定的最长期限，当公司发现在双方约定的试用期内无法有效观察新员工是否合适的时候，就会考虑延长试用期，试图再增加一些考察的时间。一些HR也认为这样做是没问题的，因为试用期的实际期限并没有超过《劳动合同法》规定的最长期限。但是根据《劳动合同法》关于试用期的规定，同一公司和同一员工只能约定一次试用期，由此，延长试用期的行为是不合法的。这是HR需要关注的一个点，也是HR在设定试用期期限时需要考虑的因素。

现实中还存在离职员工重新回原公司工作的事例。这种情况下，是否可以约定试用期呢？我们看整部《劳动合同法》的框架实际上是在一个全周期的劳动关系之上作出各项规定的。而员工离职后，一个劳动关系周期就结束了。过一段时间后，重新回原公司工作，属于开始了一个新的劳动关系周期。另一个需要考虑的问题是员工离开原公司的时间间隔，如果时间间隔较长，理论上这个员工和公司的各方面情况都已经发生了变化，重新约定试用期也是有必要的。如果离开的时间比较短暂，重新约定试用期就不够合理了。

从人才体验的角度，公司与重新入职的员工约定试用期，会让重新入职的员工感到不被信任或者不被重视，可能试图重建信任的努力会受到伤害。但这已经不是一个法律问题，而是一个管理和激励的问题了。

3. 试用期遇到医疗期

根据《劳动合同法》及相关法律法规的规定，员工在试用期患病或者非因工负伤的，公司不能随意与员工解除劳动合同。试用期的员工和正式员工一样，享有医疗期。公司不能因为员工在试用期就剥夺员工的医疗期待遇，也不能因为员工患病或非因工负伤就与员工解除劳动合同。实务中，试用期员工一旦患病或者非因工负伤按规定享有一定期限的医疗期。医疗期满后，如果员工不能从事原工作，也不能从事公司另行安排的工作的，公司才能与员工解除劳动关系，并按规定给予赔偿。

《劳动合同法》关于试用期遇到医疗期的规定，是基于员工的弱势地位考虑的。实务中，公司或者HR感到有不合理之处也是情有可原的，毕竟刚招聘的员工，还没做多大贡献，甚至还没工作几天，就患病或者非因工负伤了。如果是一个关键岗位员工，将会影响公司的绩效。因为如果等待员工康复，有可能时间不允许，时间紧任务重。而如果再重新招聘,将来员工康复了,原来的岗位就有可能满编了。如何解决这个两难问题,对公司来说,是一个挑战。

当然,任何问题的最好解决办法,就是防止问题的发生。对公司 HR 来说,目前有 2 种方案用以解决试用期遇到医疗期的问题。

第一个方案是合理适用"不符合录用条件"这个条款的规定。《劳动合同法》规定试用期不符合录用条件,并说明理由,公司可以解除劳动合同。因此,在新员工入职的时候,约定好试用期发生患病和非因工负伤情形则不录用,公司应该是可以和试用期员工解除劳动关系的。但是这个约定要注意不应故意排除员工所应该享有的权利。例如,"××岗位是公司关键岗位,在该岗位的员工的离岗时间过长,将会严重影响公司绩效或者项目绩效。该岗位员工试用期期间事假、非因工病假超过×天,即可视为不符合录用条件"。这种表述说明:(1)试用期员工所在岗位是关键岗位。(2)关键岗位上如果员工无法在岗,将会严重影响项目绩效或者公司绩效。(3)只要员工患病或者非因工负伤请假等个人原因导致的不在岗天数超过×天,就会影响公司正常运营。由此,可以考虑视为不符合录用条件。但是如果仅规定病假超过几天就视为不符合录用条件,极有可能会被法院认定为故意剥夺员工正常的权利,从而认定无效。

第二个方案是适用"试用期中止"。《劳动合同法》规定同一用人单位只能与同一员工约定一次试用期。所以,延长试用期相当于约定第二次试用期,是不合法的。但是,如果员工患病或者非因工负伤,对于不能出勤的这段时间,可以规定或者约定试用期中止。

关于试用期中止,部分省份有相对明确的规定,也是对《劳动合同法》中关于试用期实践的一个补充。例如,2013 年 5 月 1 日开始实施的《江苏省劳动合同条例》第十五条第二款规定:"劳动者在试用期内患病或者非因工负伤须停工治疗的,在规定的医疗期内,试用期中止。"江苏省的这个规定,就是关于试用期内发生患病或者非因工负伤,试用期自动中止,但是这个中止须在《劳动合同法》规定的医疗期之内。2018 年 7 月 2 日公布的《天津市贯彻落实〈劳动合同法〉若干问题实施细则》第十三条规定:"劳动者在试用期间内被证明不符合录用条件的,用人单位应当在试用期内做出解除劳动合同的决定。劳动者在试用期内患病或者非因工负伤的,经劳动关系双方协商一致,试用期可以中止。"天津市规定的试用期的中止,则需要公司和员工协商一致。因此,天津市的公司可以在员工入职的时候,在与员工签订的劳动合同中约定:试用期内患病或者非因工负伤,员工的试用期应当中止。天津市规定的试用期中止与江苏省规定的试用期中止的不同之处在于:天津市的规定没有明确指出是在医疗期内的试用期中止,而是由公司和员工约定一个中止的时间。这个时间可以少于医疗期,也可以多于医疗期。江苏省的规定则是医疗期满后,试用期不再中止。

浙江省高级人民法院民事审判第一庭、浙江省劳动人事争议仲裁院《关于审理劳动争议案件若干问题的解答(四)》(浙高法民一〔2016〕3 号)规定:"二、劳动者在试用期请病假,病假期间能否从试用期中扣除?答:试用期是用人单位与劳动者的相互考察期间。劳动者在此期间请病假，影响到考察目的的实现，故该病假期间可从试用期中扣除。"

上海市虽然对试用期中止没有明确规定，但是上海市第二中级人民法院出具的（2014）沪二中民三（民）终字第89号判决书中，法院认为："试想一个员工如果入职后即请病假，在约定的试用期满后再上班，如此时双方试用期已满，不得对其再进行考察，显然不符合立法本意。因此，试用期应当是劳动权利义务实际履行过程中的考察期，也应当存在可以中止的情形。而本案当事人在劳动合同中也约定，试用期两个月如遇请假或者节假日可以顺延，该约定亦符合上述立法精神。"

因此，从江苏、天津、浙江、上海的规定和判例来看，如果遇到医疗期，试用期是可以中止的。那些没有明确规定和判例的省份的企业，也可以参照这些省份的规定和判例来明确约定医疗期内试用期中止。因为虽然劳动合同法没有明确规定，企业所在地的地方法规也没有明确规定，但是"立法精神"都是一致的。江苏、浙江、天津、上海的规定和判例，也是出自劳动合同法的立法精神。

4. 明确录用条件

关于录用条件，我们已经在前面招聘条件和录用条件的环节予以阐述。公司要充分利用好《劳动合同法》第三十九条的规定，即员工在试用期内被证明不符合录用条件的，公司可以解除劳动合同。这就需要公司在新员工入职的时候，明确告知新员工岗位职责和录用条件，并以签订协议的形式进行书面约定。

在HR的日常实践中，经常遇到的问题和挑战是，没有事前约定好录用条件的具体内容。一旦公司发现新入职的员工不符合公司的要求，在试用期内解除劳动关系的时候，HR不能明确地告诉员工，具体不符合哪一项录用条件。而《劳动合同法》第二十一条也明确规定："……用人单位在试用期解除劳动合同的，应当向劳动者说明理由。"由于没有事前明确录用条件，HR陷入了不能有理有据地与员工沟通的境地，从而产生纠纷或者争议。

因此，管理好试用期的一个重点环节，就是提前约定好具体的录用条件。不同的行业、岗位，录用条件会有所不同。这要根据具体的行业或者岗位具体确定。但是，有一些条件则属于有一定共性的录用条件。

公司最好把具有共性的录用条件一一列举出来，HR可以根据公司的行业特点和岗位具体情况，有选择地应用在不同的岗位中。具体请参照"招聘条件和录用条件"部分的内容，这里不再赘述。

5. 试用期的绩效考核

虽然在实务中，只有一些管理规范的公司才给试用期员工设定考核指标或者考核事项，但是仍然要强调，制定试用期绩效管理办法，给试用期员工设定绩效考核目标，用以考察试用期员工的工作表现和能力，是公司判断试用期满后员工是否符合公司要求的重要参考依据，也是优秀的HR应该重点关注的工作事项。真正重视人才管理的公司，一定是重视这一点的。

试用期员工的绩效管理的设计和落实，实际上不需要花费 HR 多少时间。只要把公司绩效管理工具稍微改动一下，用以设定试用期员工的关键绩效指标（KPI）或者工作指标即可。从《劳动合同法》的角度来说，公司可与员工约定好，试用期满的考核结果达到什么标准是符合录用条件的，或者说达不到什么标准，就是不符合录用条件的。这个标准可以是一个具体的数字或等级。例如，考核结果为 60 分，或者考核结果为等级 D，即视为试用期不符合录用条件。

需要重点强调的是，设定的绩效考核指标应该以量化指标为主，即使有一些定性的指标，也要具备可以量化判断的结果或者维度。这样的考核指标，才不易产生纠纷或者争议。如果 HR 没有给业务部门提供试用期绩效管理考核的工具，业务部门是不可能对试用期员工进行系统考核的。长期下来，公司可能就会让一些不符合录用条件的人进入公司，不但会对公司的业务造成负面影响，也使那些公司需要的人被挡在公司之外，从而给公司造成损失。

因此，试用期给新入职员工设定能够衡量的考核指标，是一个重要的环节。HR 应该与业务部门一起打造一个试用期绩效管理考核和评价的工具。同时，与新员工事前约定好不符合录用条件的绩效考核标准，才能在员工绩效考核达不到相关标准，从而以试用期不符合录用条件为由与员工解除劳动合同时，做到有理有据。相反，则容易陷入被动之中。

6. 试用期其他解除条件

我们前面强调了试用期内不符合录用条件的管理，也是 HR 经常遇到的实际问题。而劳动合同法规定，试用期内，除了不符合录用条件，还有另外七项可以解除劳动合同的规定。这七项规定在实际操作中也是经常遇到的，需要 HR 学习和了解，并需要在公司试用期管理制度中予以规定，以方便指导公司 HR 的工作。这七项可以解除劳动合同关系的规定如下：

（1）严重违反用人单位的规章制度的；

（2）严重失职，营私舞弊，给用人单位造成重大损害的；

（3）劳动者同时与其他用人单位建立劳动关系，对完成本单位的工作任务造成严重影响，或者经用人单位提出，拒不改正的；

（4）以欺诈、胁迫手段，或者乘人之危的情形下与公司签订劳动合同的；

（5）被依法追究刑事责任的；

（6）劳动者患病或者非因工负伤，在规定的医疗期满后不能从事原工作，也不能从事由用人单位另行安排的工作的；

（7）劳动者不能胜任工作，经过培训或者调整工作岗位，仍不能胜任工作的。

在这七项规定之中，第（1）项到第（5）项，公司可以直接解除劳动关系，而不用支付任何赔偿金。而第（6）项和第（7）项，则需要按照劳动合同法规定的限制性流程操作完毕后，才能解除劳动合同，同时还要按照规定支付员工经济赔偿金。当然，在试用期，还可以通过双方协商一致解除劳动合同。

7. "三期"女员工

试用期内，公司可以根据上述"试用期其他解除条件"中第（1）项到第（5）项的规定，与"三期"内的女员工解除劳动关系。但是，不可以依据第（6）项和第（7）项的规定直接解除与"三期"女员工的劳动关系，除非企业与员工在劳动合同中约定或者在规章制度中规定不能胜任、患病或非因工负伤视为试用期不符合录用条件。

根据《劳动合同法》第四十二条的规定，公司不得根据本法第四十条、第四十一条的规定，与"三期"女员工解除劳动关系。但是第三十九条规定的解除条件，并没有把"三期"女员工排除在外。因此，可以试用期内"三期"女员工不符合录用条件、违反公司规章制度、失职或者营私舞弊给公司造成重大损失、与其他公司建立劳动关系、欺诈胁迫公司签订劳动合同，或者被依法追究刑事责任等原因，解除双方的劳动关系。但是不可以劳动者患病或者因工负伤，在规定的医疗期满后不能从事原工作，也不能从事用人单位另行安排的工作为由解除双方的劳动关系；也不可以劳动者不能胜任工作，经过培训或者调整工作岗位，仍不能正常工作为由解除双方的劳动关系。

公司是否可以在录用条件中直接约定"女员工怀孕"为不符合录用条件？答案是不可以。因为如此约定，违反了相关法律法规的规定，侵犯了女员工的合法权利。但是，如果试用期间由于女员工怀孕而影响到岗位工作，公司以不符合录用条件为由，解除双方的劳动合同，在试用期是被允许的。不过，HR 在具体操作上，要特别谨慎，在试用期管理上必须做到精细化，并且要确保证据充分、合理。

第二节　劳动合同法融入招聘和录用管理制度之实操解析

招聘和录用环节是公司选拔人才的入口，公司的大部分人才是通过招聘和录用这个入口进入公司的。人才是公司成功的决定性因素之一，因此，招聘和录用工作应当成为公司管理的重点之一。

但是，现实中，能够真正从公司战略和人才管理高度出发，把招聘和录用工作做到相对完善程度的公司或者HR，并不是很多。导致这个问题的原因比较复杂。其中一个原因就是很多负责为公司招聘的HR面临招聘业绩考核的极大压力，为了尽快完成自己的KPI，会简化一些关键的招聘流程。而业务部门其实很难明白被简化的招聘管理流程是如何损害招聘质量的，只是被动地从HR推荐的简历中进行比较和筛选。有时因为岗位急缺人才，业务部门和HR会降低招聘标准，把不太符合岗位要求的人员招聘进公司。久而久之，会对公司的绩效产生负面影响。另一个明显的原因就是业务部门的面试官，无论是普通员工还是团队领导，公司很少对这些面试官进行专业的面试培训。多数公司业务部门的面试官是凭借自己的人生经验来做出判断，难免会出现看人不准的情况。当然，没有利用好试用期来认真仔细地在实际工作中对新员工予以考察，也是公司招聘到不合适员工的主要原因。

招聘和录用管理是HR管理实务中一个比较复杂的过程。负责招聘的HR不仅要深度理解公司战略、弄懂公司业务和重点项目、做好人才的精准画像、招聘流程管理控制、掌握招聘面试和识人等经验和知识，还要注意从《劳动合同法》的角度看待和理解招聘和录用管理。把《劳动合同法》融入招聘和录用流程，不但能为HR更好地建设公司雇主品牌赋能，还可以帮助HR进行有效的人才选拔。

在自媒体高度发达的时代，雇主品牌建设是HR需要在日常工作中关注的一个重点事项。很多公司的HR没有把雇主品牌建设放在心上，从而导致了雇主品牌的崩塌。一位大数据公司的HR抱怨，由于一些候选人把自己应聘时的不良体验放到知乎、脉脉上，导致他的公司候选人拒绝录用通知书（Offer）的概率非常高。特别是IT工程师，平均发两份Offer，才能有一个人入职。那些市场上人才较少、竞争激烈的岗位，有时发出三四份Offer，最后才有一位入职的。因此，把《劳动合同法》融入招聘和录用流程，减少操作不当导致的争议和纠纷，是雇主品牌建设的一个重要方法。

而用好《劳动合同法》规定的录用条件、试用期、体检等关键环节，也能提升公司和HR对候选人的观察和认识，从而招聘到适合公司的人才。

我们在第一节介绍了HR在招聘和录用环节的工作痛点，以及需要注意的《劳动合同法》的关键规定。这些痛点也是 HR 在实务中最容易出现问题的地方。然而不是所有的 HR 都懂《劳动合同法》，也不是所有的 HR 都有时间深入研究《劳动合同法》的相关规定。那么如何确保在大部分情况下，HR 能保证公司在招聘和录用环节符合《劳动合同法》的规定呢？解决这个问题的办法就是把《劳动合同法》的一些关键规定和一些在招聘和录用实务中容易出问题的地方，融入公司关于招聘和录用的管理制度或者流程。公司专业的 HR，在日常工作中，一般都会学习、掌握和执行公司的有关管理制度或者流程。因此，只要公司有关招聘和录用的管理制度或流程中，融入了《劳动合同法》的相关内容，HR 在实务操作中，通常就会严格遵守和执行，从而不容易产生问题和争议。

那么，如何把《劳动合同法》的相关规定融合到公司的招聘和录用管理制度中呢？

从前面的阐述，我们可以了解到在招聘和录用阶段，容易产生纠纷和争议，或者说比较难以处理的环节主要是在就业歧视、招聘条件和录用条件、录用通知书、入职体检和试用期五个方面。因此，公司在制定招聘和录用管理制度或者流程的时候，注意把这五个痛点融入管理办法，就能解决大部分潜在的争议和纠纷。

我们以案例的方式来予以说明。

某公司是一家聚焦医疗领域的大数据公司，经过几年的发展，公司规模已经扩展到在职员工近 1000 人，年销售额 3 亿元。但是近年来公司营收停滞不前，无法实现较大的突破。公司在组织进行自我诊断的时候，发现在招聘和录用人才过程中，候选人拒绝 Offer 的概率非常高。通过对候选人的调查，公司 HR 发现由于公司忽略了雇主品牌管理，在招聘和日常管理中存在的一些问题被候选人或离职员工发布在了脉脉和知乎等平台上。这给公司的声誉造成了很大的负面影响。公司在总结经验教训时，认为公司的雇主品牌出现了问题，使公司很难招到行业内的关键人才，也是一个需要修正的管理问题。因此，公司 HR 经过调研，制定了新的招聘和录用管理制度，希望通过完善招聘和录用流程，提升公司的雇主品牌和口碑，进而提升招聘的质量和效率。

公司招聘和录用管理办法（外部招聘）

注：本管理办法对就业歧视、招聘条件、入职体检与发录用通知的时间顺序、发放录用通知的方式等作出了明确的内部规定，HR 按照本制度执行即可在一定程度上有效预防劳动纠纷的发生。

一、目的

公司确信人才是公司的主要财富，公司的成功离不开优秀人才的加盟。为了帮助公司招聘到行业顶尖和优秀的各类人才，使公司的招聘实现制度化、程序化和规范化，特制定本招聘和录用管理办法。

二、适用范围

公司及由公司投资或控股的公司和全资子公司的招聘管理工作。

三、招聘需求管理

1. 因员工离职产生的职位空缺，由业务部门主管领导批准，即可启动招聘流程。

2. 编制外新增岗位的职位空缺，应当由业务部门主管领导批准后，报公司总经理批准才可启动招聘流程。

3. 编制外新增岗位审批应当说明增设原因、必要性、岗位职责、任职资格、预算控制、汇报关系等要素。

四、招聘组织

1. 公司招聘工作由公司人力资源部组织实施。

2. 人力资源部应当与业务部门合作，做好人才画像、岗位职责以及任职资格确定等工作，力争做到最大限度精准理解业务部门对人才的实际要求。

3. 人力资源部通过合适的网络平台等招聘渠道发布招聘信息，其中招聘条件中不允许出现对民族、种族、宗教、性别以及年龄等含有歧视的意思或者表达。

特殊岗位对上述有关因素有特别要求的，人力资源部内部掌握即可。

注：本条规定目的是：HR 在实施招聘时，按照本条款执行，进而有效避免出现不必要的就业歧视争议或者纠纷。

4. 公司总监以上职位以及其他市场稀缺人才招聘，经批准可以使用猎头招聘。

五、招聘面试

1. 人力资源部负责筛选简历，进行首轮面试。

2. 人力资源部首轮面试后，推荐3—5名候选人给业务部门继续面试。

3. 面试最多3—4轮，不能超过5轮。面试轮次及面试官，由人力资源部根据岗位级别、需求等因素，与业务部门提前确定。

4. 总监及以上人员招聘，终面面试官应该是公司总经理。

5. 人力资源部应当确保每个工作岗位都实行结构化面试。

六、笔试及其他选拔方法

1. 公司技术人员招聘，应当组织笔试。由业务部门出题，人力资源部负责组织。通过笔试的候选人，才能进入面试流程。

2. 人力资源部可以根据岗位需要，选择利用无领导小组讨论、文件筐、心理测试等招聘方法和技术。

人力资源部需要借助咨询公司实施上述方法的，应当报总经理批准。

七、面试官选拔

1. 人力资源部在公司内部建立面试官团队。

2. 面试官团队的组成人员由各部门推荐，名额根据各部门人数合理确定。面试官主要从部门领导、部门主管、业务骨干中推荐。

3. 由人力资源部定期提供面试技术培训，提升面试官的面试技术和水平。

4. 面试官的面试工作成绩作为其年终绩效管理考核的额外加分项。

八、体检和录用通知

1. 确定好录用人选后，人力资源部负责通知候选人，到公司指定的医院进行体检。

2. 人力资源部收到候选人的体检报告，且其健康条件符合公司要求后，可以发放录用通知书。

注：本条第一款、第二款规定，先体检再发录用通知书，可以尽量减少缔约过失责任的发生，或者尽量避免招用到健康状况不适合公司的员工。

3. 录用通知书发放前，应当由人员需求部门最高负责人或者公司总经理签字批准。

注：既是正常的管理流程，也是为了最大限度避免录用通知书发出后，公司业务部门因各种原因而出现反悔的情况，以减少公司缔约过失责任的发生。

4. 录用通知书通过公司电子邮件发出，不允许使用微信发放录用通知书。候选人在一定时间内回复，也应当以其个人电子邮箱将回复发送到公司邮箱地址。

注：这些来往邮件将来需要存到员工的个人档案中。本条规定是为了减少员工经常使用微信沟通的非标准化行为。使用公司邮箱，使招聘和录用流程更正规且易保留书面材料。

九、背景调查

1. 经理、总监及以上人员，财务、采购等特殊岗位人员，应当委托背景调查公司进行背景调查。

2. 经理以下人员由人力资源部组织背景调查。

3. 背景调查应当在候选人接受录用通知书，并签署同意背景调查授权之后启动。

十、入职前管理

1. 候选人业务部门负责人在候选人接受录用通知后、正式入职前，应当保持与候选人的适度沟通。主要以业务了解为目的。

2. 候选人接受录用通知后，HR应当保持与候选人的沟通。主要以适当关怀和关心为目的。

注：招聘阶段的新员工入职前管理，使候选人感受到来自公司的温暖以及增进新员工对业务的了解。

十一、本办法自颁布之日起施行。

十二、本办法的解释权归人力资源部。

很多HR把新员工接受录用通知书，或入职签订劳动合同，视为招聘和录用流程的终结。实际上，无论是面试、笔试、无领导小组讨论，还是心理、性格测评等招聘选拔技术，在使用中都是存在误差的。对一个人工作能力、工作业绩、岗位的匹配度等的评估，最准确的方法还是通过近距离观察或者考察其在具体岗位上的工作表现。

《劳动合同法》规定的试用期，也是帮助企业考察员工，有效选拔人才的一个重要工具。

因此，公司应该充分利用好试用期这个法律工具。对重视选拔人才的公司来说，新员工入职与公司签订劳动合同后，并不意味着招聘和录用流程的终结，试用期管理仍然被看作公司招聘和录用流程的一部分。试用期结束，作出有效评估后，才是招聘和录用流程的结束。

公司试用期员工绩效管理办法

注：本管理办法对员工的试用期次数、试用期考核的定量化要求、试用期与医疗期的重叠问题、试用期录用条件的设置、试用期的考核时间等都作出了明确的内部规定，在有效管理公司试用期的基础上，预防纠纷的发生。

一、目的

为了加强试用期员工管理，对试用期员工进行有效评估，帮助公司有效选拔人才，特制定本办法。

二、试用期期限（略）

三、试用期中止

1. 试用期期间，员工患病或者非因工负伤，医疗期按照国家有关规定执行。

2. 试用期员工，在医疗期，试用期中止。员工在医疗期内或者医疗期满，回工作岗位继续工作的，试用期从员工重新工作之日起与患病或者非因工负伤之前试用期合并计算。

注：试用期内员工患病或非因工负伤，公司与员工可以考虑中止试用期。如无此项规定，医疗期包含在试用期之内，试用期就失去了本身的意义。企业也就无法考察员工的工作能力和工作表现。可以说，试用期中止符合公司和员工双方的利益。

3. 任何情况下，试用期都不可延长，也不可与员工签订2次及2次以上试用期。

4. 离职员工重新加入公司的，如果从事的是原岗位工作，在业务部门慎重评估之前工作能力和工作表现后，公司可以不约定试用期。如果从事与原工作岗位无关的工作，公司应当与该员工约定试用期。

注：虽然《劳动合同法》规定，公司与员工只能约定一次试用期，但是对于离职员工，因为前一个劳动关系周期已经结束，公司是可以重新约定试用期的。然而，考虑到员工的心理感受，再从事原工作的，公司不再约定试用期。从事与之前不同的工作的，重新约定试用期。

四、试用期绩效标准设定

1. 试用期绩效管理实施"无量化，不考核"的原则，设定试用期绩效考核指标。

2. 试用期员工的直接领导，负责与试用期员工沟通，根据具体业务需要，为试用期员工设定业绩考核指标。

3. 试用期的绩效考核指标设定以定量指标为主，以定性指标为辅。其中定量指标最少占70%，定性指标最多占30%。

4. 定性指标考核标准也需要量化。可以从结果、数量、质量、时间、成本等维度进行量化，也可以实施分级量化方法。

注：定性指标的量化方法详见本书第二章。考核指标的量化，是确保考核过程和结果公平公正的最重要因素。试用期间绩效考核结果达不到设定的标准，就可认定为"不符合录用条件"。当试用期实施量化指标考核的时候，考核结果才更具备说服力。同时，量化考核，也是让公司管理者更好地判断员工是不是公司需要的人才的主要方法。

5. 试用期绩效指标设定（如表1-1所示）。

表1-1 试用期绩效指标设定

	No.	目标	指标（目标值）	权重（%）	评价标准	目标完成情况	员工自评	评估结论
定量指标	重要常规类／日常工作指标							
	重要项目性指标							
定性指标	重要常规类／日常工作指标							
	重要项目性指标							

五、评价结果应用

1. 评估结果实施计分制，基础分为满分100分。

2. 评估结果70分及以上为合格。70分以下为试用期员工不符合录用条件，公司有权解除双方的劳动关系。

注：明确规定试用期不符合录用条件的考核标准，以免产生不必要的争议。

六、试用期录用条件

除了第五条规定的试用期绩效考核结果70分以下属于不符合录用条件之外，试用期员工如果有下列行为，也属于不符合录用条件。公司有权与其解除劳动合同。

1. 无法提供公司办理录用、社会保险等所需要的证明材料；
2. 不能胜任公司安排的工作任务或公司规定的岗位职责；
3. 患有精神病或国家法律法规规定禁止从事所录用岗位工作的传染病；
4. 与原公司没有依法解除、终止劳动合同或劳动关系；
5. 与原公司存在竞业禁止协议约定且本公司在限制范围之内或者隐瞒或未披露对原单位的竞业限制义务的；
6. 未经公司书面许可，不按约定时间到岗；
7. 不同意按公司提供的合法有效的劳动合同版本签订劳动合同；
8. 隐瞒曾经受过任何国家法律或者地方法规处罚的事实；
9. 员工不符合招聘条件，如员工被证明不具有公司所要求的文化知识、学历资质、工作资历、技术水平、身体状况、思想品质等条件或法律法规规定的基本录用条件的；
10. 员工未通过公司在试用期内对其进行的考评或试用期内的工作表现不符合岗位职责要求的；
11. 在向公司求职的过程中，员工虚假陈述、提交虚假材料（此包括但不限于应聘入职时提供的材料：学历学位证书、工作经历、教育经历、体检证明材料等）；
12. 拒不提供公司要求的合理信息及材料的；
13. 在订立劳动合同过程中有欺骗、隐瞒或其他不诚实行为的；
14. 曾经被本公司或关联公司以违纪为由辞退或擅自离职的；
15. 员工试用期患病或非因工负伤请病假1个月内超过10个工作日的，视为不符合录用条件；

注：试用期结束后，不可作此约定。

16. 员工试用期请事假1个月内超过5个工作日或试用期因故请事假累计超过10个工作日及以上，视为不符合录用条件；

注：试用期结束后，不可作此约定。

17. 员工试用期1个月内因个人原因迟到或早退达3次以上（含3次）的；

注：试用期结束后，不可作此约定。

18. 员工试用期有旷工行为的；

注：试用期结束后，不可作此约定。

19. 试用期有任何违反公司规章制度的行为；

注：试用期结束后，不可作此约定。

20. 其他公司能提供证据认定员工不符合录用条件的情况。

注：尽可能多地把公司认为不希望出现的情形设置为"录用条件"，特别是试用期外的正常劳动关系下，一些限制或者禁止解除劳动合同的条件，试用期内有的可以设置为"录用条件"。例如，"病假在医疗期内""不能胜任"情形等。当然，录用条件的设置不但要求合法而且要求合理。

七、试用期考核流程

1. 试用期满前 15 个工作日，HR 负责通知试用期员工的直接领导和间接领导，根据量化考核指标进行考核。考核结果以打分分数的形式呈现。

2. 试用期考核评估最晚应当在试用期结束前 10 个工作日内完成。

注：一定要在试用期结束前完成试用期绩效考核，给公司决策和与员工沟通预留足够的时间。否则，极有可能超过法定的试用期期限，从而使公司与员工之间成为试用期劳动关系之外的正式劳动关系。公司将无法利用《劳动合同法》关于试用期的一些相对有利的规定，做出决策。例如，一旦超过试用期，公司将无法利用试用期"不符合录用条件"的规定解除劳动合同，等等。

3. 试用期评估流程。

（1）员工对自己在试用期的表现进行自我评估，填写《试用期评估表》（以下简称评估表）自评栏，并提交给直接领导。

（2）直接领导根据员工试用期业绩表现，就员工的绩效指标完成情况、工作技能和个人能力及工作态度等定量和定性指标给出书面评估结果。

（3）直接领导与该员工面谈沟通、讨论评估结果，直接领导将评估表交间接领导进一步审核批准。

（4）间接领导就员工试用期评估提出最终书面意见。

（5）人力资源部与员工沟通评估结果，员工在评估表上签字确认。

（6）对于继续聘用的员工，直接领导需就相关的业绩跟进计划与其进行沟通。

（7）对于试用期评估不合格的员工，人力资源部将按照国家相关法律、法规及公司规定为该员工办理离职手续。

八、附则

1. 本办法的解释权归公司人力资源部。

2. 本办法自颁布之日起施行。

该案例是一般管理情形下的试用期管理办法，对于不用 KPI 考核的公司，当然可以根据公司的要求和标准，设定其他相应的考核标准。例如，像谷歌、奈飞那样的公司，一般不会设定 KPI 的考核方式，但是这类公司的文化开放包容，要求员工聪明、能力强、自我管理，如果达不到这些标准，就会被劝退。像这类公司的 HR，完全可以根据公司不同的文化、不同的管理实践和标准，制定出相对个性化的试用期考核标准。

总之，《劳动合同法》规定的试用期，对公司来说，是一个重要的考察新入职员工的管理工具。充分利用好这个管理工具，对公司尽快分辨人才、定位人才，有着很好的积极作用。

对 HR 来说，制定符合试用期管理目标和《劳动合同法》规定的试用期管理办法，并予以贯彻和执行，是管理好试用期的前提和基础。很多公司没有制定把《劳动合同法》的相关规定融入试用期管理的制度或者流程，而是 HR 根据自己关于试用期的知识和经验来管理试用期员工，不同的 HR 有不同的管理方法，换人就换方法，这容易导致在试用期管理中出现问题或者纠纷，也无法实现对试用期的标准化管理。一旦发生争议和纠纷，HR 也不容易找到处理问题的依据和相关证据，从而导致公司在劳动纠纷和争议中处于被动地位，也有可能对公司造成负面影响。

因此，要把试用期当作招聘和录用管理流程中的一个重要环节，以帮助公司选拔合适的人才，从而保证公司的人才供应。在这个目标的基础上，把《劳动合同法》的相关规定融入管理办法，既能让公司的政策符合法律的规定，也会有效减少与员工在试用期的纠纷或者争议。

第二章 把劳动合同法融入绩效管理制度

绩效管理制度是公司人力资源管理体系的核心制度之一。它既是一个管理员工绩效的工具，更是承担着公司战略落地和实施的关键任务。绩效管理成为战略落地和员工绩效衡量工具的基本逻辑是：

1. 公司根据使命、愿景、自身业务发展等情况，制定公司级战略以及战略目标。而公司要达成战略目标，就需要把战略目标转化为具体的财务目标以及其他关键目标。当然，在一些特定情形下，也需要转化为财务目标之外的一些关键目标或者重点项目。这些财务目标以及其他关键目标或重点项目的成功，就意味着公司战略目标的成功。

2. 在确定了公司的财务目标以及其他关键指标或重点项目后，公司会考虑如何才能实现这些财务目标和其他关键目标。能够帮助公司实现财务目标的关键是公司的客户。只有客户，才能够帮助公司实现其财务目标。没有客户的支持，公司是无法实现自己的财务目标的。因此，公司要实现财务目标，关键是要根据财务目标以及客户情况，分析如何维护老客户、开发新客户。而开发和维护客户关系的关键是公司能够为客户提供高质量的产品和服务。

3. 在确定财务目标和其他关键目标、分析客户关系的基础之上，逻辑的第三步是公司内部运营。内部运营涉及公司的管理、流程、采购、生产、产品质量、研发和创新、营销、人员等要素。优异的内部运营能够根据客户的需求来提供高质量的产品和服务，以帮助公司留住老客户、开发新客户。有了客户的支持，自然会为公司创造更多的价值。

4. 优异的内部运营不是自动就能实现的，需要公司内部良好的人才管理机制、优秀的公司文化、高效的组织架构、良好的绩效管理机制等要素的配合。也就是说，公司需要建设强大或者良好的组织能力。这个组织能力建设，就是围绕公司员工展开的。

从以上四个步骤，我们可以清晰地理解公司绩效管理制度帮助公司实现战略目标的基本逻辑。从绩效管理的角度，四个步骤主要涉及公司目标的分解，一个从公司战略目标一直到员工个人目标的分解过程。具体来说，就是从战略目标分解到公司整体财务目标，从财务目标分解到公司各部门目标，最后从公司各部门再向下分解，直到分解为员工个人的绩效目标。

对专业的 HR 来说，既要清楚绩效管理作为战略实现工具的逻辑，同时也要看到绩效管理对员工或者团队业绩的深刻影响。实务中，HR不但要关注绩效管理的战略落地属性，还要关注如何通过衡量员工的业绩、激励员工努力工作，来帮助公司实现战略目标、建设组织能力。从公司人才管理的视角来看，绩效管理连接了公司的人力资源管理战略、薪酬制度、人才激励、人才评价、人才晋升、人才淘汰等关键的人力资源制度、政策或者流程。绩效管理制度与这些人力资源管理体系制度互相影响、互相支持，以帮助公司达到实现整体战略目标的目的。

优秀的绩效管理制度不仅能激励员工或者团队创造出优异的成绩，而且深度影响着公司的人才盘点制度。在大多数公司的人才盘点制度中，对于人才标准的定义，一个最关键的要素就是员工的业绩表现。一般情况下，业绩优秀的员工，就有可能是公司需要保留和激励的关键人才；而对于业绩表现不好的员工，公司则需要进一步培训提升其能力或者解除双方的劳动关系。绩效管理制度正是衡量员工业绩的最重要的工具。

HR在实施公司绩效管理制度时，往往容易忽略《劳动合同法》及相关法律法规的影响。而在绩效管理制度的结果应用中，常常会出现公司与员工的利益冲突问题。本章从《劳动合同法》及相关法律法规的视角，解析HR通过绩效计划、绩效实施、绩效评价、绩效运用四个步骤对员工工作表现进行衡量的过程中，可能遇到的《劳动合同法》方面管理痛点，帮助HR解决相应的困难和挑战。

第一节　HR在绩效管理中劳动合同法方面的痛点解析

绩效管理制度在帮助公司实施战略目标的过程中，公司整体战略目标最后必然要分解到团队或者员工个人，也就必然涉及员工个体的绩效目标制定、绩效目标实施和绩效目标评价以及绩效评价结果的应用。公司依据员工在过程中的表现，对员工做出奖励、晋升、调岗、调薪等决定。而这些关系到员工切身利益的决定，不但受公司绩效管理制度的影响，还受《劳动合同法》的调整。

HR在制定绩效管理制度的时候，除了考虑绩效管理制度的激励性质，还要考虑"奖优罚劣"的措施是否违反《劳动合同法》及相关法律法规规定。如果违反，则不是一个合格的绩效管理制度，不仅会给公司造成不必要的劳动争议、纠纷以及经济损失，还会损害公司的雇主品牌。

因此，我们有必要对HR在实施绩效管理过程中经常遇到的问题和挑战，进行解析。

一、绩效管理指标量化

实务中，绩效管理制度员工目标的制定、实施和考核，最关键也最难的就是员工考核指标的量化。指标的量化表面上与劳动合同法关系不大，但是指标的量化的确是解决绩效管理中与劳动合同法有关问题和挑战的关键。因为绩效评价结果是员工奖励、晋升或者予以相应惩罚的最主要依据。

非量化指标缺乏统一的评价标准，结果评价上主观性强，如果处理不当，容易导致公司和员工的争议和纠纷。而量化的指标最能体现绩效管理过程的公平和公正。面对量化指标的考核结果，无论是员工还是任何第三方，一般情况下都能接受最终的绩效评价结果。例如，如果公司某销售岗员工的年度销售指标是100万元，那么销售额达到99万元，也是没有完成指标；如果销售额达到101万元，就是超额完成了1万元的销售指标。量化的数字，客观公正地说明了员工年度绩效指标的完成情况。员工、公司领导以及仲裁机构或者人民法院在内的任何第三方都容易接受量化指标的考核结果。

而大部分绩效管理过程中产生的劳动纠纷或者争议，是由于对公司根据绩效管理的考核结果对员工工资、奖金、岗位或者解除劳动关系等做出的各项工作决策安排不满或有异议。一旦发生此类纠纷或者争议，争议的焦点会集中在考核结果的客观性、公平性或者准确性上，而不是在员工工资、奖金、岗位调整或者解除劳动合同本身。

因此，为了尽量避免由此产生的各项纠纷，或者即使产生纠纷也能让公司处于合法合理的立场，HR 在制定公司绩效管理制度的时候，关键就是要做好各项指标的合理量化工作。

绩效管理中的考核指标，一般分为定量考核指标和定性考核指标。定量考核指标包括销售额、利润额、员工招聘数量、客户开发数量、员工离职率等。定量指标本身就是量化的，公司和员工在考虑这类指标的时候，关注和考虑好指标的合理性即可。

而定性指标，则是绩效管理制度实施中，最需要考虑或者量化的指标。由于定性指标不容易考核，因此在确定考核指标的时候，一方面要以定量指标为主，以定性指标为辅。一般情况下，公司会规定一个定性指标和定量指标的占比，也就是规定定量指标占比高一些，如70%；定性指标占比低一些，如30%。无论如何，定量指标和定性指标占比加起来应该是100%。另一方面就是要考虑定性指标的量化问题了，不能量化考核的定性指标，不要作为考核的指标来使用。

定性指标的量化方法一般有 4 种不同的方式。

1. 通过数量、质量、时间、成本、结果予以量化

几乎大部分定性指标能通过某种维度予以量化。这些量化的维度一般是数量、质量、时间、成本或者结果维度。可以说，以这五个维度为出发点予以定义定性指标的考核问题，基本上可以把大部分定性指标予以量化。例如，如果 HR 的一个年度绩效指标是"建立和完善公司薪酬制度"，这个指标考核量化可以从结果的维度定义，"公司总经理办公会通过薪酬制度改革草案，并于通过草案后的第二个月起在公司内部实施"。也就是说这个定性指标的考核，考核的是结果维度，这包括两个方面：（1）总经理办公会通过，这个通过意味着薪酬制度的质量是没有问题的，否则总经理办公会不可能通过；（2）新的薪酬制度应当在总经理办公会的次月开始实施，也就是总经理办公会通过后的第二个月，公司就应当按照新的薪酬制度发放员工工资。达到这两个结果条件，这个指标的考核结果才是满分。通过这种量化分解和定义，一个"建立和完善公司薪酬制度"的定性指标的考核，就成为一个从结果维度进行的量化考核。考核的最终结果容易衡量和定义，员工和公司之间就不容易因为考核结果的模糊产生纠纷和争议。

2. 通过制定定性指标的量化标准予以量化

所谓定性指标的量化标准，主要是用数字表达定性指标达到的某种程度。例如，醉驾入刑，这里饮酒的司机达到何种程度才算醉驾，是需要确定一个客观标准的。警察不可能通过观察司机的外在行为表现来认定司机是否属于醉驾，或者是否达到入刑的标准。根据《车辆驾驶人员血液、呼气酒精含量阈值与检验》（GB 19522-2024）规定，车辆驾驶人员血液中的酒精含量大于或者等于20mg/100ml 并小于 80mg/100ml 为饮酒后驾车；大于或者等于 80mg/100ml 为醉酒驾车。这两个指标数字，使警察在执勤时非常容易判断司机是饮酒后驾车还是醉酒驾车，从而采取不同的措施。

公司在绩效管理中也可以通过定义指标的量化标准，达到考核指标的可衡量性，

从而使考核结果客观、公正。例如，对于定性考核指标"减少公司安全事故，确保公司安全运营"，考核维度可以设定为"0死亡事故为优秀""发生1起死亡事故为不及格"等标准。这就是把定性指标考核标准数字化。

3. 通过把定性指标进行分级实施量化

有一些定性指标，可以按照量化分级的方式设定考核方式。绩效考核中，像文化考核、态度考核、能力考核，使用量化分级的办法进行考核，是最为合适的。这些类别的指标不易使用定义量化标准或者从时间、质量、数量、结果等维度进行考核，分级考核更为合理。

所谓分级量化，就是把定性考核指标分成几个不同的级别，每个级别分别对应不同的行为或者不同的数据。就好比我们听天气预报的时候，经常会听到大风警报，风力7级或者8级。风力的分级就让人们容易判断风的强度，从而据此做出各项决定。

以甲公司的文化价值观考核为例（表2-1）。甲公司也是把文化价值观考核分成了具体的等级，通过等级量化的方式，对文化价值观进行考核。例如，文化价值观考核中有客户第一的要求；通过等级量化把员工客户第一的考核标准分成了5级，每个级别对应各自的分值：

表2-1 甲公司文化价值观考核

考核项目	评价标准				
客户第一	尊重他人，随时随地维护公司形象	微笑面对投诉和受到的委屈，积极主动地在工作中为客户解决问题	与客户交流过程中，即使不是自己的责任，也不推诿	站在客户立场思考问题，在坚持原则的基础上，最终达到客户和公司都满意	具有超前服务意识，防患于未然
5分	1分	1分	1分	1分	1分

对文化、价值观、态度、能力等指标进行等级量化分解，在实施过程中注意以事实为主的员工行为表现，在考核时把这些行为与各级标准进行对照，即可保证考核结果的公平和公正。

4. 通过把定性指标进行关键事件法量化

有些定性指标可以使用关键事件法进行考核，考核期间如果发生了定义的关键事件，就可以加分或者减分，以对员工进行考核。关键事件法适用于那些关键事件能够充分反映员工工作表现或者业绩的情况。例如，安全管理考核，如果发生一次重大安全事故，扣50分；发生一次一般安全事故，扣10分；满分100分，扣完为止。当然，公司还要对什么是重大安全事故，什么是一般安全事故进行客观的定义。

定性指标的量化，就是根据定性指标对公司业务的关键意义，制定客观的考核标准，使对定性指标的考核能够客观、公正，不易产生歧义。另外，也会让员工了解定性指标的要求或者期望，从而明确工作的努力方向。

实务中，由于各种各样的原因，一些公司 HR 和业务部门领导在制定绩效管理评价指标的时候，没有做好考核指标的量化工作，也没有处理好定量指标和定性指标的关系，导致绩效考核环节出现问题，员工对考核过程和结果的客观性、公平性提出疑问。而当公司试图依据考核结果做出员工工资、奖金、岗位的调整或者解除劳动关系的时候，大概率会发生劳动纠纷或者争议事件。

由此，在绩效管理制度中，绩效管理无论是作为战略目标落地的工具，还是员工业绩评价的工具，各项考核指标的量化考核都是 HR 的关键痛点之一，也是 HR 和业务部门领导需要解决的核心问题之一。

定性指标的量化，既是实现公司战略目标、建设组织能力的要求，也是劳动合同法对绩效管理制度提出的要求。对公司的定性定量指标实现定量化的考核，是减少公司与员工的纠纷或者争议的前提。

二、调整不能胜任员工的工作岗位

绩效管理考核结果，是公司对员工进行工作岗位调整的重要依据。一般来说，公司对员工绩效考核结果分为 ABCD 四个等级，或者优秀、胜任、基本胜任以及不能胜任。对于考核结果为"不能胜任"的员工，公司会进行 PIP（Performance Improvement Plan，绩效改进计划）或者岗位调整。PIP 一般是对员工进行相应的培训。岗位调整，就是把员工调到适合其能力的工作岗位上去。

培训一般不会产生纠纷或者争议。而员工的岗位调整，有时会伴随着纠纷和争议。这也是让 HR 头痛的一个问题。那么如何认定员工"不能胜任"工作岗位呢？

首先，公司应当与员工在劳动合同中约定不能胜任工作岗位的情形。例如，约定员工绩效考核得分低于 50 分，或者绩效结果为 D 等级的，属于不能胜任工作岗位。

其次，公司在绩效管理制度中也作出同样的规定，员工绩效考核结果低于一个分值或者绩效结果为 D 等级的，视为员工不能胜任本岗位工作。

最后，在员工具体的绩效目标中，除了定量指标，定性指标也要量化考核，从而使考核结果保持客观。依据员工绩效考核结果的分值，就可以判定员工是否胜任本岗位的工作。

另外，也可以通过员工身体健康状况判断员工是否胜任工作岗位。员工患病或者非因工负伤，虽然在医疗期内康复，但是身体状况受到影响，无法从事原来的工作岗位，可认定为不能胜任原工作岗位；或者医疗期满，没有康复，仍需继续治疗的，也可以认定为不再胜任原工作岗位。

以上内容，都应当在劳动合同和绩效管理办法中事先合理约定和规定，才能保证公司关于员工"不能胜任"的认定是合法有效的。

那么如何对不能胜任工作岗位的员工进行岗位调整呢？

《劳动合同法》第四十条第二项赋予了公司对不能胜任工作的员工进行调岗的权

利。也就是说，如果员工不能胜任工作岗位，《劳动合同法》允许公司对员工进行工作岗位的调整。

虽然《劳动合同法》规定工作岗位是劳动合同的必备条款，在签订劳动合同时，公司和员工需要协商确定。在履行劳动合同的过程中，任何一方特别是公司不能单方面调整员工的工作岗位。但是，如果员工不能胜任工作岗位，公司是可以单方面调整员工的工作岗位的。

HR之所以认为依据绩效考核结果调整员工的工作岗位是一个头痛的问题，关键还在于公司的绩效管理制度无法有效地提供清晰准确的判断或者说无法量化绩效考核的目标、指标、流程和结果，因此就无法提供充分和有力的证据说明员工已经"不能胜任"工作岗位。

因此，对于公司HR来说，制定符合《劳动合同法》的绩效管理制度，特别是在绩效指标制定、过程的实施以及指标的考核中，全部实施量化考核，是解决这个问题的关键所在。

公司通过考核确定员工不能胜任工作之后，还需要考虑如何实施工作岗位调整。

第一步，公司需要书面通知员工因其自身不能胜任现岗位的工作，需要对其进行岗位调整，从现工作岗位调整至新的工作岗位。这一步的关键是，岗位调整通知需要送达员工，并要求员工在书面通知上签字确认。

实务中，一些员工会拒绝在不能胜任现岗位的考核结果上签字，也会拒绝在调动通知单上签字，这时常让HR感到头疼。对于考核结果来说，如果考核实现了真正的量化，公司有事实和数据作为依据，即使出现纠纷，公司也会有客观证据。例如，公司销售岗员工的销售业绩指标和完成结果，一般是一目了然的。另外，对于量化程度达不到100%的绩效管理考核，公司可以在绩效管理制度中规定："公司在一定范围内对员工考核结果予以公示，如果对考核结果有异议的，相关员工可以在一定期限内通过适当渠道进行申辩；超过该申辩期限未申辩的，视为对考核结果的认可。"

第二步，员工收到通知后，即可办理相关岗位调整手续。如果员工收到通知后，仍然拒绝到新岗位就职，应该如何处理呢？如果员工因此而拒绝上班，可以依据公司关于"旷工"的规定处理。另外，为了预防调整岗位遇到此类问题，公司还可以在规章制度中作出如下规定："如果公司能够证明员工不能胜任工作，需要调整工作岗位，员工拒绝调整的，视为严重违反公司规章制度。"如此规定，也为公司留下了管理的空间。

最后需要指出的是，虽然公司对于不能胜任工作的员工，有调整其工作岗位的权利，但是并不意味着公司可以任意调整。调整岗位应该是合情合理并与原岗位有关联的。例如，从财务经理岗位调整为财务主管岗位，是符合常理的，财务经理和财务主管两个岗位具备关联性质。而如果从财务经理岗位调整为销售经理岗位，这两个岗位就不具备合理性和关联性。虽然法律对于调岗的合理性和关联性没有具体的规定，但是依据常识，对于调岗的合理性和关联性，是可以做出基本判断的。

典型案例

案例：公司以员工不能胜任工作为由调岗调薪，被判胜诉

刘某于 2017 年 5 月入职一家互联网平台公司任招聘主管，标准工资为 25000 元/月。2019 年 12 月，刘某的绩效评估结果为 D。因此，公司以刘某不能胜任工作为由，安排刘某转任行政主管，新岗位的标准工资为 15000 元/月。刘某不服，最终诉至法院。

法院经审理后认为，刘某与该公司签订的劳动合同中约定：根据公司的绩效管理制度，乙方（员工）年度绩效评估结果为 D 的，视为乙方不能胜任工作。公司有权对其实施培训或者调整工作岗位。乙方工作岗位调整的，工资标准也要根据新的工作岗位的职责做出相应的调整。另法院查明：公司在员工手册和绩效管理制度中都对此作出了相应的规定。员工手册和绩效管理制度的制定经过了法定的程序，合法有效。

公司的绩效管理制度规定了量化考核的原则，刘某的年度考核指标全部量化，刘某也已经在绩效考评结果上签字确认。

因此，法院认为，公司根据双方的约定、公司的规定以及刘某已经确认的考核结果对刘某进行调岗调薪并无不当，并判决驳回刘某的全部诉讼请求。

本案中，如果互联网平台公司没有实施量化考核、没有让刘某确认考评结果、没有与员工在劳动合同中作出约定，或者没有在规章制度中作出规定，败诉的就是公司而不是员工。

三、调整不能胜任员工的工资标准

绩效管理考核结果的另一个应用涉及工资和奖金。考核结果为优秀的员工，一般会向上调整工资或者获得绩效奖金。而考核结果为不能胜任的员工，不但不会得到绩效奖金，甚至还涉及工资标准的向下调整。

工资标准是公司和员工必须在劳动合同中约定的条款，工资的调整属于劳动合同的变更。根据《劳动合同法》的规定，变更劳动合同需要双方协商一致。《劳动合同法》中虽然规定了公司可以调整不能胜任工作的员工的岗位，但是并没有明确说明公司是否可以调整员工的工资标准。

但是，从公司管理的角度来看，不同的岗位会对应不同的工资标准。对于不能胜任工作的员工的岗位调整，大多数情况是从较高级别的岗位调整到较低级别的岗位，这些岗位对应的工资标准正常情况下也是从高到低的，这是公司薪酬管理的基本做法。职位等级的变化，带来薪酬等级的变化，也就是"岗变薪变"，这是 HR 管理的应有之义。

实务中，HR 既需要考虑公司与员工劳动合同变更的约束，又要考虑到公司管理的实际情况。为了使岗变薪变的调整合理合规，HR 需要在规章制度或者劳动合同中，对岗变薪变作出明确的规定。这个规定可以是"如果员工不能胜任双方约定的工作岗位，公司有权调整员工工作岗位。员工同意公司对员工工作岗位做出调整，并且接受调整后工作岗位的工资标准，实行以岗定薪、岗变薪变"或者约定"员工绩效考核结果为 D 或者在某分值以下的，员工同意公司有权调整员工工资标准"等。

因此，在《劳动合同法》及相关法律法规的规定之下，解决一些疑难问题的关键是要有事前约定。当这些约定不违反《劳动合同法》的规定时，公司则可依照相应约定履行。或者在公司规章制度中作出规定，公司按照规章制度的相关规定执行，也可以达到合法、有效管理的目的。

总之，员工不能胜任工作岗位工资调整的关键是绩效考核的客观性和公平性，而实现客观公平的考核的关键前提之一是恰当指标的量化考核。

典型案例

案例：公司以员工不能胜任工作为由调薪，被判败诉

李某于 2017 年入职某贸易公司，工作岗位是业务员，基本工资 15000 元/月，合同期限 4 年。2019 年年底，该公司以"李某年终考核成绩全公司最低，属于不能胜任工作"为由，通知李某降薪 10%。李某不服，诉至法院。

法院经审理后认为：某贸易公司虽然有绩效管理制度，但是绩效指标的制定过于笼统，绩效评估以相关领导的主观判断为主，缺乏客观评价标准。因此某贸易公司并没有直接或客观证据证明李某不能胜任工作，应当向李某支付解除劳动合同的经济补偿金。

可见，在《劳动合同法》的基础上，细致地完善公司绩效管理制度至关重要。

四、试用期的绩效管理

我们在第一章已经阐述了试用期管理可能遇到的问题和挑战，其中就包括录用条件。如果员工在试用期被认为不符合录用条件，公司在说明理由后，可以解除双方的劳动关系。

试用期员工不符合录用条件的一个关键证据就是试用期的绩效考核。实务中，很多公司不重视员工试用期的绩效目标设定和考核。如果员工工作表现不好，公司也就无法提供有效的证据证明其不符合录用条件。因此，对试用期员工的绩效管理，HR 也应该重视起来，对试用期的绩效目标和评价，实行量化考核的原则。

试用期员工是否享受年终奖金？实务中，很多公司规定试用期员工不享受基于年底绩效考核的年终奖金。但是根据"按劳分配、同工同酬"的原则，这种规定违背了劳动合同法的立法精神。原则上，试用期员工与其他员工一样享有被奖励的权利。

在关于试用期年终奖的实际案例中，既有支持公司规定的判例，也有不支持公司规定的判例。对于 HR 来说，从管理的角度，在具体操作上可以未雨绸缪，规定或与员工约定试用期年终奖的问题。

关于试用期管理，我们已经在第一章解析，这里不再赘述。

五、员工假期绩效管理

一些公司会在绩效管理制度中规定员工一个日历年中请假总日期超过一定天数的，不享受基于绩效考核的年终奖金。这个规定是否合法合规，要根据员工请假的具体类别确定，而不能仅根据员工的请假天数确定。

如果员工请的是事假，这个规定没问题。事假属于无薪假，但是请假的期限要具备合理性。如果员工在一个日历年内因产假、带薪年休假、婚假、丧假等加起来的休假日期超过一定期限，应当视为员工提供了正常的劳动，不能在绩效管理制度中直接规定一个日历年中休假超过一定天数而不能享受年终奖金。

《劳动合同法》《工资支付暂行规定》《中华人民共和国妇女权益保障法》《职工带薪年休假条例》对此作出了明确的规定，带薪年休假、婚丧假、产假等视同员工为公司提供了正常劳动。既然是提供了正常劳动，当然有权利享受绩效奖金。

HR 在制定绩效管理制度时，可以对因产假、婚丧假等而导致无法参加绩效考核，没有绩效评价结果的这段时间的绩效奖金另行规定。例如，按照部门绩效奖金的平均数发放，或者按照平均数的一个百分数发放等。

员工患病或非因工负伤，医疗期是不享受基于绩效考核的年终奖金的，这是因为医疗期并没有被《劳动合同法》视为提供了正常劳动，而且医疗期内员工也享受了病假工资。员工患职业病或者因工负伤，在 12 个月的停工治疗期内，视为提供了正常劳动，因此有权享有年终奖。公司需要公平合理地确定职业病或者因工负伤员工的绩效奖金标准。

六、离职员工绩效管理

离职员工与公司关于绩效方面的争议，集中在基于绩效考核结果而发放的年终奖金上。公司发放年终奖金，是基于公司的整体经营状况以及员工的绩效考核结果。劳动合同法并没有对公司发放年终奖金作出明确的规定。因此，虽然实务中很多公司会拒绝给已经离职的员工发放年终奖金，但是 HR 仍然对是否应当根据法律规定给离职员工发放年终奖金有所困惑。

根据国家统计局《关于工资总额组成的规定》，年终绩效奖金属于工资。劳动合同法并没有对公司发放奖金作出规定。因此，发放年终奖金属于公司的自主管理。但是，并不是说公司有权利随意或者任意决定年终奖金的发放。

实务中，有很多关于年终绩效奖金发放争议的判例。一些判例中人民法院支持了离职员工的诉求，一些判例中人民法院并没有支持离职员工的诉求。公司 HR 需要对离职员工的年终奖金问题有一个明确的了解。是否给离职员工发放年终绩效奖金，存在以下几种情形：

1. 公司没有对离职员工的年终绩效奖金作出明确的约定或者规定。根据国家统计局《关于工资总额组成的规定》，奖金属于劳动报酬范畴。如果公司没有在劳动合同或者规章制度中，对离职员工的年终绩效奖金作出约定或者规定，而员工提供了相应的劳动，根据《劳动法》"按劳分配、同工同酬"及"公平合理"的原则，如果公司决定发放年终奖金，并且同岗位或相近岗位的员工获得了年终奖，那么离职的员工也应该有资格享受年终奖金。

2. 公司对离职员工的年终绩效奖金作出了明确的约定或者规定。而对于明确约定或规定离职员工不享有年终奖金的效力问题，存在两种不同的观点，并且各自有法院的判例予以支持。一种观点认为，如果公司约定或规定离职员工不享有年终奖，即构成免除自身义务、限制劳动者权利，违反《劳动合同法》的规定，应当属于无效条款。另一种观点认为，根据《劳动法》的规定，用人单位有权自主确定本单位的工资分配方式和工资水平，而年终奖的发放属于公司自主管理的内容，如果约定或规定经过法定程序，当然合法有效。在最高人民法院发布的指导性案例中，对上述两种观点做出了折中安排：结合员工的工作表现和贡献，如果是员工主动离职或者因违规或其他过失被解除劳动合同，公司可以根据约定或规定不支付年终奖；如果是非员工原因的离职，则公司的这种约定或规定是无效的。

因此，公司当然可以基于管理的需要，在劳动合同或者员工手册中约定或者规定依据员工离职原因来确定其是否享有年终绩效奖金。例如，一些公司在绩效管理制度中规定："公司有权根据年度经营情况决定是否发放年终奖。原则上，年终奖发放对象是一个年度绩效周期内的员工，如果员工主动辞职或者因过错被解除劳动关系的，不再享有年终奖。如果非员工原因导致员工离职的，离职员工可以享有相应的年终奖金。"当然，这项制度生效的前提是严格按《劳动合同法》规定的程序制定。

3. 地方法规或者判例有特殊规定的，根据地方法规或判例的规定执行。例如，《深圳市员工工资支付条例》第十四条第二款规定："劳动关系解除或者终止时，支付周期未满的员工月度奖、季度奖、年终奖，按照劳动合同的约定计发；劳动合同没有约定的，按照集体合同的约定计发；劳动合同、集体合同均没有约定的，按照依法制定的企业规章制度的规定计发；没有约定或者规定的，按照员工实际工作时间折算计发。"这个规定可以理解为员工无论基于何种原因离职，都要根据实际工作时间折算年终奖。

天津市高级人民法院则对离职员工年终奖的发放，作出了明确的规定。《天津法院劳动争议案件审理指南》规定："37.【年终奖发放】用人单位以规章制度、通知、会议纪要等规定有权利领取年终奖的劳动者范围为年终奖实际发放之日仍然在职的劳动者为由，拒绝向考核年度内已经离职的劳动者发放年终奖的，如该年终奖属于劳动报酬性质，劳动者请求给付年终奖的，应予支持。劳动者在年终奖对应的考核年度工作不满一年的，用人单位应当按照劳动者实际工作时间占全年工作时间的比例确定发放年终奖的比例。"

因此，离职员工是否享有年终奖的问题，实际是一个相对比较复杂的问题。HR应该根据公司具体情况、所在地相关法律法规的规定等，作出具体的判断。

典型案例

案例：员工被动离职，公司支付年终奖

方某于2011年入职某金融公司，工作岗位为高级经理。2017年12月，该金融公司因业务原因进行组织架构调整，解除了与方某的劳动合同。方某对该决定不服诉至法院，提出多项要求，其中之一是要求发放2017年的年终奖金。该金融公司以员工手册中规定离职员工不享受年终奖金为由拒绝给方某发放年终奖金。

法院经审理认为：虽然公司有权根据公司经营业绩、员工业绩表现等因素自主决定年终奖金的发放，但是公司应当遵循公平合理的原则。对于年终奖金发放前离职的员工，应该根据员工的离职原因、离职时间、在职期间工作表现和贡献等多方面因素综合考量。本案中，方某的离职原因是公司组织架构调整，不是其自身原因，而且公司没有证据证明方某在公司的表现有问题，应当认为方某正常履行了劳动合同的约定，因此，该金融公司认为某在年终奖金发放前离职就不享受年终奖金，缺乏合理性。法院判决该金融公司支付方某2017年的年终奖金。

本案中，虽然该金融公司规章制度中规定了离职员工不享有年终奖，但是具体到方某来说，其离职并非自己的过错，而是公司的原因，因此法院认为公司应当支付年终奖金。也就是说，虽然公司可能会规定或约定离职员工不享受年终奖，但是实务中要根据员工的离职原因、离职时间以及在职表现等来确定其是否可以享有年终奖金。

七、员工绩效考核结果为不能胜任而解除劳动关系

通用电气杰克·韦尔奇的"活力曲线"管理方式传入中国后，一度获得一些公司追捧。所谓的活力曲线就是"末位淘汰制"，但根据《劳动合同法》的规定，这是不被允许的违法行为。

除了《劳动合同法》规定的公司可以解除劳动合同的条件，公司不能自行规定或者与员工约定解除劳动合同的任何其他条件。因此，公司直接以员工考核结果处于末位为由与员工解除劳动合同，属于违法行为。

根据《劳动合同法》的规定，劳动者不能胜任工作，经过培训或者调整工作岗位，仍不能胜任工作的，公司可以解除劳动关系。因此，基于绩效管理考核的特点，公司可以根据这项规定依法解除"不能胜任"工作员工的劳动合同。

良好的绩效管理考核评价制度，可以甄别"不能胜任"工作的员工。因此公司可以员工不能胜任工作为由，解除双方的劳动关系，前提是必须履行相关程序。实务中，

对于 HR 来说，根据《劳动合同法》的这项规定解除与员工的劳动关系，在具体落实或执行中还有很多问题和挑战，因此这也是令 HR 感到最头疼的规定之一。

那么在绩效考核结果的基础上，HR 如何利用"劳动者不能胜任工作，经过培训或者调整工作岗位，仍不能胜任工作的，用人单位可以解除劳动关系"这项规定来解除与员工的劳动合同？

第一步，公司需要确定员工"不能胜任"工作。

我们前面已经阐述了公司如何能够证明员工"不能胜任"工作岗位。对于 HR 来说，需要做好两个方面的工作。一是为公司中的每一个岗位制定明确的岗位职责。这个岗位职责最好记录在员工的劳动合同中。二是为所在岗位员工制定清晰可量化的绩效目标和考核指标。绩效目标和指标的量化，是证明员工"不能胜任"考核结果的基础。

同时，在劳动合同中约定或者在规章制度中规定，绩效考核结果不能胜任的标准。例如，评价结果以分数形式呈现的，如果考核分值低于某个分值，则视为不能胜任工作岗位；评价结果以等级形式呈现的，绩效考核结果为 D 等级，则视为不能胜任工作岗位；等等。

这个阶段的关键就是固定好员工不能胜任工作岗位的证据材料。

第二步，对员工进行培训或者调整工作岗位。

对不能胜任工作岗位的员工进行培训或者调整工作岗位。这里公司可以根据具体情况选择是对员工进行培训还是调整员工的工作岗位，二选一即可。如果选择对员工进行培训，培训内容需要与现岗位的工作职责相匹配，而不是进行与岗位工作内容无关的培训。培训完毕后，员工继续从事现岗位工作。如果公司选择调整员工工作岗位，也并不是说公司有权利任意调整。被调整的新岗位是符合员工素质和能力的，公司需要从善意和合理的角度出发对待员工调岗。如果公司故意把员工调整到其不能胜任的工作岗位，或者调岗存在明显的恶意，岗位调整不会得到人民法院的支持和认可。

这个阶段的关键是固定好员工参加培训的相关材料，或者员工调整工作岗位的相关材料。

第三步，公司还需要确定员工经培训或者调整后仍"不能胜任"工作。

这一步仍然是对员工能否胜任工作的考察。选择培训的员工，应当继续考察现岗位的绩效目标和指标，并对员工在培训后能否胜任现岗位工作做出判断。选择调岗的员工，需要重新制定绩效目标和考核指标，并对其进行考核，根据考核结果确定员工是否胜任新岗位的工作。绩效管理制度应该对培训或者调岗员工的新的绩效考核作出具体的规定。

这个阶段的关键是固定好再次证明员工不能胜任工作岗位的证据材料。

第四步，通知员工解除劳动关系。

在证明员工"不能胜任"现工作岗位，并对员工进行了培训或者调岗之后，再次证明员工"不能胜任"工作岗位的，公司才可以依法解除和员工的劳动关系。根据《劳动合同法》的规定，对于不能胜任工作岗位的员工，经过培训或者调整工作岗位后，仍不能胜任工作需要解除劳动合同的，公司需要提前30天通知员工或者支付1个月的代通知金，并支付经济补偿金。

这个阶段的关键是提前通知员工或者支付代通知金。其他解除流程，根据公司员工的离职管理规定执行。

典型案例

案例：公司绩效考评太主观，不能认定为员工不能胜任工作

何某与某互联网平台公司签订的是无固定期限劳动合同。2019年7月3日，公司以何某不能胜任工作为由，解除与何某的劳动合同。原因是何某在2018年4月至9月与2018年10月至2019年3月的考核中，考核结果均为不能胜任工作。该公司之后对何某实施了绩效改进计划，但何某不予配合，导致绩效改进计划失败，因此该公司以何某不能胜任工作为由解除与何某的劳动合同。何某不服，最终诉至法院。

法院经审理认为，该公司在做出何某不能胜任工作的绩效评价结果的时候，没有明确的事实依据（也就是说公司绩效管理的指标量化存在问题），主管做出不能胜任的评价结果有其主观性。庭审过程中，该公司也没有另行提交能够证明何某不能胜任工作的证据。而公司对何某的绩效改进计划，也没有证据证明以何种方式对何某的绩效改进结果实施了有效评价。

因此，法院判决该公司解除与何某劳动合同的行为违法。

本案说明了绩效管理中指标量化的重要性，以及以不能胜任工作为由依法解除员工的劳动合同需要精细化的管理水平。现实中，一些公司的绩效管理还存在各种明显的疏忽和漏洞，也说明HR有很长的路要走。

八、绩效管理制度的程序合法

公司绩效管理制度的规定与员工的切身利益密切相关。《劳动合同法》第四条规定："……规章制度或者重大事项时，应当经职工代表大会或者全体职工讨论，提出方案和意见，与工会或者职工代表平等协商确定。在规章制度和重大事项决定实施过程中，工会或者职工认为不适当的，有权向用人单位提出，通过协商予以修改完善。用人单位应当将直接涉及劳动者切身利益的规章制度和重大事项决定公示，或者告知劳动者。"因此，根据《劳动合同法》的规定，经过合法的程序，绩效管理制度才能变成公司内部的"小法律"。

据我们了解，实务中大部分公司的绩效管理制度并没有经过这个法定程序，从而导致公司制定的绩效管理制度尽管内容合法，但是一旦发生纠纷，却无法得到人民法院的支持。因此，即使再麻烦，专业的HR一定要严格执行这项规章制度的制定流程：

组织员工代表大会或者员工大会讨论，听取意见，修改后再与工会或职工代表协商，最后向全体员工公示。

　　这一流程的具体操作方法，在本书第六章中员工手册制定流程的实操流程中予以详细说明，公司管理者或者 HR 可以参照执行。

第二节　劳动合同法融入绩效管理制度之实操解析

本节我们以案例的方式,解析把《劳动合同法》的相关规定融入绩效管理制度,解决 HR 在绩效管理中劳动合同法方面的挑战和困难。

一家大数据互联网独角兽公司,在发展到 400 多人后,发现绩效管理成了公司的一个严重问题。因此,公司 HR 制定了公司的绩效考核管理制度。但是,几年执行下来,发现每年都会因为绩效管理纠纷而引发一些劳动争议,或者导致了一些人才的流失。HR 请咨询专家提供帮助,经过分析劳动争议案件发现,公司的绩效管理制度存在一些问题:一是忽视了《劳动合同法》及相关法律法规的要求,管理上没有做好预判,导致公司的一些决定和行为违法;二是公司在执行绩效管理制度的时候,不注意留存书面材料;三是公司在确定员工个人绩效指标的时候,一些定性指标没有实现量化考核,员工对绩效结果不认可的居多。因此,公司决定请咨询专家帮助公司重新制定绩效管理办法。

以下为大数据互联网独角兽公司新的绩效管理办法。

公司绩效管理办法

目的:
1. 本绩效管理办法是公司战略落地及执行的重要工具。
2. 本绩效管理办法是团队和员工业绩衡量的主要工具。

第一部分　战略落地和执行

一、公司战略目标和财务目标
1. 公司在每年的年底或者年初通过战略共识会回顾公司战略并确定公司的年度战略目标。
2. 根据公司的战略目标,在战略共识会上讨论和确定公司的年度财务目标,以及公司其他关键目标或者重大项目。

二、目标分解
1. 根据公司确定的整体财务目标以及各业务部门的具体情况,实施财务目标及其他关键目标分解。
2. 年度目标确定后,各部门根据具体情况,进行年度目标的进一步分解。部门年度目标的分解，按照年度分解到部门内部团队和员工个人。

三、绩效责任承诺书

1. 目标分解完成后，公司与各部门签订《部门绩效任务承诺书》。

注：部门目标也要实现量化，因为多数情形下，部门目标与部门负责人的目标大概率重合。

2. 各部门与部门员工签订《员工个人绩效任务承诺书》。

注：注意定性指标的量化，不能量化的指标不能作为考核指标使用。

四、考核和过程管理

1. 公司运营管理部根据各部门签订的《部门绩效任务承诺书》按照半年度/年度对部门进行考核。

2. 公司运营管理部、财务和HR部门根据各部门与部门员工签订的《员工个人绩效任务承诺书》，协助各部门按照半年度/年度对部门内部团队和个人进行考核。

3. 人力资源部根据考核结果和公司奖惩政策，对部门和团队实施奖惩。

五、奖惩办法

1. 根据公司和部门总体绩效指标完成情况，设定公司部门考核系数。员工的具体奖金发放标准需要结合部门对员工的绩效考核结果确定。

公司财务指标完成率低于70%，任何部门都没有年终奖。

公司财务指标完成率大于或等于70%，同时部门考核成绩达到相应标准，则公司按部门考核成绩确定部门考核系数。

2. 各部门考核系数（略）。

3. 员工做出特殊贡献的，虽然因部门考核得分达不到更高的年终奖励标准，但是CEO可以予以特别批准。

4. 公司财务指标完成率没有达到整体发放年终奖的门槛线，但是部门的年度绩效考核得分超过90分的，该部门的员工可以根据员工个人的绩效考核结果获得年终奖。

注：为部门目标设定考核系数，是为了把部门目标的完成情况与员工个人目标的完成情况结合起来计算绩效奖金。目的是防止员工个人只关注自己的目标而忽视部门目标，体现团队的力量。

第二部分　员工绩效管理

一、目的

为了更好地提升公司组织效能，建设客观、公平、公正、公开的绩效激励体系，激励员工持续提升能力水平，驱动公司战略目标的有效落地，特制定本员工绩效激励方案。

二、适用范围

本方案适用于公司所有正式员工，但下列人员不在考核范围内：

1. 公司聘用顾问人员；

2. 试用期未满人员；

3. 实习及兼职人员。

三、考核原则

1. 公开公平原则；

2. 以事实为依据原则；

3. 量化考核原则。

四、绩效目标设置

1. 目标的选取：

a. 各级部门的关键绩效指标即为该部门负责人的绩效指标；

b. 根据员工所在部门年度预算目标和业务规划，进行目标分解确定员工个人绩效目标；

c. 应当选取对公司或本部门工作影响重大，且员工可以通过自身的努力，对该指标能有效控制或改善的目标。

2. 目标的量化：

目标分为定量指标和定性指标。定量指标的比例不应当低于70%。定性指标的设定也要做到可以衡量和客观评价，具体可从数量、质量、成本、时间、指标分级以及关键事件等方面设定。不能量化的定性指标，不能作为考核指标使用。

注：以定量目标为主，同时要求定性指标必须可以量化和可衡量，以使考核结果客观公正。这是绩效管理最重要的基础。因为公司的人才盘点、员工的晋升、调薪、调整工作岗位、解除劳动合同等很多人员管理操作是以绩效考核结果作为重要的参照标准的。

3. 目标设置的原则：

a. 具体性；

b. 衡量性；

c. 可实现性；

d. 相关性；

e. 时限性。

注：绩效考核指标制定的基本原则，也是指标可量化的要求。

4. 绩效目标的确认及变更：

a. 员工与直接上级双方进行沟通并达成一致意见，双方签字确认；

b. 员工年度绩效任务承诺书的签署于每年度1月底前完成。

五、工作职责

1. 员工的直接上级（略）；

2. 员工（略）；

3. 业务部门负责人（略）；

4. 人力资源部（略）。

六、考核程序（略）

七、考核标准

1. 直线经理参照《员工个人绩效任务承诺书》中的考核内容、考核目标和考核标准，实施考核打分。

2. 原则上考核结果为 A+ 的人员比例不超过本部门同级别考核总人数的 5%。对于考核结果为 A+ 的人员，必须提供具体的事实依据。绩效结果为 A 的人员，原则上不超过本部门同级别考核总人数的 5%。但是，部门绩效考核结果得分排名前 5 且绩效考核得分超过 90 分的，A+ 和 A 的人员比例可以分别为 10%。

3. 原则上，部门内部绩效评价结果为 D 的员工比例设定在 5%。但是，部门考核得分排名后 3 位的，该部门员工绩效考核结果为 D 的人员，不得低于 10%。

八、考核结果

1. 考核内容（略）；

2. 考核系数（略）。

九、绩效辅导及面谈（略）

十、绩效申诉管理

1. 员工如果对考核结果有异议，可以先在本部门内与直接领导和间接领导进行沟通。如果沟通后仍有异议，可以向人力资源部提出申诉，由人力资源部协助进行调查协调，并告知员工处理结果，此结果作为最终处理结果。

2. 考核申诉必须提供具体的事实依据。

十一、绩效结果的应用

1. 发放绩效奖金，绩效奖金计算公式为：

奖金发放标准＝（员工月工资标准×部门考核系数×50%＋员工月工资标准×员工个人绩效考核系数×50%）×员工年度出勤系数。

2. 绩效结果优秀的员工，在下一年度涨薪、晋升、人才发展计划、后备干部培养中予以重点考虑。

3. 员工根据绩效考核结果及其反馈意见进行改进，并提升自己的能力水平，从而满足职业发展需求。

4. 绩效考核结果为 D 或者分值为 65 分以下的员工，视为不能胜任现岗位工作。公司有权对其实行培训或者调整工作岗位，并实行岗变薪变的调岗原则。如果员工拒绝参加培训或者调整工作岗位的，视为严重违反公司规章制度。

注：明确规定，易于操作，解决不能胜任员工调岗和调薪的管理痛点。最好在劳动合同中也予以约定。

5. 绩效结果为 D 或者分值为 65 分以下的员工，经评估，可以继续留在原岗位工作的，公司有权根据具体情况，降低员工职位级别，并适当降低该员工工资标准。

注：明确规定，易于操作，解决调薪的管理痛点。最好在劳动合同中也予以约定。

6. 绩效结果为 D 或者分值为 65 分以下的员工，经培训或者调整工作岗位，仍然不能胜任的，公司有权解除双方的劳动合同。

注：明确规定，易于操作。最好也在劳动合同中予以约定。

7. 关于第二次工作岗位胜任与否的业绩考核，根据情况可以三个月、六个月或者一年作为一个绩效考核周期。

注：绩效考核之后，公司需要对绩效考核结果不合格或不能胜任的员工做出一些降职、降薪、调岗、培训等决定。在劳动合同法下，工作岗位和工资标准已经确定，如果变更，需要与员工协商一致，否则就违反了劳动合同法。因此，为了确保公司行为的合法性，在劳动合同和绩效管理办法中事前作出约定和规定，当公司需要采取措施的时候，就是在履行劳动合同的约定和绩效管理的规定。只要调岗、降薪的行为具备合理性和关联性，不属于恶意调岗和降薪，公司依据劳动合同约定和绩效管理的规定调岗和降薪，就不是违法行为。

十二、特殊情况绩效管理

1. 试用期员工的绩效管理：

a. 试用期员工在入职后 1 周内与其直接上级共同制定试用期工作业绩目标，并签订试用期工作计划考核表，目标值按全年目标值同比例折算；

b. 在试用期结束前 15 个工作日开始新员工转正评价，新员工试用期结束前 5 个工作日完成评价工作；

c. 入职到当年年末还未结束试用期的员工不参与年终绩效考核；

d. 入职到当年已经结束试用期的员工，有当年绩效结果，参照本制度规定的相应绩效结果系数和出勤系数计算发放绩效工资。

注：对还在试用期的员工做出不参与年终考核的决定，意味着试用期员工不享受年终奖金。作出这条规定的原因和目的的是：1. 因为试用期员工的试用期考核周期还没有结束，无法评价；2. 一旦发生劳动争议和纠纷有据可依。

2. 假期员工的绩效管理：

a. 员工在一个绩效周期内因休病假、事假等未到岗工作时间等于或超过该绩效周期工作时间 50% 及以上，该员工不参加该绩效周期的评价，无绩效工资；

b. 员工在一个绩效周期内因带薪年休假、婚丧假、产假等导致无法实施绩效考核的，公司视员工为提供了正常劳动，应当参照员工所在部门的平均数享受年终绩效奖金；

c. 一个年度绩效考核周期内（每年的 1 月 1 日到 12 月 31 日）主动离职或者因过错被公司解除劳动关系的员工，不参与绩效考评，无年度绩效奖金。

注：假期性质不同，享受不同的待遇，作出明确规定，预防纠纷。同时对离职员工的年终绩效作出规定，如果公司没有作出类似的规定，离职员工起诉公司，公司一般会败诉。当然，如果公司承认离职员工的贡献，愿意支付离职员工在职期间的绩效奖金，对于公司的雇主品牌是大有帮助的。例如，A 公司的离职员工，经常在网上晒离职后的大笔奖金收入，给 A 公司带来了许多好评。

十三、员工签字

绩效考核评估结束后，员工应当在绩效评估结果决定书上签字确认。如果员工对绩效评估结果有异议，可以按照公司规定的程序提出申诉。如果员工在 5 个工作日内没有提出申诉的，视为员工同意绩效评估结果。

注：一些对绩效评估结果不满意的员工，可能会拒绝在绩效评估结果决定书上签字。本条规定如果员工没有在规定期间提出申诉，则视为同意。一是为了提升效率；二是为了避免一些可能的签字方面的法律问题。

十四、本办法中提到的相关术语定义

1. 直接上级：员工汇报的直接管理者，如果员工为 N，则直接上级为 N+1；

2. 间接上级：高于员工 2 级，是员工直接管理者的 N+1，员工的 N+2。

十五、解释权限和生效日期

该方案由公司人力资源部负责解释，自发布之日起施行。

第三章 把劳动合同法融入薪酬管理制度

薪酬管理制度，是公司人力资源管理体系的核心制度之一。说公司的薪酬管理制度是 HR 传统六大管理模块中最关键的制度也不为过。毕竟，大多数员工工作最主要的目的还是挣钱养家。员工除了关注薪酬标准的绝对值高低，还关注薪酬的公平性和公正性。一套完善有效的薪酬管理制度，能够激励员工的工作积极性，引导员工为实现公司战略目标而努力。而不合适的薪酬制度，则会打击员工的工作积极性，消耗员工的工作动力，严重时甚至会导致公司人才的流失，从而给公司中长期整体绩效和运营造成不良后果。

HR 在制定公司薪酬管理制度时，往往关注的是如何利用薪酬技术，结合公司所在行业和自身业务特点的需要，确保薪酬管理制度的内部公平性和外部竞争性，以保证薪酬制度的激励性特点。当然，合理的成本控制和薪酬预算也是 HR 需要考虑的一个重要问题。

但是，实务中一些负责制定和落实薪酬管理制度的 HR，可能并不熟悉《劳动合同法》及相关法律法规的规定，因此在制定和落实薪酬管理制度的时候，这方面就会存在疏漏。而公司与员工的劳动争议和纠纷，有很大一部分是关于薪酬问题的。虽然没有关于薪酬争议占比的统计，但是大部分劳动争议最后是落在薪酬或者以薪酬为基准的赔偿上面。

因此，一个专业的 HR 在考虑如何通过薪酬管理制度吸引、激励、保留人才，建设组织能力的同时，也要关注把《劳动合同法》的规定融入薪酬管理制度，尽量减少由薪酬管理制度引起的劳动纠纷和争议，给公司造成不必要的损失。

第一节　HR在薪酬管理中劳动合同法方面的痛点解析

　　HR会根据公司所在行业、公司战略、业务模式、人员构成、人才竞争市场现状等特点制定不同的薪酬管理制度。例如，宽带薪酬制度、技能薪酬制度、薪点工资制度、岗位薪酬制度、计件薪酬制度等，这些不同薪酬制度的共同目的是激励员工努力为公司创造价值。HR在制定和实施薪酬管理制度的时候，除了关注公司自身特征，还会把精力放到如何利用职位评估、组织架构、薪酬等级、薪酬幅度、薪酬预算、市场对标的薪酬数据等薪酬技术方面，但很少从《劳动合同法》角度关注影响薪酬管理制度的因素。

　　我们说薪酬管理制度的目的是激励和保留员工为公司创造价值，但是如果忽略《劳动合同法》的影响因素，有可能达不到薪酬管理制度的目的。在实施薪酬管理制度的时候，如果不能有效避免因为薪酬管理忽略《劳动合同法》而导致的劳动争议，这个薪酬管理制度就不是一个合格的薪酬管理制度。

　　因此，HR在制定和落实薪酬管理制度的时候，就需要把《劳动合同法》对薪酬管理的影响考虑进去。可以说，《劳动合同法》及相关法律法规对薪酬的相关规定，是公司建立薪酬管理制度的基础所在。本节讨论的就是HR在薪酬管理中经常遇到的《劳动合同法》方面的痛点。我们将从《劳动合同法》及相关法律法规的视角解析薪酬管理制度。

　　需要特别说明的是，我们在本节全面解析《劳动合同法》对公司薪酬制度的影响和公司的相应对策，而在《劳动合同法》中，使用的是工资和福利的概念。薪酬和工资是有一定区别的：工资是公司根据法律或者行业规定，或者与员工个人的约定，以小时、天数或者计件为计算基础支付给员工的货币性劳动报酬。而薪酬的概念则比较宽泛，不但包含工资，还包含公司能提供给员工的其他福利等各种形式的酬劳。鉴于是从劳动合同法角度解析薪酬管理，因此以下章节我们采用劳动合同法使用的工资和福利的概念。

一、工资的构成

　　《劳动合同法》用"工资"这一概念来定义公司支付给员工的工作报酬。我们在解析HR关于工资的其他问题之前，先根据《劳动合同法》的定义，来说说HR对于工资构成方面可能存在的一个困扰。

　　为什么工资的构成有时会成为HR的一个困扰？原因在于《劳动合同法》中关于

赔偿金、补偿金、加班基数等的计算，主要依据的是员工前12个月的平均工资。而员工前12个月的收入里，有可能收到不属于工资范畴的货币收入。HR在计算前12个月平均工资的时候，既要把属于工资范畴的收入全部计入，也要把非工资范畴的货币收入剔除出来，否则就会有失公平。因此，有必要弄清楚《劳动合同法》关于工资结构的定义。

根据国务院的有关规定，工资是由计时工资、计件工资、奖金、加班工资、补贴和津贴以及特殊情况下支付的工资六个部分构成的。计时工资、计件工资、奖金、加班工资、补贴和津贴作为工资构成对于HR来说容易理解，不是问题。而对于特殊情况下支付的工资，有的HR可能会在制定公司薪酬管理制度的时候忽略。特殊情况下支付的工资，就是根据国家有关法律法规的规定，在员工患病、工伤、产假、婚丧假、事假、探亲假、带薪休假、停工停产、参加培训、执行国家或社会义务等情况下支付给员工的工资。这一部分工资的支付，实际是最容易产生纠纷的部分，因此HR在制定薪酬管理制度的时候，是需要特别注意的。

除了上述六个方面的工资构成部分之外，员工还可能基于其他原因，收到公司支付的货币性收入，而这些收入不能算作工资的构成，因此在计算前12个月平均工资的时候，不应该包含在内。根据国家统计局1990年发布的《关于工资总额组成的规定》（以下简称《规定》），这些收入为：

（1）根据国务院发布的有关规定颁发的发明创造奖、自然科学奖、科学技术进步奖和支付的合理化建议和技术改进奖以及支付给运动员、教练员的奖金；

（2）有关劳动保险和职工福利方面的各项费用；

（3）有关离休、退休、退职人员待遇的各项支出；

（4）劳动保护的各项支出；

（5）稿费、讲课费及其他专门工作报酬；

（6）出差伙食补助费、误餐补助、调动工作的旅费和安家费；

（7）对自带工具、牲畜来企业工作职工所支付的工具、牲畜等的补偿费用；

（8）实行租赁经营单位的承租人的风险性补偿收入；

（9）对购买本企业股票和债券的职工所支付的股息（包括股金分红）和利息；

（10）劳动合同制职工解除劳动合同时由公司支付医疗补助费、生活补助费等；

（11）因录用临时工而在工资之外向提供劳动力单位支付的手续费或管理费；

（12）支付给家庭工人的加工费和按加工订货办法支付给承包单位的发包费用；

（13）支付给参加企业劳动的在校学生的补贴；

（14）计划生育独生子女补贴。

《规定》虽然还没有废止，但是一些规定已经有所改变。一些之前没有纳入工资构成的收入，已经纳入工资构成。例如，按月标准发放员工的住房补贴、交通补贴、车改补贴、通信补贴、节日现金补助、伙食补贴以及高温津贴，已经是工资的组成部分。在计算员工前12个月平均工资的时候，这些收入需要包含在内。可参见如下一些规定。

《财政部关于企业加强职工福利费财务管理的通知》（财企〔2009〕242号）："二、企业为职工提供的交通、住房、通讯待遇，已经实行货币化改革的，按月按标准发放或支付的住房补贴、交通补贴或者车改补贴、通讯补贴，应当纳入职工工资总额，不再纳入职工福利费管理；尚未实行货币化改革的，企业发生的相关支出作为职工福利费管理，但根据国家有关企业住房制度改革政策的统一规定，不得再为职工购建住房。企业给职工发放的节日补助、未统一供餐而按月发放的午餐费补贴，应当纳入工资总额管理。"

2012年原国家安全生产监督管理总局、原卫生部、人力资源和社会保障部、中华全国总工会联合发布的《防暑降温措施管理办法》第十七条规定："劳动者从事高温作业的，依法享受岗位津贴。用人单位安排劳动者在35℃以上高温天气从事室外露天作业以及不能采取有效措施将工作场所温度降低到33℃以下的，应当向劳动者发放高温津贴，并纳入工资总额。高温津贴标准由省级人力资源社会保障行政部门会同有关部门制定，并根据社会经济发展状况适时调整。"

天津市高级人民法院关于印发《天津法院劳动争议案件审理指南》的通知："33.【加班费基数】……月平均工资指劳动者在法定工作时间内提供正常劳动后应得的月工资收入。双方对月平均工资有约定且不低于最低工资标准的，从其约定；没有约定或者约定不明的，按照《中华人民共和国劳动合同法》第十八条的规定确定月平均工资；按照《中华人民共和国劳动合同法》第十八条的规定仍然不能确定月平均工资的，应当按照劳动者应得的月收入扣除法定福利待遇、用人单位可自行决定给付的福利待遇以及非工资性补贴（如冬季取暖补贴、集中供热补贴、防暑降温费、上下班交通补贴、洗理卫生费福利、托儿补助费、计划生育补贴等）确定，低于最低工资标准的以最低工资标准计算。"

二、最低工资标准的构成

最低工资标准是指公司员工在法定工作时间内提供了正常劳动的情况下，公司应该支付给员工的最低劳动报酬标准。目前，最低工资标准由各地方每年根据地方的社会、经济、工资水平等社会发展状况进行调整。HR在制定或者落实薪酬制度的时候，往往容易忽略最低工资标准的要求。

各地方的最低工资标准，由各地行政部门公布。但是，对于HR来说，这个最低工资标准的具体数字，应该包含哪些工资项目或者应该剔除哪些工资项目，是需要关注的问题。否则，就有可能出现争议或者纠纷。

HR需要注意的第一点，就是关于正常劳动的定义。除了法定工作时间内的员工提供的正常劳动之外，员工依法享受的带薪年休假、产假、婚丧假、探亲假、国家法定的节假日以及员工依法参加社会活动期间，也应当视为员工提供了正常的劳动。

HR 需要注意的第二点，就是员工的加班工资、特殊岗位津贴（高温、低温、井下、有毒、中班费、夜班费等特殊工作环境下的津贴）、公司依法缴纳的社会保险和住房公积金部分，不应当包含在员工的最低工资标准之内。

HR 需要注意的第三点，就是员工需要缴纳的社会保险的个人部分、住房公积金、伙食补贴和交通补贴等，是否应该包含在最低工资之内。关于这点，不同的省份有着不同的规定。

1. 有的省份规定员工的最低工资标准包含员工个人应该依法缴纳的社会保险和住房公积金部分。例如，广东省和浙江省。

2. 有的省份规定员工的最低工资标准包含员工个人应该依法缴纳的住房公积金，但不包含依法应该缴纳的社会保险的个人部分。例如，江苏省。

3. 有的省份（含直辖市）规定员工的最低工资标准不包含员工个人应该依法缴纳的社会保险个人部分和住房公积金个人部分。也就是说在扣除了上述两部分费用之后，员工收到的工资不能低于行政部门规定的最低工资标准。例如，北京市和上海市。

4. 上海市还规定最低工资标准应该扣除伙食补贴（饭贴）、上下班交通费补贴、住房补贴。

从上述四种不同的形式看，不同的省份（含直辖市）对于最低工资标准应该包含或者剔除的项目有着不同的规定，上海市的规定对员工更有利一些。但是无论如何，HR 要根据自己公司所在省份的相关规定来确定最低工资标准的内涵，做到心中有数，从而避免犯低级错误。特别是集团性公司，不能根据集团总部所在地，"一刀切"地制定一个最低工资标准。

HR 需要关注最低工资标准的概念和构成，主要是因为一旦出现纠纷或者争议，有可能会给公司带来经济方面的损失。《劳动合同法》第十八条规定："劳动合同对劳动报酬和劳动条件等标准约定不明确，引发争议的，用人单位与劳动者可以重新协商；协商不成的，适用集体合同规定；没有集体合同或者集体合同未规定劳动报酬的，实行同工同酬；没有集体合同或者集体合同未规定劳动条件等标准的，适用国家有关规定。"因此，公司和员工的工资标准一旦约定不明，就有可能会被人民法院认定工资标准约定无效。而工资标准约定无效的结果，就有可能会根据公司集体合同约定的标准、同工同酬，或者公司所在地职工上年度月平均工资标准作为正常劳动下的工资标准。而这些工资标准，特别是上年度月平均工资标准，远远高于地方最低工资标准。如果以这个标准支付员工工资或者计算经济补偿金，肯定会增加公司的用工成本。一些相关规定如下。

原劳动和社会保障部《最低工资规定》第十二条规定："在劳动者提供正常劳动的情况下，用人单位应支付给劳动者的工资在剔除下列各项以后，不得低于当地最低工资标准：

（一）延长工作时间工资；

（二）中班、夜班、高温、低温、井下、有毒有害等特殊工作环境、条件下的津贴；

（三）法律、法规和国家规定的劳动者福利待遇等。

实行计件工资或提成工资等工资形式的用人单位，在科学合理的劳动定额基础上，其支付劳动者的工资不得低于相应的最低工资标准。

劳动者由于本人原因造成在法定工作时间内或依法签订的劳动合同约定的工作时间内未提供正常劳动的，不适用于本条规定。"

《北京市人力资源和社会保障局关于调整北京市 2018 年最低工资标准的通知》（京人社劳发〔2018〕130 号）："一、……下列项目不作为最低工资标准的组成部分，用人单位应按规定另行支付：……（三）劳动者个人应缴纳的各项社会保险费和住房公积金……"

《江苏省人力资源和社会保障厅关于调整全省最低工资标准的通知》（苏人社发〔2018〕173 号）[①]："二、下列项目不作为最低工资的组成部分，用人单位应按规定另行支付：……（三）劳动者按下限缴存的住房公积金……"

《上海市人力资源和社会保障局关于调整本市最低工资标准的通知》（沪人社规〔2018〕6 号）："一、……下列项目不作为月最低工资的组成部分，由用人单位另行支付：……（三）伙食补贴、上下班交通费补贴、住房补贴。（四）个人依法缴纳的社会保险费和住房公积金。"

《浙江省劳动和社会保障厅关于贯彻执行〈最低工资规定〉有关事项的通知》（浙劳社劳薪〔2004〕40 号）："二、进一步明确有关政策规定 （一）我省的最低工资标准包含职工个人缴纳的社会保险费（包括养老、医疗、失业保险费）和住房公积金……"

三、加班工资管理

对于 HR 来说，加班工资管理是一个比较令人头疼的问题，有不少劳动争议与加班工资有关。因此，HR 做好加班工资的管理，减少加班工资支付引起的纠纷，并适当控制人工成本，是一项非常重要的工作。对于加班工资管理，HR 需要关注以下一些问题和挑战。

1. 考勤与加班工资的关系问题

加班工资是员工在正常工作时间之外，因延长工作时间而产生的，公司应该支付给员工的劳动报酬。员工工作时间的记录是使用考勤系统完成的，而各公司都会有自己的考勤系统，用以记录员工的工作时间。目前，我国《劳动合同法》规定的员工标准工作时间是工作日每天工作 8 个小时，每周工作 40 个小时。而实务中，员工到达公

[①] 已失效。

司和离开公司的时间，在考勤记录上一般会多于 8 个小时。而员工在工作日标准工作时间 8 个小时之外，在考勤记录上多出的待在公司的时间，是否应当计为员工的加班时间呢？这不能一概而论。有的时间属于加班时间，而有的时间肯定不属于加班时间。但是，哪些时间属于加班时间，哪些不属于加班时间，从考勤系统上是无法确认的。因此，这就需要公司结合考勤记录，就公司加班从制度和流程上作出相应的规定。

如果公司没有对加班管理在制度或流程上予以明确，一旦发生纠纷，一般情况下，公司考勤记录的时间，就会被仲裁机构或者人民法院认定为加班时间。实务中，确实有一些公司没有加班管理的明确规定，在与员工就加班问题发生争议后，负有法定举证责任的公司很难证明工作日 8 小时之外员工待在公司是不是加班。公司举证失败，责任则要公司来承担，考勤记录的 8 小时标准时间之外的时间就被认定为加班时间。结果就是公司败诉，不得不支付员工加班工资，不必要地增加了公司的用工成本。

解决这个问题并不难，在工资管理流程中加入一个加班管理流程即可。HR 在制定公司加班管理工资制度时，一定要对员工加班做出明确的定义。比如：员工加班，需要公司管理者的批准。没有履行管理者书面批准手续的，员工正常标准工作时间 8 小时之外待在公司的时间，不视为加班。

如此规定，把考勤和加班管理有机地结合在一起来认定员工是否加班，也就不会再有双方因为考勤中的上下班时间记录而产生的加班工资支付的争议问题。即使发生争议，也容易解决。

2. 不同工时制下的加班管理

我们前面已经谈到，目前的工时制有标准工时制、综合计算工时工作制和不定时工作制。标准工时制度下的加班管理，容易理解。那么综合计算工时工作制和不定时工作制下，有没有加班的问题呢？

a. 综合计算工时工作制下，也存在加班管理的问题。

公司实行综合计算工时工作制的，如果一个综合计算工作周期内，总实际工作时间超过法定标准工作时间的，应该视为延长了工作时间，也就是加班，应该支付加班工资。原劳动部 1997 年发布的《关于职工工作时间有关问题的复函》（劳部发〔1997〕271 号）对此作出了较为具体的规定："……五、经批准实行综合计算工时工作制的用人单位，在计算周期内若日（或周）的平均工作时间没超过法定标准工作时间，但某一具体日（或周）的实际工作时间工作超过 8 小时（或 40 小时），'超过'部分是否视为加点（或加班）且受《劳动法》第四十一条的限制？

"依据劳动部《关于企业实行不定时工作制和综合计算工时工作制的审批办法》第五条的规定，综合计算工时工作制采用的是以周、月、季、年等为周期综合计算工作时间，但其平均日工作时间和平均周工作时间应与法定标准工作时间基本相同。也就是说，在综合计算周期内，某一具体日（或周）的实际工作时间可以超过 8 小时（或 40 小时），但综合计算周期内的总实际工作时间不应超过总法定标准工作时间，超过部分应视为延长工作时间并按《劳动法》第四十四条第一款的规定支付工资报酬，其中法定休假日安排劳动者工作的，按《劳动法》第四十四条第三款的规定支付工资报酬。而且延长工作时间的小时数平均每月不得超过36小时。"

因此，对于综合计算工时工作制的加班管理，我们可以得出如下结论：第一，综合计算工时工作制需要经过劳动行政部门的审批。第二，综合计算工时工作制下，员工在一个周期内的总实际工作时间应该与标准工时工作制下的总工作时间一致，超过部分就视为加班。第三，综合计算工时工作制周期内，周六日工作的不算加班，只是周六日工作时间要计算在一个工作周期总的工作时间内。第四，综合计算工时工作制一个工作周期内总的工作时间，超过按标准工时制计算的总的工作时间的，超过部分按照员工加班基数的150%支付加班工资。第五，法定节假日安排员工工作的，视为加班，按照员工加班基数的300%支付员工加班工资。

b. 不定时工作制下的加班管理。

那么在不定时工作制下的员工是否存在加班管理问题呢？实行不定时工作制的员工，根据《工资支付暂行规定》的规定是不需要支付其在法定节假日期间工作的加班工资的。但是各省份对此又作出了不同的规定。大部分地区按照《工资支付暂行规定》的规定，所在地区实行不定时工作制的公司员工在法定节假日工作的，无须支付加班工资。例如，北京、广东、浙江、天津等地。而有些地方则规定，实行不定时工作制的员工，法定节假日也应当享受加班工资待遇，公司应当支付员工标准工资的300%作为加班工资。例如，《上海市企业工资支付办法》(沪人社综发〔2016〕29号)第十三条第四款规定："经人力资源社会保障行政部门批准实行不定时工时制的劳动者，在法定休假节日由企业安排工作的，按本条第（三）项的规定支付加班工资。""本条第（三）项"的内容是企业"安排劳动者在法定休假节日工作的，按照不低于劳动者本人日或小时工资的300%支付"。

因此，不定时工作制下，员工在正常工作日和休息日延长工作时间的，公司无须支付加班工资。而在法定节假日工作的，是否需要支付加班工资，要根据公司所在地的具体规定执行。

最后需要说明的是，标准工时制下实行计件工资制的员工，是按照法定工作时间内员工的计件单价的150%（工作日加班）、200%（休息日加班）和300%（法定节假日加班）支付员工的加班工资。因此，计件工作加班工资的计算标准是员工在8小时工作内的计件单价。

3. 加班工资基数

HR经常要面对控制公司用工成本的问题，而加班工资是公司人工成本的一个重要组成部分，尤其是生产制造业，加班工资在人工成本中一般会占有一定的比例。因此，合法合理地控制加班工资成本支出，也是HR需要面对的一个问题。

HR控制加班工资成本支出，除了尽量减少加班，一个很重要的方法就是根据相关规定与员工约定加班工资的基数。由于《劳动合同法》并没有对员工加班工资基数如何确定作出明确规定，因此公司和HR可能会忽略这个问题或者对这个问题比较困惑。而地方法规或规章对此的规定不尽相同，所以各公司加班工资基数的管理也不尽相同。在实务中，有的公司以员工的基本工资作为加班工资基数，有的公司以员工的岗位工资作为加班工资基数，有的公司和员工约定一个数额作为加班工资的基数。这些做法或多或少都存在一些问题，导致加班工资的计算出现矛盾，从而引起争议和纠纷。

有关加班工资基数的规定，主要分散在部分省份地方性法规以及规章中。也有一些省份，没有在地方性法规或者规章中对加班工资基数作出规定。

我们先来看那些对加班工资基数作出明确规定的省份，关于这个问题是如何规定的。

第一种是以员工在上个月法定工作时间内提供正常劳动所得的实际工资扣除该月的加班工资作为加班工资基数。这种规定实际上是包括员工基本工资、福利、奖金等全部工资性收入，也就是说员工加班工资基数是上个月所有工资性收入之和减掉当月加班工资所得的差。《山东省高级人民法院、山东省劳动争议仲裁委员会、山东省劳动人事争议仲裁委员会关于适用〈中华人民共和国劳动争议调解仲裁法〉和〈中华人民共和国劳动合同法〉若干问题的意见》（鲁高法〔2010〕84号）第三十五条规定："劳动者加班费计算基数，应当按照法定工作时间内劳动者上一月份提供正常劳动所得实际工资扣除该月加班费后的数额确定。劳动者上一月份没有提供正常劳动的，按照向前顺推至其提供正常劳动月份所得实际工资扣除该月加班费后的数额确定。法定工作时间劳动者所得实际工资扣除该月加班费后的数额低于当地最低工资标准的，按照最低工资标准执行。"《青岛市企业工资支付规定》第十四条第二款规定："'加班工资计发基数'，是指用人单位正常生产经营情况下劳动者本人上月扣除加班工资后的工资，但是不得低于当地最低工资标准。"

第二种就是公司和员工可以约定加班工资基数。劳动合同法对于加班工资的规定比较模糊，但确定的是加班工资的额度要高于正常工作时间的工资。这在《劳动法》第四十四条和《工资支付暂行规定》第十三条都有明确规定。但并没有对加班基数具体标准如何约定作出明确的规定。不同的省份对此的规定不尽相同。上海市、北京市规定加班工资的基数是公司与员工在劳动合同中约定的相对应的工资标准。深圳市规定公司可以与员工约定加班工资基数，只要约定的基数不低于深圳最低工资标准即可。这个规定体现在深圳市中级人民法院2015年发布的《深圳市中级人民法院关于审理劳动争议案件的裁判指引》第六十一条："用人单位依据《劳动法》第四十四条的规定应向劳动者支付加班工资的，劳动者的加班工资计算基数应为正常工作时间工资；用人单位与劳动者约定奖金、津贴、补贴等项目不属于正常工作时间工资的，从其约定。但约定的正常工作时间工资低于当地最低工资标准的除外。双方在劳动合同中约定了计发加班工资基数标准或从工资表中可看出计发加班工资基数标准，而用人单位也确实按照该标准计发了劳动者加班工资，并据此制作工资表，该工资表亦经劳动者签名确认的，只要双方的约定不低于最低工资标准，即可认定双方已约定以该计发加班工资基数标准为加班工资的计算基数。用人单位根据此标准计发给劳动者的工资符合法律规定的加班工资计算标准的，应认定用人单位已足额支付了加班工资。"

对于没有明确规定加班工资基数确定标准的各省份的公司，可以参照《劳动法》和原劳动部《工资支付暂行规定》执行。《工资支付暂行规定》第十三条规定："用人单位在劳动者完成劳动定额或规定的工作任务后，根据实际需要安排劳动者在法定标准工作时间以外工作的，应按以下标准支付工资：（一）用人单位依法安排劳动者在日法定标准工作时间以外延长工作时间的，按照不低于劳动合同规定的劳动者本人小时工资标准的150%支付劳动者工资……"这个规定实际上是原则性地规定了以"劳动合同规定的劳动者本人小时工资标准"作为加班工资基数。

总之，根据各个地方关于加班工资基数的规定，可以得出这样的结论：一是按照劳动合同规定的员工小时工资标准确定。没有对工资基数作出规定的地方，公司可以依据这个方式确定员工的加班工资基数。二是以员工上个月实际发放的工资额度确定加班基数，这个基数除了不含加班工资，包含全部其他工资性收入。三是以员工标准工资确定工资基数，这个基数不包含一次性奖金、津贴、补贴等工资性收入。四是公司可以与员工约定工资基数，这个基数要不低于当地最低工资标准。五是如果劳动合同没有约定工资标准或约定不明的，双方可以协商。协商不成的，则根据集体合同的约定执行。如果没有集体合同或者集体合同没有约定的，再实行同工同酬。或者根据公司所在地县级人民政府公布的上年度职工月平均工资作为正常工作时间工资或者员工正常劳动应得工资确定加班基数。

因此，HR要重视公司所在地有关部门对于加班工资基数的规定，尽最大可能利用好地方法规对于加班工资基数的规定，减少劳动争议并减轻企业的用工成本。部分地方法规如下。

1. 《北京市工资支付规定》第四十四条规定："根据本规定第十四条计算加班工资的日或者小时工资基数、根据第十九条支付劳动者休假期间工资，以及根据第二十三条第一款支付劳动者产假、计划生育手术假期间工资，应当按照下列原则确定：（一）按照劳动合同约定的劳动者本人工资标准确定；（二）劳动合同没有约定的，按照集体合同约定的加班工资基数以及休假期间工资标准确定；（三）劳动合同、集体合同均未约定的，按照劳动者本人正常劳动应得的工资确定。依照前款确定的加班工资基数以及各种假期工资不得低于本市规定的最低工资标准。"

2. 《天津市人力资源和社会保障局关于印发天津市贯彻落实〈劳动合同法〉若干问题实施细则的通知》第六条规定："用人单位应当与劳动者在劳动合同中对劳动报酬、加班加点工资计算基数进行明确约定。"第七条规定："劳动合同对劳动报酬及加班工资计算基数约定不明确，引发争议的，用人单位与劳动者可以重新协商；协商不成的，适用集体合同规定；没有集体合同或者集体合同未规定劳动报酬的，实行同工同酬；没有集体合同或者集体合同未规定加班加点工资计算基数，以应得工资扣除加班加点工资后的数额作为加班加点工资计算基数。"

3. 《上海市企业工资支付办法》（2016修改）第九条规定："……加班工资和假期工资的计算基数按以下原则确定：（一）劳动合同对劳动者月工资有明确约定的，按劳动合同约定的劳动者所在岗位相对应的月工资确定；实际履行与劳动合同约定不一致的，按实际履行的劳动者所在岗位相对应的月工资确定。（二）劳动合同对劳动者月工资未明确约定，集体合同（工资专项集体合同）对岗位相对应的月工资有约定的，按集体合同（工资专项集体合同）约定的与劳动者岗位相对应的月工资确定。（三）劳动合同、集体合同（工资专项集体合同）对劳动者月工资均无约定的，按劳动者正常出勤月依照本办法第二条规定的工资（不包括加班工资）的70%确定……"

4. 《重庆市高级人民法院印发〈关于审理劳动争议案件若干问题的指导意见〉的通知》第八条规定："用人单位与劳动者虽然未书面约定实际支付的工资是否包含加班工资，但用人单位有证据证明已支付的工资包含法定工作时间工资和加班工资的，可以认定用人单位已支付的工资包含加班工资。但折算后的工资标准低于当地最低工资标准的除外。"

4. 加班工资的发放管理

目前，基本上所有公司工资支付的方式都实现了直接通过银行给员工银行卡转账。一般情况下，员工在公司确定的发薪日会收到银行工资转入的通知。这种工资发放方式简单、快捷和方便，提升了工作效率。但对于一个专业的HR来说，员工收到当月劳动报酬，不是工资发放流程的终结，不能就此万事大吉。工资发放的最后一个环节，应该是员工对当月工资收入的签字确认。一些HR认为银行转账的记录就能证明员工已经收到当月的工资了，无须再让员工在工资单上签字确认。但加班工资管理恰恰容易在这个方面出问题。

实践中，很少会有公司单独发放加班工资，因此员工通过银行转账收到的只是一个总的应发工资扣除个人所得税和其他相关费用后的数额。这个数额不只包含员工的基本工资，还可能包含奖金、各种补贴和津贴、加班工资等其他各项工资性收入。如果HR没有让员工在标明加班工资项目和数额的工资单上签字，公司实际上是无法证明已经发放了加班工资的。

根据《工资支付暂行规定》第六条第三款的规定，用人单位必须书面记录支付劳动者工资的数额、时间、领取者的姓名以及签字，并保存2年以上备查。用人单位在支付工资时应向劳动者提供一份其个人的工资清单。因此，对于一个专业HR来说，工资发放流程的最后一个环节，就是要求员工亲自签收当月的工资单。这个工资单就是员工当月各种货币性收入的项目构成的书面材料，需要至少保存2年备查。如果当月发放了加班工资，也会体现在工资单中。员工签字确认，就证明公司发放了加班工资。一旦发生纠纷，公司就比较容易举证。否则，如果员工由于某种原因，拒不承认收到过加班工资，公司是无法完成举证责任的。

🎯 典型案例

案例：公司员工自愿放弃加班费协议无效

王某于2020年6月入职某科技公司，岗位为软件开发项目经理，双方签订了3年期限的劳动合同，王某工资标准为3万元/月。该科技公司另与王某签订了《奋斗者协议》，其中规定：作为公司奋斗者的一员，王某同意并自愿放弃加班费。

半年之后，王某提出离职，并要求该科技公司支付半年以来的加班费。公司以王某签订了《奋斗者协议》，已放弃加班费为由拒绝支付王某的加班费。王某不服，申诉到仲裁机构。

仲裁机构经审理认为：王某加班的事实双方都予以确认。至于王某与该科技公司签订的放弃加班费的协议，根据劳动合同法及相关规定，应当属于无效协议。因此裁决该科技公司支付王某相应的加班费用。

根据《劳动合同法》第二十六条的规定，用人单位免除自己的法定责任，排除劳动者权利的条款属于无效条款。且第三十一条规定了用人单位安排加班的，应当按照国家有关规定向劳动者支付加班费。该科技公司与王某签订的协议，免除了公司的法定责任、排除了王某的合法权利，该协议应当归属无效。据此，仲裁机构作出有利于王某的裁决。

一些公司在内部提出"奋斗者"的概念，但是并不意味着奋斗者不享有法律规定的相应权利。部分标杆公司以奋斗者为本的前提是收入向奋斗者倾斜。否则，公司就可能要承担相应的责任。

四、工资标准的变更

我们都知道工资是刚性的，员工工资一旦确定，往往很难降低。有些公司虽然在特定情况下，降低了员工工资，表面上也没有出现大的问题。但是，实际上降薪会导致公司人才的流失。而大部分公司在试图降低员工工资的时候，还会出现劳动争议和纠纷。因此，公司员工工资的变更对于HR来说，一直是一个问题和挑战。

公司员工的工资标准开始的时候一般是通过协商一致确定的。在公司工资改革、员工晋升等情况下，员工工资保持不变或者提升，员工不会提出反对意见。这种情况虽然省去了协商的过程，但本质上也是一种协商。如果公司试图向下调整员工的工资、降低员工的工资标准，必然会遭到反对。如果公司降薪没有正当理由，就会被认定为无故降低员工工资，属于违反劳动合同法的行为。

关于公司调整员工薪酬的相关法律法规和对策，我们将在第五章予以介绍。这里不再赘述。对于HR来说，履行劳动合同过程中降低员工工资，的确是一个问题和挑战。如果HR能在劳动合同中约定、日常管理中做出一些提前的安排，则能减少一些相关的争议。例如，约定如果员工违反了公司特定的规章制度，公司有权予以降低员工工资标准；或者如果公司业绩不达标，公司也可以降低员工工资标准；HR在与员工约定工资标准的时候，固定工资部分尽量约定得低一些，浮动部分约定的标准高一些。另外，除基本工资的各类补贴、福利等工资性收入部分，不要约定在劳动合同中，而是通过规章制度的形式作出具体的规定，等等。

五、特殊情况下的工资支付

1. 法定节假日的工资支付

HR对于法定节假日的工资支付规定已经非常熟悉了。员工在法定节假日休息，公司应当支付员工工资。如果安排节假日加班，公司则需要支付300%的加班工资。

对于部分公民放假的节日，如妇女节、青年节，对参加社会或单位组织庆祝活动和照常工作的员工，公司应支付工资报酬，但不支付加班工资。如果该节日恰逢星期六、星期日，公司安排员工加班工作，则应当依法支付休息日的加班工资。

2. 员工带薪年休假工资支付

员工年休假期间，视为员工按照正常工作时间提供了劳动，公司应当按员工正常工资标准支付员工工资。另外，根据《职工带薪年休假条例》第五条第三款的规定："单位确因工作需要不能安排职工休年休假的，经职工本人同意，可以不安排职工休年休假。对职工应休未休的年休假天数，单位应当按照该职工日工资收入的300%支付年休假工资报酬。"也就是说员工没有休年休假或者没有休完的部分，公司应该按照300%的日工资标准支付员工休假工资报酬。

3. 产检假、产假、哺乳假工资支付

根据《女职工劳动保护特别规定》第五条规定："用人单位不得因女职工怀孕、生育、哺乳降低其工资、予以辞退、与其解除劳动或者聘用合同。"第六条规定："……怀孕女职工在劳动时间内进行产前检查，所需时间计入劳动时间。"因此女职工产检、产假以及哺乳假期间，视为员工按照正常工作时间，提供了劳动。

关于女员工产假期间的工资，对已经参加生育保险的，按照用人单位上年度职工月平均工资的标准由生育保险基金支付生育津贴；对未参加生育保险的，按照女员工产假前工资的标准由公司承担并支付。

女员工生育或者流产的医疗费用，按照生育保险规定的项目和标准，对已经参加生育保险的，由生育保险基金支付；对未参加生育保险的，由公司承担并支付。

产假生育津贴有一个需要澄清的问题是，如果女员工产假期间领取的生育津贴低于其在公司正常工作期间的工资标准，公司是否需要补发差额。答案是应当由公司补发差额部分。根据《中华人民共和国妇女权益保障法》第四十八条第一款规定："用人单位不得因结婚、怀孕、产假、哺乳等情形，降低女职工的工资和福利待遇，限制女职工晋职、晋级、评聘专业技术职称和职务，辞退女职工，单方解除劳动（聘用）合同或者服务协议。"既然产假期间视为员工提供了正常劳动，因此员工就应当享受产假之前的工资标准。所以说生育津贴低于员工月工资标准的，公司应当予以补足差额。

4. 丧假、婚假、探亲假工资支付

关于员工的婚丧假，国家早在1980年《关于国营企业职工请婚丧假和路程假问题的通知》中作出了相关规定。

《劳动法》第五十一条规定："劳动者在法定休假日和婚丧假期间以及依法参加社会活动期间，用人单位应当依法支付工资。"而《工资支付暂行规定》第十一条规定："劳动者依法享受年休假、探亲假、婚假、丧假期间，用人单位应按劳动合同规定的标准支付劳动者工资。"

由于历史的原因，目前尚没有明确规定民营企业、外资企业的员工享有探亲假。

5. 事假工资支付

员工事假期间公司无须支付员工工资。如果公司从人才保留的角度，自行规定一定期限内的事假期间支付部分或全部工资，也是可行的。实务中，多数公司规定事假是无薪假。

6. 员工患病或非因工负伤期间的工资支付

原劳动部《关于贯彻执行〈中华人民共和国劳动法〉若干问题的意见》（劳部发〔1995〕309号）中规定："59. 职工患病或非因工负伤治疗期间，在规定的医疗期间内由企业按有关规定支付其病假工资或疾病救济费，病假工资或疾病救济费可以低于当地最低工资标准支付，但不能低于最低工资标准的80%。"因为这个规定发布时间较早，目前各省份也发布了关于员工患病或者非因工负伤期间的医疗期和工资待遇的规定。在法律的适用上，不同地方公司的员工，应当根据各地方的相关规定执行。

北京市员工医疗期的工资待遇标准在《北京市工资支付规定》中有规定，第二十一条："劳动者患病或者非因工负伤的，在病休期间，用人单位应当根据劳动合同或集体合同的约定支付病假工资。用人单位支付病假工资不得低于本市最低工资标准的80%。"而《上海市劳动和社会保障局关于病假工资计算的公告》对公司员工患病或非因工负伤的病假工资的规定，相较于原劳动部和北京市的规定，大幅度提高了员工的病假工资标准。具体规定是：职工疾病或非因工负伤连续休假在6个月以内的，企业应按下列标准支付疾病休假工资：1. 连续工龄不满2年的，按本人工资的60%计发；2. 连续工龄满2年不满4年的，按本人工资的70%计发；3. 连续工龄满4年不满6年的，按本人工资的80%计发；4. 连续工龄满6年不满8年的，按本人工资的90%计发；5. 连续工龄满8年及以上的，按本人工资的100%计发。职工疾病或非因工负伤连续休假超过6个月的，由企业支付疾病救济费：1. 连续工龄不满1年的，按本人工资的40%计发；2. 连续工龄满1年不满3年的，按本人工资的50%计发；3. 连续工龄满3年及以上的，按本人工资的60%计发。

由此，我们可以看出病假工资的标准各地省份有着不同的规定，HR需要根据公司所在地的相关规定执行。

7. 员工工伤或者患职业病工资支付

员工因工负伤，公司需要根据规定继续支付员工一定时间内的工资。这一点估计没有公司会提出异议。根据《工伤保险条例》第三十三条的规定，员工停工留薪期内，由公司按照员工原工资标准发放工资。停工留薪期一般为12个月，特殊情况经批准可以最多延长12个月。停工留薪期结束后，员工根据伤残评定等级开始享受工伤保险待遇。

8. 公司停工停产期间的工资支付

公司停工停产是所有员工都不愿看到的事情。但是，公司停工停产后，员工肯定会面临工资待遇降低的问题。《工资支付暂行规定》对公司停工停产期间的员工工资的规定是：在第一个工资支付周期内，按照原工资标准支付员工工资；超过一个工资支付周期后，如果员工在第二个支付周期提供了正常的劳动，则公司支付标准不得低于当地最低工资标准。如果没有提供正常劳动，不再支付员工工资，而是支付生活救济费。而《广东省工资支付条例》的规定有所不同，停工停产的第二个周期，公司可以和员工约定正常劳动条件下的工资标准。如果公司没有安排员工工作，则按照最低工资标准的80%支付生活费。

由此，停工停产期间的工资也是先看地方有没有相应的规定。如果有相应的规定，按照地方的规定执行。如果地方没有规定的，参照原劳动部《工资支付暂行规定》执行。

9. 公司破产时的工资支付

《工资支付暂行规定》第十四条规定："用人单位依法破产时，劳动者有权获得其工资。在破产清偿中用人单位应按《中华人民共和国企业破产法》规定的清偿顺序，首先支付欠付本单位劳动者的工资。"

10. 特殊人员的工资支付

（1）员工受行政处分或者刑事处分的工资支付

员工受行政处分或者刑事处分期间，仍然给公司提供了正常劳动的，公司根据具体情况按照员工提供的劳动支付员工工资；员工受行政处分或者刑事处分，被限制了人身自由期间，公司无须支付员工工资。

（2）员工处于学徒、实习期、见习期、试用期期间的工资支付

员工处于学徒期、实习期、见习期或者试用期期间的工资支付，由公司根据具体情况决定。

（3）复员军人的工资支付

公司招收复员军人就业的，可以自主决定其工资待遇，双方协商同意即可。公司招收军队转业干部的，《工资支付暂行规定》的规定是按国家有关规定执行。目前的实务中，国有公司会参照国家有关规定执行或者在国家有关规定的基础上，根据具体的岗位决定工资待遇，但不低于国家有关规定。民营公司或者外资公司，则直接根据岗位工资标准由双方协商一致来确定工资标准。

(4) 劳务派遣人员的工资支付

用人单位与劳务派遣人员并不存在劳动合同关系，劳务派遣人员与劳务派遣公司存在劳动合同关系；而用人单位与劳务派遣公司存在经济合同关系。因此，劳务派遣公司有义务支付劳务派遣员工的工资待遇，用人单位根据与劳务派遣公司签订的经济合同，向劳务派遣公司支付约定的劳务派遣费即可。

实务中，有些公司直接支付给了劳务派遣人员工资（三方同意），法律上也没有问题。但是，按照三方的法律关系，除非劳务派遣公司有拖欠或者克扣员工工资的现象，否则公司最好还是按照经济合同的约定把相关费用直接支付给劳务派遣公司。

典型案例

案例：公司因延期发放月度工资导致员工离职，被判支付经济补偿金

莫某是某机械公司的员工，在莫某与公司签订的劳动合同中约定了每月 20 日发放上月工资。实际执行中，有时候工资要 25 日、26 日才能实际到账。莫某以公司拖欠员工工资为由提出解除劳动合同的诉请，并要求公司支付解除劳动合同经济补偿金。

法院经审理认为，劳动合同中每月 20 日发放上月工资的约定，违反了《深圳市员工工资支付条例》的相关规定，是无效条款。根据《深圳市员工工资支付条例》，公司应当在每月 7 日前支付员工工资，特殊情况可以延长 5 日。而该机械公司于每月 20 日发放员工工资，明显与规定相悖。法院判决该机械公司支付莫某 5 万余元经济补偿金。

实务中，工资发放日期一直是员工非常关注的一个问题。那些工资发放时间较晚或拖延的公司，员工是有怨言的。公司的这种行为看似节约了公司资金，但是如果工资发放过晚，实际对员工士气的打击所带来的损失要远高于节约的那一点资金。对于 HR 来说，要关注所在地方关于工资发放日期的规定，在实践中按时按规定发放员工工资，以免发生类似上述案例中的纠纷。

六、工资支付中的扣减

员工提供了正常劳动的情况下，除非劳动合同法及相关法律法规有特别的规定，或者公司员工违反公司相关规章制度达到罚款标准的，否则劳动合同法是严厉禁止公司克扣、拖欠员工工资的。

1. 公司代扣或者扣减员工工资的情形

《工资支付暂行规定》以及《对〈工资支付暂行规定〉有关问题的补充规定》规定了公司可以代扣员工工资的特殊情形。这几种特殊情形是：

a. 公司代扣代缴的个人所得税；

b. 公司代扣代缴的应由员工个人负担的各项社会保险费用以及住房公积金；

c. 法院判决、裁定中要求代扣的抚养费、赡养费；

d. 员工给公司造成经济损失的情况下，公司可以通过扣减员工工资作为赔偿，但是每月扣减金额不得超过员工工资的 20%，并不得低于当地最低工资标准；

e. 法律、法规规定可以从劳动者工资中扣除的其他费用；

f. 依法签订的劳动合同中有明确规定的；

g. 公司依法制定并经职代会批准的规章制度中有明确规定的；

h. 公司工资标准与经营效益相联系，经济效益下浮时，工资必须下浮的（但支付给劳动者工资不得低于当地的最低工资标准）；

i. 因劳动者请事假等相应减发工资。

上述 9 种情形是公司可以代扣或者扣减员工工资的法定情形，其他任何条件下，都不允许公司擅自扣减提供了正常劳动的员工的工资。

2. 公司拖欠员工工资

对于公司拖欠员工工资的情形，只有在下述两种情况下，才为《劳动合同法》所允许：（1）公司因非人力所能抗拒的自然灾害、战争等原因，无法按时支付工资；（2）公司确因生产经营困难、资金周转受到影响，在征得本单位工会同意后，可暂时延期支付劳动者工资，延期时间的最长限制可由各省、自治区、直辖市劳动行政部门根据各地情况确定。

其他任何情形下，都不允许公司拖欠员工工资。

3. 公司克扣员工工资

克扣员工工资是国家明令禁止的行为。公司克扣员工工资，不但员工可以立即解除劳动合同，而且公司还会受到行政处罚，甚至严重到一定程度，公司相关负责人要负刑事责任。

七、违反工资支付规定的法律责任

公司违反工资支付规定的法律责任，有民事责任、行政责任和刑事责任。民事责任主要涉及赔偿的问题，行政责任主要涉及行政部门依法处罚的问题。我们这里主要阐述一下刑事责任。

2011 年《中华人民共和国刑法修正案（八）》："四十一、在刑法第二百七十六条后增加一条，作为第二百七十六条之一：'以转移财产、逃匿等方法逃避支付劳动者的劳动报酬或者有能力支付而不支付劳动者的劳动报酬，数额较大，经政府有关部门责令支付仍不支付的，处三年以下有期徒刑或者拘役，并处或者单处罚金；造成严重后果的，处三年以上七年以下有期徒刑，并处罚金。

'单位犯前款罪的，对单位判处罚金，并对其直接负责的主管人员和其他直接责任人员，依照前款的规定处罚。

'有前两款行为，尚未造成严重后果，在提起公诉前支付劳动者的劳动报酬，并依法承担相应赔偿责任的，可以减轻或者免除处罚。'"

本条之规定，正式使公司工资支付问题进入《中华人民共和国刑法》（以下简称

《刑法》）的管辖范围。

另外，2013 年《最高人民法院关于审理拒不支付劳动报酬刑事案件适用法律若干问题的解释》对于公司"隐匿财产""拖欠工资数额较大""造成严重后果"等问题，也进一步作出了明确的规定。

虽然 HR 很少会碰到因支付工资入刑的情况，但是作为一个专业的 HR，在薪酬管理的知识领域中，也应该知道和了解这个问题的严重性。

八、与薪酬管理有关的举证责任

公司与员工的劳动争议，很大一部分源于劳动报酬。在这些劳动纠纷中，公司败诉的比例非常高，一个重要的原因就是公司承担更多的举证责任，但是由于 HR 不注意日常管理证据或者管理材料的保存或者积累，无法证明公司的做法符合法律的规定，从而导致败诉。

因此，负责薪酬管理的 HR，在日常薪酬管理的关键环节做好书面材料的完善和保留，是非常重要的。例如，负责薪酬管理的 HR 至少要做好下列书面材料的记录和保留：（1）录用通知书和劳动合同中关于薪酬约定的书面材料；（2）员工因为工资改革、晋升等工资变动的书面材料；（3）有员工签字的考勤记录；（4）员工加班的批准记录；（5）员工签字的工资单记录；等等。

典型案例

案例 1：公司不能提供员工加班记录证据的代价

林某于 2020 年 1 月加入某教育咨询公司，2020 年 7 月离职，并提出劳动仲裁，要求公司支付入职以来的加班费。林某提供了公司考勤 App 里其打卡的全部记录，记录显示林某周一至周六每天打卡两次，并且缺勤日与林某提供的工资单扣款数据相印证。该公司不认可林某所提供证据的真实性，但没有提供林某的考勤记录、工资支付记录等相关证据。

仲裁庭经审理认为：作为掌握林某工作时间以及加班原始记录证据的公司，有责任提供证据证明相关事实，以及其自己的主张；如果不能提供相关证据，就应当承担不利后果。因此，裁决某教育咨询公司支付林某加班费。

《最高人民法院关于审理劳动争议案件适用法律问题的解释（一）》第四十二条规定："劳动者主张加班费的，应当就加班事实的存在承担举证责任。但劳动者有证据证明用人单位掌握加班事实存在的证据，用人单位不提供的，由用人单位承担不利后果。"本案中，某教育咨询公司应当提供证据而不提供证据，因此可以推定员工加班事实的存在，某教育咨询公司应当承担败诉的不利后果。

典型案例

案例2：公司以员工违反薪酬保密制度为由解除劳动关系违法

王某于 2019 年 5 月入职某建筑公司，合同期限为 3 年，工作岗位为销售经理。2020 年 6 月，公司以王某违反公司薪酬保密制度为由，解除了与王某的劳动合同。王某不服，最终起诉到法院。

法院经审理后认为，虽然某建筑公司在与员工的劳动合同中已经约定"打听、泄露或者传播他人工资信息的，属于严重违反公司规章制度，公司有权解除劳动合同"，并且在某建筑公司经过法定程序的员工手册中，也作出了相应规定；但是员工泄露他人工资信息，在没有造成严重后果的情形下，不应当属于"严重"违反公司的规章制度。公司与员工的约定和员工手册中的规定，属于不合常理的约定或规定，因此应当认定为无效的约定或规定。

法院最终判决公司解除劳动合同无效，应当向王某支付其违法解除劳动合同的赔偿金。

本案说明实行薪酬保密制度的公司，虽然大多作出了员工打听或者泄露他人工资信息，即视为严重违反公司规章制度的规定，但是这个规定实际是不合常理的，不会获得仲裁委或者法院的认可。正确的做法应该是对于这种行为，如果没有造成严重后果的，可以给予解除劳动关系外的其他处分，如降职、降薪、警告等，对于造成严重后果的，才可以处以解除员工劳动合同的处罚。也就是说，如果公司直接规定打听他人工资就可以解除劳动合同，反而使公司在遇到此类问题时，缺乏有效的处理依据。

第二节　劳动合同法融入薪酬管理制度之实操解析

薪酬管理制度作为公司吸引、保留、激励、开发员工的重要手段，与构成公司人力资源管理其他制度、政策和流程一起，相互作用、相互影响，发挥着帮助公司实现战略目标、塑造和强化公司企业文化、支持公司变革以及控制公司经营成本等关键作用。

一部有效的薪酬管理制度的制定，需要 HR 既懂公司业务，又懂薪酬技术，二者缺一不可。也就是说，薪酬制度的制定，是 HR 在综合了解公司发展阶段、战略、业务、人员构成、人才市场等因素，结合薪酬管理的职位评估、宽带分级、技能需求、薪酬结构、外部市场薪酬水平分析等薪酬技术制定出来的。

对于薪酬管理制度，公司管理者和 HR 主要关注的是薪酬管理的激励性目的。好的薪酬制度能够激励员工为公司创造更大的价值；相反，则会消耗员工工作的内驱力。从员工角度看薪酬，员工关注的是薪酬的内部公平性和外部公平性问题。内部公平性与《劳动合同法》所规定的同工同酬原则大体一个意思；外部公平性则是指员工薪酬水平与市场薪酬水平基本持平或更高一些。

无论是薪酬制度的激励性目的，还是内部公平性、外部公平性目的，都需要以《劳动合同法》及相关法律法规为基础。薪酬管理制度如果在落实和执行中，违反了法律规定，不但会使员工的公平感受挫，还一定会影响其激励性目的的实现。

因此，公司无论采取何种薪酬管理制度，都需要考虑《劳动合同法》及相关法律法规的影响。本节我们以案例的方式解析如何把《劳动合同法》及相关法律法规融入公司的薪酬管理制度。由于薪酬制度的多样性，以及我们关注的重点是《劳动合同法》与薪酬制度的融合，因此这里我们把重点放在如何使公司的薪酬管理制度的制定、执行和落实符合《劳动合同法》及相关法律法规。

一家位于深圳市拥有 1200 名员工的机械制造公司最近发现，员工对公司提出劳动仲裁的案件有上升的趋势，而且多以公司败诉告终。而这些劳动争议案件，多是因工资、加班费等纠纷引起。公司管理层通过调研发现，公司的整体薪酬水平处于市场的中位数水平，也就是说公司总体支付给员工的工资并不低。公司实行岗位技能工资制度，按照员工的岗位和掌握的技能确定员工的工资，并根据公司的经营业绩和员工的绩效评估，发放绩效奖金。总体上，公司的薪酬管理制度是没有问题的。后来发现，问题出在公司制定薪酬管理制度的时候，没有考虑劳动合同法的影响。同时，负责薪酬管理的 HR，不熟悉劳动合同法的规定，在执行和落实薪酬管理制度的具体个案时，有一些决策确实违反了劳动合同法的规定；也有一些决策是符合劳动合同法的规定的，但是没有保存相关的证据；从而导致了劳动争议案件增多以及大部分争议案件败诉的结果。

劳动争议案件增多和败诉，严重影响了员工的工作积极性，在公司内部形成了负面影响。因此，公司要求 HR 重新审核公司的薪酬管理制度，找到相关解决方案。

HR 重新梳理了公司的薪酬管理制度，并做了大量的调研后，认为公司的薪酬管理制度本身没有多大问题，需要改变的就是考虑把《劳动合同法》及相关法律法规的规定融入薪酬制度，让不熟悉劳动合同法的 HR 也能够按照公司制度的规定，予以执行。把易发生问题的关键部分融入公司薪酬管理制度，HR 在执行时会考虑公司制度的约束，按照公司制度落实，这样就会大大减少不必要的劳动争议。

因此，公司制定了《薪酬管理制度之补充规定》。

公司薪酬管理制度之补充规定

注：本补充规定把 HR 在日常薪酬管理中容易出现的劳动合同法有关问题的痛点转变为日常管理制度的具体规定，使 HR 的日常薪酬管理工作合理合法，减少由薪酬问题引发的纠纷。

一、目的

为了更好地落实和执行《公司薪酬管理制度》，建设正能量的企业文化，激励公司员工努力工作，特制定本补充规定。

二、员工薪酬标准确定

1. 公司经理以上员工的工资标准根据员工岗位、职级、工作经验等因素，在公司宽带薪酬范围内，通过与员工谈判确定。

2. 经理以下员工按照员工岗位和技能，根据公司统一的工资标准确定。

3. 员工绩效奖金，根据公司经营业绩和员工绩效考评结果，由公司确定是否发放以及发放标准。具体根据《公司绩效管理办法》执行。

注：明确员工工资的确定方法。

4. 公司实行保密工资制。

注：违反公司保密工资规定的惩处措施可在劳动合同中约定，也可在规章制度中规定。

三、员工工资构成

1. 公司员工工资性收入由劳动合同约定的标准工资、一次性奖金、年终绩效奖金、加班工资、夏季高温补贴、冬季取暖补贴、通信补贴、车辆补贴、午餐补贴等项目构成。

2. 公司发放给员工的差旅伙食补助费、误餐补助、员工调动工作的差旅费和安家费、计划生育补贴等不属于工资性收入。

3. 公司使用的派遣员工的工资，根据公司与派遣单位的合同，由公司直接支付给派遣单位。该项支出，不属于工资性支出。

注：明确公司工资性收入构成，以及非工资性收入构成。

四、加班工资管理

1. 员工加班应当提前由直接领导书面批准。领导没有书面批准的，即使超过正常工作时间，也不认定为加班。

2. 公司应当与员工在劳动合同中约定加班工资基数。根据深圳市有关规定，加班工资基数约定可以不包括奖金、津贴、补贴。因此加班工资基数的约定建议为员工岗位工资的80%，约定后低于深圳市最低工资标准的，按照最低工资标准执行。

3. 公司经批准实行不定时工作制的高级管理人员和销售人员，工作日和周六日加班的，公司不支付加班费。法定节假日加班的，公司按照劳动合同所约定加班工资基数的300%支付加班费。

4. 公司发放加班费，应当在工资单中列明加班费项目。在员工收到当月工资后，员工应当在工资单上签字。签字的工资单由公司保存，保存期至少2年。

注：明确加班工资中如何确定加班、加班工资基数的约定方法及标准、不定时工作制的加班工资以及工资发放中HR容易忽略的员工签字问题，有利于HR在实操中落实和执行。

五、工资调整

1. 公司薪酬管理实行以岗定薪、岗变薪变原则。

2. 员工晋升，根据员工岗位和职级重新确定工资标准。晋升员工的工资标准原则上定在对应岗位工资职级范围的中位值以下。以后根据工作表现逐年调整。

3. 员工降薪：

a. 员工降职的，工资标准应当相应调整。降职员工的工资标准原则上定在对应岗位工资职级范围的中位值以下。

b. 公司应当在劳动合同中，与员工作出如下约定：

公司年度经营业绩低于上年度业绩30%的，员工同意公司有权决定是否调整员工工资。如果需要调整员工工资，调整范围限制在员工标准工资的10%—30%。

如果员工违反公司规章制度的有关规定，根据该规定应当降薪的，公司按照该规定调整员工工资标准。

如果员工绩效评估结果达不到规（约）定的标准的（如评估结果为D），公司有权决定是否调整员工工资。如果需要调整员工工资，调整范围限制在员工标准工资的20%—30%。

注：员工工资向上调整，不是问题。但是降薪，一直是管理的难题。本条规定在劳动合同中约定公司可以给员工降薪的条件，一旦该情形出现，降薪才合情合理合法。

六、特殊情况下的工资支付

1. 法定节假日工资支付

法定节假日，员工加班的，按照 300% 支付员工加班工资。其中，妇女节、青年节不需支付有关员工的加班费，但工资照常发放。

2. 带薪年休假工资支付

a. 员工根据法律规定，享受年休假。员工年休假期间，视为正常劳动，正常发放员工工资。

b. 员工应当在一个日历年度内，休完年假。经直接领导批准，因为工作等特殊原因没有休完的，公司按照 300% 支付补偿金。

3. 产检假、产假、哺乳假工资支付

a. 产检假、哺乳假，视为相关员工提供了正常劳动，公司按照正常标准发放员工工资。

b. 员工产假期间，由社保机构发放生育津贴。生育津贴低于员工正常工资标准的，员工结束产假，回公司上班后的第一个月，由公司补齐差额。

4. 婚丧假、探亲假工资支付

a. 员工婚丧假期间，公司按照正常工资标准发放工资；

b. 原则上，公司作为民营企业，员工不享受探亲假。

注：法律没有明确民营企业员工的探亲假，因此公司可以明确员工不享有探亲假。员工探亲，可以使用带薪年休假。

5. 事假工资支付

公司事假属于无薪假。

6. 病假工资支付

a. 员工患病或者非因工负伤的法定医疗期内，公司应当支付员工病假工资；

b. 医疗期内，员工病假工资支付标准为员工标准工资的 60%。其中，员工标准工资的 60% 低于深圳市最低工资标准的，按照最低工资标准执行。

注：根据深圳市相关规定。

7. 职业病或者因工负伤工资支付

a. 员工患职业病或者因工负伤，在 12 个月的停工留薪期内，公司按照正常标准支付员工工资；

b. 停工留薪期结束后，员工根据伤残评定等级由社保机构支付相关的待遇。

注：在制度中明确特殊情形下的工资支付，有利于 HR 执行，并不再需要查阅法律规定，使之成为公司制度，提升工作效率，并能做到合法合规。

七、工资扣减

下列情形下，公司可以从员工工资中扣减相关费用。

1. 公司为员工代扣代缴的个人所得税；

2. 公司代扣代缴的应由员工个人负担的各项社会保险费用以及住房公积金；

3. 法院判决、裁定中要求员工承担的并由公司代扣的抚养费、赡养费；

4. 员工给公司造成经济损失的情况下，公司可以通过扣减员工工资作为赔偿，但是扣减金额不能超过员工工资的20%，扣减后的工资不得低于当地最低工资标准；

5. 公司与员工依法签订的劳动合同中明确规定的扣款事项；

6. 员工违反公司依法制定的规章制度中有明确规定的；

7. 公司工资标准与经营效益相联系，经济效益下浮时，工资应当下浮的（但支付给员工工资不得低于最低工资标准）；

8. 因员工请事假等相应减发工资等；

9. 法律、法规规定可以从劳动者工资中扣除的其他费用。

除了上述9种情形，原则上公司不能随意扣减员工工资。

注：明确工资扣减情形，防止出现随意扣减员工工资的现象。

八、最低工资管理和支付

1. 公司根据深圳市关于最低工资标准的规定执行最低工资标准；

2. 根据深圳市规定，公司最低工资标准不包含员工加班费、中夜班费以及有毒有害环境的补贴费用，但是包含社会保险和住房公积金的个人应缴费部分。

注：最低工资标准，特别是包含项目，不同的地域有不同的规定。HR应当遵守企业所在地的相关规定。

九、书面材料

1. HR在公司薪酬管理过程中，在使用OA、邮件等办公工具的情形下，要注意使用书面材料，并保留2年备查。

2. HR在管理薪酬过程中，应当注意保存以下书面材料：

a. 录用通知书和劳动合同；

b. 员工晋升、降职、平调等书面材料以及因岗位变动导致工资变动的书面材料；

c. 有员工签字的考勤记录；

d. 员工加班的批准记录；

e. 员工签字的工资单记录；

f. 其他HR认为需要保存的书面材料。

以上材料，工作中尽量使用书面文本；过程中使用电子文本的，事后打印出来，由相关人员签字后保存。

注：解决由于公司为了提升工作效率，而大量使用OA、电子邮件、微信等工具办公，导致相关文件资料不易留存的问题。在制定中明确提出，有利于在工作中执行，而不被忽略。例如，员工工资单签字就是非常容易被忽略的一个问题。

第四章 把劳动合同法融入培训制度和竞业限制管理

第一节　HR 在员工培训管理中劳动合同法的痛点解析

人才发展是企业成功的关键要素之一，不重视人才发展的企业大概率不会取得长远的成功。对员工提供各种形式的培训，是企业人才发展的主要方式之一。在企业培训管理中，HR 除了要关注培训需求、培训项目、培训预算、培训组织、培训评估等方面的工作，还要关注与培训有关的规定，确保与培训相关工作的合法。

从《劳动合同法》角度看，HR 需要关注的是培训和服务期的相关问题。

一、服务期的约定条件

《劳动合同法》第二十二条第一款规定："用人单位为劳动者提供专项培训费用，对其进行专业技术培训的，可以与该劳动者订立协议，约定服务期。"根据这一条款的规定，我们知道对于服务期的约定，有两个前提条件。

第一个前提条件是企业为员工提供了专项培训费用；第二个前提条件是培训的种类是专业技术培训。在满足了这两个前提条件的情况下，企业才能与员工约定服务期。也就是说，并不是所有企业花了钱的培训，都能约定服务期。

1. 专项培训费用。根据《中华人民共和国劳动合同法实施条例》（以下简称《劳动合同法实施条例》）第十六条的规定，专项培训费用是企业为了对劳动者进行专业技术培训而支付的有凭证的培训费用、培训期间的差旅费用以及因培训产生的用于该员工的其他直接费用。

企业应当保留好这些费用的财务凭证，并且需要相关员工在这些费用凭证上签字认可。

2. 专业技术培训。企业有很多种不同形式的培训，专业技术培训是为提升员工在某一方面的专业技术技能而进行的培训。员工入职培训、制度性培训以及一般层次的技术培训不能算作专业技术培训。

不符合上面两个必要条件的服务期协议，会被认定为无效的服务期协议。

二、服务期期限之痛点

《劳动合同法》并没有对服务期的期限作出明确的规定，但并不是说企业给员工提供了专业技术培训，就可以毫无原则地决定服务期的期限，而是要根据企业支付的专项培训费用，确定一个符合常理的服务期限。如果企业花了 1 万元的培训费，就提出签订 3—5 年的服务期，这是不符合常理的，员工当然会提出异议。对于 HR 来说，最好在企业的培训管理制度中，预先规定好培训费用和服务期限的关系，这样员工在参加培训的时候，会对服务期有一个预判，而且不易发生争议。

服务期的起算时间，一般会从培训结束时开始计算，或者从员工获得某种证书之日起开始计算。从服务期起算时间开始，到服务期结束之日，有的会超过企业与员工签订的劳动合同期限，也有的在劳动合同期限之内。

对于服务期超过劳动合同期限的，HR可以在服务期协议内，对劳动合同的期限约定一个变更条款。也可以根据服务期协议的约定，与员工签订劳动合同补充协议，这属于劳动合同的变更。

对于服务期没有超过劳动合同期限的，有人甚至认为既然员工还受劳动合同的约束，就无须再签订服务期协议。这是一种不正确的观点。服务期协议的一个重要特点是如果接受专业技术培训的员工在服务期内离职，需要支付企业相应的违约金。而如果没有签订服务期协议，员工离职的时候，就无须支付违约金。因此，即使服务期包含在劳动合同期限之内，企业还是要与符合条件的员工签订服务期协议。

三、服务期违约金

《劳动合同法》第二十二条第二款规定："劳动者违反服务期约定的，应当按照约定向用人单位支付违约金。违约金的数额不得超过用人单位提供的培训费用。用人单位要求劳动者支付的违约金不得超过服务期尚未履行部分所应分摊的培训费用。"

对基于员工参加专业技术培训由企业支付培训费用而约定的服务期，在员工违约的情况下，《劳动合同法》规定员工应当支付违约金。同时，《劳动合同法》对违约金的数额，作出了约束性规定，以防止企业约定不合理的违约金数额，限制员工自由择业的权利。服务期协议的违约金不能高于企业支付的培训费用。违约金数额不是一个确定的额度，需要根据员工在服务期内提供服务的时间动态计算。计算方法是培训费用在服务期内的平摊数额、已经服务完毕的时间以及尚未履行的时间来计算的。也就是说如果员工违约，需要支付给企业的违约金不能超过服务期尚未履行部分所应分摊的培训费用额度。

在服务期内，如果是员工的原因导致解除或者终止劳动合同，以致服务期协议无法继续履行的，员工应当支付相应的违约金；如果是企业的原因导致解除或者终止劳动合同，以致服务期协议无法继续履行的，员工无须支付服务期协议约定的违约金。

四、服务期叠加

一些情况下，企业可能会安排员工参加多项不同的培训项目，而且这些培训项目都达到了约定服务期的标准。企业与员工约定这些服务协议，大概率会有时间期限重叠的部分。那么这些服务期的期限怎么计算呢？能否加在一起，以这些服务期限之和作为员工总的服务期限呢？这在《劳动合同法》中并没有作出明确的规定。

不同的服务期协议，有不同的服务期起止日期，虽然几个服务期的期限会有重叠的部分，但是对于员工来说，在服务期重叠的时间段，员工实际上在同时履行几个不同的协议，这是没有问题的。服务期重叠的情况下，应当按照服务期限最长的那个服务期协议执行。

但是，如果企业想把几个不同的服务期无缝连接在一起，使服务期限不重叠，进而使服务期总和时间拉到最长。例如，员工在 2015 年 5 月第一次培训结束，第一个服务期从 2015 年 5 月到 2017 年 5 月。然后在 2016 年 10 月第二次培训结束，企业提出服务期从 2017 年 5 月开始计算，到 2019 年 5 月结束。第三次培训在 2017 年结束，企业是否可以提出从 2019 年 5 月起算服务期呢？

答案当然是不可以。原因就在于这样的规定不合常理，限制了员工自由择业的权利。员工接受专业技术培训后，所掌握的技能应该在工作岗位上尽快发挥作用，不太可能等到一两年后服务期起算的时间点才发挥作用。因此，从这个角度看，以服务期的期限之和作为总的服务期时间长度，是不符合常理的，因而实践中不会被员工或者仲裁机构认可。不同的培训项目要根据培训的具体情况，约定各自的服务期期限以及违约责任。员工在服务期内违约，尽管服务期协议有几个，仍然要根据各自协议的约定，承担各自的违约责任。这也是服务期协议的意义所在。

实务中，公司也可以考虑另一种确定服务期的方法，既不需要几次服务期的无缝连接，也不必履行各个不同的服务期。这个方法就是把第一个服务期尚未平摊完毕的费用，与第二次培训的费用加总在一起，然后根据加总后的总费用确定一个新的服务期。这个方法既对公司有利，员工也认为符合逻辑，一般双方都能接受。

五、培训但没有约定服务期违约金

有些情况下，企业为员工提供了专业技术培训，花费了一定的费用，但是由于各种原因，没有预先与员工签订服务期协议。员工在接受了培训后，提出离职，企业是否可以要求员工支付违约金呢？

《劳动合同法》实施之前，根据 2004 年《天津市高级人民法院关于印发〈关于审理劳动争议案件有关问题的通知〉的通知》第九条的规定，对用人单位已支付的培训费，按照以下原则处理：双方对培训费问题没有约定，又没有约定服务期限，劳动者在劳动合同履行期限届满前提出解除劳动合同的，按照劳动合同约定的履行期限与已经履行的劳动合同期间核算劳动者应承担的培训费用。上海市也有类似的规定。

但是自《劳动合同法》实施之后，根据其第二十二条的规定，企业提供专业技术培训，应当与员工约定服务期，同时约定违约金。员工违反服务期约定，才向企业支付违约金。这个规定的前提就是：（1）双方约定了服务期；（2）双方约定了违约金；（3）员工违反了服务期协议。基于违约金支付的 3 个前提条件，我们可以判断，如果企业与员工没有约定服务期和违约金，员工离职时，不再需要向企业支付违约金。

六、以户口、住房等为条件约定服务期

实务中，北京市、上海市等地的户口或者住房是稀有资源。一些掌握户口指标的企业，为了吸引人才，在与新入职员工签订劳动合同的时候，会为部分员工办理户口或者提供住房。企业希望以此约束新员工在企业的工作年限，从而试图限制新员工辞职。由此，一些企业基于解决户口或者提供住房等理由，与员工签订服务期协议，约定了违约金。

根据《劳动合同法》第二十五条规定，用人单位与劳动者约定由劳动者承担违约金的情况，只适用于专业技术培训服务期和保密及竞业限制协议两个方面，其他任何方面都不能约定由劳动者承担违约金。同时，根据2024年4月30日印发的《北京市高级人民法院、北京市劳动人事争议仲裁委员会关于审理劳动争议案件解答（一）》规定："用人单位为其招用的劳动者办理了本市户口，双方据此约定了服务期和违约金，用人单位以双方约定为依据要求劳动者支付违约金的，不应予以支持。确因劳动者违反了诚实信用原则，给用人单位造成损失的，劳动者应当予以赔偿。"

因此，企业因为给员工提供了户口或者住房等稀有资源，就试图以签订服务期协议，约定违约金的方式限制员工离职，是不符合《劳动法》及相关法律法规的规定的。

七、需要支付和不需支付服务期违约金的情形

根据《劳动合同法实施条例》第二十六条规定，企业与员工约定了服务期，员工依照《劳动合同法》第三十八条的规定，与企业解除劳动合同的，不属于违反服务期的约定，企业不能要求员工支付违约金。

1. 员工无须支付服务期违约金的情形

根据《劳动合同法》第三十八条的规定，用人单位有下列情形之一的，劳动者可以解除劳动合同：（1）未按照劳动合同约定提供劳动保护或者劳动条件的。（2）未及时足额支付劳动报酬的。（3）未依法为劳动者缴纳社会保险费的。（4）用人单位的规章制度违反法律、法规的规定，损害劳动者权益的。（5）以欺诈、胁迫的手段或者乘人之危，使对方在违背真实意思的情况下订立或者变更劳动合同的，致使劳动合同无效的。（6）法律、行政法规规定劳动者可以解除劳动合同的其他情形。（7）用人单位以暴力、威胁或者非法限制人身自由的手段强迫劳动者劳动的，或者用人单位违章指挥、强令冒险作业危及劳动者人身安全的，劳动者可以立即解除劳动合同，不需事先告知用人单位。

也就是说在企业有过错的情况下，员工解除劳动合同不需要支付服务期的违约金。

2. 员工需要支付服务期违约金的情形

《劳动合同法实施条例》第二十六条也规定了企业提出解除劳动合同时，员工应当支付服务期违约金的条件，即：（1）劳动者严重违反用人单位的规章制度的；（2）劳

动者严重失职，营私舞弊，给用人单位造成重大损害的；（3）劳动者同时与其他用人单位建立劳动关系，对完成本单位的工作任务造成严重影响，或经用人单位提出，拒不改正的；（4）劳动者以欺诈、胁迫的手段或者乘人之危，使用人单位在违背真实意思的情况下订立或者变更劳动合同的；（5）劳动者被依法追究刑事责任的。

典型案例

案例：培训服务协议中的违约金不应当包含员工工资

2013年6月，张某与某体检公司签订了无固定期限劳动合同。2014年7月，公司安排张某参加一年期限的专项技术培训。同时，公司与张某签订了服务期协议，协议约定：公司支付张某培训期间的培训费、差旅费，并正常支付张某培训期间的工资待遇。培训结束后，张某应当在公司至少服务5年。如果张某未满服务期限离职，应当按照公司在培训期间为张某支付的全部费用作为违约金。培训结束后，张某于2018年4月提出离职。公司要求张某按照约定支付违约金。张某申请仲裁。

仲裁庭经审理认为：专项培训费用应该是培训相关的直接费用，而工资是用人单位支付给员工的劳动报酬；专项培训费用是用人单位安排培训产生的，而工资是根据国家法律规定或劳动合同约定产生的；在劳动合同履行期间，员工正常完成了用人单位安排的工作的，用人单位就应当支付员工的工资。据此，仲裁庭认定培训期间的培训费、差旅费应当包含在违约金内，而工资则不应当包含在违约金内。

虽然很多公司把员工培训期间的工资计算在培训费用之内，但是实际上，根据判例，这种规定是不会受到仲裁庭或者法院支持的。这是HR需要注意的一点。

第二节　HR 在竞业限制管理中的痛点解析

《劳动合同法》实施之后，与员工签订竞业限制协议，已经是很多公司 HR 的常规操作。比如，会签订两份协议：一份是劳动合同；另一份就是竞业限制和保密协议。但是，实务中，很多公司 HR 在签订竞业限制协议的时候，容易陷入两个误区：

第一个误区是，不加区分，与所有员工签订竞业限制协议。这毫无必要，不但浪费 HR 的精力和时间，还有可能使公司陷入被动之中。《劳动合同法》明确指出，签订竞业限制协议的人员一般情况下限于公司的高级管理人员、高级技术人员和其他负有保密义务的人员。这三类人员以外的员工，没有必要签订竞业限制协议。

第二个误区是，在签订竞业限制协议的时候，没有约定竞业限制经济补偿的标准。虽然一些公司在竞业限制的标准文本中，也会提到竞业限制的经济补偿，但是大多数公司 HR 的做法是空着竞业限制经济补偿的标准或者数额不填。这种做法导致的问题是基本上算是签订了一个无效的竞业限制协议。不但浪费时间，还会让人感到 HR 的不专业。

现在的人才市场条件下，公司员工的流动率还是比较高的，一般员工的离开没有太大的问题，但是掌握着公司核心机密、知识产权和核心技术的员工离开则不一样，如果这些员工与竞争对手建立新的劳动关系，就极有可能给公司造成损害。因此，《劳动合同法》关于竞业限制的规定，对公司来说是一个很好的保护性规定。

但是对于一些 HR 来说，签订竞业限制协议好像只是例行公事，并没有从公司战略的高度来看待这个问题。既然没有严肃对待，也就不会做好竞业限制协议的管理，从而导致知悉公司秘密的员工加入竞争对手，给公司造成损失。另外，与不必要的员工签订竞业限制协议，员工离职后既没有终止协议，也没有支付相关的补偿费用。如果员工没有在约定的竞争对手那就业，当要求公司提供履行竞业补偿协议的时候，就会给公司造成不必要的损失。

鉴于竞业限制协议的痛点如此之明显，我们先来看一下《劳动合同法》是如何规定竞业限制的。

《劳动合同法》第二十三条第二款规定："对负有保密义务的劳动者，用人单位可以在劳动合同或者保密协议中与劳动者约定竞业限制条款，并约定在解除或者终止劳动合同后，在竞业限制期限内按月给予劳动者经济补偿。劳动者违反竞业限制约定的，应当按照约定向用人单位支付违约金。"另外，第二十四条规定，竞业限制协议的期限不得超过 2 年。

《劳动合同法》第二十三条、第二十四条对竞业限制协议的主体、期限、需要给予经济补偿等措施作出了原则性的规定。但是，并没有对赔偿标准和违约责任进行明确，这也是HR随意签订竞业禁止协议的一方面原因。

最高人民法院根据实际情况，对于竞业限制作出了进一步的规定，从而使《劳动合同法》没有明晰的规定，变得清晰起来。

《最高人民法院关于审理劳动争议案件适用法律问题的解释（一）》第三十六条第一款规定："当事人在劳动合同或者保密协议中约定了竞业限制，但未约定解除或者终止劳动合同后给予劳动者经济补偿，劳动者履行了竞业限制义务，要求用人单位按照劳动者在劳动合同解除或者终止前十二个月平均工资的30%按月支付经济补偿的，人民法院应予支持。"

这一规定明确了HR随意签订竞业限制协议可能面临的风险。也就是说签订竞业限制协议的员工离职后，如果没有在约定的行业或者企业工作，就算履行了竞业限制协议。而如果公司没有按照约定支付竞业限制协议补偿金，员工有权利要求公司按照前12个月平均工资的30%，支付相应期限的竞业限制补偿金。

因此，考虑到《劳动合同法》和最高人民法院关于竞业限制的规定，HR对于竞业限制协议的签订还是要谨慎一些。具体可以考虑参考如下做法。

1. HR要在员工入职的时候就和员工约定好竞业限制协议的补偿标准，并写进劳动合同约定条款中。最高人民法院的解释规定，竞业限制协议生效的前提，一定是公司按月支付给员工竞业限制的经济补偿金。如果公司没有支付竞业限制的经济补偿金，员工完全可以在竞争对手那上班，不算违反竞业限制协议。员工刚入职的时候，根据人的心理特点考虑，这个时候关于竞业限制的补偿标准是非常容易达成一致的。相反，如果不在员工入职的时候，商定好竞业限制的补偿标准，当员工离职的时候，公司再与员工协商竞业限制的补偿标准，就很难谈成一个合适的额度了。员工要离开了，心理上已经完全独立，提出更高的要求，也在情理之中。

所以，公司HR应当在员工入职的时候，就与员工协商好竞业限制的补偿标准，这个时候员工新入职，容易达成一致。

2. 确定好需要签订竞业限制协议的员工以及岗位。劳动合同法规定竞业限制协议的员工主体为高级管理人员、高级技术人员和其他需要保密的人员。在具体的公司中，HR应该提前与公司业务部门确定好哪些岗位上的员工需要签订竞业限制协议，提前与业务部门和公司管理层把需要签订竞业限制协议的岗位确定下来。在新员工入职的时候，仅与提前确定的岗位员工签订竞业限制协议。这样既不将竞业限制协议的签订扩大化，也易于管理。

3. 员工离职时，决定是否启动竞业限制协议。

公司员工离职的时候，如果公司认为该员工掌握了公司的核心机密，若该员工加入竞争对手公司，会给公司造成较大的损失，那么就要启动竞业限制协议了。这个时候，竞业限制协议就是约束员工在竞争对手那就职的有力工具，但是这个工具生效的前提是根据协议的约定按月支付员工竞业限制补偿金。相反，如果公司认为离职员工加入竞争对手公司不会给公司造成较大的损失，或者损失可以接受，则不需要约束员工离开公司后所去的就业单位，也无须支付员工竞业限制补偿金，竞业限制协议也就不会启动。但是，HR需要注意的是，竞业限制协议并不会自动失效。公司HR需要与离职员工签订一份双方放弃之前签订的竞业限制协议的书面协议。这个时候，竞业限制协议才正式失效，公司可以做到进退有据。否则，如果签订竞业限制协议的员工由于各种原因，没有到协议约定的竞争对手那工作，那么公司就需要按规定支付给员工竞业限制补偿金。如果没有约定金额的，按照员工在职期间前12个月的平均工资的30%，按月支付，最多24个月的补偿金。

实务中，有些公司HR不加区分地与员工签订竞业限制协议，而且签完之后疏于管理，这实际上是给公司埋下隐患。一旦引爆，不但会给公司造成损失，对HR自身的伤害也是很大的。HR在员工离职的流程中，加入一个竞业限制协议的审查或者解除的流程节点，是非常有必要的，也是HR排雷的一个重要方法。

《劳动合同法》关于竞业限制的规定：

第二十三条 用人单位与劳动者可以在劳动合同中约定保守用人单位的商业秘密和与知识产权相关的保密事项。

对负有保密义务的劳动者，用人单位可以在劳动合同或者保密协议中与劳动者约定竞业限制条款，并约定在解除或者终止劳动合同后，在竞业限制期限内按月给予劳动者经济补偿。劳动者违反竞业限制约定的，应当按照约定向用人单位支付违约金。

第二十四条 竞业限制的人员限于用人单位的高级管理人员、高级技术人员和其他负有保密义务的人员。竞业限制的范围、地域、期限由用人单位与劳动者约定，竞业限制的约定不得违反法律、法规的规定。

在解除或者终止劳动合同后，前款规定的人员到与本单位生产或者经营同类产品、从事同类业务的有竞争关系的其他用人单位，或者自己开业生产或者经营同类产品、从事同类业务的竞业限制期限，不得超过二年。

《最高人民法院关于审理劳动争议案件适用法律问题的解释（一）》关于竞业限制的规定：

第三十六条 当事人在劳动合同或者保密协议中约定了竞业限制，但未约定解除或者终止劳动合同后给予劳动者经济补偿，劳动者履行了竞业限制义务，要求用人单位按照劳动者在劳动合同解除或者终止前十二个月平均工资的30%按月支付经济补偿的，人民法院应予支持。

前款规定的月平均工资的30%低于劳动合同履行地最低工资标准的，按照劳动合同履行地最低工资标准支付。

第三十七条 当事人在劳动合同或者保密协议中约定了竞业限制和经济补偿，当事人解除劳动合同时，除另有约定外，用人单位要求劳动者履行竞业限制义务，或者劳动者履行了竞业限制义务后要求用人单位支付经济补偿的，人民法院应予支持。

第三十八条 当事人在劳动合同或者保密协议中约定了竞业限制和经济补偿，劳动合同解除或者终止后，因用人单位的原因导致三个月未支付经济补偿，劳动者请求解除竞业限制约定的，人民法院应予支持。

第三十九条 在竞业限制期限内，用人单位请求解除竞业限制协议的，人民法院应予支持。

在解除竞业限制协议时，劳动者请求用人单位额外支付劳动者三个月的竞业限制经济补偿的，人民法院应予支持。

第四十条 劳动者违反竞业限制约定，向用人单位支付违约金后，用人单位要求劳动者按照约定继续履行竞业限制义务的，人民法院应予支持。

第三节　劳动合同法融入培训制度及竞业限制管理之实操解析

一家高科技互联网公司，非常重视公司的人才发展工作，并在公司内部成立了企业研究院。企业研究院依据公司的发展战略和人才盘点结果，对具备发展潜力的员工进行了与公司未来战略相关的各项专业技能培训。培训费总体支出每年不低于300万元。但遗憾的是，由于处于人才竞争非常激烈的行业环境中，公司被猎头挖走的人才不在少数。除了人才流失给公司带来的损失，公司支付的培训费也付诸东流。因此，HR决定与参加专业技能培训的员工签订培训服务期协议。通过培训服务期协议限制人员流失；同时，如果需要追偿培训费用，也会有据可依。

培训服务期协议

一、目的
本政策旨在确保，在本公司员工由于个人原因在预先承诺期内离职时，该员工能退还公司为其长期职业发展而投入的数目可观的资金，以此保证公司利益。

二、适用范围
本办法适用公司全体员工。

三、责任人
HR主管/经理、培训主管和业务主管。

四、专业技术培训定义

1. 只有专业技术培训，公司才与员工签订培训服务期协议。

2. 专业技术培训是指该培训项目定义主旨是为员工职业发展需求而不是当前工作需求，包括但不限于：脱产/业余MBA、英语培训、加强技术脱产培训、国家文凭（大学和/或研究生）、海外培训、专业技术培训、企业研究院组织的员工高级发展培训等。

3. 公司新员工入职培训不必签订这种培训合同。比如，对于新招聘的员工进行的"岗前培训"，对于财务主管进行的"介绍财务职能"培训，对于HR经理进行的"HR综合研讨班"培训等。然而，当同样培训应用于职业发展时，如当出于职业发展目的推荐HR主管参加"HR综合研讨班"时，就应该考虑签订培训合同。

4. 公司采取经济补助的方式支持员工自我教育，该教育适用培训合同。

5. 政府对特殊技术岗位要求的强制性培训，以及培训总费用低于1万元的，无须签订培训服务期协议。

注：对公司专业技术培训做出明确的定义，以方便 HR 和参加培训的员工确定是否需要签订培训服务期协议。

五、培训投资总额

培训投资总额应该包括：

a. 培训/项目费用/费用（包括课本、资料等）；

b. 培训相关费用，包括：差旅费、住宿费、签证、护照和其他培训相关费用。

注：明确规定了培训费用的类别，这里需要说明的是虽然很多公司会把员工培训期间的工资计算在培训费用中，但是根据人社部、最高院的案例解读，培训期间的工资不应当计算在培训费用中。

六、服务年限计算

1. 服务年限应该从参与培训的具体结束之日开始计算。

2. 对于成功通过培训后颁发文凭的培训，服务年限应该从文凭正式颁发之日或学校正式通知显示的培训结束日期开始计算，取最早日期。

3. 当员工在首次培训合同约定的服务期间参加另一项培训时，应该签署新的培训合同。新服务期限应该按照 2 次培训费用计算，计算方法如下：

C1 = 第二个培训合同开始之日的第一次培训的剩余应付投资费用；

C1 = 第一次培训的总投资费用 -（第一次培训的总投资费用/承诺服务期限月数）× 自第一次培训合同的服务期限的起始之日开始计算的服务月数；

C2 = 第二次培训的投资费用；

C = C1+C2。

"C" 依照表 4-1 决定服务期限。

表 4-1 总培训费用与服务期限对照

总培训费用（C）	服务期限	备注
10000 元（含）至 20000 元	1 年	
20000 元（含）至 50000 元	2 年	
50000 元（含）至 100000 元	3 年	
100000 元以上	4 年	

例如：

第一次培训费用为 2 万元，服务期限是 2 年，即 24 个月，从 2018 年 1 月 1 日到 2020 年 1 月 1 日。

第二次培训费用为 6 万元，服务期限起始日期为 2019 年 1 月 1 日。

C1 = 20000-20000/24×12 = 10000

C2 = 60000

$C = C_1 + C_2 = 70000$

依照表4-1，7万元对应的服务期限是3年，即该员工的新服务期应当是从2019年1月1日到2022年1月1日。

注：本条明确了培训费与服务期的关系。特别是关于同一位员工参加多次培训的服务期的计算方法，解决了服务期叠加的问题，是合理合法的措施。

七、退还金计算

1. 如果员工由于个人原因，在承诺服务期内解除或终止与公司签订的劳动合同，他/她应该以以下方式退还公司支付的费用：

总投资（C）-（总投资（C）/承诺服务月数）×自服务期生效之日起的服务月数

2. 对于为公司服务天数少于1个月的，如果超过15天（含15天），按1个月计算；如果少于15天，那么就不能计入公司服务月数内了。

3. 如果员工由于个人原因，在学习期间解除或终止与公司签订的劳动合同，该员工应该退还公司为其支付的所有费用。

4. 对于需要取得证书或者文凭的培训，如果员工没有以取得证书或文凭的方式成功完成该培训课程/项目，他/她应该退还公司为其支付的所有费用。

注：除了退还费用的一般计算方式，还规定了几种特定情形下的费用承担责任，既督促员工努力学习，也确定费用退还原因，减少可能的争议。

八、特殊情况：

1. 如果由于公司原因导致员工劳动合同提前解除的，即使员工在承诺服务期限到期前离开公司，公司也不会要求返还该投资。

2. 如果员工因为失职或违纪等个人原因而导致劳动合同提前解除，公司有保留收回相关投资的权利。

3. 如果员工因为业绩不合格（不能胜任工作）而导致劳动合同提前解除，应该根据实际情况处理，但是公司保留收回相关投资的权利。

4. 在承诺服务期间，除非双方根据服务期协议变更了与服务期一致的劳动合同期限，否则无论基于任何原因，公司都有权利要求员工放弃继续履行服务期协议。

九、培训协议书

培训协议书包括培训投资、培训内容、培训时间、服务期限和返还金的计算。该协议书由员工本人、人力资源经理/总监和直线经理共同签署。

除了保留人才以及减少人才流失导致的培训投资的损失，公司还需要通过与员工签订竞业限制协议确保知晓公司核心技术和机密的高级管理人员、高级技术人员离开公司后，不到竞争对手公司工作，从而减少公司竞争对手通过猎头等渠道招聘公司的骨干人员，也通过增加公司骨干人员的离职成本，降低公司人才流失率。

竞业限制协议

甲方（公司）：

乙方（员工）：

甲乙双方认可，乙方在甲方工作期间，将接触、了解或者掌握甲方的商业秘密，这些商业秘密关系到甲方的竞争优势，如果乙方离职后加入与甲方有竞争关系的公司，将给甲方带来损失。鉴于上述原因，甲乙双方根据相关法律规定，就乙方与甲方的竞业限制事宜，达成如下协议。

一、总则

1.1 为保护双方的合法权益，本协议遵循如下原则：一是防止针对甲方的不正当竞争行为；二是保障乙方依法享有的各项劳动权利。

1.2 本协议中的"离职"，是指甲乙双方正式解除或终止劳动关系，并且乙方办理了正式解除劳动关系的离职手续。

1.3 本协议中的"竞争性单位"，是指与公司生产、经营同类（也包括相类似）产品或提供同类服务或对公司业务构成现实或潜在竞争的任何个人、公司、企业、合伙、协会、事业单位、社会团体或其他组织。这些组织或个人包括但不限于下列单位：_____
_____。

注：实际列出部分相关单位，会更明确竞业限制的竞争对手，有利于双方执行。

1.4 本协议中的"竞业限制义务"，是指本协议第二条所列的义务。

二、竞业限制义务

2.1 乙方同意在甲方工作期间，除非甲方书面同意，否则不得自营或者提供咨询、协助他人经营与甲方业务相关的任何业务。

2.2 乙方同意，无论乙方以任何原因离职，离职后在甲方按月支付竞业限制补偿金的情况下，都不得到甲方的竞争性组织就职、工作或以任何间接的方式为甲方的竞争对手提供业务支持。

2.3 乙方同意，无论乙方以任何原因离职，离职后在甲方按月支付竞业限制补偿金的情况下，都不得以任何形式间接或直接自行经营与甲方业务相关的业务。

2.4 乙方有义务在办理离职后、甲方支付竞业限制补偿金期间，书面告知甲方其真实的工作单位或者其他去向。

2.5 乙方同意，从甲方离职后，不得引诱、鼓动甲方其他员工离职，去为乙方或其他任何组织提供服务。乙方也不得利用在甲方工作期间的客户获取相关利益。

三、竞业限制补偿费以及相关义务免除的条件

3.1 甲方应当在乙方离职前的一个月内做出是否要求乙方履行竞业限制义务的决定。

注：HR 应当在公司离职流程中，把竞业限制协议作为一个流程节点，防止因疏忽出现遗漏的情况。

3.2 如果甲方要求双方继续履行竞业限制协议,在甲方应当根据本条第3.3款的约定,按月向乙方支付竞业限制补偿费____元/月,一共支付____个月。

如果双方产生争议,发生诉讼等,甲方有权中止竞业限制补偿费的支付,待双方的争议解决之后,甲方可以继续支付乙方竞业限制补偿费,直至满足本款约定的月数。

注:一般以员工离职日前12个月平均工资的30%作为约定的竞业限制补偿金。最好在签订本协议时,就在本协议中约定好具体额度或者确定方式。否则,等员工离职时再约定具体金额将面临较大困难。

3.3 竞业限制补偿费由甲方按月支付到乙方指定的账户;如果乙方拒绝领取,则甲方可以依法采取有关方面的提存措施,视为甲方已经支付约定的费用。

3.4 如果甲方不要求乙方继续承担竞业限制协议项下的业务,则双方应当签订竞业限制终止协议。该协议以甲方通知形式送达乙方即可生效,乙方应当签收该通知。该协议送达乙方之日,甲方不再支付乙方竞业限制补偿费。

注:甲方以终止通知的形式送达乙方,可直接送达,也可快递送达。如果乙方拒绝签字,则甲方应当保留送达乙方的快递资料。

四、违约责任

4.1 如果乙方违反本协议第二条的规定,应当承担违约责任,并赔偿甲方损失。赔偿金包括但不限于乙方违反本协议的全部所得、甲方的直接或者间接损失,以及甲方因为乙方违约所付出的全部其他成本。

4.2 如果乙方违反协议,离职后仍然到甲方竞争对手处工作的,乙方应当支付甲方已经支付给乙方的全部竞业限制补偿费的双倍作为违约金。

五、争议解决(略)

六、一致性

本协议构成甲乙双方签订的劳动合同的不可分割的一部分,对本协议的违反也是对劳动合同的违反。

七、其他

任何一方未能行使或延迟行使在本协议项下的或相关之任何权利时,不应视为弃权。

八、生效

8.1 本协议在甲方授权代表和乙方签字或盖章后生效。

8.2 本协议一式二份,双方各执一份,具有同等法律效力。

甲方(签章):　　　　　　　　　　乙方(签字):

授权委托人(签字):

签署日期:　　　　　　　　　　　　签署日期:

第五章　把劳动合同法融入劳动合同管理

第一节　HR 在劳动合同管理中的痛点解析

劳动合同是公司人力资源管理体系的一个重要组成部分，可以说是最基础的构成部分。劳动合同与《劳动合同法》的关系也是最为直接的。实际上，很多公司劳动合同中的部分条款就是直接来自《劳动合同法》条款。

自《劳动合同法》实施以来，HR 已经把与员工签订劳动合同看成平常的工作流程或者例行手续。但是，似乎并不是所有的 HR 都真正认真地阅读过公司的劳动合同文本；也不是所有的 HR 都真正理解劳动合同中的条款所约定内容的底层逻辑。而且，实务中大多数公司使用的劳动合同模板直接由公司的法律顾问提供，有的甚至来自网络或者其他公司的模板。诸如此类的劳动合同版本可能难以完全解决公司在员工管理中遇到的所有问题和痛点。

对于一个专业的 HR 来说，弄懂劳动合同中的一些关键要素以及劳动合同约定内容的一些底层逻辑，才能真正做好劳动合同管理，这也是一个"懂业务"的 HR 的必备技能之一。

《劳动合同法》第十七条规定了劳动合同必须具备的关键条款，这些条款包括劳动合同期限、工作内容和工作地点、工作时间和休息休假、劳动报酬、社会保险以及劳动保护、劳动条件和职业危害防护。也就是说凡是具备了这些内容约定条款的协议，就具备了劳动合同的基本特征。比如，如果招聘录用通知书具备了这些内容，也可以被认为是一份正式的劳动合同。因此，并不是写有"劳动合同"字样的协议，就是劳动合同。如果写有"劳动合同"字样的协议不具备上述内容，也不是一份合法的劳动合同。

劳动合同的文本内容比较长，做好劳动合同管理的关键，是抓住其中容易发生纠纷和争议的痛点。本节将介绍和解析 HR 在劳动合同管理中的一些主要痛点。

一、劳动合同期限管理

《劳动合同法》实施已经有很长时间了，HR 对于劳动合同的类别已经了然于胸。主要就是固定期限劳动合同、无固定期限劳动合同和以完成一定任务为期限的劳动合同。但在实务中，如何确定劳动合同的期限可能是会让一些 HR 困惑的。

有些公司是根据新员工的工作岗位级别确定劳动合同期限的。例如，高级别职位或者关键岗位签订的期限长一些；而中低级别职位签订的劳动合同期限相对短一些。有些公司是根据对试用期的要求来签订劳动合同期限的。想要试用期长一些（最长 6

个月），就签订至少 3 年期限的劳动合同；想要试用期短一些，就签订低于 3 年期限的劳动合同等。

无论是根据新员工的职位，还是对试用期的要求来确定劳动合同的期限，都是有一定道理的。但是，实务中，最好还要考虑管理的有效性以及《劳动合同法》对劳动合同签订次数的规定。

根据《劳动合同法》规定，第二次签订的固定劳动合同到期后，在双方决定是否签订第三次劳动合同的时候，法律把决定权基本交给了员工，企业实际失去了主动权。这个时候，除非员工提出签订固定期限劳动合同或者不再续签劳动合同，如果员工提出要签订无固定期限劳动合同，公司就应该与员工签订无固定期限劳动合同了。

这项规定的本质是公司只有在第一次固定期限劳动合同到期时，拥有较大的主动权。第一次固定期限劳动合同到期，公司有权提出不再续签劳动合同，给予员工适当的补偿后，可以终止双方的劳动关系（如下图 5-1 所示）。

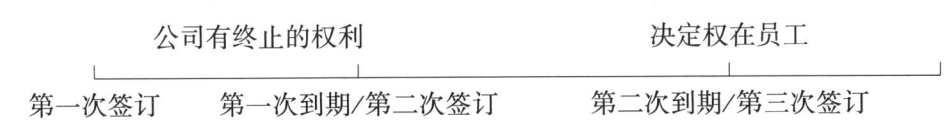

公司有终止的权利	决定权在员工
第一次签订　　第一次到期/第二次签订	第二次到期/第三次签订

图 5-1　不同时间点终止劳动合同的决定权

也就是说，第一次固定期限劳动合同到期时，公司如果没有终止双方的劳动合同，第二次签订的劳动合同到期时，公司实际失去了说"不"的权利，签订无固定期限劳动合同成为大概率事件。

因此，建议 HR 在第一次固定期限劳动合同到期后，对员工在一个劳动合同周期内的表现，进行一次严格的考核。但实务中，很少有公司在员工第一次劳动合同到期后，从人才管理角度对员工进行严格的考核，从而决定员工的去留。很多公司是稀里糊涂地续签了第二次固定期限的劳动合同，从某种程度上来说也可以理解。但是从 HR 角度，或者从公司管理层的角度，为公司选拔、保留优秀人才，并排除掉不适合的人员，是公司成功的关键要素之一。第一次固定期限劳动合同到期，应该是公司留用适合自己的人才，做好人才管理的关键节点之一。

因此，在人才管理制度中，公司要充分利用好《劳动合同法》赋予的公司在第一次固定期限劳动合同到期后的权利。建议在公司的人才盘点流程中，加入对第一次固定期限劳动合同到期人员的人才盘点。通过人才盘点的流程，公平公正地对一个人作出合理的评价。

基于上述《劳动合同法》的规定，我们还是回到劳动合同的期限这个问题上来。我们说公司对一个员工的真正了解，是从面试开始的，也会通过试用期对新员工进行考察。但是真正了解一个员工，是需要时间的。试用期最长 6 个月，6 个月要全面了解一个人，很多情形下时间还是不够充分。实务中，对一个员工工作能力、工作表现、工作态度等的考察和了解，至少需要一年的时间，也就是一个公司绩效管理的周期。

实务中，很多企业为了利用试用期考察新员工，往往喜欢把第一次固定期限劳动合同的期限约定为最少3年，这样就可以有6个月的试用期。6个月的时间，对一些特定岗位员工的匹配度、工作能力、工作表现以及工作态度是可以得出基本准确的评价结论的。例如，生产主管、出纳、前台等岗位。但是，由于6个月的时间尚不满一个绩效管理周期，对于一些特定岗位员工的匹配度、工作能力、工作表现以及工作态度的考察，很难得出准确结论。例如，副总裁、销售高管、研究员等。而一旦6个月的试用期期满，当公司发现员工不符合公司要求的时候，就相对被动了。

因此，我们建议劳动合同期限，特别是第一次固定期限劳动合同，可以根据岗位性质的不同，分为1年或3年。对于通过6个月的试用期基本可以作出判断的岗位，第一次固定期限劳动合同的期限最好是3年；对于通过6个月的试用期不易作出评价的岗位，最好签订1年期限的劳动合同。一年固定期限的劳动合同，在第一次劳动合同到期后，经过严格的人才盘点和考核程序，就可以与适合公司的人才签订一个较长期限的劳动合同，比如说3—5年；而不适合公司的员工，可以到期终止双方的劳动关系。

这个制度或者政策，更容易使公司选拔留用适合公司的人才。当然，公司需要想办法平衡1年和3年不同期限的人员可能的不满情绪。

这项制度的关键就是把《劳动合同法》规定的试用期、固定期限劳动合同签订次数，以及公司人才盘点或者人才评价标准结合起来。长期来看，会使公司合适的人才数量占比增加。

二、工作内容和工作地点管理

工作内容和工作地点的约定，看似是一个很小的问题，但是实务中也经常让HR感到头痛。公司经营的特性之一就是灵活性，需要根据公司业务的变化而做出相应工作安排。就员工管理来说，需要根据业务变化调整员工工作的内容、岗位，有时需要把员工派到其他工作地点，是公司管理的日常和必要的操作。但是，《劳动合同法》中关于工作内容和工作地点的规定，使公司在调整员工工作内容和工作地点的时候，面临困难和挑战。

《劳动合同法》规定工作内容和工作地点是劳动合同的关键条款之一。公司和员工在约定了工作的具体地点和工作内容后，在履行劳动合同的过程中，如果需要做出调整或变更，就需要双方协商。如果员工不同意，公司是无法做出工作地点和工作内容的变更的。这个看似很平常的问题，成了让许多HR困扰的事情。

工作内容的改变，一般涉及升职、降职或者平行调动。对于升职，基本不会有人反对。但对于降职，员工反对的概率肯定是极高的。平调则取决于员工对自己职业生涯的考量，反对的概率处于晋升和降职之间。工作地点的改变，会影响员工的正常生活，甚至会对员工的家庭生活造成较大的冲击和影响。因此，当公司根据业务需要，对员工的工作内容或者工作地点做出调整的时候，遇到来自员工的阻力是可以理解的。

1. 工作内容的调整

实务中，大多数公司在劳动合同中约定的工作内容一般是工作岗位的名称，如财务总监、人力资源总监（HRD）等。我们也看到有些公司为了规避劳动合同法中工作内容的规定，工作内容的约定内容非常宽泛，不明确说明具体的工作岗位。例如，具有管理职责的岗位统称管理岗等。有些公司的劳动合同中则会约定公司有进行工作岗位调整的权力。例如，公司可以根据工作需要调整员工的工作岗位，员工应当服从等。

但是，这些办法实行起来都不是很理想，并没有真正解决公司在用人灵活性方面的困扰。

实际上，既然《劳动合同法》规定了工作内容变更属于劳动合同重大事项的变更，需要劳动关系双方协商一致，公司想完全规避这个条款的规定，掌握完全的用人自主权，基本上是不可能的。公司要做的，就是在法律的框架内，做出一些适当的调整，在有限的范围内尽量行使用人自主权。

实务中，对于工作岗位的约定，应尽量做到既不过细，也不过于宽泛。例如，可以按照公司的组织架构中的部门岗位类别进行约定，像人力资源管理岗、财务管理岗、销售岗、研发岗等。同时，可以约定：员工同意并理解，公司可以根据业务的需要，对员工的岗位做出合理的调整。或者约定如果员工绩效评估结果没有达到相应的标准（如评估结果为 D），公司可以调整员工岗位，等等。这些约定虽然并不能完全保证为公司工作内容调整杜绝一切争议，但是如果操作得当，公司也未必一定不会得到仲裁机构或者人民法院的支持和认可。关键还要看公司的调岗是否遵循了劳动合同法的立法目的。

具体在调整工作内容时，要做到：

（1）岗位调整要具有合理性。这个合理性是指岗位调整前和调整后，要有一定的关联性，最好是在组织架构中一个管理系列岗位类别内调整。例如，调整前是人力资源总监，调整后是薪酬经理，就是有关联性；而调整前是人力资源总监，调整后是销售经理，就是缺乏关联性的调整。

（2）员工要能胜任新岗位的工作。把员工调整到根本无法胜任的工作岗位，就不是一次合理的调整。

（3）调整要做到有理有据，并与员工进行坦率的沟通。所谓的有理有据，是对于岗位调整是否符合常理的一个判断。同时，公司还要能证明调岗与业务运营需要有逻辑关系。也就是说调整是基于业务的变化或者需要，而不是随意调整员工的工作岗位。

2. 工作地点的管理

一些公司的 HR 为了解决这个管理的痛点，试图在劳动合同中约定扩大公司对于工作地点管理的自主权。例如，把工作地点约定为山东省、江苏省，甚至是全国。实际上，这些约定都是不符合《劳动合同法》规定的，即使员工也在劳动合同上签字了，一旦发生纠纷，公司也会败诉，属于无效约定。

那么在劳动合同中如何约定工作地点，才能最大限度地保护公司的用人自主权，也不会违反《劳动合同法》的规定呢？

实务中，劳动合同中关于工作地点的约定，主要可以根据公司的组织架构、业务布局以及员工的岗位特点作出约定。例如，销售、导购、客服和售后服务等岗位的工作特性，就有可能需要经常被派往不同的工作地点。对于这些岗位的员工，可以根据公司业务布局，在劳动合同中约定不同的工作地点。例如，如果公司的销售布局有华北区、华东区、华南区、东北区、西北区五个区域，而华北区的常驻城市是北京、华东区常驻城市是上海、华南区常驻城市是深圳、东北区常驻城市是哈尔滨、西北区常驻城市是兰州，则在劳动合同中就可以约定：签订劳动合同时，工作地点是北京，但是员工认可并同意公司可以根据工作需要，把员工派驻上海、深圳、哈尔滨、兰州等城市工作。对于 HR、财务等管理人员，则可以根据公司的整体组织布局，作出工作地点的约定。例如，如果公司的总部在北京，同时在山东济南、河南郑州有分公司，这些管理人员未来有可能被派驻这些分公司所在地工作，因此劳动合同中就可以约定：现工作地点是北京，但是公司可以根据业务需要，员工同意并理解公司可以被长期派驻分公司所在地郑州、济南等地工作。

提前在劳动合同中作出这些约定，虽然不能避免全部的问题和纠纷，但是一旦发生问题和纠纷，公司不会完全处于被动的地位。

除了有关工作地点和工作内容的阐述，其实一些公司存在的问题是，在劳动合同中约定一些事项的时候，所表达的内容和语气不恰当，并且明显把员工的合法权利排除掉了。这样的约定如果在劳动合同中出现，很大可能是不会被人民法院认可的。例如，"公司有权根据业务需要随时调整员工岗位和工作地点，员工应当服从。否则，将被认为违反公司规章制度，公司有权解除劳动合同"。这样的约定看似让管理者感到自己掌握了用人自主权，其实是镜中花，水中月。如此约定，显然排除了员工的合法权利。一旦发生纠纷，约定会直接被认定为无效，公司也会败诉。若是约定为："员工理解并同意，公司可以根据业务需要合理、适当地调整员工的工作地点和工作内容。员工认可公司具备合理性的、符合业务逻辑的、基于业务需要的工作地点和工作内容的调整安排。"则内容表述上没有反映出剥夺员工权利的意思，往往就不会被直接认定为无效条款。

典型案例

案例：公司以业务变化为由调整员工岗位和工作地点，获仲裁庭支持

孙某于 2017 年 8 月与某公司签订了无固定期限劳动合同，工作地点为某市，岗位为后勤辅助岗，具体工作为财务、预算管理以及其他行政性工作。某公司安排其在城区的开发中心从事财务人事等辅助工作。同时，某公司与孙某约定：公司可以根据生产经营需要，调整孙某的工作岗位、工作内容以及工作地点。2019 年，基于业务需要，某公司把各开发中心的财务工作统一到总部。某公司与孙某协商，安排其到某市相邻区的总部从事人事行政工作，具体工资待遇不变。孙某拒绝，要求回原工作地点、原岗位工作，协商无果后孙某提起仲裁申请。

仲裁庭经审理认为用人单位在法律法规的框架下，拥有用工自主权，并且用人单位调整员工工作岗位和工作内容应当具备合理性，不能滥用用人自主权。本案中，某公司对孙某工作岗位的调整基于公司业务，对孙某并无针对性，所调整岗位与孙某之前岗位性质相近，工作地点也具备合理性，并且双方在合同中也有相关约定。因此，某公司对孙某工作岗位的调整并无不当。

三、劳动报酬的约定及劳动报酬标准的调整

劳动报酬的约定，是劳动合同的关键条款。但是，实务中，大多数公司不会直接把约定的劳动报酬标准直接写进劳动合同中。根本的原因还是市场上大多数公司实施的是薪酬保密制度。而公司内部劳动合同的签订管理环节比较多，环节的增加，会让更多的人知晓员工的劳动报酬标准，从而使薪酬保密的制度无法实现。

根据《劳动合同法》的规定，劳动报酬是劳动合同的关键条款，没有约定劳动报酬的劳动合同不符合《劳动合同法》规定的劳动合同构成要件。解决这个问题的方法，就是在劳动合同中约定录用通知书中的内容属于劳动合同的组成部分。如果劳动合同和录用通知书约定内容有冲突的，以劳动合同为准。这样既保证了劳动合同的主体地位，也确保了劳动合同中有关于劳动报酬的关键条款，同时起到了保密的作用。

实务中，劳动报酬的调整是HR管理的关键痛点之一。按道理，员工岗位调整了，薪酬随之予以调整，以岗定薪，是合情合理的。但是，一般来说，把员工的薪酬标准向上调整，皆大欢喜，是没有人反对的。但是向下调整，则一定会遇到反对或者阻力，有时甚至会到劳动仲裁或者诉讼的地步。

从《劳动合同法》的角度，对于类似薪酬关键条款的变更，需要双方协商一致才可以。这里的关键在于岗位的变化带来薪酬标准的变化，因此难点也在于岗位变化。如果员工能够真正接受岗位的变化，则一般会接受薪酬的变化。关于岗位的调整和变更问题，可以参阅关于工作内容变更的介绍。

HR如何解决这个问题呢？这需要HR对于未来一些可能发生降薪的情形进行预判，并在劳动合同中予以约定。当约定的情形出现时，薪酬调整则属于履行劳动合同。因此，在特定情形下，劳动合同中对有可能降薪的情形的约定，是HR能否顺利调整薪酬的关键。

HR可以考虑在劳动合同中作出关于降薪的一些约定。例如，约定以岗定薪、岗变薪变的薪酬管理原则；约定好公司可以调整员工薪酬的情形：如果公司利润水平低于上年度的某个百分比，员工同意公司有权利把员工的薪酬标准在某个范围内向下调整；或者如果员工违反公司员工手册某项规章制度的时候，公司可以在某个范围内向下调整员工的薪酬标准；或者约定如果员工绩效考核低于一个分值或者排名最后，公

司可以在某个范围内向下调整员工的薪酬标准等。

在劳动合同中约定好降薪的情形，在相对合理的情况下，通常不会被认定为违反《劳动合同法》的规定。

另外，如果公司文化和制度建设优秀，公司员工内心能够接受干部能上能下的管理原则，也是可以基本解决这个问题的。因此，《劳动合同法》只是赋予了公司和员工建立基本的合作关系和保障底线的权利。公司最大化自身的管理自主权，还是要努力提升公司的人力资源管理水平。

典型案例

案例：公司以员工泄露保密信息为由调整员工工资，被判胜诉

王某于 2018 年 5 月入职某互联网公司（以下简称公司），工作岗位为公司运营总监，月基本工资 5 万元，绩效根据年底公司经营情况以及个人绩效评估结果发放。2019 年 10 月，公司发现某网络媒体报道了公司计划实施的几个重要项目情况，这些项目处于筹备阶段，还没有对外正式发布。后经公司调查，发现该信息是王某在与某媒体记者交流的时候，不小心对外透露的。调查核实后，公司作出了给予王某书面警告并降薪 10% 的处分决定。

王某不服，认为自己不是故意泄露公司项目信息，并且公司并没有明确表明这些信息属于公司不可对外泄露的机密信息，因此公司对其的处分是错误的，便对公司提起劳动仲裁，并要求取消处分。

本案经过仲裁、一审、二审，法院最后支持了公司的处分决定。

法院经审理认为，王某在与公司签订的劳动合同中已经约定：员工违反公司员工手册中的乙类违纪行为规定的，公司有权对员工处以书面严重警告，并有权在 5%—10% 的范围内对员工施以降薪的处分。同时，公司员工手册的乙类违纪规定中第 12 条、第 15 条：员工无意识地泄露公司技术、经营或公司其他秘密，但情节和影响轻微的；未经公司允许擅自向传播媒介或外界透露公司有关情况，但情节和影响轻微的；都属于乙类违纪行为。员工手册经过法定的制定程序，合法有效。而公司虽然没有明确表明项目属于公司机密，但是公司已经在与员工签订的保密协议中作出原则性的规定，而公司的几个项目对公司未来发展有一定的影响，该阶段的项目信息应当属于公司保密信息，且王某作为运营总监，虽然参与该项目，但并没有被授权对外透露任何关于该项目的信息。

法院认为，公司对员工的处分属于事先约定和规定，该约定和规定没有违反法律规定，也具有合理性。因此，判决驳回王某的诉讼请求。

本案中，如果公司没有与员工在劳动合同中提前约定降薪的内容，或者没有提前在公司员工手册中作出相关规定，公司对王某的处分将是缺乏依据的，不会得到法院的支持。因此，事关薪酬，应当根据公司的管理需求，提前对某些情形作出约定，这是保护公司自主管理权和用人权的关键。

四、劳动合同与规章制度的关系

HR 需要利用和平衡好劳动合同和规章制度两种不同的管理工具。虽然劳动合同和公司的规章制度，都涉及对员工的管理，但是在具体适用上，两者还是有一定差别的，或者说各自的侧重点有所不同。因此，这两种管理工具在公司人员管理中的应用也应当有所区别。

就劳动合同的约定与公司规章制度的规定的效力来说，一般情况下劳动合同的效力大于规章制度的效力。《最高人民法院关于审理劳动争议案件适用法律问题的解释（一）》第五十条第二款规定："用人单位制定的内部规章制度与集体合同或者劳动合同约定的内容不一致，劳动者请求优先适用合同约定的，人民法院应予支持。"因此，劳动合同和规章制度发生冲突，法律还是选择了以劳动合同的约定作为优先适用项。

那么是不是在劳动合同中约定尽可能多的内容，会更有助于公司管理呢？从实务中来看，并不是这样的。不同的管理内容，适用于不同的制度才更为科学和方便。

虽然劳动合同的效力要优于规章制度的效力，但是我们还要看到，公司管理是充满变化和不确定性的，因此实务中，要与公司全部员工就某件事达成一致是非常困难的。而相对于劳动合同的变更来说，规章制度的制定和改变会相对容易一些。公司规章制度的变更，只要符合法定程序，经大多数人同意就可以变更。劳动合同的变更却需要员工本人的同意，否则无法变更。因此，公司使用劳动合同还是规章制度，是需要重点考虑的问题。

相对于劳动合同，有一些内容不宜在规章制度中规定，而更适合在劳动合同中约定。那些比较个性化的内容，就最好在劳动合同中约定。例如，具体工作岗位、薪酬标准、福利构成和标准等。那些需要制定规章制度的内容，在劳动合同中可以进行原则性约定。例如，涉及劳动纪律方面的规定，可以在公司员工手册中规定。具体来说，涉及合同期限、具体工作岗位和工作职责、工作地点、薪酬标准、福利标准、加班基数、竞业限制等内容的约定，应当在劳动合同中约定。而关于员工考勤、绩效分配、劳动纪律、休息休假、知识产权和保密、离职管理等方面内容的规定，最好在相应的规章制度中予以规定。

五、关于通信地址的约定或规定

通信地址如果被 HR 忽略，在实践中也容易吃苦头。劳动合同法规定，一些特定情形下，公司作出的事关员工本人利益的决定或行为，需要通知员工本人，员工本人应当签收或者至少知道该行为或决定，否则该行为或者决定无效。在双方正常履行劳动合同的过程中，这基本不是问题。但是一旦公司和员工产生纠纷或者争议，员工往往拒绝签字或者签收。如果员工不签收，就不会产生认可的法律效果。例如，当公司与员工解除劳动合同时，如果员工不在解除劳动合同通知书上签字，或者 HR 不能证明员工已经了解、知道或者收到公司解除劳动合同的决定，就意味着劳动合同尚未解除，公司不得不继续承担《劳动合同法》规定的义务。

法律虽然提供了其他救济措施或者其他方式，如登报公告送达、留置送达等，但是这些方式都不够方便，也缺乏效率。

因此，签订劳动合同时，把员工的通信地址、书面材料送达和紧急联系人约定清楚，就会减少 HR 在这方面的负担。尤其在现在的人才市场比较活跃，人员流动率相对较高的情况下，约定好有效的通信方式，是非常必要的。

劳动合同中一般会有员工通信地址和紧急联系人的内容。这项常规性的内容，常常被企业或 HR 忽略掉。HR 完全可以利用好这个条款，约定好特定情况下企业送达的地址和方式。例如，劳动合同中可以作出如下约定：员工的具体通信地址是某省某市某区某街道某小区某门牌号，员工同意企业邮寄到这个通信地址的任何书面材料或者通知，视为员工已经收到。员工应当保证所提供的通信地址能够及时收到 EMS 等快递。如果员工的通信地址发生变化，员工应当及时通知公司人力资源部。如果员工地址变化没有及时通知人力资源部，员工同意人力资源部按照原通信地址发送邮件并视为送达员工。另外，公司还可以要求员工提供一个私人邮箱，并明确约定，公司发到私人邮箱的材料，可以视为已经送达员工本人。

公司也要用好员工紧急联系人的信息。大部分公司会要求员工提供紧急联系人，本意是一旦员工在工作中出问题，公司可以立即通知到员工的亲属等关系密切的人。但实际上，员工的紧急联系人，也可以用来实现文件资料等信息送达的目的。公司和员工完全可以在劳动合同中约定，员工的紧急联系人除了作为在紧急状态下的联络人，还可以全权代理或者处理关于公司和员工劳动关系方面所涉及的问题，包括但不限于与公司进行协商和代员工接收劳动关系方面的各类文书等。

这些劳动合同中的条款，对 HR 在未来特殊情形下送达员工的文书，作出了较为全面的约定。一旦发生纠纷，公司 HR 一是可以及时通过员工提供的通信地址寄送书面文书；如果员工没有及时告知公司通信地址有变，也可视为送达。二是可以通过发送电子邮件的方式视为送达。三是员工的紧急联系人如果收到公司送达的邮件，也可视为员工收到书面通知的材料。这就确保了 HR 工作的方便性和合法性，可以解决 HR 书面材料送达时间的现实困境。

在劳动合同里，就上述内容作出清楚的约定，将会使特殊情况下的通知送达变得相对容易些。因此，HR 要关注劳动合同中这一条款的作用。如果员工填写得不够详细，要督促员工认真填写相关内容。

典型案例

案例：公司解除劳动关系通知没有送达员工，被判补缴社会保险

周某是某国有公司的会计，因贪污被判有期徒刑五年。公司自周某被判刑之日起与其解除了劳动关系。周某 2018 年出狱后已经年满 61 周岁，按规定应当办理退休手续。周某要求回到原公司退休，并要求公司为其补缴60岁之前的社会保险。公司认为已经自周某被判刑之日起与其解除了劳动关系，拒绝为其补缴社保。周某最终诉至法院。

法院经审理认为：虽然劳动者承担刑事责任，公司可以与其解除劳动关系，但是解除劳动关系的通知应当送达劳动者。解除劳动关系的通知或证明没有送达劳动者，或者公司没有证据证明劳动者已经知悉解除劳动关系事实的，应当视为劳动关系继续存在。

因此，法院判决公司为周某补缴社会保险，并协助周某办理退休手续。

由本案的判决可知，解除劳动关系的证明材料送达员工或者能够证明员工知晓，才算作正式解除。否则，公司将不得不承担相应的责任。

第二节 劳动合同法融入劳动合同管理之实操解析

我们在第一节围绕HR在劳动合同管理过程中经常遇到的一些关键环节和痛点进行了解析。这一节主要是从人力资源管理的角度，以具体公司案例的形式，把这些经常出现问题的关键环节融入具体的劳动合同管理中，以进一步提升HR对劳动合同管理实务操作的理解。

A公司是一家建筑材料公司，这家公司在多个地区设有独资或者参与控股的子公司和分公司。公司的劳动合同版本自2008年《劳动合同法》实施之后，由公司的法律顾问制定，一直沿用到2021年。由于2008年《劳动合同法》刚刚实施，2008年制定的劳动合同版本在起草的时候，主要考虑了如何遵守《劳动合同法》的各项规定。大部分内容是依据《劳动合同法》的规定制定的，并没有关注公司管理实践的需要。在过去的实际执行过程中，公司发现在与员工沟通管理的时候，常常处于被动状态。特别是在遇到根据公司业务发展，需要派遣员工到外地工作或者调岗、降薪等情况的时候。公司的管理自主权和管理的灵活性受限，在某种程度上对公司的业务造成了影响。

实际上，公司发现，当时制定劳动合同版本的时候，由于实施时间短，HR参与度不够，律师也并没有完全搞清楚如何更好地与人力资源管理相配合。HR在使用现有公司劳动合同标准版本与员工就某些问题进行沟通的时候，经常感到一些约定过于机械，即使在遵守劳动合同法的情形下，也限制公司的用人自主权。因此公司认为现有的劳动合同版本已经不适合目前的公司管理，公司需要制定新的劳动合同版本。同时，为了确保HR在日常管理中既遵守《劳动合同法》的规定，又能最大限度保障公司的管理和用人自主权，需要制定劳动合同管理制度，以供HR在日常管理中参照执行。

鉴于上述情况，公司HR决定改进公司劳动合同版本，同时，加强劳动合同的管理工作。

公司劳动合同管理办法
（HR内部工作指导用）

一、目的

为了确保HR在实施公司劳动合同管理时，做到既依法依规，又能在最大程度上保障公司的管理和用人自主权，特制定本办法。

二、适用范围

本办法仅作为 HR 内部工作的指导原则，不在公司范围内发布。

注：鉴于不是所有的 HR 都熟悉《劳动合同法》，而且 HR 在日常管理中未必查阅《劳动合同法》的规定，但一定会遵守公司的工作制度和流程，因此，本办法是确保公司劳动合同管理工作口径统一、前后一致、依法依规并能最大限度保障公司用人和管理自主权的好方法之一。

三、劳动合同版本

公司制定劳动合同版本，供公司与员工签订并建立劳动关系使用。劳动合同版本制定原则是既要遵守《劳动合同法》的规定，又要在最大程度上保障公司的管理和用人自主权。

四、劳动合同期限

1. 对于在 6 个月内比较容易判断岗位匹配度的新入职员工，第一次签订劳动合同的期限为 3 年。

2. 对于在 6 个月内相对难以判断岗位匹配度的新入职员工，第一次签订劳动合同的期限为 1 年。

3. 第一次固定期限劳动合同到期后，经过考核，公司决定续签劳动合同的，第二次固定期限劳动合同可以约定为 3—5 年，或者更长的期限。

4. 第二次固定期限劳动合同到期后，如果员工同意续签，可以签订无固定期限劳动合同。

注：通过试用期和 1 年期限的劳动合同，并制定严格的绩效考核管理办法以及人才盘点办法，充分利用《劳动合同法》赋予公司在第一次劳动合同到期后的权利，确保公司能够真正留下适合的人才。

五、劳动合同内容

1. 工作岗位的约定

a. 劳动合同中员工工作岗位一般根据公司组织架构所设部门类别约定。例如，人力资源部员工，包括人力资源总监、人力资源经理、薪酬主管、薪酬专员、员工关系专员等，统一约定为人力资源管理岗。其他如财务管理岗、销售岗、生产岗、研发岗、安全管理岗等。

b. 关于工作岗位的调整，应当约定：员工同意公司根据业务、管理等需要，有权对员工的工作岗位做出调整，调整不限于员工晋升、平调和降职。同时，可以做出如下约定：员工年度绩效考评结果为 D，或者低于某个分值的，公司有权对员工的岗位做出调整。

注：确保公司在遵守《劳动合同法》的情况下，可以根据业务需要或者员工的表现，调整员工工作岗位。

2. 工作地点的约定

a. 公司在劳动合同中，可以与员工约定一个双方同意的工作地点，工作地点约定以设区及以上等级城市为主。

b. 在约定一个工作地点后，应当根据员工工作性质，进一步约定员工同意可以由公司根据工作需要，派驻到公司子公司或者分公司所在地常驻工作。常驻地要在劳动合同中作直接的约定。

注：确保公司在遵守《劳动合同法》的情况下，根据业务需要，方便调整员工工作地点。

3. 薪酬约定

1. 员工薪酬标准应当在录用通知书中约定，而不是在劳动合同中约定。录用通知书是劳动合同的组成部分。录用通知书约定内容与劳动合同有冲突的，以劳动合同约定为准。

2. 公司可以与员工在劳动合同中，约定加班工资基数。

注：根据公司所在地政府的相关规定，作出加班工资基数的约定，以降低人工成本。

3. 公司应当与员工在劳动合同中对于调整员工薪酬标准作出如下约定：

a. 如果公司年度业绩不达标，如公司年终利润低于上年度的20%及以上，公司有权根据经营业绩的具体情况，向下调整员工的薪酬标准。公司可以调整，也可以不调整，是否调整，以及具体调整标准，由公司决定，员工同意。

b. 如果员工绩效考核低于70分，或者部门绩效排名属于后5%，公司有权降低员工薪酬标准，降薪范围为原薪酬标准的5%—20%。

c. 如果员工违反公司员工手册规定的规章制度，公司有权根据员工违反规章制度程度、造成的损失或者影响，降低员工的薪酬标准，降薪范围为原薪酬的5%—20%。

注：本规定内容也要放在劳动合同中，与员工达成一致约定。当约定或规定情形出现的时候，公司可以依据本约定或规定，降低员工的薪酬标准，以最大限度提升公司的管理自主权。

4. 竞业限制约定

a. 公司与新入职的总监以上高级管理人员、掌握和了解公司核心技术的工程技术人员以及其他接触到公司核心机密的人员，签订竞业限制协议。

b. 竞业限制协议的补偿金为员工离职前12个月平均工资的30%。

c. 员工离职前，公司根据具体情况决定是否继续履行竞业限制协议。

如果需要继续履行的，公司按照约定标准每月支付员工竞业限制补偿金。如果不需要继续履行的，公司在员工离职前，与员工签订解除竞业限制协议。

注：竞业限制关键在于员工刚入职的时候就要确定未来补偿金的标准。员工离职的时候，要在离职流程上设立一个节点，决定是否在员工离职后继续履行协议。如果决定不履行，需要签订解除协议。否则，有可能给公司造成损失。

六、劳动合同的订立

1. 一般情况下，新员工入职当日，应当与公司签订劳动合同。最迟不得超过 5 个工作日。

2. 除由于工作原因，或者有其他正当理由，员工不能在 5 个工作日内与公司签订劳动合同的，HR 应当采取适当措施，包括但不限于给员工书面通知、发微信、发邮件，并要求员工回复等。

3. 新员工入职 20 天无正当理由没有与公司签订劳动合同的，HR 应该采取措施，解除双方事实劳动关系，包括但不限于书面通知员工公司决定、确认员工是否能在 1 个月内与公司签订劳动合同等。

注：这些措施防止超过劳动合同法规定的签订劳动合同的期限，并保留相关书面材料等工作证据。

七、试用期管理

1. 试用期根据公司试用期管理办法执行。

2. 公司应当在劳动合同中，根据员工岗位，与员工约定不符合录用条件的内容。

3. 试用期对公司发现人才、保留人才以及排除掉不适合公司的人员至关重要。HR 和业务部门应当重视新员工试用期的管理。

八、履行、解除或终止劳动合同

公司严格按照《劳动合同法》的规定，履行、解除或者终止与员工的劳动合同关系。

九、本办法是公司人力资源部内部指导性文件。如果业务部门需要，也可以了解本办法。

以下是 A 公司改进后的劳动合同标准版本。这个版本的劳动合同，主要围绕公司 HR 在过去十多年所遇到的问题和挑战，并结合《劳动合同法》更新的版本和最高人民法院、劳动行政部门的一些规章制度编订。

劳动合同版本是固定期限劳动合同版本。无固定期限劳动合同与以完成一定任务为期限的劳动合同，与固定期限劳动合同在合同的基本内容上没有太大差别，其他两类劳动合同完全可以借鉴和参考固定期限劳动合同版本。

固定期限劳动合同书

甲方（用人单位）
名称：＿＿＿＿＿＿＿＿＿＿＿＿＿＿＿＿＿＿＿＿＿＿＿＿＿＿
法定代表人姓名：＿＿＿＿＿＿＿＿＿＿＿＿＿＿＿＿＿＿＿＿
地址：＿＿＿＿＿＿＿＿＿＿＿＿＿＿＿＿＿＿＿＿＿＿＿＿＿＿
邮政编码：＿＿＿＿＿＿＿＿＿＿＿＿＿＿＿＿＿＿＿＿＿＿＿

乙方（员工）

姓名：_____

身份证号码：_____

家庭详细住址：_____

邮政编码：_____

户口所在地：_____

联系电话：_____

根据《中华人民共和国劳动法》《中华人民共和国劳动合同法》及其他相关法律法规规定，甲乙双方在平等协商的基础上，自愿签订本合同，共同遵守本合同所列条款。

一、劳动合同类型与期限

1.1 本合同为固定期限劳动合同。合同有效期为自_____年___月___日起至_____年___月___日止。

注：第一次根据岗位特点，签1年或3年期限；第二次签3—5年或者更长期限。要点在于第一次劳动合同到期后，要对员工进行人才盘点式评价，决定是否续签。

1.2 双方约定，本合同生效后，从_____年___月___日起至_____年___月___日止，为试用期。

注：试用期只能约定一次，因此最好在法律规定的最长期限内约定。

1.3 在试用期内，乙方提前三日以书面形式通知甲方，可以解除本合同；如果甲方证明乙方不符合录用条件，可随时书面通知乙方解除本合同；在此情况下，乙方应根据本合同的约定办理交接工作手续。

1.4 乙方已经完全理解和同意本款约定的内容，乙方有以下情形之一的，为不符合录用条件。

A. 员工无法提供公司要求的员工办理入职和缴纳社会保险手续等所需要的证明材料；

B. 员工无法胜任公司安排的工作任务或公司规定的岗位职责（以试用期业绩考评结果为准。试用期内考评结果低于××分的，视为无法胜任）；

C. 员工被发现试用期期间患有精神性疾病或国家法律法规应禁止从事公司具体相关工作的传染病；

D. 员工与原单位没有依法解除或者终止劳动关系；

E. 员工与原公司存在有效期内的竞业禁止协议约定且公司在限制范围之内或者员工故意隐瞒或未披露对原单位的竞业限制义务的；

F. 一个月内，员工不同意按公司提供的合法的劳动合同版本签订劳动合同；

G. 员工故意隐瞒曾经受过相关国家法律处罚的事实；

H. 员工不符合招聘条件，如员工被证明不具有公司所要求的文化知识、学历资质、工作资历、技术水平、身体状况、思想品质等条件或法律法规规定的基本录用条件的；

I. 员工未通过公司在试用期内对其进行的考评或试用期内的工作表现不符合岗位职责要求的；

J. 在向公司求职过程中，员工提供虚假陈述、提交虚假材料（此包括但不限于应聘入职时提供的材料：学历学位证书、工作经历、教育经历、体检证明材料等）；

K. 员工拒不提供公司要求的其他合理信息及材料的；

L. 员工在与公司订立劳动合同过程中有欺骗、隐瞒或其他不诚实行为的；

M. 员工曾经被本公司或关联公司以违纪为由辞退或擅自离职的；

N. 员工在试用期间患病或者非因工负伤请病假1个月内超过10个工作日，或者试用期内累计请病假超过15个工作日；

O. 员工试用期间请事假1个月内累计超过5个工作日或试用期因故请事假累计超过10个工作日；

P. 员工试用期间1个月内因个人原因迟到或早退达5次及以上的；

Q. 员工试用期间有旷工行为；

R. 员工有任何违反公司规章制度的行为；

S. 员工有其他公司能提供证据认定员工不符合录用条件的情况。

注：以上约定，尽量把全部可能的录用条件罗列在本条之中，有利于公司在试用期对不符合录用条件的员工进行有效管理。需要注意的是，有些录用条件在试用期满后，正常劳动关系下是不符合《劳动合同法》的规定的。

二、工作内容与工作地点

2.1 工作岗位和工作地点

签订本合同时，乙方的职位（或工作岗位）为：_____（例如：人力资源管理岗），在本合同有效期内，甲方可根据乙方的工作能力和业绩（以绩效评价结果为准），调整乙方的上述工作岗位；如果乙方年度绩效评价结果为D，或者甲方有证据证明乙方不能胜任岗位工作，乙方同意甲方有权对其工作岗位做出调整。

注：按照员工工作能力调整工作岗位。

甲方也可以根据公司业务、经营或工作上的需要，合理合法地调整乙方的上述工作岗位；

上述工作岗位的调整包括但不限于甲方对乙方工作内容或工作地点的改变、平级调职、晋升、降职等，也包括虽然职位或岗位不变但工作内容、职责或范围改变的情形。

注：按照公司业务需要，调整工作岗位。

签订本合同时，乙方的工作地点位于_____。乙方已经理解并同意劳动合同期内可能被甲方派驻甲方控股或者独资的其他分支机构所在地作为工作地点，这些可能被派驻的工作地点为：_____（例如、济南、成都等）。

注：提前约定好将来乙方可能派驻的工作地点。尽量化解劳动合同期内，员工工

作岗位和工作地点调整的困难。

2.2 工作任务

乙方应按照甲方对于相应工作岗位的职责要求,按时、按质、按量完成规定的指标和工作任务;

乙方的岗位职责为:_____。

注:不同的岗位,约定不同的岗位职责,这需要HR提前做好公司职位描述(JD)以及岗位责任管理工作,清晰约定员工岗位职责有利于确定员工试用期是否符合录用条件以及有利于证明员工是否胜任本岗位工作。

2.3 乙方义务

乙方应忠实勤恳地为甲方工作并履行以下义务:

(1) 遵守国家宪法、法律法规的规定,认真负责地履行所在岗位职责;

(2) 在工作时间内,除了完成甲方赋予的正常岗位职责的工作任务,还应当完成甲方根据工作需要临时安排的其他工作任务;

(3) 保守甲方商业秘密,任何时候,不得利用甲方的商业秘密为本人或其他经济组织和个人牟取不正当经济利益;

(4) 合同期限内,乙方不得直接或间接从事与甲方经营的业务相关的任何类似的商业竞争活动,包括但不限于为甲方的竞争对手工作,或提供类似的咨询或中介活动等。

三、工作时间和休息休假

3.1 本合同签订时,甲方安排乙方执行下列第____种工作时间制度。在本合同履行期间,当乙方的工作岗位或职位发生变化时,甲方可根据变化后的岗位或职位需求,直接调整乙方的上述工作时间制度。

(1) 标准工时制;

(2) 综合计算工时工作制;

(3) 不定时工作制;

第(2)款、第(3)款工时制度以获得政府有关部门的批准为前提。

3.2 乙方在下列节日可以享受法定休假:(一)元旦;(二)春节;(三)端午节;(四)国际劳动节;(五)国庆节;(六)法律、法规规定的其他休假节日。

3.3 如有工作上的需要,甲方可以安排乙方延长工作时间,并依照国家及甲方的相关制度规定,支付加班工资或安排补休。

3.4 乙方未经甲方要求或直接上级的书面批准而自行延长工作时间的,或者因乙方未能及时完成工作任务而自行延长工作时间的,不属于加班,甲方无须对其所延长的工作时间支付任何报酬。

注:第3.4条对员工加班概念作出约定,只有经公司书面批准的加班才属于加班,而不是仅仅以考勤记录作为是否加班的依据。

四、劳动报酬

4.1 在法定正常工作时间内，乙方完成规定的工作任务，甲方按公司规定的发薪日按月以人民币、银行转账方式向乙方支付工资。

订立本合同时，乙方的工资标准按公司内部工资制度以及相应的工作岗位政策确定。乙方的初始工资标准及相应福利标准见双方签字确认的由甲方发给乙方的录用通知书；双方签字的录用通知书是本合同不可分割的附件之一。当录用通知书的约定与劳动合同的约定有冲突时，以劳动合同的约定为准。

双方约定并同意乙方的加班工资基数为_____。

注：公司实施保密薪酬制，因此出于保密目的，劳动合同中不把员工具体薪酬标准写进劳动合同条款中，而是在录用通知书中约定。同时，为降低人工成本，可以根据地方法规，在劳动合同中约定加班工资基数。

4.2 甲方按月向乙方支付的工资中已经包含国家或政府规定的各类补贴、津贴等。甲方可根据乙方的工作岗位的调整情况，或者甲方的内部工资政策等规定，调整乙方的工资，这种调整包括提高或降低乙方的工资标准。

下列情形下，公司可以降低乙方的工资标准：

a. 如果甲方年度经营业绩不达标，例如，正常情况下，如果公司年终整体利润低于上年度利润的30%及以上，公司有权根据经营业绩的具体情况，降低乙方的薪酬标准。具体是否调整乙方工资标准以及工资标准调整范围，由甲方根据具体情况决定，乙方同意。

b. 根据甲方绩效管理办法，如果乙方绩效考核成绩低于70分，或者在部门绩效排名中属于后5%，甲方有权降低乙方薪酬标准，降薪范围为原薪酬标准的5%—20%。

c. 如果乙方违反甲方员工手册的相关规定，甲方有权根据乙方违反规章制度的程度、造成的损失或者影响，降低乙方的薪酬标准，降薪范围为原薪酬标准的5%—20%。

注：本条约定如果出现公司业绩不达标、员工违章或者员工绩效业绩不达标等情况，公司可以降低员工的薪酬标准，方便HR实操以及预防劳动争议和纠纷，本约定在《劳动合同法》管控下尽可能提升了公司薪酬管理自主权。

4.3 乙方同意甲方从乙方的工资中代扣代缴或扣除下列费用或款项：

a. 工资收入中的个人所得税；
b. 乙方缴纳社会保险的个人应付部分；
c. 乙方过错给甲方造成直接经济损失的赔偿。

4.4 非因乙方原因造成甲方停工、停产或歇业，第一个月之内，甲方按本合同约定的工资标准支付乙方当月工资；从第二个月开始，未安排乙方工作的，甲方按照所属地政府规定的最低生活费标准支付乙方停工生活费。

4.5 乙方患病或非因工负伤，其医疗期及相关的病假工资、疾病救济金和医疗待遇，按照当地政府的有关规定及甲方的相关规章制度执行。

4.6 甲方实行保密工资制度，乙方承诺严格遵守甲方的保密制度，不泄露、打听、传播或故意获取他人的工资信息；如果乙方以他人工资情况为由提出薪酬方面的申诉，视为乙方违反甲方的工资保密制度，将导致甲方的相应处罚。

乙方若出现关于本人劳动报酬方面的不明之处，应通过与甲方人力资源部联系、沟通的方式解决。

4.7 甲方可根据其经营业绩状况，决定是否向乙方发放绩效奖金以及一次性奖金。具体发放数额、发放条件和发放形式由甲方确定。

如果乙方在一个考核周期内主动离职，或者因过失被甲方解除劳动合同，导致无法进行绩效考核的，乙方不再享有该绩效周期内的基于考评的奖励。

注：本部分对员工最关注最重视的薪酬标准、降薪管理、病假工资、停工工资及生活费、加班基数、薪酬保密、离职员工年终奖等事关工资的事宜，作出约定，事先约好，有利于管理执行，不易产生纠纷。

五、社会保险和其他福利待遇（略）

六、劳动纪律和规章制度（略）

七、劳动保护、劳动条件和职业危害防护（略）

八、劳动合同的变更、解除或终止

8.1 任何情况下，经甲乙双方协商一致，可以变更本合同，也可以解除本合同。

8.2 订立本合同时所依据的法律法规发生变化，但本合同没有及时依法予以变更的，以新的法律法规的规定为准。

8.3 乙方出现下列情形之一的，甲方可以解除本合同且不给予乙方经济补偿：

a. 在试用期间，被证明不符合录用条件的；

b. 严重违反甲方规章制度的；

c. 严重失职，营私舞弊，对甲方利益造成重大损害的（重大损害标准以甲方员工手册的规定为准）；

d. 乙方同时与其他用人单位建立劳动关系，对完成本单位的工作任务造成严重影响，或者经甲方提出，拒不改正的；

e. 乙方以欺诈、胁迫的手段或者乘人之危，使甲方在违背真实意思的情况下订立或者变更劳动合同的；

f. 被依法追究刑事责任的。

8.4 有下列情形之一的，甲方可以解除本合同，但应提前30日以书面形式通知乙方或者额外支付乙方一个月工资：

a. 乙方患病或非因工负伤，医疗期满后，不能从事原工作也不能从事由甲方另行安排的工作的；

b. 乙方不能胜任工作，经过培训或者调整工作岗位，仍不能胜任工作的；

c. 劳动合同订立时所依据的客观情况发生重大变化，致使劳动合同无法履行，经甲乙双方协商，未能就变更劳动合同内容达成协议的。

8.5 有下列情形之一，需要裁减人员二十人以上或者裁减不足二十人但占公司职工总数10%以上的，甲方提前30日向工会或者全体职工说明情况，听取工会或者职工的意见后，裁减人员方案经向劳动行政部门报告，可以裁减人员：

a. 依照公司破产相关规定进行重整的；

b. 生产经营发生严重困难的；

c. 公司转产、重大技术革新或者经营方式调整，经变更劳动合同后，仍需裁减人员的；

d. 其他因劳动合同订立时所依据的客观经济情况发生重大变化，致使劳动合同无法履行的。

裁减人员时，应当优先留用下列人员：

a. 与甲方订立较长期限的固定期限劳动合同的；

b. 与甲方订立无固定期限劳动合同的；

c. 家庭无其他就业人员，有老人和孩子需要赡养或抚养的。

用人单位依照本条第一款规定裁减人员，在6个月内重新招用人员的，应当通知被裁减的人员，并在同等条件下优先招用被裁减的人员。

8.6 若乙方有下列情形之一的，甲方不得依照本合同第8.4条、第8.5条的规定解除劳动合同：

a. 从事接触职业病危害作业的劳动者未进行离岗前职业健康检查，或者疑似职业病病人在诊断或者医学观察期间的；

b. 在本单位患职业病或者因工负伤并被确认丧失或者部分丧失劳动能力的；

c. 患病或者非因工负伤，在规定的医疗期内的；

d. 女职工在孕期、产期、哺乳期的；

e. 在本单位连续工作满15年，且距法定退休年龄不足5年的；

f. 法律、行政法规规定的其他情形。

8.7 甲方单方解除本劳动合同，应当事先将理由告知工会。甲方违反法律、行政法规规定或者劳动合同约定的，工会有权要求甲方纠正。甲方应当研究工会的意见，并将处理结果书面通知工会。

8.8 乙方提前30日以书面形式通知甲方，可以解除本合同。

8.9 甲方有下列情形之一的，乙方可以解除本合同：

a. 未按照劳动合同约定提供劳动保护或者劳动条件的；

b. 未及时足额支付劳动报酬的；

c. 未依法为乙方缴纳社会保险费的；

d. 甲方的规章制度违反法律、法规的规定，损害乙方权益的；

e. 甲方以欺诈、胁迫的手段或者乘人之危，使乙方在违背真实意思的情况下订立或者变更劳动合同的；

f. 企业在劳动合同中免除自己的责任，排除劳动者权利的；

g. 企业违反法律法规强制性规定的；

h. 法律、行政法规规定劳动者可以解除劳动合同的其他情形。

8.10 甲方以暴力、威胁或者非法限制人身自由的手段强迫乙方劳动的，或者甲方违章指挥、强令冒险作业危及乙方人身安全的，乙方可以立即解除本合同，不需事先告知甲方。

8.11 有下列情形之一的，本劳动合同终止：

a. 劳动合同期满的；

b. 乙方达到法定退休年龄的；

c. 乙方死亡，或者被人民法院宣告死亡或者宣告失踪的；

d. 甲方被依法宣告破产的；

e. 甲方被吊销营业执照、责令关闭、撤销或者甲方决定提前解散的；

f. 法律、行政法规规定的其他情形。

8.12 本合同期满，有本合同第 8.6 条规定情形之一的，劳动合同应当续延至相应的情形消失时终止。但是，本合同第 8.6 条第 b 款规定丧失或者部分丧失劳动能力的劳动者的劳动合同的终止，按照国家有关工伤保险的规定执行。

8.13 本合同期满前一个月内，甲乙双方可就续订劳动合同进行协商。如双方不能达成续订协议，本合同到期之日即行终止。

九、经济补偿与合同义务

9.1 有下列情形之一的，甲方应当向乙方支付经济补偿金：

a. 甲方依照本合同第 8.1 条向乙方提出解除本合同并与乙方协商一致解除的；

b. 甲方依照本合同第 8.4 条、第 8.5 条、第 8.9 条、第 8.10 条解除本合同的；

c. 除甲方维持或提高劳动合同约定条件续订劳动合同，乙方不同意续订的情形，依照本合同第 8.11 条第 a 款终止本合同的；

d. 依照本合同第 8.11 条第 d 款、第 e 款终止本合同的；

e. 法律、法规规定的其他情形。

9.2 本合同在解除或终止时，乙方应当根据甲方要求完成尚未了结的事务，并停止以甲方名义从事任何活动，并在本合同解除或者终止之日，全部归还甲方所有财产。

9.3 当本合同解除或终止时，乙方应当按照甲方规定的流程，及时完成工作交接。如果甲方应当向乙方支付经济补偿金的，在乙方交接完毕后发放。

9.4 甲方应当在解除或者终止劳动合同时为乙方出具解除或者终止劳动合同的证明，乙方应当在离职证明上签字确认。甲方应当依法为乙方办理档案和社会保险关系转移手续。

9.5 如乙方未履行完本合同第 9.3 条和第 9.4 条规定的义务，甲方有权要求乙方赔偿因此造成的经济损失。

9.6 如双方签有培训服务期协议，乙方的离职导致违反服务期协议的，乙方应按照协议约定支付甲方相应的违约金。

9.7 如果双方签有竞业限制协议，甲方应当在乙方离职之日前确定是否要求乙方继续履行竞业限制协议。

十、商业秘密保护与知识产权（略）

十一、劳动争议解决（略）

十二、当事人约定的其他内容（略）

十三、通信地址

13.1 乙方的通信地址为：＿＿＿。

甲方对乙方的文件、资料等送达地址均按此地址进行，如乙方变更通信地址的，应及时通知甲方；未能通知的，甲方按原地址送达，视为乙方收到。

13.2 乙方的紧急联系人是：＿＿＿＿＿＿；通信地址为：＿＿＿＿＿＿＿＿＿＿＿＿＿＿＿＿＿＿＿＿＿＿＿＿＿＿＿＿＿＿＿＿＿＿＿＿＿＿＿。

乙方同意，在其处于联系障碍状态（包括但不限于乙方因疾病住院、发生意外事故、丧失人身自由、通信地址无法接收邮递材料等情形）时，紧急状态联系人是乙方的委托人。乙方同意该委托人享有全权代理乙方处理本人劳动合同项下所涉一切问题的权限，包括但不限于与甲方进行协商谈判、和解、代为收付有关款项及代为收发有关文书等权限。

13.3 乙方的私人邮箱为：＿＿＿＿＿＿；常用手机号为：＿＿＿＿＿＿＿＿＿＿。

乙方同意甲方可以通过上述私人邮箱以及手机短信的方式送达乙方文件材料等通知，送达时间以上述方式首先送达的信息为准。

注：在合同中提前约定好员工的送达联系方式，防止未来可能发生的送达困难。

十四、其他

14.1 本合同以中文书写，一式两份，双方各持一份。

14.2 乙方承诺在签订本合同时，不存在隐瞒影响本劳动合同签订的任何信息，包括但不限于与其他企业有尚未解除的竞业限制协议、受到国家法律法规的制裁、提供经历和学历等虚假材料的情形。

如果乙方违反本条规定，给甲方造成损失的，乙方应当赔偿甲方的损失。

14.3 乙方同意本合同法律适用为中华人民共和国相关法律法规以及甲方注册所在地地方政府的有关法规、规章或政策。不适用中国其他省、市的地方法规、规章或政策。甲方的注册地为：＿＿＿＿＿＿＿＿＿＿＿＿＿＿＿＿＿＿＿＿＿＿＿＿＿＿。

注：由于各个地方的劳动法规、规章的规定在某些方面存在较大差异，本条规定解决法律适用的问题。

14.4 在本合同约定的条款与中国法律冲突或依中国法律为无效或不合法时，这些条款不应影响本合同其他条款的合法性和有效性。

14.5 本合同及其附件，构成完整之协议。合同附件系本合同不可分割之部分，且与本合同具有同等法律效力。

14.6 本合同如有未尽事宜，应经双方协商确定；如协商未成，应按相关国家法律法规或政府的规范性文件之规定执行。

14.7 本合同自甲乙双方签字或盖章之日起生效。

甲方（盖章）：_____　　　　乙方（签字）：_____

法定代表人

或委托代理人（签章）：_____

签订日期：____年___月___日　　　签订日期：____年___月___日

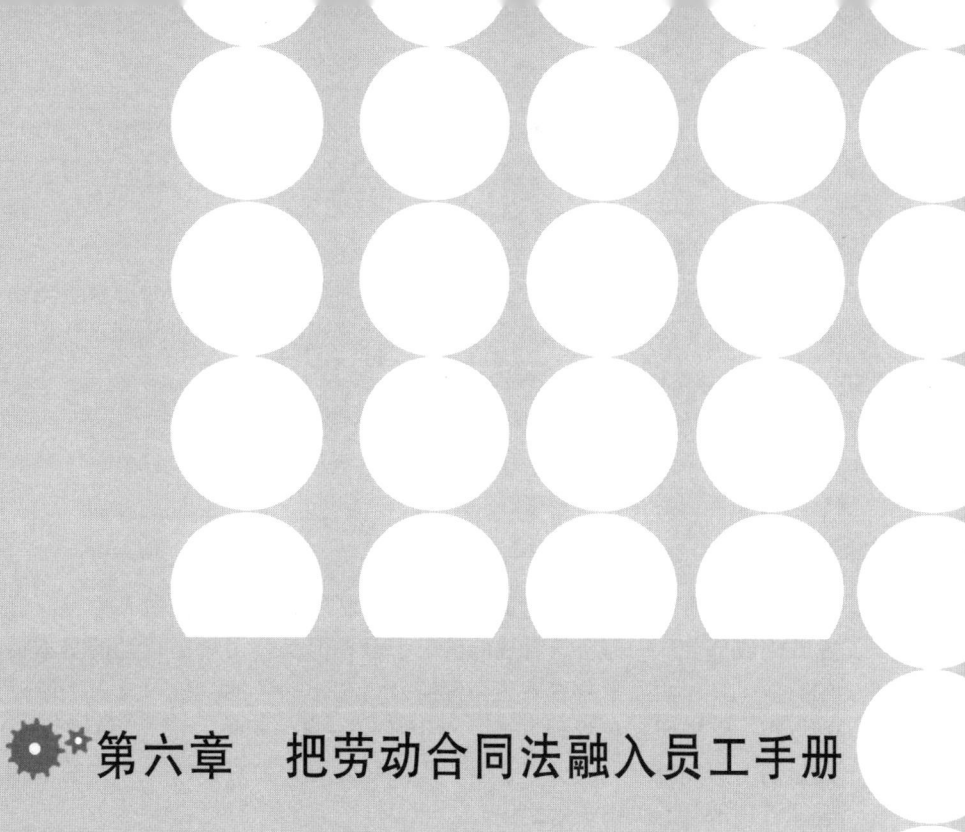

第六章　把劳动合同法融入员工手册

员工手册可以说是公司最基本的规章制度之一，是公司人力资源管理体系的一个重要组成部分。一部合法合规的员工手册不但是公司员工行动的基本指南、公司管理的有效工具，而且承载着表达和传播公司文化的功能。公司员工手册体现着公司的管理思想、管理原则和管理方式，对于任何一家公司说，都是很重要的。HR帮助公司制定出一部完善合规的员工手册，是做好公司人力资源管理工作的基础，也是打造好公司管理地基的关键措施之一。

制定一部完善的公司员工手册，既要考虑公司的管理现实，也要考虑《劳动法》及相关法律法规的规定。也就是说，公司员工手册不但要考虑公司的战略、管理、业务和文化方面的具体特点，还要把《劳动法》及相关法律法规的具体规定融合到员工手册中来。不符合《劳动法》及相关法律法规规定的员工手册肯定不是合格的员工手册。但是如果不考虑公司的管理现实问题，仅有《劳动法》及相关法律法规的内容，也会使这部公司的"基本法律"，缺乏管理的温度。因此，一部完善的员工手册就是《劳动法》及相关法律法规与公司战略、文化、业务、管理哲学、管理思想和管理原则等要素的结合体。

本章阐述的重点，主要是从《劳动合同法》的角度出发，讲解如何制定出一部合规有效的员工手册。

另外，员工手册是一部关系到公司员工切身利益的规章制度。《劳动合同法》对于关系到员工切身利益的公司规章制度的制定，既提出了实体（内容）方面的合规要求，同时也提出了制定过程中程序方面的合规要求。也就是说只有既满足了实体（内容）合规，又满足了程序合规的员工手册，才能得到国家法律的认可，真正成为公司内部员工应当遵循的"小法律"。

我们本章就从员工手册的内容和程序两个方面，阐述如何制定出一部完善的员工手册。

第一节　HR在制定员工手册内容中的痛点解析

我们前面提到一部合法合规的员工手册，既是公司员工行动的指南，也是公司管理思想、管理原则和管理方式的表达。所有的这些思想和原则，都体现在员工手册的内容之中。

一、员工手册的主要内容

一般情况下，一部员工手册主要包含下列基本内容：

第一部分是员工手册的开篇序言部分，一般是公司最高管理者的致辞或者欢迎词。

第二部分是关于公司的简单介绍以及公司的使命、愿景和价值观的介绍。有时也会包含公司的管理原则、管理模式和适用范围等。

第三部分是关于公司的招聘原则、入职管理和试用期的一些规定。

第四部分是关于公司工作时间、考勤和各类休假等方面的规定。

第五部分是关于公司薪资福利方面的一些原则性规定。

第六部分是商业秘密和知识产权的一些规定。

第七部分是关于公司奖励和劳动纪律方面的规定。

第八部分是员工绩效、培训和发展方面的一些原则性规定。

第九部分是关于公司环境、安全和保卫等的一些原则性规定。

第十部分是关于员工的离职管理等方面的一些原则性规定。

从员工手册所包含的上述十个部分的内容来看，《劳动合同法》与其中的试用期、工作时间、考勤、各类休假、商业秘密和知识产权、劳动纪律和离职管理等几个关键部分密不可分。也就是说，一部员工手册的内容是否合规，主要看这几个部分的规定是否符合《劳动合同法》的规定。而HR在编制员工手册的时候，就需要考虑这几部分中有关于《劳动合同法》和其他法律法规的规定，并把《劳动合同法》中的有关内容融合和渗透到员工手册这几部分的内容中。

本节我们主要阐述HR在制定员工手册工作时间、考勤、各类休假、商业秘密和知识产权、劳动纪律和离职管理等规定中需要注意的关键点。试用期部分，我们已经在第一章做了专门讲解，这里不再赘述。

二、工作时间

我国的工时制度有三种不同的形式，分别适用不同的行业、企业或者工作岗位。

这三种工时制度是标准工时制、不定时工作制和综合计算工时工作制。实际上，在这三种通用的工时制之外，还有一种不太常用的工时制，就是非全日制工时制度。

1. 标准工时制：标准工时制度是所有工时制度的基础和标准。其他三种工时制度的计算和参考标准都是依据标准工时制度的。《劳动合同法》及相关法律法规对标准工时的规定是每天工作 8 个小时，每周工作时间不超过 40 个小时。具体可以参照《国务院关于职工工作时间的规定》。

标准工时制度的一种特殊形式是计件工作制度，公司应当按照上述标准工作日的工作时间长度，合理确定公司员工的劳动定额以及工资标准。

2. 不定时工作制：所谓不定时工作制，就是一种工作日没有固定上下班时间限制的工时制度。这种工时制度下的员工不必按照公司固定的上下班时间打卡上下班，不受标准工时制下日延长工作时间和月延长工作时间的限制。但是，不定时工作制需要劳动行政部门的批准。

根据《工资支付暂行规定》第十三条第四款的规定，公司无须对实行不定时工作制的员工支付加班费。但是，一些地方法规规定，实行不定时工作制的员工在周六日工作以及在法定工作日工作延长工作时间的，无须支付加班费，但在法定节假日工作的，公司应当支付加班费。因此，HR 在制定公司工时制度的时候，还要具体参考公司所在地政府部门关于工时制度的一些具体的规定。

公司实行不定时工作制的岗位，是有着严格限制的。根据《劳动部关于企业实行不定时工作制和综合计算工时工作制的审批办法》第四条的规定，只有符合下列条件的员工才能实现不定时工作制：（1）企业中的高级管理人员、外勤人员、推销人员、部分值班人员和其他因工作无法按标准工作时间衡量的职工；（2）企业中的长途运输人员、出租汽车司机和铁路、港口、仓库的部分装卸人员以及因工作性质特殊，需机动作业的职工；（3）其他因生产特点、工作特殊需要或职责范围的关系，适合实行不定时工作制的职工。

有些公司 HR 为了控制人工成本，试图把诸如司机岗位的员工申请为不定时工作制，但一般不会得到行政主管部门的批准。

3. 综合计算工时工作制：综合计算工时工作制是指因工作性质特殊，员工需要连续作业，不得不采用周、月、季、年来计算工作时间的工时制度。比如，远洋船员、飞机服务员、渔业捕捞人员等。综合计算工时工作制也需要劳动行政主管部门的批准。如果没有获得政府行政部门批准而实行综合计算工时工作制，就要按照标准工时制来计算加班费或者违规补偿。

综合计算工时工作制下，公司如果安排员工休息日加班的，应该安排同等时间的补休，但是法定节假日加班则不能补休，需要支付员工 300% 的工资。一个综合计算工时周期内，如果公司安排员工工作时间超过根据标准工时计算的总的工作小时数，超过部分则需要支付加班费，加班费计算标准按照标准工资的 150% 计算。

4. 非全日制工时制度：所谓非全日制工时制度，是指《劳动合同法》下的灵活用工制度。员工在同一家公司每日工作不超过 4 小时的，每周工作不超过 24 小时的，视为非全日制工时制度。由于目前使用灵活用工方面一般不会出现问题和纠纷，因此，这个工时制度基本上还没有受到公司和 HR 的重视。

公司在员工手册中，要根据自身公司的业务和所在行业的特点，决定使用哪种或者哪几种工时制度。有的公司可能会使用一种工时制度，有的公司也可能会使用全部四种工时制度。比如，远洋运输公司，其陆地管理人员会选择标准工时制度，船员会使用综合计算工时工作制度，销售和值班人员则可能选择不定时工作制度，保洁等岗位员工，也可能会选择非全日制工时制度。

在一些人看来，工时制度不是一个多大的问题和挑战，但是对于 HR 来说工时制度涉及政府行政部门批准、工资的发放、不同工时制下加班费的计算、纠纷和争议的处理等现实的问题，因此最好在员工手册中规定清楚，易于工时管理的执行和落地。

三、考勤

《劳动合同法》及相关法律法规并没有对公司考勤作出专门的规定。但是考勤在公司管理中，对保证员工按时或者及时出现在工作场所开展工作至关重要。同时，考勤也与公司工资的发放、各种休假、劳动合同的履行、工伤的认定等，有着密切的关系。因此，考勤应该成为员工手册中的重要内容。实务中，基于考勤的复杂性，多数企业在员工手册中只作原则性的规定，并另行制定专门的考勤管理制度。

具体来说，考勤就是公司对员工上下班时间的记录，基本上每一家公司都有自己的考勤制度。因而考勤对于公司的员工来说，是一个习以为常的事。但是，对于负责考勤管理的 HR 来说，这个看似简单的上下班记录的管理行为，很多时候却是一件令人头痛的事。

1. 是实行严格的考勤制度还是相对宽松的考勤制度，反映的是一家公司的管理哲学、管理方式和公司文化特征。一般来说，传统的制造公司，考勤管理制度会比较严格，而以知识员工为主的互联网、高科技等公司，考勤管理会相对宽松一些。如果公司采取不适当的考勤方式，看似是一件小事，却极有可能导致公司出问题。例如，一家互联网大数据公司，CEO 坚持实行严格的考勤制度，甚至工作期间出办公室 15 分钟，都要考勤打卡。实际上，严格考勤制度背后所反映的可能是管理层对员工不够信任的底层逻辑。对于以知识员工为主的大数据公司来说，严格考勤可能导致的结果是优秀人才的大量流失。一个小小的考勤问题，就有可能对公司造成较大的伤害。

2. 对于 HR 来说，另一个有关于考勤的挑战是考勤的记录方式。现在的考勤，多数实行电子考勤的方式，这种方式效率高、管理方便。但一旦公司和员工发生纠纷，如果涉及员工在公司的工作时间和是否加班的问题，使用电子考勤的公司举证责任上就容易出问题。问题就在于电子考勤中，没有员工签字确认或者其他证据作为辅助证据形成证据链。当发生纠纷时，即使公司提供了客观的电子考勤记录数据，如果员工不承认，法院一般会认定为公司提供的考勤证据无效。也就是说电子考勤记录不能单独成为证明员工迟到、早退、旷工的证据。这也是很多公司 HR 在劳动争议中败诉的一个主要原因。

那么，HR 应该如何处理这个问题呢？

第一，考虑到员工手册的篇幅所限，建议公司根据员工手册中规定的考勤管理的原则，制定专门的考勤管理制度。考勤管理制度使考勤管理有据可依。考勤制度也是与员工的切身利益密切相关的一种制度，不但需要在内容上合法，在制定程序上，也要符合劳动合同法的规定。程序和内容符合《劳动合同法》规定的考勤管理制度是解决这个问题的前提。

第二，HR 最好建立一个考勤管理的工作流程。如每月把考勤记录从电子考勤机里打印出来，并让各部门的每位员工在考勤记录上签字，交由人力资源部门留存。

第三，考勤记录的保存。对于 HR 来说，保留各部门交到人力资源部的已经签字的考勤记录是一项非常重要的日常工作。根据《中华人民共和国劳动争议调解仲裁法》（以下简称《劳动争议调解仲裁法》）的规定，在与考勤相关的劳动争议中，考勤属于公司掌握的证据，公司需承担提供考勤记录作为证据的义务。如果考勤记录丢失，则公司要承担举证不力的责任，极有可能败诉。例如，在关于加班费的劳动争议中，考勤是一项重要的证据。没有有效的考勤记录，就无法证明员工是否加班以及加班时间长短等内容。如不能举证，公司肯定要承担相应的责任。

第四，考勤的保留时间。根据《工资支付暂行规定》以及《劳动保障监察条例》的规定，公司应当书面记录支付劳动者工资的数额、时间、领取者的姓名以及签字，并保存两年以上备查。也就是说，考勤记录最起码需要保留两年。如果时间超过两年，员工与企业发生纠纷的，员工有责任提供证据以证明事实真相，公司将无须承担举证责任。而不超过两年的纠纷，企业则应当根据《劳动合同法》及相关法律法规的规定承担举证责任。

第五，当遇到具体的个案时，HR 要注意及时收集个案员工与部门领导的来往微信、短信、邮件等通信记录。这些记录有的时候可以与电子考勤记录形成一个完整的证据链条。

有时 HR 嫌麻烦，不愿意执行这方面的规定和操作。一旦出现问题，公司就会陷入被动的状态。电子考勤不被人民法院认可，或者员工拒不承认，导致败诉的案例也时有发生。因此，强烈建议 HR 关注公司日常考勤的管理，只要建立起相关的流程，把这项工作变成日常工作的一部分，HR 和员工就会慢慢适应。

四、休息休假

公司关于休息和休假的规定，细则大多体现在员工手册中。员工的休息和休假，一般包括事假、病假、婚假、丧假、产假、哺乳假、年休假、法定节假日等。

1. 法定节假日

根据国务院相关规定[①]，我国全体公民放假的节日是元旦放假1天；春节放假4天；清明节放假1天；劳动节放假2天；端午节放假1天；中秋节放假1天；国庆节放假3天；每年一共13天的法定节假日。

部分公民放假的节日及纪念日，对于公司员工来说，主要是妇女节（3月8日），妇女放假半天；青年节（5月4日），14周岁以上的青年放假半天。

全民放假的节日，员工加班的，不管是否安排补休，公司都需要支付不低于300%的加班工资。而部分公民放假的节日，员工照常工作的，公司应当正常支付工资，但不支付加班工资。如果适逢星期六、星期日，则无须补假。

2. 年休假

根据国务院《职工带薪年休假条例》以及《企业职工带薪年休假实施办法》的规定，公司员工根据工作年限，享受不同时间的带薪年休假。对于具体负责公司年休假管理的HR来说，需要了解年休假的相关知识如下：

（1）员工"累计工作时间"的认定。当前人才市场中，人员流动比较频繁，对于员工累计工作时间的认定，有时不是一件容易的事。根据原劳动部相关规定，员工累计工作时间是指员工在机关、团体、企业、事业单位、有雇工的个体工商户等单位从事全日制工作期间，以及依法服兵役和其他按照国家法律、行政法规和国务院规定可以计算为工龄的期间（视同工作期间）。员工的累计工作时间可以根据档案记载、单位缴纳社保费记录、劳动合同或者其他具有法律效力的证明材料确定。

（2）年休假不含国家法定节假日和周六日，年休假期间遇到周六日和法定节假日的，不能计为带薪年休假中。

（3）员工在一个日历年度享受探亲假、婚假、产假等法定带薪假期的，仍然可以享受年休假。

（4）员工应休未休年休假的，公司经员工同意不安排年休假或者安排员工休假天数少于应休年休假天数的，应当在本年度内对员工应休未休年休假天数，按照其日工资收入的300%支付未休年休假工资报酬，其中包含公司支付员工正常工作期间的工资收入。

公司安排职工休年休假，但是员工因本人原因且书面提出不休年休假的，公司可以只支付其正常工作期间的工资收入。

（5）公司与员工解除或者终止劳动合同时，当年度未安排员工休满应休年休假天数的，应当按照员工当年已工作时间折算应休未休年休假天数并支付未休年休假工资报酬，但折算后不足1整天的部分不支付未休年休假工资报酬。

[①] 《国务院关于修改〈全国年节及纪念日放假办法〉的决定》经2024年11月8日国务院第45次常务会议通过，自2025年1月1日起施行。根据修改后的放假办法，全体公民放假的假日增加2天，其中春节、劳动节各增加1天。本书相关内容参照最新规定。

3. 病假

任何人都有可能会生病。员工病假中关于医疗期、病假工资、请假手续和劳动合同管理等工作，都是 HR 需要处理的日常工作的一部分。

（1）病假与医疗期的关系

病假是员工患病或非因工负伤后，员工根据身体健康状况申请停止工作以便治疗或者休养身体的一段时间。病假不是一个法律概念，而是一个管理概念。

医疗期则是一个法律的概念，是劳动合同法规定员工患病或者非因工负伤，员工治理或休息期间，公司不能解除劳动合同的一段时间。具体医疗期限是根据员工实际工作时间和在本单位工作时间确定的。

病假可以长于医疗期，也可以短于医疗期，主要取决于公司的决定和员工的病情。而医疗期则是一个固定的期限。

（2）医疗期

根据《企业职工患病或非因工负伤医疗期规定》第三条、第四条的规定，企业职工因患病或非因工负伤，需要停止工作医疗时，根据本人实际参加工作年限和在本单位工作年限，给予三个月到二十四个月的医疗期，如表 6-1 所示。

表 6-1 医疗期计算标准

参加工作年限	本单位工作年限	医疗期	累计计算周期
10 年以下	5 年以下	3 个月	6 个月
	5 年以上	6 个月	12 个月
10 年以上	5 年以下	6 个月	12 个月
	5 年以上 10 年以下	9 个月	15 个月
	10 年以上 15 年以下	12 个月	18 个月
	15 年以上 20 年以下	18 个月	24 个月
	20 年以上	24 个月	30 个月

HR 在医疗期的计算方面，应该注意以下事项：

a. 医疗期内的休息日和法定节假日应当计算在内。

b. 医疗期是按一次性计算的，不能累计计算。也就是说员工可以有多个医疗期。在一个医疗期计算周期内，员工在医疗期未满时康复的，或者医疗期未满但恢复工作的，员工下次生病病休时，医疗期重新开始计算，而不能与前一个医疗期累计计算。

c. 根据最高人民法院的案例公告，对于患有特殊疾病的，如癌症、精神病、瘫痪等，不受工作年限的限制，也就是说根据员工工作年限，达不到 24 个月医疗期标准的，直接享受 24 个月的医疗期。

d. 医疗期的待遇，原劳动部有不能低于当地最低工资的 80% 的规定，但是一些地方，如重庆市、四川省等，规定了较高标准的医疗期待遇，企业应当根据所在地的地方规定执行。

（3）医疗期内解除或者终止劳动合同是受限的。根据《劳动合同法》及相关法律法规的规定，医疗期内，企业不得以员工不能胜任工作、客观情况发生重大变化、经济性裁员等理由，解除与员工的劳动关系。但并不是说，医疗期内企业和员工的劳动关系不能解除，而是要符合法定的情形：一是医疗期内员工辞职的，可以解除；二是企业与员工协商一致的，也可以解除；三是员工在医疗期内存在《劳动合同法》第三十九条规定的情形。

至于到期终止劳动合同的问题，医疗期内劳动合同期满的，企业不能终止与员工的劳动关系，需要延续到医疗期满才能终止。

4. 生育假

与女员工生育假相关的假期有产前检查、产假和哺乳假。

（1）产前检查的时间，计入女员工的工作时间。对于产前检查，没有具体的时间规定，根据医生的建议由公司给予产前检查的假期。

（2）产假，《女职工劳动保护特别规定》第七条规定："女职工生育享受 98 天产假，其中产前可以休假 15 天；难产的，增加产假 15 天；生育多胞胎的，每多生育 1 个婴儿，增加产假 15 天。女职工怀孕未满 4 个月流产的，享受 15 天产假；怀孕满 4 个月流产的，享受 42 天产假。"

产假的奖励假：除国家层面的规定，各地方还规定了女职工生育的奖励假。例如，《北京市人口与计划生育条例》第十九条规定："按规定生育子女的夫妻，女方除享受国家规定的产假外，享受延长生育假六十日，男方享受陪产假十五日。男女双方休假期间，机关、企业事业单位、社会团体和其他组织不得将其辞退、与其解除劳动或者聘用合同，工资不得降低；法律另有规定的，从其规定。女方经所在机关、企业事业单位、社会团体和其他组织同意，可以再增加假期一至三个月。按规定生育子女的夫妻，在子女满三周岁前，每人每年享受五个工作日的育儿假；每年按照子女满周岁计算。夫妻双方经所在机关、企业事业单位、社会团体和其他组织同意，可以调整延长生育假、育儿假的假期分配。女方自愿减少延长生育假的，男方享受的陪产假可以增加相应天数；夫妻双方享受的育儿假合计不超过十个工作日。"

因此，HR 除了需要了解国家层面的法律法规，还需要了解企业所在地女员工产假的相关规定。

（3）哺乳假及哺乳时间。哺乳假是指女职工产假期满后，如果抚育婴儿有困难的，可以申请不高于 6 个月的哺乳假。这个假期是否批准，由公司决定。哺乳假期间，可以根据情况适当发放员工工资，而不必按产假期间的工资标准发放工资。

哺乳时间，根据《女职工劳动保护特别规定》第九条的规定："对哺乳未满 1 周岁婴儿的女职工，用人单位不得延长劳动时间或者安排夜班劳动。用人单位应当在每天的劳动时间内为哺乳期女职工安排 1 小时哺乳时间；女职工生育多胞胎的，每多哺乳 1 个婴儿每天增加 1 小时哺乳时间。"

（4）企业试图解除或者终止处于怀孕、产假和哺乳假期间的女员工的劳动合同是严格受限的，但是在一些法定情形下，企业可以解除与"三期"女员工的劳动合同。

　　a. 女职工提出解除或者终止劳动合同的；
　　b. 企业与女职工协商解除劳动合同的；
　　c. 女职工存在《劳动合同法》第三十九条规定的试用期不符合录用条件或者严重违反公司规章制度或者被追究刑事责任的；
　　d. 公司被宣告破产、被吊销营业执照、责令关闭、撤销、公司经营期限届满不再经营或者股东决定提前解散的。

5. 探亲假

根据《国务院关于职工探亲待遇的规定》以及《关于制定〈国务院关于职工探亲待遇的规定〉实施细则的若干问题的意见》规定，国家机关、人民团体和全民所有制企业、事业单位的工作人员享有探亲假。两个法规的实施时间是 1981 年，都比较久了。

实务中，对于公司 HR 来说，是否规定员工的探亲假，还要根据公司的战略、业务、文化以及薪酬福利等因素综合考虑决定。HR 应该在公司假期管理中作出具体的规定。

6. 事假

事假是员工因为个人原因请假离开工作岗位，不是法定的假期。

一般情况下，事假属于无薪假，企业可以不支付员工工资。如《浙江省企业工资支付管理办法（2017）》第十六条规定，劳动者请事假或者无正当理由未提供劳动的，用人单位可以不予支付相关期间的工资。

五、商业秘密和知识产权

《劳动合同法》第二十三条第一款规定："用人单位与劳动者可以在劳动合同中约定保守用人单位的商业秘密和与知识产权相关的保密事项。"由于篇幅的限制，公司多在员工手册、劳动合同中作一些原则性的规定。一些对商业秘密和知识产权重视的公司，实务中会与员工签订专门的保密和知识产权保护协议。

1. 我国的一些相关法律法规对公司保护自身的商业秘密作出了具体的规定。《民法典》《中华人民共和国反不正当竞争法》等规定了窃取、贿赂、违约等违法获取他人商业秘密的构成侵权行为。而且非法获得其他公司商业秘密的行为，也构成不正当竞争，被严厉禁止。《刑法》还规定了侵犯商业秘密罪。

2. 在具体签订、执行及落实商业秘密和产权保护中，HR 需要注意脱密期的问题。《劳动合同法》实施之前，上海、北京、江苏等地在有关规定中提出企业与掌握企业核心秘密的员工可以约定最多 6 个月的解除劳动合同提前通知期。在这 6 个月内，公司可以安排掌握关键秘密的员工从事其他不涉及公司机密的工作。6 个月后，员工所掌握的机密会减少，公司能够做到最大程度上保守公司的机密信息。但是，《劳动合同法》实施之后，第三十七条规定，员工提前 30 日通知公司即可解除劳动合同。而提前 6 个月通知，显然与此规定相违背。也就是说，脱密期不能再继续执行。HR 需要考虑使用其他办法来保守商业秘密。

3. 近年来，人们产权保护意识的提升，不被 HR 重视的这一部分公司和员工的约定或者说常常被看作一种形式性约定的《商业秘密和知识产权协议》，逐渐成为公司和员工约定相互权利和义务的重点部分。作为专业的 HR，也应该进一步学习和熟悉有关这方面的知识和内容，从而保护公司的商业秘密和知识产权。

六、劳动纪律

《劳动合同法》是调整公司和员工劳动关系的法律。实务中，公司在组织管理员工的过程中，会遇到各种各样的问题和挑战。而《劳动合同法》不可能对公司组织管理员工过程中的所有事项都作出具体规定，这是不现实的。公司只能根据自身的战略、业务、文化、生产、客户等具体需求，通过规章制度的形式，在内部作出员工"可以为"和"不可以为"的行为规定。这些"为与不为"的规定，体现在公司的制度中，就是公司关于劳动纪律的规定。

制定公司劳动纪律规定是《劳动合同法》及相关法律法规赋予公司的一项极为重要的权利。可以说公司合法有效的规章制度是《劳动合同法》及相关法律法规的延伸，是公司在生产经营活动中对《劳动合同法》及相关法律法规原则规定的具体化。

公司关于劳动纪律的详细规定，一般体现在公司的员工手册中。劳动纪律方面的内容所涉及的基本上是关于员工的奖惩问题，而且主要集中在对违反公司劳动纪律的员工的惩罚或者处分上，所以实务中劳动纪律方面的规定和落实，极易发生公司和员工的对抗或者纠纷。

因此，当 HR 考虑公司不能容忍的员工行为，并在劳动纪律规定中予以体现惩处措施时，不但要考虑公司业务的现实需要，还要考虑每一项具体规定是否符合《劳动合同法》及相关法律法规的规定。同时，还要考虑一旦发生问题，公司固定证据的可行性。

既然《劳动合同法》赋予了公司制定劳动纪律的权利，那么公司 HR 就要把这项权利用好。利用好这项法律赋予的权利，能够最大程度上帮助公司做好员工基础行为管理，帮助公司建立起和谐有序的员工关系。我们前面提到，《劳动合同法》对大量的员工具体行为没有明确的规定，公司需要自行针对员工行为制定相应的奖惩制度。这就要求公司在编写员工手册的时候，要根据公司的实际情况，尽量列出各项禁止性违纪行为。如果没有穷尽而漏掉了某一项禁止性行为，一旦有员工做出了该项行为，给公司造成某种程度损害的时候，公司会发现既无法参照《劳动合同法》的规定处理，公司自身的规章制度中也没有相应的具体规定，导致没有处罚的依据，从而使公司处于被动境地。

一般来说，公司不能容忍的员工行为，是有轻有重的。对于造成的后果或者损害较轻的员工行为，处罚就会轻一些；而对于造成的后果和损害较重的员工行为，处罚就会重一些。

从公司具体的实践来看，把员工违纪行为，根据损害后果、损害程度以及处罚措施的不同，分成三类。一类是损害程度或者后果轻微，处罚也相对较轻。二类是损害后果或者程度属于中等，对这类行为的处罚属中等。三类是损害后果或者程度属于严重违纪，因此处罚也最为严厉。

在实务中，HR通常把这三类损害程度或者后果不同的违纪行为，称为甲类违纪行为、乙类违纪行为和丙类违纪行为。

公司在规范哪种行为属于甲类违纪行为、哪种行为属于乙类违纪行为以及哪种行为属于丙类违纪行为的时候，不但要考虑内容的合法性，还要考虑内容的合理性。合法性容易理解，就是内容不能与法律法规的规定相违背；而合理性，则具有相当的弹性。对于合理性的认知，可能不同的人会有不同的判断。一个关键的判断方式是看内容是否符合人们有共同认知的常理。

在关于合法性的理解中，《劳动合同法》规定企业在员工"严重违反用人单位的规章制度"时，可以解除与员工的劳动合同。而之前《劳动法》的规定是"严重违反劳动纪律或者用人单位规章制度"的，企业可以解除与员工的劳动关系。新的规定中去除了"严重违反劳动纪律"的规定。HR在制定劳动纪律规定的时候，特别是丙类违纪行为的时候，需要明确违反丙类规定，"属于严重违反公司规章制度"。

在关于合理性的理解中，《劳动合同法》规定"严重违反用人单位的规章制度""造成重大损害"，企业可解除与员工的劳动合同，但是并没有明确何谓"严重"或者何谓"重大损害"，HR在制定劳动纪律时，需要明确"严重"和"重大损害"的定义。这个定义符合常理或者公序良俗，就是符合合理性的定义。

在合理性的判断中，还需要考虑责罚相当的原则。所谓"责罚相当"是指对员工的处罚措施，要与员工行为所造成的后果或严重程度相匹配，不能超过必要的限度。具体来说，就是处罚的措施与员工的过错程度、是故意还是过失、过错的方式、次数、手段、是否可以弥补损失、员工违法获利的数额等，予以综合考虑。

另外，HR还要考虑三种违纪行为规定中的逻辑性。例如，在行为后果的"轻"与"重"之间的逻辑关系。例如，违反几次甲类违纪行为规定，就属于乙类违纪行为；违反几次乙类违纪行为规定，就属于丙类违纪行为等。这是一种依次递进的逻辑关系。

1. 甲类违纪行为，指员工行为导致的损害程度或者后果相对轻微的违纪行为，这类违纪行为的处罚一般是口头警告、批评或者一般警告。

甲类违纪行为，是公司规定的违纪行为中处罚相对最轻的一种违纪行为。公司在制定这种违纪行为时，主要是根据公司战略、文化、业务等特点，予以综合考虑。不同的公司，管理重点不同，甲类违纪行为的规定也会有一些不同。例如，关于禁止吸烟的行为，化工、炼油厂员工在场内非指定场所吸烟属于丙类规定的严重违纪行为；而在写字楼楼梯间非指定场所的吸烟行为，可能就是甲类违纪行为。

2. 乙类违纪行为指员工行为导致损害程度相对中等的违纪行为，因此应该给予中等程度的处罚，处罚措施处于甲类违纪行为和丙类违纪行为之间。一般情况下，这些处罚包括书面严重警告、扣罚奖金、降薪等相关措施。需要特别说明的是，公司是没有罚款权的，所以公司以罚款的名义对员工的处分应当是无效的。

乙类违纪行为的严重程度相对于甲类违纪行为要重一些，而相对于丙类违纪行为则轻一些。公司也需要根据具体的情况决定哪些行为属于乙类违纪行为，并注意规定的合法性和合理性。

例如，一般情况下，下列行为所造成的损害程度可以理解为中等，应当属于乙类违纪行为，但是不同的公司，可能会有差别。又如，有一些违纪行为，也可根据公司特点的不同，考虑放到甲类违纪行为中或者丙类违纪行为中。对此，HR要具体问题具体分析。

（1）初次拒绝听从主管人员指挥、监督（抵制违规、违法指挥者除外），未造成重大损失的；

（2）管理人员未认真履行职务或对违规行为不加制止，但属初犯且尚未造成严重后果的；

（3）不遵守工作程序或擅自变更工作方法，但情节和影响尚属轻微的；

（4）未经许可，擅自动用公司设备或开动生产机器（包括消防器材、机动车辆）；

（5）未经公司允许擅自向传播媒介或外界透露公司有关情况，但情节及影响尚属轻微的；

（6）未经允许在公司内散发传单、文件、请愿书或张贴标语者，但情节和影响尚属轻微的。

3. 丙类违纪行为指员工不当行为所造成的后果达到非常严重的程度，应该给予严厉惩罚的违纪行为。丙类违纪行为的处罚措施一般包括解除双方的劳动关系、追究员工不当行为造成的损失等。因为丙类违纪行为处罚严厉，员工一旦触犯，公司将解除与员工的劳动关系、追偿由此造成的损失，所以实践中，落实和执行丙类违纪中遇到的问题和挑战会很大。对于公司来说，认真和慎重考虑丙类违纪行为的具体内容，作出合理合法的规定，是保证对这些违纪行为的处理合法合规、有理有据的关键。

对于丙类违纪行为，HR在制定员工手册的时候，需要根据公司经营等具体情况，尽量穷尽可能出现的违纪行为。这样才能在员工做出某些公司不能容忍的行为时，处理起来有据可依。否则，如果没有考虑周全，员工一旦做出了一些给公司造成重大损害的行为，在相关法律法规也没有明确的规定下，公司可能无法做出有效的处罚。没有依据的处罚措施，极有可能得不到人民法院或者仲裁机构的承认。HR将处于一个被动的局面。例如，员工在存放燃油的区域内吸烟的行为，如果在劳动纪律中没有明确规定这种行为的处罚方式，则一旦有员工在该危险区域内吸烟，公司做出解除劳动合同的处分，将会无据可依。

另外，员工手册中需要明确规定，员工违反丙类违纪行为的，属于严重违反公司规章制度的行为。

不同的公司根据自身的情况，确定哪些行为属于丙类违纪行为。一般情况下，存在一些共性的违纪行为，在大多数公司会被认定为丙类违纪行为。

例如，对于大多数公司来说，下列行为应该属于丙类违纪行为，应当视为严重违反公司规章制度的行为。

（1）连续旷工五日（或40小时）以上或者一年中累计旷工七日（或56小时）以上的；

（2）携带危险品进入公司或知情不报，给公司和他人造成损害或带来危险隐患的；

（3）携带刀、棍、棒或其他行凶之器械进入公司，并有危害人身或财、物安全的企图或行为的；

（4）擅自（或指使他人）挪用、损坏灭火器材，或者堵塞防火疏散通道，造成损失或带来危险隐患的；

（5）本人或教唆他人罢工、怠工的；

（6）有偷盗行为的。

实践中，公司穷尽丙类违纪行为，是非常困难的，但是 HR 还是要根据所在公司的行业特点、文化需要、管理需要等，尽量考虑全面，尽可能多地把公司需要否定的各项违纪行为列举出来。既然《劳动合同法》给予了公司这个权利和机会，HR 就应该用足用好，尽最大可能提升公司对人力资源的组织管理水平。

第二节　HR在员工手册制定中的程序管理痛点解析

与员工利益相关的规章制度的有效性需要满足两个条件，一是实体内容不违反法律法规的规定；二是制定流程符合《劳动合同法》规定的相关程序。实体和程序条件都满足的规章制度，才能得到仲裁机构和人民法院的认可。

一、规章制度的制定程序

我们在上一节提到，《劳动合同法》赋予了公司自行制定有关公司管理的各项规章制度的权利。这些规章制度可以看作《劳动合同法》及相关法律法规在公司的延伸。而公司是由员工组成的，组织能力建设是公司人力资源管理的目的。组织能力建设的基础是公司需要制定一些基本管理规则，用以吸引、保留、管理和激励员工。这些管理规则就是公司的规章制度。可以说公司的规章制度是公司建立和谐的劳动关系，建设组织能力的有力工具。

《劳动合同法》关注公司的规章制度，主要是公司制定的一些事关员工切身利益的规章制度。这些规章制度一般包括劳动关系管理、员工手册、薪酬绩效制度、工时和休息休假制度、社会保险和福利制度、员工培训、劳动纪律等与职工利益相关的一些制度或者流程。

如果公司的这些规章制度符合《劳动合同法》的实体和程序的规定，内容和程序合法，就可以被看作公司的内部"小法律"，受到国家法律法规的认可。公司即可依据这些规章制度对员工进行有效的管理。发生争议时，也会被人民法院认可为公司管理决策的依据。反之，如果这些规章制度的内容或程序有一项是不合法的，就不会被法律认可，一旦公司依据不合法的内部规章制度做出对员工的处理决定，会被人民法院认定为无效，从而产生损失。

实践中，公司与员工的劳动争议案件，公司败诉率较高的一个重要原因就是公司在制定一些与员工切身利益密切相关的规章制度时，没有履行《劳动合同法》规定的法定制定流程；或者虽然履行了程序，但是无法提供有效的证据。

《劳动合同法》关于公司规章制度的规定，主要集中在第四条。该条对公司规章制度的程序合法性作出了明确的规定："用人单位应当依法建立和完善劳动规章制度，保障劳动者享有劳动权利、履行劳动义务。用人单位在制定、修改或者决定有关劳动报酬、工作时间、休息休假、劳动安全卫生、保险福利、职工培训、劳动纪律以及劳动定额管理等直接涉及劳动者切身利益的规章制度或者重大事项时，应当经职工代表大会或者全体职工讨论，提出方案和意见，与工会或者职工代表平等协商确定。在规章制度和重大事项决定实施过程中，工会或者职工认为不适当的，有权向用人单位提出，通过协商予以修改完善。用人单位应当将直接涉及劳动者切身利益的规章制度和重大事项决定公示，或者告知劳动者。"

《劳动合同法》的上述规定，看起来比较容易理解，但是执行起来比较麻烦，而且《劳动合同法》及相关法律法规对于如何执行也没有进一步的说明。关键要点是，公司在制定规章制度的时候，不但要履行《劳动合同法》第四条规定的程序，而且每一步都需要留下书面档案材料，并永久保存，作为备查的依据。如果在制定规章制度的时候，每一步都按照程序规定走完了，但是没有留下书面材料，一旦有争议，公司也无法证明自身在制定规章制度时是按照法律规程履行了相关程序的。

实务中，HR可能会花费大量的时间考虑和论证规章制度内容的合法性，但是往往容易忽略制度程序的合法性。从而导致辛辛苦苦制定的规章制度，发生争议和纠纷时，会被认为是无效的规章制度。而依据无效规章制度做出的任何决定，都得不到仲裁机构和人民法院的认可。

因此，HR在制定与员工切身利益相关的规章制度时，一定要按照《劳动合同法》第四条的规定，履行法定的程序。

根据《劳动合同法》规定的法定程序以及公司的具体实践，公司规章制度制定过程中的参与主体以及具体关键步骤实际已经非常清晰了。

1. 参与主体：公司规章制度的制定，有时候公司往往只关注自身管理的方便性，或者说在制定政策的时候，仅仅考虑了公司和员工作为制度制定的参与者，但是实际上规章制度制定流程中有着更多的参与主体。这些主体不仅包括公司和员工，还包括工会、员工代表大会或者职工大会。如果公司忽略了工会和员工代表大会或者职工大会的存在，制定出来的规章制度，肯定是程序上不合法的。

2. 制定流程：第一步，根据公司需求起草相关制度。第二步，组织选举职工代表。第三步，召开职工代表大会或者职工大会。第四步，与公司工会或者职工代表协商。第五步，向员工公示新的规章制度。

这五步流程实际上是制定规章制度的关键步骤。对于公司HR来说，在具体操作中，还有很多需要注意的地方，实操落地并留下档案材料备查，并不是一件非常容易的事。我们将在下面员工手册的制定流程中，仔细讲解每一步的落地实操和注意事项，以及如何固定书面证据材料。

二、员工手册制定程序的实操流程

实务中，公司制定规章制度需要遵守《劳动合同法》第四条规定的程序，但是这个程序的规定比较原则。劳动行政部门和最高人民法院也没有对这个程序作出进一步的规定。因此，HR在使用这个程序的时候，存在一些困惑。

员工手册属于规章制度，并且与员工利益息息相关，当然也需要满足《劳动合同法》规定的制定程序。下面，我们以员工手册为例，根据一些公司实践的具体经验以及司法判例，对员工手册制定程序的具体实操方法以及一些需要 HR 注意的关键事项，进行具体阐述和说明。其他规章制度的制定程序，与员工手册的制定程序没有任何差异。HR 在制定公司其他规章制度时，可以直接参照这个程序执行。

1. 制定程序的第一步是员工手册实体内容的起草。公司管理者，特别是 HR 结合公司的战略、管理哲学、管理原则、管理方式、文化、行业特点、市场、员工甚至公司所在地区的实际情况等因素，考虑公司员工手册的内容。可以说员工手册起草环节，主要是关注公司业务需求和 HR 员工管理技术本身。同时，还要注意员工手册实体内容的合法性。

一些 HR 喜欢使用其他公司的模板，认为像员工手册、劳动合同这两种管理制度，内容看上去都差不多，所以使用网上或者其他公司的模板简单修改一下就可以了，不需要浪费太多的时间在这方面。实际上，一个专业的 HR，要把员工手册和劳动合同，与公司的其他规章制度，如薪酬制度、绩效制度等看作一个完整的体系。这个体系里的各个不同的规章制度，有些是相互配合和相互作用的。制度之间的交互，才能形成人力资源管理体系。没有交互和互相支持的各项制度，是不可能组成真正的人力资源管理体系的。

因此，专业的 HR 一定要结合公司的战略、管理哲学、管理原则、管理方式、业务、员工特点以及公司其他规章制度的需要制定出适合公司的员工手册。员工手册必然与公司薪酬制度、绩效制度、考勤制度、员工保密制度和知识产权制度、员工培训制度、离职管理制度等其他人力资源管理体系的制度和流程产生连接和交互，互相作用和影响。

只有了解了公司这些相关制度的底层逻辑，并把这些制度组合成一个有效的体系，HR 才能真正制定或者起草好一部合法合规、有效的员工手册。

2. 制定程序的第二步就是公司管理层预批准。员工手册作为公司一部主要的规章制度，当然需要管理层的批准，这是公司管理规则的要求。公司领导的预批准，说明公司管理层已经同意了起草完毕的员工手册的全部内容。一部没有经过管理层批准同意的员工手册，在管理层了解和批准之前就与员工代表或员工代表大会讨论，有可能会反复多次讨论。另外，员工手册是公司管理的规章制度，还要体现公司管理自主权，因此在召开员工代表大会或者员工大会之前获得公司管理层的预批准，也是公司自主管理权的体现。

HR 在这个环节的担心是，如果管理层批准了员工手册的内容，一旦后续与职工代表大会或者工会协商的时候，内容有所变化，需要修改，HR 不得不再次汇报，特别是那些层级关系比较严格的公司，HR 可能担心反复修改会让领导认为 HR 的能力有问题。

但如果没有得到公司管理层的批准，就直接召开职工代表大会或者职工大会，经过审议后再向管理层汇报，从公司管理的角度，也是不现实的。

因此，这里我们称这个环节为公司管理层预批准。管理层在预批准的时候，应该清楚，在听取职工代表大会或者职工大会的意见后，一部分内容有可能会有适当的变化。当然，从具体的实践案例来看，管理层预批准之后，员工手册的实体内容并不会发生较大的改变。

3. 制定程序的第三步就是要召开职工代表大会或者全体员工讨论。HR 落实和执行这一步需要关注三个关键点：一是选举职工代表的过程；二是召开职工代表大会或者职工大会讨论的过程；三是注意留下上述两个过程中的书面材料。

关于职工代表大会，目前国家层面只对国有企业职工代表大会作出了具体的规定。中共中央、国务院 1986 年发布的《全民所有制工业企业职工代表大会条例》对国有企业的职工代表大会的权力、组织等作出了较为详细的规定。民营、外资公司如果需要召开职工代表大会，可以参照国有公司职工代表大会的相关规定。

《全民所有制工业企业职工代表大会条例》第十一条规定："职工代表的产生，应当以班组或者工段为单位，由职工直接选举。大型企业的职工代表，也可以由分厂或者车间的职工代表相互推选产生。"第十二条规定："职工代表中应当有工人、技术人员、管理人员、领导干部和其他方面的职工……"对于因制定规章制度的需要而选举职工代表的公司来说，可以参照这个规定，以公司的部门为单位选举职工代表。

另外，在这一环节中，首先需要确定的是，公司是召开职工代表大会，还是全体职工大会。这个其实在法律上并没有具体的规定。为了方便或者易于执行，如果公司员工总数多于 25 人（设立工会的最低人数），建议选举员工代表，召开员工代表大会。少于 25 人，就可以直接召开职工大会了。

无论是召开职工代表大会，还是全体员工大会，对于 HR 来说，这一环节的关键是要留下书面档案材料。

（1）选举员工代表的过程和书面材料（表 6-2）。为了方便操作，可以以部门为单位推荐员工代表。这个阶段要留下员工代表选举的材料，用以证明员工代表至少代表了部门全体员工的意愿。同时，也证明员工代表不是公司 HR 或者管理层指定的。

鉴于书面材料需要长期保存，在这个选举职工代表的环节，最好不要使用邮件、钉钉、OA 办公系统等电子渠道进行，而是使用书面选举的方式。部门全体员工在推选员工代表的时候，使用书面的方式予以推荐。一个基本的要求是，部门全体员工在选举书面材料上签字认可，被选举的员工也要在书面材料上签字认可。

HR 需要把这些部门员工和代表签字的书面材料，当作公司永久不能销毁的档案材料，保存起来，以备关键时使用。

表 6-2　员工代表大会代表选举记录

部门名称		部门人数	
同意推选我部门_____等几位员工作为本部门员工代表，参加公司员工手册制度讨论会。 部门全体员工签字： 日期：			
本人同意作为部门推选的员工代表，参加公司员工手册的讨论会，提出意见和建议。 员工代表签字： 日期：			
备注			

（2）召开员工代表大会或者员工大会的过程和书面材料（表6-3）。员工代表选举完毕后，就是召开员工代表大会，讨论员工手册实体内容草案。这个阶段的关键除了听取员工代表们的意见和建议，同样要留下书面材料，用以证明员工代表参加了关于员工手册的讨论会议，并提出了意见和建议。但是，无须把员工代表所提的意见和建议记录在案。

表 6-3　员工代表大会会议记录

会议地点		会议参加人数	
公司召开员工代表大会（员工大会）对员工手册的实体内容进行讨论，听取员工代表们（全体员工）的意见和建议。 参会员工代表签字： 会议召开日期：			
备注			

（3）员工代表大会召开完毕，下一步就是针对代表大会上提出的意见和建议，对员工手册实体内容进行适当的修改。这里需要特别指出的是，《劳动合同法》在这里留了一个空白，并没有说员工代表会议提出的意见和建议，公司HR或者管理层必须

全盘接受；或者如果 HR 或者管理层不接受员工代表大会的意见和建议，员工手册就不能产生法律效力。在劳动合同法立法的时候，对此有过激烈的争论。第一种观点认为，员工代表大会提出的意见和建议，公司必须接受，否则公司规章制度无效；而第二种观点认为，如果赋予员工代表大会这种权力，那么就是对公司自主管理权的一种损害。最后第二种观点占了上风。《劳动合同法》第四条的规定并没有强调员工代表大会的意见和建议，公司必须接受，而是强调了程序的重要性。当然，对于公司管理层和 HR 来说，从管理的角度，适当听取员工代表的意见和建议，在管理中做到兼听则明，对于公司组织和管理，也是大有裨益的。

无论如何，以上规定给 HR 留下了可以操作的空间。也就是说 HR 可以考虑接受正确的意见和建议。对于有些意见和建议，可以有选择地忽略。这也是企业自主管理权中"民主集中制"原则的一种体现。

4. 制定程序的第四步就是公司与工会或者员工代表进行协商。员工代表大会召开完毕，HR 也对员工代表们在会议上提出的意见和建议进行了思考，对于合适的意见和建议，可以采纳。对于不合适的意见和建议，可以不采纳。最终 HR 会对员工手册做出适当的修改，下一步进入与工会或员工代表的协商程序。

工会的建立和行使职权是根据《中华人民共和国工会法》（以下简称《工会法》）的规定。《工会法》第十一条第一款规定："用人单位有会员二十五人以上的，应当建立基层工会委员会；不足二十五人的，可以单独建立基层工会委员会，也可以由两个以上单位的会员联合建立基层工会委员会，也可以选举组织员一人，组织会员开展活动。女职工人数较多的，可以建立工会女职工委员会，在同级工会领导下开展工作；女职工人数较少的，可以在工会委员会中设女职工委员。"另外，《工会法》第六条第二款、第三款规定了工会在公司中的权利：工会通过平等协商和集体合同制度等，推动健全劳动关系协调机制，维护职工劳动权益，构建和谐劳动关系。工会依照法律规定通过职工代表大会或者其他形式，组织职工参与本单位的民主选举、民主协商、民主决策、民主管理和民主监督。

工会在公司制定规章制度的过程中所扮演的角色，是由《工会法》和《劳动合同法》共同赋予的。因此公司在制定事关员工切身利益的规章制度时，必须有工会的参与。但是，实务中，并不是所有的公司都建立了工会。没有工会的公司在制定规章制度的时候，需要与已经选出的职工代表进行协商。与职工代表进行协商的，《劳动合同法》并没有规定与全部选举出的员工代表协商，也没有必要再召开一次员工代表大会。HR 与员工代表单独沟通交流协商即可。

需要特别指出的是，这个环节《劳动合同法》规定公司与工会或者职工代表协商，并不是说需要双方达成一致。这个环节 HR 可以向工会或员工代表说明员工代表大会的哪些意见被采纳了，哪些意见没有被采纳。工会或者职工代表还可以继续表达自己的意见和建议，让公司管理者有机会继续了解和听取工会或职工代表的不同意见和建议。这一点其实也非常重要。但是，在实际操作中，公司这个时候所适用的仍然是"民主集中制"原则。在前几个环节员工代表已经在职工代表大会或者员工大会上提出了意见和建议，这个阶段的民主集中制，实际是偏向于"集中"这一点。这是 HR 需要了解的一个重点。基于这一规定，HR 就不会在制定规章制度的时候，产生畏惧感了。

这个环节也需要留下书面档案材料（表 6-4）。具体的方式就是在双方协商完毕后，把双方协商的过程和结果用书面形式记录下来，双方在记录的材料上签字。HR 需要把这个书面材料作为永久的档案材料予以保存。

表 6-4　员工手册制定协商记录

协商日期：	备注：
公司员工手册制定已经召开员工代表大会（员工大会）讨论，公司听取了员工代表（全体员工）在会议上提出的意见和建议。现根据《劳动合同法》的规定，公司与公司工会（或员工代表）进行协商。协商结果为： 工会（员工代表）同意员工手册中的全部内容。 工会主席（员工代表）签字：_____ 盖章（工会）：_____ 日期：_____	

5. 制定程序的最后一步是向员工进行公示（表 6-5）。虽然《劳动合同法》规定了在制定公司规章制度时，需要向员工公示，但是对于如何公示则没有明确的规定和要求。实务中，公司习惯通过群发邮件、使用 OA 系统或者钉钉等管理工具向员工发送全员通知。这种方法高效快捷，方便管理，效率高。但是在员工手册制定公示环节，这不是一个好的选择。在这个环节，HR 需要注意的就是尽量不要使用邮件、OA 系统、钉钉、公司微信、公告栏等实施公示。尽管操作起来较为便捷，且 HR 也习惯在工作中使用邮件、微信群、钉钉等进行内部沟通，但是，这不利于保存书面材料，一旦出现问题，举证将会十分困难。当然，这些方式也可以使用，重点是不能单独使用。

传统的方式虽然效率比较低，但是易于留下存档材料，容易证明公司规章制度的制定程序合法。实务中，传统的公示方式主要有四种：一是让员工直接签收；二是针对新员工手册进行全员培训和讲解，在培训和讲解的时候，留下员工参加培训会议的记录；三是在劳动合同中，约定员工已经收到并充分阅读和理解了公司的员工手册；四是通过公司公告栏进行公告。

这四种方式，以第一种方式最优。第二种也可以使用，它能帮助员工了解员工手册实体内容，便于执行，但是会耗费一些时间，并不是所有的员工都有时间参加公司的培训。第三种方式的问题是一旦员工手册需要更新，则需要与员工变更劳动合同。这样不但需要与全体员工签订劳动合同变更协议，而且如果员工对员工手册的实体内容有不同意见，HR 会在与员工变更劳动合同时遇到困难。第四种方式的问题是公告栏公告不利于举证责任的实施。一旦产生争议，公司需要举证公示程序合法，一张公告栏的照片是无法完美证明整个公示程序的。所以，最好的方法是让每位员工签收新制定的员工手册，在员工手册签收表上签字确认。

表 6-5　员工手册签收记录

本人收到公司《员工手册》，并且已经阅读和理解了公司《员工手册》的内容，并愿意按照《员工手册》的规定遵照执行。		
签收人	签收日期	备注

上述五个步骤，就是根据《劳动合同法》第四条的规定，制定公司员工手册程序的具体操作步骤。HR 在制定与员工利益密切相关的规章制度时，可以参照执行。

最后还需要强调的是，规章制度制定过程中的所有书面材料，HR 需要永久保存。

典型案例

案例：子公司以集团员工手册为依据解除员工劳动关系的行为无效

王某于 2016 年 7 月入职隶属于某建筑材料集团的某工厂，岗位为财务主管，双方签订了 3 年期限的劳动合同。2018 年 10 月，王某帮助他人违规报销虚假发票，工厂根据员工手册中的有关规定解除了王某的劳动合同。王某诉至法院。

法院审理认为：王某违反工厂帮助他人违规报销虚假发票的事实属实，但是工厂解除王某劳动合同所依据的员工手册，是工厂集团总部的员工手册。虽然该员工手册在集团总部经过法定制度程序，但是某工厂属于独立法人企业，不能直接把集团的员工手册拿来使用，要经过法定的制定程序。因此，工厂解除王某劳动关系所依据的规章制度属于无效的规章制度。由此判决工厂解除王某劳动合同的行为无效，应当继续履行劳动合同。

  本案提醒集团化公司的HR，作为独立法人的子公司或控股公司，应当履行制定规章制度的法定程序，而不能直接套用集团总部的规章制度。

第三节　劳动合同法融入员工手册之实操解析

本节以案例的方式，阐述和讲解如何把《劳动合同法》及相关法律法规融入员工手册的制定和管理中来。实践中，许多公司在制定包括员工手册在内的规章制度时，存在一定的随意性。这不但会导致一些规章制度内部之间的冲突，也可能导致规章制度的合法合规问题。避免这个问题的方法，就是建立统一的规则，供 HR 和管理者在制定包括员工手册在内的规章制度时参考。

以下就是一家建筑材料集团公司管理规章制度以及把《劳动合同法》融入集团员工手册的案例。

某公司是一家建筑材料集团公司。公司运营管理中，管理层发现公司的规章制度存在一些问题。一是公司在不断发展的过程中，制定的关于采购、生产、营销、财务、人事等方面的规章制度过多过乱，需要进行清理。二是一部分与员工利益相关的规章制度不被仲裁机构和人民法院认可，有时虽然是员工存在过错，但是公司仍然在劳动争议中败诉，在公司内部造成了不良影响。三是分布在多地的工厂，直接照搬了集团制定的规章制度，没有根据地方法规进行适当的调整，这造成了一些规章制度在落实和执行时，违反了工厂所在地地方法规的情况，也造成了工厂员工的不满情绪。

基于上述情况，集团公司有关部门进行了调研。

调研的结论是：第一，公司在发展过程中，规章制度的制定存在随意性。各个业务部门根据发现的问题随意制定规章制度。长期下来，规章制度越积越多，反而不利于公司管理。第二，一些与员工利益密切相关的规章制度，由于制定者的疏忽或者不了解法律的规定，存在没有履行法定程序的问题。这些规章制度主要是人力资源管理体系内的制度、政策和流程。没有履行法定程序，虽然在公司内部管理中可以执行，但是一旦发生纠纷，则得不到仲裁机构和人民法院的承认。这些现存的规章制度成了无源之水，无本之木。第三，一些规章制度的内容不再适合公司现在的情况，有的内容确实存在不合法的现象。

因此，集团公司作出如下决定：

一是全面清理现有的全业务线规章制度。

二是制定公司规章制度的制定流程，对未来规章制度的制定进行有效管理。

三是集团人力资源部负责重新审查与员工利益相关的规章制度内容的合法性，并尽快履行或者完善法定制定程序。

根据公司的实际情况，建筑材料集团公司总经办、运营部、财务部、人力资源部等成立了"规章制度管理小组"，对公司现行规章制度进行了清理，并制定了公司规章制度制定管理办法，对公司规章制度的制定进行有效管理。

以下为建筑材料集团公司的公司规章制度制定内部指导管理办法。这个办法使公司在制定公司规章制度时减少了随意性，并确保有关规章制度内容和制定程序的合法合规。这个办法是对公司制定规章制度的工作指导性文件，不需在全体员工范围内发布，仅是公司管理干部在制定规章制度时的指导性文件。有了这个文件的指导，公司在制定规章制度时，就会更有针对性，减少盲目性。同时，也会保证新制定的规章制度符合法律规定的程序。

公司规章制度制定内部指导管理办法

一、目的

为了确保公司制定的规章制度合法有效，并真正起到管理公司各项业务，帮助公司达成战略目标的目的，特制订本办法。

二、适用范围

本办法是公司对制定各项规章制度时的指导，不在公司全员范围内发布，仅发布至集团中层以上干部范围，作为公司各部门在制定规章制度时的参考。

三、制定规章制度的审批

1. 公司认为运营管理制度不是越多越好。从公司整体战略出发，公司规章制度应该简洁、清晰、有效，在可能的情况下应当尽量减少规章制度的数量。

2. 以公司名义发布的规章制度，制定前应该提交书面报告，说明该规章制度的制定目的以及必要性。公司总经理办公会通过后，才可以制定该制度。

四、法务部审核

公司制定的规章制度，在正式颁布之前，应当由公司法务部对所定规章制度的内容和程序的合法合规做出审核。

五、相关性

公司制定的各项规章制度，在正式颁布前，应当由各相关部门提出意见和建议，并防止不同规章制度之间的不兼容或者存在冲突。

六、程序合法

公司制定的与员工切身利益相关的流程、制度和政策不但要确保实体内容合法合规，还要确保履行法定程序。

七、与员工利益相关规章制度标准操作流程（SOP）

1. 申报需要制定的规章制度的目的和必要性，取得公司管理层批准。

2. 广泛征求意见，根据具体情况，起草相关制度、政策和流程。

3. 向公司管理层汇报制度内容，并获得管理层批准。

4. 组织各部门员工选举员工代表。选举过程要通过书面的形式，以便留下书面材料存档。

5. 员工代表选举完毕，即可以召开员工代表大会，讨论相关议题。员工代表需要在会议签到表上签字，以便留下书面档案材料。

6. 员工代表可以在会议上提出意见和建议，有关部门应当认真听取员工代表的意见和建议。

7. 有关部门经过慎重考虑员工代表的意见和建议后，可以根据具体情况对制度、政策和文件进行适当修改。

8. 修改完成后，报管理层重新批准。

9. 管理层批准后，与员工代表或者工会进行协商。并留下书面协商的档案材料。

10. 通过邮件发送给员工。并要求每一位员工书面签收。

11. 流程结束后，所有的档案材料由 HR 永久存档保留。

注：这个 SOP 使 HR 在制定与员工切身利益相关的规章制度时，能按照流程完善相关程序。即便是对《劳动合同法》不熟悉的 HR，或者新加入公司不了解过去历史的 HR，都不会再忽略规章制度制定的法定程序，从而确保公司制定或修改此类规章制度时，不会再出现不合法的问题。

八、施行日期和解释权

1. 本办法自发布之日起施行。

2. 本办法的解释权归总裁办公室。

我们在前两节分别解析了 HR 在制定员工手册时需要面对的实体内容方面的痛点以及制定程序方面的痛点。程序合法性方面，HR 按照第二节介绍的内容操作，就可以保证员工手册制定时程序上的合法性。而实体内容方面的合法性，由于所涉及的内容多而杂，还需要以案例的方式，做进一步的介绍和说明。

以下的员工手册，就是建筑材料集团公司根据公司的具体情况重新审查制定的。这部员工手册，基本包括我们在第一节介绍的员工手册的十个构成部分，也解决了 HR 在员工手册制定中的一些痛点和问题。

员工手册
××建筑材料集团公司

第一章 总则

一、公司介绍（略）

二、公司使命、愿景和价值观（略）

三、行动原则（略）

四、适用范围（略）

第二章　基本聘用政策

一、招聘宗旨（略）

二、应聘基本要求

员工在应聘时，应向公司递交个人简历，说明所受教育及以往工作经历等情况。员工如隐瞒其经历中的重大事件或伪造学历等其他证明，受聘后一经发现，公司有权立即与其解除劳动合同，且不承担任何经济赔偿。

公司在发出录用通知之前，候选人应到公司指定的公立医院接受全面医疗检查，如公司认为检查结果不符合将从事的工作之要求，候选人将不会被录用。

注：先体检再发录用通知书。

三、录用手续

1. 入职时，员工须向人力资源部提供下列有关资料：

新员工入职第一个工作日需要阅读员工手册，并向人力资源部提交员工手册签收回执，提供、填写或签署以下文件：

注：确保新员工收到、阅读和理解员工手册。员工回执需长期保存。

＊原公司离职证明（原件）

＊新员工登记表（包括个人信息、重大病史以及有无犯罪记录的诚信声明等）

＊学历、学位证书，个人资质证书（查验原件、留存复印件）

＊身份证（查验原件、留存复印件）

＊个人银行账号相关信息

＊体检报告

＊三张免冠彩色照片

员工如与前雇主签有任何包含竞业限制内容的劳动合同或协议而可能影响入职本公司的，则应在入职前向公司做出书面说明。若员工违反此项规定给公司造成损失的，应承担相应的赔偿责任。

注：防范新员工与其他企业签订有效竞业限制协议的情形下的法律诉讼风险。

员工应在入职当月及时向公司提交缴纳社会保险、住房公积金所需材料，以确保公司能够依法履行为员工缴纳社会保险、住房公积金的义务。因员工未及时提交上述材料，导致公司无法按时履行法定义务，由此产生的不利后果及法律责任由员工个人承担。

2. 每位员工入职时，均应与企业签订书面劳动合同。有些员工还需与企业签订《保密和知识产权归属协议》和《竞业限制协议》等。

3. 每位员工入职后，企业应为其建立一份内部档案，由人力资源部专人负责管理，主要包括如下内容：

（1）求职申请材料及相关证件的复印件；

（2）劳动合同；

（3）考核、调动、奖惩、加薪、培训等有关资料；
（4）其他相关资料。

四、试用期

对于新入职员工，企业可根据《劳动法》和《劳动合同法》的规定和岗位需要，设定相应的试用期期限。

试用期内，如果员工被证明不符合录用条件的，公司可以随时解除劳动合同，且不支付解除合同的经济补偿金。

试用期内，员工或企业任何一方欲解除劳动合同，必须完整地完成工作、财务的交接手续及工资清算。

在试用期期间，员工如发生下列情形之一，即为试用期不符合录用条件，公司可以依法与该员工解除劳动合同。

（1）无法提供公司办理录用、社会保险等所需要的证明材料；
（2）不能胜任公司安排的工作任务或企业规定的岗位职责；
（3）患有精神病或国家法律法规应禁止工作的传染病；
（4）与原企业没有依法解除、终止劳动合同或劳动关系；
（5）与原企业存在竞业禁止协议约定且企业在限制范围之内、隐瞒或未披露对原企业的竞业限制义务的；
（6）未经企业书面许可，不按约定时间到岗；
（7）不同意按公司提供的劳动合同版本签订劳动合同；
（8）隐瞒曾经受过法律处分的事实；
（9）员工不符合招聘条件，如员工被证明不具有公司所要求的文化知识、学历资质、工作资历、技术水平、身体状况、思想品质等条件或法律法规规定的基本录用条件的；
（10）员工未通过公司在试用期内对其进行的考评或试用期内的工作表现不符合岗位职责要求的；

注：HR需要制定试用期绩效考核管理办法，实行定量化指标考核，并明确不符合岗位职责的考核标准。

（11）在向公司求职过程中，员工的虚假陈述、提交虚假材料（此包含但不限于应聘入职时提供的材料：学历学位证书、工作经历、教育经历、体检证明材料等）；
（12）拒不提供公司要求的合理信息及材料的；
（13）在订立劳动合同过程中有欺骗、隐瞒或其他不诚实行为的；
（14）发现曾经被本公司或其关联公司以违纪为由辞退或擅自离职的；
（15）员工试用期间有旷工行为的；

注：只有试用期内规定员工有旷工行为视为不符合录用条件的，公司才可以据此解除劳动合同。转正后不可如此规定，但可以规定旷工达到一定期限，如连续旷工5天及以上或一年中累计旷工7日以上的，可以解除劳动合同。这属于规章制度内容的

合理性问题。

（16）有任何违反公司规章制度的行为；

注：从规章制度合理性角度考虑，只可在试用期作如此规定。最好在劳动合同中也予以约定。

（17）试用期内迟到、早退5次及以上；

注：从规章制度合理性角度考虑，只可在试用期作如此规定。最好在劳动合同中也予以约定。

（18）试用期内患病或非因工负伤连续请假10个工作日或者请假累计超过12个工作日；

注：只有试用期内如此约定，公司才可以解除劳动合同，但转正后不可规定此条件，最好在劳动合同中也予以约定。

（19）其他公司能提供证据认定员工不符合录用条件的情况。

注：此处详细规定了员工不符合公司录用条件的一般情形，只适合特殊岗位的录用条件可以在员工劳动合同中约定。

五、内部招聘机会

为了增加公司员工的职业发展机会，在招聘某些职位时，企业可考虑实行内部招聘与外部招聘相结合的方式。

内部招聘时，公司人力资源部负责通过合适的沟通渠道，向内部员工发布空缺职位信息。

符合内部招聘职位条件的员工，才有资格申请参加内部的空缺职位应聘。

第三章　工作时间、考勤及各类休假

一、工作时间

1. 公司非销售人员和高级管理人员实施标准工时工作制，每周5个工作日，每日工作8个小时，正常上班时间为周一至周五。

2. 公司员工上下班标准时间：

上班时间：09：00

下班时间：18：00

午休时间：12：00—13：00（含午餐时间）

3. 公司副总经理及以上人员、销售人员实施不定时工作制（经北京市人力资源和社会保障局批准）。

二、考勤规定

1. 所有员工实行考勤打卡，不得委托他人或者代他人考勤。

2. 员工在9：00到9：30上班刷卡的，视为善意迟到（善意迟到仍属于迟到），在9：30到10：00刷卡的，记为迟到。

3. 员工在17：30到18：00无故离岗的记为早退。

4. 员工有下列情形之一的，视为旷工：(1) 无故不到岗、离岗，或全天无打卡记录，且未完成请假审批流程的；(2) 委托他人或者代他人打卡考勤的，视为旷工；(3) 经查证，请假原因与事实不符或者以不正当手段获得批准的；(4) 员工未经批准而擅自休假者，按旷工处理；(5) 拒不接受领导分配的工作或擅自离开工作岗位者；(6) 其他制度或条款内约定的旷工标准同样适用。

注：公司可以制定专门的考勤管理制度。需要特别说明的是考勤管理制度需要经过法定的制定程序，否则无效。实务中，很多公司忽略了这一点。

三、加班规定

加班认定。员工因工作需要加班的，需在考勤系统中提交加班申请，由直接领导审批并在加班当日打卡。

注：只有经过直接领导事前批准的加班，才视为加班。

四、事假

1. 员工因私事请假需优先使用年假，年假休完后方可申请事假。
2. 事假属于无薪假。

五、病假

1. 员工因患病或非因工负伤需停止工作进行休息或治疗的，可申请病假。
2. 员工请病假超过1日及以上应持个人社保定点医疗机构开具的证明，如无定点医疗机构的，应持工作所在地三甲级正规医院或社保定点医院开具的证明，并提前向所在部门主管履行请假手续，以便公司调整和安排工作。其中急症病假，应当在该日上班时间后两小时内通知部门主管或者委托他人向部门主管请假，说明情况，并在正常上班后的第一天持有效证明材料补办请假手续。
3. 如病假超过一个月需要申请医疗期，按照法律相关规定执行。医疗期满，公司可以向员工发出返岗通知，如果员工仍需继续治疗，不能回公司上班，可以视为不能从事原工作以及另行安排的工作。

注：本条直接规定了员工医疗期满后，仍然不能到岗工作的情形。满足此种情形，公司可以解除与员工的劳动合同。如在解除过程中有争议，可以申请劳动鉴定委员会鉴定。

4. 病假复核：如公司对员工请假超过1日及以上的病假提出质疑，有权要求员工提供就诊的挂号单、就诊证明、病历本、病历资料、检查单据或资料、医疗费票据等所有就诊有关的资料原件予以核实，必要时应按照公司要求到指定医院复查，如员工无法提供或拒不提供，则视为旷工，并按照严重违纪予以辞退。
5. 公司北京地区以外的全资子公司和控股公司，员工病假工资的标准可以参照所在地的有关规定执行。

注：不再"一刀切"地照搬集团公司的规定，利于北京地区之外的子公司、控股公司遵守地方规定，提升公司规章制度合法性。

六、法定节假日

根据国家相关法律规定，员工享受下列法定公共假日：元旦、春节、清明节、妇女节、劳动节、端午节、中秋节、国庆节。

七、婚假

1. 依法办理结婚登记的员工，可享有婚假为 10 个自然日（包含法定婚假 3 个自然日）。

2. 婚假须一次性全部休完，婚假包含公休假和法定假日。

八、产假

1. 符合计划生育政策的女性员工根据北京市政策享有相应法定产假、奖励假和陪产假。

2. 员工提交产假申请，同时提交生育登记服务单、医院出生证明等材料电子版（出生证明可在产假休完后补交），经审批后方可休假。

3. 女员工产假为 158 天。凭医院证明：难产/剖宫产增加 15 天产假；多胞胎生育的，每多生育一个婴儿，增加 15 天产假。

4. 女员工怀孕未满 4 个月流产的，应当根据社会保险机构指定医院的诊断证明，给予 15 天产假；怀孕满 4 个月流产的，给予 42 天产假。

5. 男方享有配偶陪产假 15 天。具体天数根据国家和北京市政策进行相应调整。

产假、奖励假以及陪产假包含公休假和法定节假日。

6. 女性员工产前检查休假须提供医院出具的产前检查证明材料。怀孕第 1—7 个月，可享受每月 1 天假期。怀孕第 8 个月，可享受每月 2 天假期。怀孕 9 个月以上，可享受每月 2 天假期。

7. 公司北京地区以外的全资子公司和控股公司，产假标准可以参照所在地的有关规定执行。

九、哺乳假

女性员工育有不满 1 周岁婴儿的，截止到婴儿满 1 周岁期间，可以申请哺乳假。即每天工作时间内享有哺乳（含人工喂养）时间。哺乳时长为每天 1 个小时，可以晚到或早走 1 个小时。生育多胞胎的，每多哺乳 1 个婴儿每天增加 1 个小时哺乳时间。哺乳假期间视其正常劳动支付全部工资。

十、丧假

1. 员工的父母、配偶、子女、未婚员工之兄弟姐妹去世，可申请 3 天丧假。

2. 员工的祖父母、外祖父母、配偶父母、父母之兄弟姐妹去世，可申请 1 天丧假，丧假在葬礼前后 2 周内使用并须一次性休完。

十一、带薪年假

1. 员工工作年限满 1 年，可申请年休假。工作年限从首次参加工作的时间开始计算，不包括毕业前实习期，且脱产攻读中专、大专、本科期间不计入工作年限。工作年限根据员工累计工作时间确定，即员工在本公司和不同用人单位工作期间的累计工作时间。

2. 员工试用期内不得申请带薪年假，试用期工作月数可以累计计算带薪年假。员工申请休带薪年假，应在次年 3 月 31 日前休完。

3. 工作年限累计满 1 年不满 10 年，可享有 5 天带薪年假；工作年限累计满 10 年不满 20 年，可享有 10 天带薪年假；工作年限累计 20 年及以上，可享有 15 天带薪年假。

4. 用人部门须合理安排员工年假，如已安排员工休带薪休假，但员工因本人原因放弃的，须向人力资源部提交书面放弃休带薪年假申请。

5. 不享受带薪年假的情况：具备以下情况之一，不享受带薪年假。例如，当年已享受了带薪年假后，出现以下情况之一，则下一年不再享受带薪年假：（1）入职公司前连续工作不满 1 年的；（2）员工当年事假累计 20 天以上的；（3）累计工作满 1 年不满 10 年的员工，当年病假累计 2 个月以上或事假累计 22 个工作日的；（4）累计工作满 10 年不满 20 年的员工，当年病假累计 3 个月以上或事假累计 30 个工作日的；（5）累计工作满 20 年以上的员工，当年病假累计 4 个月以上或事假累计 30 个工作日的；（6）超过国家规定的产假者；（7）国家规定或北京市政策规定的其他不符合休带薪年假人员。

第四章　薪酬福利和绩效管理

一、薪金

1. 公司将根据市场以及经营情况，尽量为员工提供具有竞争力的薪酬以吸引和保持出色的员工队伍。

2. 公司依法按月足额向员工支付工资。

3. 每位员工的工资水平（标准）与其工作岗位、工作内容、工作质量和业绩，以及对企业的贡献等有关。

4. 公司实行结构化工资制度，包括基本工资、绩效工资、各类补贴等。

二、加班工资

员工加班应当经过直接领导的书面批准，没有经过批准的员工延长工作时间的，不视为加班。

员工加班工资计算基数按照公司与员工在劳动合同中的约定标准执行。

注：公司应当与员工在劳动合同中约定加班工资基数。

三、绩效奖金

1. 员工是否享受绩效奖金根据公司经营业绩、员工工作表现以及绩效评价结果确定。

2. 享受绩效奖金的员工条件、享受的奖金数额、奖金发放形式和时间等，均由公司根据相关情况决定。

四、薪金保密

公司实现薪酬保密制度，员工不得以任何方式传播、打听他人工资收入状况。有问题可以直接向公司人力资源部查询。

五、福利

1. 根据中国有关法律法规，公司为员工办理养老、医疗、失业、工伤、生育等基本社会保险和住房公积金。其中员工个人缴纳部分，由公司从员工工资中代扣代缴。

2. 公司根据具体情况，给予员工其他福利。

六、绩效

公司员工绩效关键及相应奖金按公司绩效管理制度执行。

第五章　员工行为准则

一、遵纪守法（略）

二、沟通与协作（略）

三、限制兼职（略）

四、利益冲突与廉洁自律

在履行劳动合同期间，员工应当廉洁自律，坚决与任何腐败行为做斗争，并自觉避免任何利益冲突的事件发生。

利益冲突包括但不限于下列情形，且应予以避免：

1. 接受供应商、客户或其他与公司有往来的实体的借贷、报酬或服务；

2. 接受与公司有任何利益往来者的礼物或者宴请等；

3. 利用公司职位为个人及其亲属朋友谋取个人私利；

4. 以临时员工、咨询顾问等任何形式为公司的竞争者或者供应商工作；

5. 收取回扣。

五、管理人员之基本要求（略）

六、办公室行为规范（略）

七、健康、安全和环保（略）

八、信息系统

公司致力于数字化转型工作。员工应当注意网络安全，不得有任何损害公司网络安全的行为。

公司严禁员工使用公司网络访问色情、暴力和政治敏感的网站；严禁未经授权使用公司网络向因特网发布任何信息，参与任何讨论。任何违反此规定的行为均为严重违反公司规章制度的行为，公司有权依据公司相关制度予以处理。

员工不得利用公司的电子邮箱收发与工作无关的任何信息。

九、个人物品

员工应妥善保管自己的私人财物。个人物品请勿随意放在公司的公共场所。公司对员工的个人物品没有保管的义务，如有丢失公司不承担责任。

十、公司财产

所有员工都必须爱护公司的所有财产，严禁刻意损坏公司财产。员工故意破坏财产应赔偿损失的，公司有权予以处罚并要求员工赔偿相应的损失。

十一、投诉流程

如果员工对自己的工作及公司有任何疑问或抱怨，请遵照以下程序：

1. 以口头或书面形式向自己的直线领导（N+1）说明；
2. 以口头或书面形式向间接领导（N+2）提出；
3. 以口头或书面形式将问题提交到人力资源部。

十二、差旅及费用报销

因公出差人员乘车、船、飞机和住宿、伙食、市内交通费，按公司差旅管理办法规定的标准执行。

注：公司差旅管理办法不属于与员工利益密切相关的制度，无须经过《劳动合同法》规定的法定制定程序。

第六章 商业秘密与知识产权

一、商业秘密

劳动合同期限内，员工可能会接触、了解或获取公司的商业秘密。除非公司书面授权，员工在劳动合同期内和合同终止后，均不得以任何理由利用从公司获得的任何保密信息谋取个人私利，也不得向任何第三者泄密。

公司应当与员工签订专门的保密协议，对员工保守公司的商业秘密事宜做出专门的约定，明确各自的权利和义务。

与公司签有竞业限制协议的员工应当严格履行竞业限制协议中约定的相关义务。

二、知识产权

1. 公司员工在其职责范围内通过使用公司提供的资源要素或其他方式方法做出的一切发明或创造，其专利申请权属于公司。专利权得到相关政府批准后归公司所有。
2. 上述所说的"公司提供的资源要素或其他方式方法"系指根据下列情况之一做出的任何发明或创造：

   a. 在员工执行岗位职责过程中完成的；
   b. 虽非执行岗位职责，但是在公司指派的其他工作过程中完成的；
   c. 在员工从公司离职一年内完成的，其发明或创造与员工在公司工作期间的岗位职责或由公司为其指派的任何其他任务有关的。

3. 创造、发明的员工应及时、全面地向公司报告上述发明或创造。员工须根据《中华人民共和国专利法》等法律法规的规定向公司转交此类发明或创造。
4. 当员工做出的某项发明或创造对公司有价值时，公司可给予该员工适当奖励。
5. 公司应当与员工签订专门的知识产权协议，明确双方的权利和义务。

第七章 奖励与纪律处分

一、奖励条件

在下列情况下，公司可通过决议给予员工个人或集体奖励：

1. 公司绩效年度经营业绩优秀，公司利润持续增长；
2. 员工个人绩效取得优秀的成绩；
3. 员工为国家或社会做出了贡献，因而给公司带来了荣誉；
4. 员工做出了对公司有价值的建议、发明、改进、构想或革新；
5. 员工在紧急情况下做出了显著的、值得奖励的工作；
6. 对某一员工给予奖励，即使是连续几年的奖励，也不应视为在劳动合同的其余年限保证给予该员工同样的奖励待遇。

二、奖励方式

奖金；休假；实物；晋升；荣誉；其他。

三、违纪行为类别划分及处罚原则

公司通过本员工手册明确将违纪行为划分为甲、乙、丙三类，禁止任何员工做出违纪行为。对于违纪者，公司将依据情节轻重给予处罚。

对违纪员工的纪律处罚分为下列几种：

1. 口头警告（一般警告）：对员工触犯了本制度中甲类过错行为的一种处罚措施，即发起诫勉谈话，以起到教育、警示的作用。所有的过程信息均应当有据可查，如谈话文字记录、视频录音等，并标识上时间、地点、参与人等信息。
2. 书面警告或通报批评（严重警告）：对员工触犯了本制度中乙类过失行为的一种处罚措施，即以正式发文的形式予以告示。书面警告或者通报批评可以与降职、降薪并处。
3. 解除劳动关系：对触犯了本制度中丙类违纪行为的员工或根据《劳动合同法》相关规定与当事人解除劳动合同的处罚措施。

对于造成经济损失的违纪员工，公司有权要求员工予以赔偿。

对于严重违反公司规章制度的员工，公司将立即解除劳动合同，同时不承担任何经济方面的责任。

四、管理原则

1. 管理者须严于律己、以身作则，管理好团队，加强日常对下属员工进行公司文化和核心价值观的宣传，树立底线意识，防患未然。对于受到乙类、丙类处罚的员工，其上级经理应当根据具体情况承担管理责任。
2. 对一般违纪者，惩戒与教育相结合，以理服人。对于已经认识到错误的当事人，酌情处理，创建和谐的劳动关系。对于触碰红线，严重违背公司文化和核心价值观的行为，实行一票否决，一旦发现，对当事人予以解除劳动合同处理。
3. 对于实施本制度过程中的任何信息均须以可记录的形式保存，做到可查询、可追溯，且维护其完整性和连续性。
4. 在实施过程中，要秉承公平公正的原则。

五、甲类违纪行为

凡触犯甲类违纪行为者，由业务部门及人力资源部门发起诫勉谈话，以起到教育、警示的作用，即口头警告（一般警告）。

有下列行为之一的，属于甲类违纪：

1. 旷工不满一日的；

2. 30个自然日内，3次至5次无故迟到、早退的；

3. 在工作区域内肆意喧哗（包括本人或与其有关人员），部门经理或行政部劝告后仍不听从的；

4. 与同事或客户对话有不文明、不礼貌行为，但尚未造成影响和损失的；

5. 使用公司办公资源办理私人事务（包括但不限于看与工作无关的书、报或杂志，收听与工作无关的音像，使用公司网络/邮件系统查看/发送与工作无关的邮件等）；

6. 影响工作环境卫生（包括但不限于随地吐痰，丢烟头、烟灰、纸屑或食物等影响环境卫生的行为），部门经理或行政部劝告后仍不听从者；

7. 未经书面备案和批准流程处理，违反标准工作流程或擅自变更工作方法，但尚未造成影响和损失，情节显著轻微的；

8. 在外部媒体、社交平台或公司微信部落平台，发布不实言论、破坏公司管理秩序信息、不雅图片或视频，情节显著轻微，经劝止自行撤回或删除的；

9. 在公共场所（含虚拟公共场所）随意散布有违公司企业文化或价值观言论，但尚未造成明显不良影响，情节显著轻微，事后自行澄清的；

10. 对公司管理有意见者，不按公司正常渠道反映而是通过其他方式将问题扩大化，导致不良影响，情节显著轻微，但事后能自行删除或主动澄清的；

11. 存在利益冲突未上报或故意隐瞒，尚未造成损失的；

12. 职务异动时，工作交代不清或抗拒、拖延移交工作的；

13. 在办公区非指定场所吸烟的；

14. 其他违反公司规章制度，情节显著轻微的。

六、乙类违纪行为

凡触犯乙类违纪行为者，由相关部门调查取证后，人力资源部门进行书面警告或通报批评（严重警告），并视情节给予取消晋升、降职、降薪、岗位调整或扣发奖金等处罚。

有下列行为之一的，属于乙类违纪行为：

1. 旷工满一日不满五日的；

2. 30个自然日内，5次及以上无故迟到或早退的；

3. 与同事或客户对话有不文明、不礼貌行为，造成轻微影响和损失的；

4. 未经批准，擅自（或指使他人）挪动、拆装灭火器材、堵塞防火疏散通道，但情节轻微的；

5. 非业务要求，工作日饮用含酒精的饮品影响工作，但情节轻微的；

6. 拒绝听从主管人员指挥、监督及工作安排（指挥者本人违法违规除外），造成客户投诉或影响工作成果按时交付的；

7. 未经书面备案和批准流程处理，违反标准工作流程或擅自变更工作方法，但情节和影响尚属轻微的；

8. 遗失公司或经营管理上的合同、文件及其他相关书面或电子资料，但情节和影响轻微的；

9. 无意识地泄露了技术、经营或公司其他秘密，但情节和影响轻微的；

10. 因客户或员工投诉，或其他事务本人不能处理又不及时向上级主管报告，但情节和影响轻微的；

11. 未经公司允许擅自向传播媒介或外界透露公司有关情况，但情节和影响轻微的；

12. 管理人员未认真履行职责或对违规行为不加制止，但属初犯且情节和影响轻微的；

13. 违反公司信息系统客户端管理及网络信息管理的相关规定，但情节及影响轻微的；

14. 在外部媒体、社交平台或公司系统平台，发布不实言论、破坏公司管理秩序信息、不雅图片或视频，尚未造成明显不良影响，经劝止不愿撤回或删除的；

15. 在公共场所（含虚拟公共场所）随意散布有违公司企业文化或价值观言论，但情节轻微，尚未造成明显不良影响，事后不愿删除或澄清的；

16. 对公司管理有意见，不按公司正常渠道反映而是通过其他方式将问题扩大化，尚未造成明显不良影响，事后拒绝删除的；

17. 对于日常工作中发生的员工关系事件或劳动纠纷当事人不能很好与公司管理者沟通、协调处理，或是携带家属或外人到公司使事态扩大的；

18. 违反公司其他制度但情节和影响轻微的；

19. 汇报工作时不实事求是，夸大或歪曲事实，给公司造成损失的；

20. 违反职业道德规范；

21. 利用公司名义在外招摇撞骗，但情节轻微；

22. 在公共场合有诋毁公司言论，但情节轻微；

23. 未经允许在公司内散发传单、文件、请愿书或张贴标语者，但情节和影响尚属轻微者；

24. 未执行或疏忽本人岗位职责，造成损失的；

25. 一年内累计两次被口头警告的；

26. 本款没有列举但公司认为应当给予乙类违纪行为处罚的其他行为；

七、丙类违纪行为

凡触犯丙类违纪行为者，属于严重违反公司规章制度，公司有权依据《劳动合同法》第三十九条的规定给予其解除劳动合同的处理且不支付任何补偿。对于造成损失的违纪者，公司将有权予以追偿。对于触犯国家法律法规的行为，公司保留追究其法律责任的权利。

注：HR需要尽量穷尽可能的丙类违纪行为，防止出现问题时处理起来无据可依。有下列行为之一的，属于丙类违纪行为：

1. 无故连续迟到、早退7次或一个年度内累计迟到、早退10次及以上；
2. 连续旷工5个工作日及以上或一个年度内累计旷工7个工作日及以上；

注：第1、2款属于考勤方面的规定。

3. 未经批准，擅自（或指使他人）挪用、损坏灭火器材、堵塞防火疏散通道，造成损失超过1万元的或带来危险隐患的；
4. 携带危险品进入公司，可能给公司和他人造成损害或带来危险隐患的；
5. 在工作场所因个人原因引发事故，给公司造成损失超过1万元的或者导致其他人员受到伤害的；
6. 侵占、盗窃、损坏、破坏、毁坏公司或者其他员工的财产、物资（无数额限制）的；
7. 遗失公司或经营管理上的合同、文件及相关书面或电子资料，情节严重或给公司造成损失超过1万元的；
8. 严重失职，给公司造成超过1万元损失的，或者营私舞弊，数额超过500元的；

注：第3、4、5、6、7、8款属于员工过错给公司造成或者可能造成财产损害方面的规定；这里"1万元"定义为重大损害。"可能造成损害"也定义为丙类违纪，原因在于员工行为的性质。

9. 在公司内有性骚扰/骚扰行为，在公司外或非工作时间以工作为由进行性骚扰/骚扰行为；
10. 对内部举报人员进行打击报复的；
11. 殴打他人、互相殴打者或挑拨打架事件者；
12. 在公司内酗酒、对其他员工进行暴力威胁、辱骂诽谤他人、对他人进行人身攻击、打架斗殴及其他恶意导致他人身体或精神伤害的行为；

注：第9、10、11、12款属于员工给他人造成伤害的行为，不论行为结果如何，行为本身恶劣，不能被公司容忍。

13. 抵制或拒不执行公司或上级主管正当安排的工作，影响正常生产经营或者造成客户投诉且导致客户流失或者损失超过1万元的；
14. 管理人员因工作安排不当造成公司重大损失超过1万元并未能及时采取相应补救措施的；
15. 违反公司相关制度或规定等管理规范，情节严重的，或给公司造成损失超过1万元的或者严重产生负面影响；
16. 员工在不能胜任工作的情形下，拒绝公司培训、绩效改进计划或工作岗位调整的；
17. 未经公司批准，擅自使用公司或客户的资产或资源办理非公司业务的；

18. 未经公司事先书面同意，接受新闻媒介的采访，或在报刊发表有关公司的文章，或以公司名义参与任何形式的社会活动的，给公司造成负面影响的；

19. 擅自以公司名义与他人订立合同或者滥用代理权的，或者未经批准擅自以公司名义为他人或单位出具信函或担保的；

注：第13、14、15、16、17、18、19款属于员工违反公司具体管理的行为以及造成的后果方面的规定。

第16款是基于《劳动合同法》规定员工不能胜任工作的，经培训或者调整工作岗位仍然不能胜任的，公司可以解除劳动合同。本款规定是公司在能够证明员工不能胜任工作的情况下，拒绝公司合理的培训、绩效改进或者调整工作岗位的，视为严重违反公司规章制度是合法有效的。如果没有这款规定，当这种情形出现的时候，HR很难做出合法合规、有理有据的处理决定。

20. 违反公司薪酬保密制度，在公司内外造成不良影响的；

21. 教唆或蒙骗他人泄露任何公司机密或保密信息，损害公司利益，或把公司客户介绍给其他公司；

22. 违反公司的保密协议，将公司或与其相关的任何经营、技术、管理、信息资料、图纸、备忘录、客户清单、财务报告、其他商业机密或公司认为需要保密的任何信息等各类资料以任何方式泄露的；

23. 利用职务之便窃取或擅自篡改公司或客户资料信息、计算机系统中的软件、数据或其他信息对公司或客户业务造成不良影响，或情节严重的；

注：第20、21、22、23款属于员工违反公司保密方面的规定情形。特别需要说明的是，很多公司规定薪酬保密制度下，员工有打听、传播他人工资的行为即属于严重违反公司规章制度，这样规定并不合理，一般得不到法院的支持。

24. 未经允许擅自向传播媒介或外界透露有关公司情况，或在公共场合散布诋毁公司的言论，情节严重的；

25. 在外部媒体、社交平台或公司系统平台，发布不实言论、破坏公司管理秩序信息、不雅图片或视频，造成明显不良影响，经劝止不愿撤回或删除的；

26. 在公共场所（含虚拟公共场所）随意散布有违公司企业文化或价值观言论，但情节轻微，造成明显不良影响，事后不愿删除或澄清的；

27. 对公司管理有意见，不按公司正常渠道反映而是通过其他方式将问题扩大化，造成明显不良影响，事后拒绝删除的；

注：第24、25、26、27款属于违反公司对外形象、声誉管理或品牌方面的管理，造成不良影响的。

28. 本人或教唆他人利用职权图谋不正当利益，包括但不限于利用职权或工作之便向客户、供应商、承办商或其他与公司业务有关的人士索取或接受任何利益，本人或教唆他人利用职权图谋私利、营私舞弊等其他行为；

29. 利益冲突存在相关联或相关可能性未上报或故意隐瞒，造成损失的；

30. 员工个人与其家属为上下级关系，或两人均在重要岗位，因未及时向公司申报上述关系给公司造成损失，或情节严重的；

注：第28、29、30款属于收受贿赂和利益冲突管理方面的规定。

31. 恶意编造、伪造费用报销信息，提供虚假发票，虚报费用，情节严重的；

32. 仿用上级领导签字或盗用、私刻、伪造、变造公司印章的；

33. 有欺骗、舞弊或不诚实行为，包括但不限于篡改、编造或伪造资料或信息，提供虚假资料、记录、单据、票据或发票，提供虚假证明（含虚假病休证明、虚假学历或学位证明等），提供个人虚假信息或隐瞒个人信息等；

34. 有欺骗行为，致使公司误信或蒙受损失；

35. 未经公司授权，利用公司名义考察、谈判、签约、招摇撞骗，致使公司受损的，包括但不限于蒙受名誉或经济损失，或情节严重的；

注：第31、32、33、34、35款属于员工弄虚作假、欺骗等行为方面的规定。

36. 未经公司书面同意，参股或受雇于与公司经营业务相同、相似，或对公司业务构成现实或潜在竞争，或存在上下游相关业务关系，或公司的客户或供应商，担任其董事、监事、股东、经理、职员、代理人、顾问等任何职位；

37. 未经公司书面同意，因任何原因以任何方式同时与其他用人单位建立劳动关系，或因在其他单位兼职对完成本单位的工作任务造成严重影响，经公司提出，拒不改正的；

38. 利用病、事假（包括医疗期）或非工作时间为他人（含其他单位）及亲友从事各种生产经营服务活动，对完成本公司的工作任务造成严重影响，经公司提出，拒不改正的；

39. 利用职务之便，从事与公司业务相竞争的商业行为；

注：第36、37、38、39款属于员工与其他单位建立工作或其他关系方面的过错。

40. 违反法律法规或因违法被拘留、逮捕或被依法追究刑事责任的；

41. 因违反社会治安或国家法律法规，人身自由受限，不能正常出勤的；

42. 在公司内从事或传播黄赌毒行为的；

注：第40、41、42款属于员工被追究刑事责任，以及有违反其他法律法规的过错行为。劳动合同法仅规定在员工被追究刑事责任时，可以解除劳动关系。公司可以在此规定员工因其他违法行为被拘留、在刑事程序中、传播黄赌毒等一般违法行为，也属于严重违反公司规章制度的行为。规章制度在此扩大了劳动合同法的规定。员工知道和理解此规定，还触犯该规定的，公司因此解除双方的劳动关系，也是合法合规的。

43. 对于日常工作中发生的员工关系事件或劳动纠纷当事人不能很好与公司管理者沟通、协调处理，或是携带家属或外人到公司使事态扩大，经批评教育不改正，一而再，再而三携带家属或外人到公司的；

44. 严重破坏公司正常生产秩序的；

注：第43、44款属于员工严重干扰公司正常生产和管理的过错行为。

45. 已受一次严重警告处分，又做出任何违纪行为者或者累计三次一般警告者；

46. 员工犯有其他本员工手册所列举行为及本员工手册列举行为以外的其他严重错误，包括但不限于违反公司行为守则、劳动纪律，以及违反其他关于办公用品、资产、网络、财务等管理规定或规章制度的行为，情节严重，公司认为应给予解除劳动关系处分的。

注：其他过错行为。

第八章　培训和发展

一、建设学习型组织（略）

二、出资培训

1. 公司根据业务发展需要以及员工在公司内的职业生涯规划，为员工提供包括专项培训在内的培训安排。

2. 参加公司出资专业培训的员工应与公司签订服务期协议，约定服务期。经培训后未达到预期的目的或考试不及格者，以及服务期未满就离开公司的员工，均须依据服务期协议赔偿公司支付的培训费用。

三、绩效评估及个人发展（略）

第九章　离职管理

一、劳动合同的续签和终止

1. 劳动合同到期前一个月，公司与员工协商是否续签劳动合同。如果双方同意续签，应当在劳动合同到期日 10 个工作日前签订新的劳动合同。

2. 以下两种情形将被视为员工不同意续签劳动合同：

a. 员工明确表示不同意续签劳动合同；

b. 员工同意续签，但未按规定时间办理续签手续。

3. 员工不同意续签劳动合同的，劳动合同到期终止，员工应按照公司的有关规定办理离职手续，公司不支付任何经济补偿。相关法律法规另有规定的除外。

4. 如公司不同意续签劳动合同的，公司将以书面通知的形式与员工终止劳动合同。

二、协商解除劳动合同

公司和员工协商一致并签订解除劳动合同协议的，相应权利义务按照协议相关法律法规执行。

三、员工解除劳动合同

员工解除劳动合同，应当依照法律规定的日期，提前以书面形式通知公司，并在办理离职手续前，完成工作交接。

四、公司解除劳动合同

1. 员工有下列情形之一的，公司可以立即解除劳动合同，且不支付员工任何经济补偿：
    a. 试用期内，被证明不符合录用条件；
    b. 严重违反公司规章制度；
    c. 严重失职，营私舞弊，对公司利益造成重大损失超过1万元的（含1万元）；
    d. 同时与其他用人单位建立劳动关系对完成公司的工作任务造成严重影响，或者经公司提出拒不改正；
    e. 员工被依法追究刑事责任；
    f. 员工触发其他法律规定以及本员工手册丙类违纪的规定情形。
2. 员工有下列情形之一的，公司可以提前一个月以通知的形式解除劳动合同：
    a. 员工患病或非因工负伤，在规定的医疗期满后，不能从事原工作，也不能从事公司另行安排的工作；
    b. 员工不能胜任工作，经培训或者调整工作岗位，仍不能胜任工作；
    c. 劳动合同订立时所依据的客观情况发生重大变化，致使原合同无法履行，经公司与员工双方协商不能就变更原合同达成协议；
    d. 公司出现《劳动合同法》第四十一条规定的情形。

五、离职手续

员工在离职时，应按公司的规定完成工作交接，工作交接包括但不限于岗位工作交接、完成公司规定的离职流程等。完成离职交接，公司人力资源部为员工办理离职手续，员工在离职证明上签字确认。

六、其他事项

员工与公司解除或终止劳动关系后，与公司签订的保密协议和规章制度中的保密义务在离职后继续有效。非经公司允许泄露公司秘密的，员工应赔偿因其泄密而给公司造成的全部损失。

第十章 附 则

一、本手册的效力

1. 本员工手册用于解释说明劳动合同未包含的内容，这些条款与企业现行有效的管理制度共同组成企业内部的法律文件，作为调整企业与员工劳动关系的法律依据之一，对双方的劳动雇佣关系具有约束力。

2. 本员工手册所列内容如有与政府发布之法律、法规和规定内容相抵触之处，以政府发布的最新法律、法规和规定为准。

3. 本员工手册任何章节如经劳动争议仲裁委员会或人民法院裁定无效，该章节如不影响其余章节的效力，其余章节仍然有效，双方需继续执行。

二、保密性

本员工手册作为公司的财富，其内容视为公司的保密资料。所有员工应认真阅读并妥善保存，并于离职时归还公司。

三、生效时间

本员工手册自发布之日起生效。员工手册须经全体员工签收（见表6-6）。

表6-6 员工手册签收单

本人已经阅读和理解员工手册中的全部内容，同意遵守《员工手册》的相关规定。

员工姓名	所属部门	签收日期	备注（不得代签）

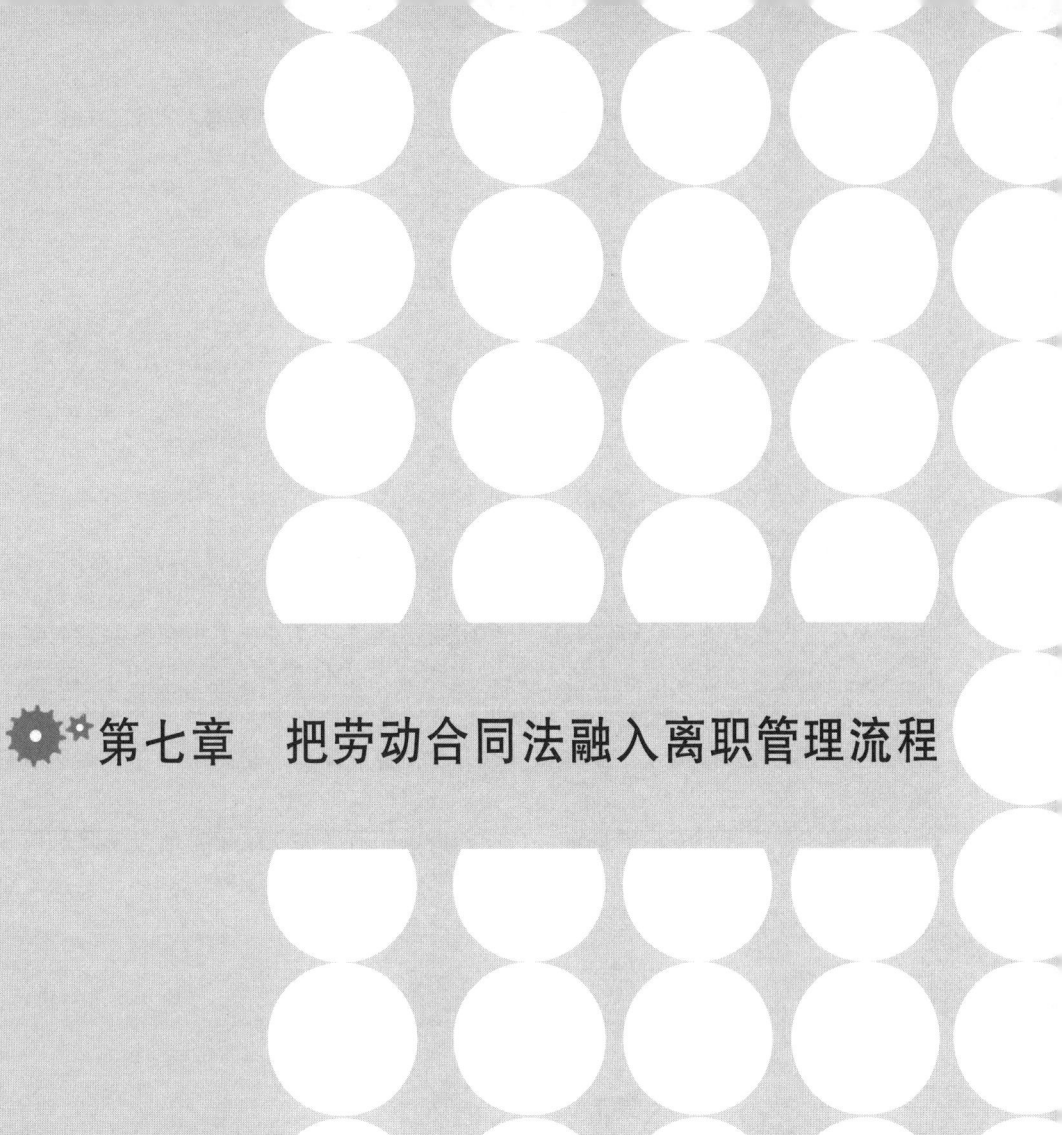

第七章 把劳动合同法融入离职管理流程

离职管理是对企业和员工解除或者终止劳动关系的管理。实务中，因劳动关系的解除或者终止发生的劳动争议占很大的比例。这类争议主要集中在解除或者终止劳动关系是否合法、经济补偿金的支付以及赔偿金的支付三个方面。因此，HR 需要加强员工离职过程的管理，把劳动合同法的相关规定融入企业离职管理的制度和流程，而不是遇到问题再去查阅劳动合同法的规定或者咨询律师。防患未然才是离职管理的最高境界。

根据《劳动合同法》的规定，企业和员工的劳动关系结束是通过解除和终止两种方式实现的。因此严格意义上讲，开除、除名、辞退、辞职等用语不再是描述企业和员工劳动关系结束的专业用语。

第一节　HR在劳动合同解除管理中的痛点解析

我们先来阐述企业和员工通过解除的方式结束双方的劳动关系。

根据《劳动合同法》的规定，企业和员工解除双方的劳动关系，一共有三种方式：协商解除、员工单方面解除和企业单方面解除。这三种解除的方式所依据的条件和产生的后果各不相同。

一、协商解除劳动关系

《劳动合同法》第三十六条规定："用人单位与劳动者协商一致，可以解除劳动合同。"所谓的协商解除，就是企业和员工在平等一致并且自愿的基础上，通过友好协商，达成解除双方劳动合同的一致意见，最终结束双方的劳动关系。

对于HR来说，通过协商方式解除双方的劳动合同，很少产生劳动争议和纠纷，由此产生的时间成本和不良代价也小，因此是一种比较好的结束双方劳动关系的方式。

在协商解除劳动关系方面，HR有些需要特别关注的事项。

1. 经济补偿金的支付。如果企业是先提出协商解除的一方，企业应该支付员工经济补偿金。而如果先提出方是员工，则企业无须支付员工经济补偿金。

实务中，在大多数情况下签订的解除协议中并不体现谁是先提出一方，而是采用"根据相关法律规定，经甲乙双方协商一致，决定解除双方的劳动关系"的描述。如果协议中有企业支付员工经济补偿金的内容，一般不会产生歧义或者争议。但是，如果协议中没有企业支付员工经济补偿金的约定，就容易出问题。因为在不能确定是谁先提出解除劳动合同的情况下，一般法律责任是由企业承担的。HR在实务中应该予以注意。

2. 签订书面协议，保留书面材料。虽然《劳动合同法》并没有明确规定协商解除，必须采用书面的方式，但是对于一个专业的HR来说，工作中注意保留书面材料，是一个基本素养。协商解除劳动合同，更需要签订好书面协议，以防空口无凭，以后发生不必要的争议和纠纷。

3. 可以与"三期"女员工、医疗期内的员工协商解除。《劳动合同法》对处于"三期"的女员工以及医疗期内患病或非因工负伤员工，是有严格的保护性规定的。其第四十二条规定在非员工过失性解除和企业经济性裁员的时候，不得解除"三期"女员工以及医疗期内员工的劳动合同。但是对于协商一致的情况，劳动合同法并没有提出明确的限制。因此，企业可以根据具体情况，做出决定，通过协商一致的方式解除与这些员工的劳动合同。当然，实务中这可能会付出较高的经济代价。

4. 可以与工会主席和工会委员协商解除。《工会法》对企业工会主席和工会委员是有保护性规定的，但是《劳动合同法》没有限制企业与工会主席或者工会委员通过协商一致的方式解除双方的劳动关系。

在协商一致的条件下，无论企业和员工处于什么样的情形，企业和员工的劳动关系都是可以解除的。实务中，HR 要努力规避风险，充分利用协商一致解除劳动关系的方式，在企业内部建立起和谐的劳动关系。

二、员工单方面解除劳动合同

根据《劳动合同法》的规定，员工单方面与企业解除劳动合同，分为两种情况：一是企业没有过错的情况下，员工提出解除双方的劳动合同；二是企业有过错，员工提出解除双方的劳动合同。

（一）员工非因企业过错解除劳动合同

《劳动合同法》第三十七条规定："劳动者提前三十日以书面形式通知用人单位，可以解除劳动合同。劳动者在试用期内提前三日通知用人单位，可以解除劳动合同。"

1. 员工单方面提出解除双方劳动合同的前提条件是提前 30 日通知企业，无须支付违约金等赔偿，这是《劳动合同法》赋予员工的权利。《劳动合同法》颁布之前的《劳动法》规定了员工单方解除劳动合同的违约金，而《劳动合同法》取消了违约金的规定，可以说是对员工的保护。但是从 HR 角度来说，也确实增加了员工管理的难度。

如果员工没有提前 30 日通知企业，由此造成的损失，企业是有权要求员工予以赔偿的。实务中，这样的案例时有发生。当然，如果员工没有提前 30 日通知，但是企业也没有不同意见，员工就无须赔偿因提前离职可能造成的损失。

2. 对于 HR 来说，需要特别注意的是员工的不辞而别。员工没有通知企业，就离开工作岗位的，企业可以视为自动离职。这种情况下，HR 处理起来实际是比较被动的。因为企业和员工的劳动合同解除，需要通知到员工本人，最好的做法就是员工在离职证明书上签字确认。如果员工没有在离职书面材料上签字，企业与员工的劳动关系将被视为继续存在，没有解除，这会给 HR 带来较大的麻烦。如果过一段时间，员工回来要求企业支付生活费、缴纳社会保险等费用，HR 将会更加被动。此种情况，HR 可以按照员工旷工处理，以严重违反企业规章制度为由，解除双方劳动合同。但是，解除劳动合同的决定，还是需要送达到员工本人，否则，会被视为无效解除。

3. 员工口头通知的问题。《劳动合同法》并没有规定员工提前 30 日通知企业解除劳动合同是采用口头的方式还是书面的方式。因此，原则上口头通知和书面通知都可以。但是，从 HR 管理的角度，建议在离职管理的规章制度中规定，员工提出解除劳动关系，需要采用书面的形式，否则视为没有通知，这样可以防止空口无凭，避免发生不必要的纠纷，规范员工离职管理流程。

4. 员工提前30日提出解除双方的劳动合同，并不是企业有过错，只是劳动合同法赋予了员工单方解除权，员工根据自己的情况做出的一个决定。这个解除权，无须企业批准，企业不用支付经济补偿金。

5. 员工没有提前30日通知企业，有可能会给企业造成损失。那么如何计算这种损失呢？一是因员工没有提前通知造成损失的期限的计算。员工没有提前30日通知，并不是把30日的损失都计算在内，而是根据员工提前通知的日期与30日期间的差来计算。也就是说，如果员工提前10日通知企业，那么员工离职给企业造成损失的期间是20日。二是企业的损失要与员工的离职有必然的联系。企业不能把没有关联的损失，算作员工离职造成的损失。三是所造成的损失是实际损失或者直接损失，企业不能把间接损失计算在内。

（二）员工因企业过错解除劳动合同

《劳动合同法实施条例》第十八条对员工可以与用人单位解除劳动合同的情形进行了概括，从该条第四项起，都是关于员工在用人单位有过错的情况下，单方面解除劳动合同的规定。这些规定是：

1. 用人单位未按照劳动合同约定提供劳动保护或者劳动条件的；
2. 用人单位未及时足额支付劳动报酬的；
3. 用人单位未依法为劳动者缴纳社会保险费的；
4. 用人单位的规章制度违反法律、法规的规定，损害劳动者权益的；
5. 用人单位以欺诈、胁迫的手段或者乘人之危，使劳动者在违背真实意思的情况下订立或者变更劳动合同的；
6. 用人单位在劳动合同中免除自己的法定责任、排除劳动者权利的；
7. 用人单位违反法律、行政法规强制性规定的；
8. 用人单位以暴力、威胁或者非法限制人身自由的手段强迫劳动者劳动的；
9. 用人单位违章指挥、强令冒险作业危及劳动者人身安全的；
10. 法律、行政法规规定劳动者可以解除劳动合同的其他情形。

以上10项规定的是员工因用人单位过错可单方面提出解除劳动合同的情形，任何一种情况下，劳动者都无须提前30日通知用人单位。上述10种情形是法定情形，除此之外，员工都不能即时提出解除与用人单位的劳动合同。

需要说明的是，上述员工单方面解除劳动合同的情形，除了第8项和第9项，员工都需要事先通知用人单位；在第8项和第9项情形下，员工无须事先告知用人单位。

对于HR来说，在员工因用人单位过错解除劳动合同的流程管理中，最重要的一点是固定证据。HR需要注意的是随着管理数字化程度的不断提高，要在每一个重要的管理环节中固定和保留相关证据。特别是员工提出解除劳动合同及其理由后，HR要尽快采取措施固定相关证据，以防有关证据材料在工作中因不小心而灭失。

《劳动争议调解仲裁法》第六条规定："发生劳动争议，当事人对自己提出的主张，有责任提供证据。与争议事项有关的证据属于用人单位掌握管理的，用人单位应当提供；用人单位不提供的，应当承担不利后果。"这个规定在"谁主张，谁举证"的原则下，加大了企业的举证责任。当然，这是一个合情合理的规定。对于HR来说，却是一个不太"友好"的规定。

另外，需要提醒HR的是，"用人单位没有依法为劳动者缴纳社会保险"的，员工可以即刻解除与用人单位的劳动合同。实务中，一些企业没有为员工缴纳社会保险，或者缴纳标准等不符合法律的规定。这种情况下的企业实际存在巨大的风险。一旦矛盾爆发，大批员工即刻提出解除双方的劳动关系，会对企业经营造成很大影响。

典型案例

案例：公司5个月后同意员工离职申请的决定无效

王某于2016年7月与某公司签订了5年期限的劳动合同。2018年6月，王某书面向某公司提出离职。某公司为了挽留王某，为王某每月加薪1000元。王某留任后继续在原岗位工作。5个月后，某公司通知王某同意其离职申请，要求王某尽快办理离职手续。

法院经审理后认为王某提出离职时，某公司做出了对其加薪的决定。某公司加薪以及王某继续长达5个月的工作，意味着王某的离职申请已经失效。

如果只要员工提出离职，公司就可以在任意时间表示同意，这意味着公司拥有了任意解除劳动合同的权力，这肯定不符合劳动合同法的立法精神。因此，员工提出离职，公司应当在一个"合理"的时间内作出回应。

三、企业单方解除劳动合同

根据《劳动合同法》的规定，企业解除与员工的劳动合同，分为两种情况，一是企业因员工过失解除双方的劳动合同；二是非因员工过失解除双方的劳动合同。

（一）企业因员工过失解除劳动合同

《劳动合同法》对企业因员工过失解除劳动合同规定了严格的条件。实务中，企业利用这些条件解除与员工的劳动合同时，并不是一帆风顺的，而是会遇到很多问题和挑战。

1. 员工在试用期间不符合录用条件

因员工在试用期间不符合录用条件解除劳动合同，我们已经在第一章中做出了较为详细的阐述，在此不再赘述。这里的关键和难点是"录用条件的标准"问题，企业是否与员工清晰地说明并约定了录用条件的各项标准？

2. 员工严重违反企业的规章制度

员工严重违反企业的规章制度，企业有权与员工解除劳动合同。企业制定规章制度管理员工，是《劳动合同法》赋予的一项合法权利，也是企业管理自主权的体现。企业因为员工违反规章制度而解除劳动合同，需要注意三个关键点：第一，规章制度的内容要合法，有的规定还需要合理，不能违反法律的规定或者不合常理；第二，规章制度的制定要符合法定程序；第三，员工违反规章制度要达到"严重"的程度，企业最好在规章制度中具体化"严重"的程度。例如，员工过错造成的损失超过3万元，视为严重违反规章制度，等等。员工轻微违反规定的行为，不能成为企业解除员工劳动关系的理由。

实务中，企业以员工严重违反公司规章制度的理由解除员工劳动关系的案例，多数以败诉告终的原因，就是企业制定的规章制度没有完全符合上述三个关键要素。

3. 员工严重失职，营私舞弊，给企业造成重大损害

这一规定实际包含两方面的意思：一是员工严重失职或者营私舞弊；二是员工的这种行为给企业造成了重大损害。

《劳动合同法》并没有规定何种程度的损害属于"重大损害"，因此企业需要在自身的规章制度中定义重大损害的标准。企业可以根据自身所在行业的特点、业务特点等具体情况，明确什么事项属于"重大损害"，重大损害的标准是什么。企业对重大损害的定义，要符合基本的逻辑和常理，不符合常理是得不到人民法院认可的。例如，企业规定员工故意破坏企业配置给员工个人使用的办公电脑，造成3000元左右损失的，属于"重大损害"，则是不符合基本常理的规定，不会得到法院的认可。当然，如果电脑中存有企业核心的技术资料，而电脑的损害导致技术资料灭失的，则属于"重大损害"的范畴了。

另外，员工因为严重失职或者营私舞弊给企业造成损失的，还应该承担赔偿责任。损失赔偿以员工造成的直接损失为主。

4. 员工同时与其他企业建立劳动关系，对完成企业的工作任务造成严重影响，或者企业提出而拒不改正

《劳动合同法》并不禁止双重劳动关系，但是赋予了企业在双重劳动关系上的决定权。实务中，大部分企业考虑到员工的时间、精力、保密等问题，一般不允许员工建立双重或者多重劳动关系。在员工与其他企业建立劳动关系的情况下，企业可以做出两个选择。

第一个选择是员工与其他企业建立劳动关系，对完成企业安排员工的工作造成严重影响，企业可以解除与员工的劳动合同。这里的条件有两个，一是与其他企业有劳动关系；二是这些劳动关系对员工完成企业的工作造成了"严重影响"。建议企业在规章制度中规定"严重影响"的定义和标准。

第二个选择是企业给予员工一个改正的机会，要求员工解除与其他企业的劳动关系，如果员工拒绝接受企业的要求，企业可以解除与员工的劳动关系。

5. 员工以欺诈、胁迫的手段或者乘人之危，使企业在违背真实意思表示的情况下，订立或者变更劳动合同

实务中，很少会发生员工以胁迫或者乘人之危的方式与企业签订劳动合同的情形。员工以欺诈的方式与企业签订劳动合同的情形比较多。例如，员工简历造假、学历造假等。HR 需要在录用条件或者劳动合同等规章制度中作出明确的约定或者规定。一旦发生员工关键事项造假的问题，视为欺诈，企业有权与员工解除劳动合同。

6. 员工被依法追究刑事责任

员工被追究刑事责任，是指员工被按照《刑法》予以处罚的情形。这些处罚主要是拘役、管制、有期徒刑、无期徒刑、死刑，也包括附加刑：罚金、没收财产、剥夺政治权利等。另外，原劳动部发布的《关于〈劳动法〉若干条文的说明》第二十五条第四款规定："本条中'被依法追究刑事责任'，具体指：（1）被人民检察院免予起诉的；（2）被人民法院判处刑罚（刑罚包括：主刑：管制、拘役、有期徒刑、无期徒刑、死刑；附加刑：罚金、剥夺政治权利、没收财产）的；（3）被人民法院依据刑法第 32 条免予刑事处分的。"

除此之外，HR 还应该注意，员工被拘留或者被逮捕，并不能认为是被追究了刑事责任。刑事拘留和逮捕属于法律强制措施。没有经过人民法院的判决，企业不能认定员工有罪。因此员工刑事拘留期间，不能以"被追究刑事责任"为由解除与员工的劳动关系。同理，员工被取保候审和监视居住期间，也不能视为被追究刑事责任，不能以此为由解除与员工的劳动合同。企业可以在员工被拘留、逮捕期间暂时中止劳动合同的履行；在取保候审或监视居住期间视具体情况确定，如果员工能够继续提供正常劳动的，应当继续履行劳动合同。

虽然《劳动合同法》仅规定了员工被追究刑事责任的，企业可以解除劳动合同。那么如果员工因为打架、酒驾、嫖娼等行为被法律机关处理的，是否可以解除劳动合同呢？这种情形，如果企业没有在规章制度中作特别的规定，是不可以解除劳动合同的。但是，如果企业在规章制度中，规定这种情形属于严重违反公司规章制度，一旦这种情形出现，企业是可以解除员工的劳动合同的。因此，企业在制定公司规章制度的时候，要考虑对这些情形的容忍度，从而决定是否作出相关规定。

典型案例

案例 1：公司不能以员工拒绝超过法定时间的工作安排为由解除劳动关系

张某于 2018 年 5 月加入某快递公司，签订了 3 年固定期限劳动合同。某快递公司劳动合同中约定工作时间为周一至周六，9 点到 21 点。张某的试用期为 6 个月。2018 年 9 月，张某认为某快递公司工作时间安排过长，以身体健康受损为由，拒绝公司工作安排。随后，某快递公司以张某拒绝工作安排，因此不符合录用条件为由解除了张某的劳动合同。

法院经审理认为某快递公司工作时间安排明显违反《劳动合同法》的规定，员工

有权拒绝公司安排长时间加班的要求。因此判决某快递公司支付员工解除劳动合同经济赔偿金。

一些公司的工作时间安排过长，实务中，HR 应当考虑如何避免可能由此产生的纠纷。

典型案例

案例 2：公司仅以员工接受供应商吃请属严重违反规章制度为由解除劳动关系违法

赵某于 2017 年 3 月入职某公司，职位为采购经理。2018 年 10 月，某公司发现赵某接受供应商吃请，因此以赵某严重违反规章制度为由，解除了与赵某的劳动合同。赵某认为自己与供应商一起吃的是盒饭，且自己并没有任何收受贿赂的行为，因此提出仲裁。

仲裁庭经审理认为：虽然某公司员工手册中严禁员工接受供应商吃请，但是本案中赵某因与供应商在一起工作，吃了供应商付款的工作餐，不能算专门的吃请，某公司并没有证据证明赵某接受了商业贿赂。另外，严禁员工接受供应商吃请的规定是防止员工腐败的方式之一，但是员工接受某种程度的吃请并不意味着实施了腐败行为或者给公司造成了重大损失。因为接受供应商吃请的事实，而没有考虑相关后果就解除劳动合同的处罚过于严厉，本案中赵某尚达不到严重违反规章制度的程度。

因此，仲裁庭裁决某公司支付赵某解除劳动合同的经济补偿金。

（二）企业非因员工过失解除劳动合同

企业非因员工过失解除劳动合同的情形严格意义上有三种。在这三种情形下，企业可以通过提前 30 日通知员工解除双方的劳动合同，或者以支付一个月工资代通知金的方式，解除双方的劳动合同。另外，比较特殊的一种是经济性裁员。从本质来看，经济性裁员也应该属于非因员工过失解除劳动合同的种类。

1. 员工患病或者非因工负伤，在规定的医疗期满后不能从事原工作，也不能从事企业另行安排的其他工作

（1）员工患病或者非因工负伤，根据《企业职工患病或非因工负伤医疗期规定》第三条规定，员工根据工作年限不同而享受 3—24 个月的医疗期。工作年限越长，所享受的医疗期越长。在规定的医疗期内，企业不能与员工解除劳动合同。医疗期内的员工享受相应的工资、福利和休假等待遇。

（2）如果员工在医疗期内康复，可以回到原工作岗位继续工作。

对于医疗期满后，员工身体健康状况能够开展工作的，如果能够继续原岗位工作的，可以继续从事原工作，不能继续从事原岗位工作的，企业应当另行给员工安排其他工

作岗位。对于企业另行安排的工作岗位，员工也无法胜任的，企业可以解除双方的劳动合同。

（3）实务中，HR 头疼的是如何认定不能从事原工作和如何给员工另行安排工作。

对体力劳动者来说，认定是否能够从事原工作，相对比较容易；对脑力劳动者来说，则相对比较困难。这方面的认定一是要考虑员工自己对身体情况的判断；二是要考虑工作是否需要经常加班、出差或者开会等付出较多的体力和精力等因素。

给员工另行安排的工作，工作强度既不能高于员工原工作岗位的工作强度，岗位的工作内容也要合情合理，理论上应该属于员工能够胜任的岗位。在具体的操作中，这确是有难度的。

因此，HR 需要根据员工的身体情况、企业的业务需要、新工作岗位的工作强度以及员工与新岗位适度的匹配等因素，综合考虑如何安排新的工作岗位。同时，在实操过程中，注意通过邮件、微信、协议等方式留下书面材料。

对于员工是否胜任另行安排的工作的认定，实务中更是一个难题。一是要考虑员工根据自己身体状况的判断；二是要根据工作岗位的责任，制定该岗位绩效考核的量化指标。根据量化指标的考核情况，决定员工是否胜任。这与考察试用期员工是否胜任工作的方式方法差不多，HR 可以参照执行。

（4）医疗期满后，如果员工仍然没有康复，需要继续治疗的，企业可解除双方的劳动合同。

2. 劳动者不能胜任工作，经过培训或者调整工作岗位，仍不能胜任的

关于"不能胜任工作"的定义，在原劳动部发布的《关于〈劳动法〉若干条文的说明》第二十六条第三款中有规定："本条第（二）项中的'不能胜任工作'，是指不能按要求完成劳动合同中约定的任务或者同工种、同岗位人员的工作量。用人单位不得故意提高定额标准，使劳动者无法完成。"

这里的关键点是企业需要两次证明员工不能胜任工作，实务中既存在操作上的难度，又需要较长的时间，因此很多企业即使愿意根据本条的规定进行操作，但因难以实操和耗时较长，放弃履行本条款的规定。

对于 HR 来说，履行本条款的规定是一个困难和挑战。但这还取决于 HR 管理的精细化程度。只要企业中员工的岗位职责定义清晰、绩效目标的设定能够实现全部量化以及提前定义不能胜任工作的具体标准，实务中解决这个问题并不是一件特别困难的事。而实行粗放化管理的企业，则会感到落实起来非常困难。

真正做到有理有据地证明员工"不能胜任"工作，应当做到如下三点：

第一，清晰定义员工的工作职责，最好在劳动合同中予以明确约定；

第二，使用绩效管理技术，把考核指标予以量化，使绩效考核过程和结果实现客观化和公正化；

第三，在劳动合同、员工手册或者绩效管理办法中，明确约定或者规定"不能胜任"的具体情形。例如，绩效考核结果为 D 级，或者医疗期满不能继续工作等。

做好上面三项工作,是落实和执行《劳动合同法》此项规定的基础。否则,HR就会处于被动状态:既无法证明员工不能胜任工作的真实性,也不能做到合法合规地按照"不能胜任"的规定处理这个问题。

3. 劳动合同订立时所依据的客观情况发生重大变化,致使劳动合同无法履行,经企业与员工协商,未能就变更劳动合同达成一致的

订立劳动合同时的客观情况发生重大变化,无法继续履行劳动合同,当然不是员工的过失。这里的关键点是什么情况属于"客观情况发生重大变化"。实务中,有的企业基于业务的变化,进行组织架构调整导致不再设置某些工作岗位,不应当属于客观情况发生重大变化。实务中,一些企业因为业务变化而实行组织架构调整,引发与员工解除劳动合同争议的案例,多以败诉告终。

《劳动合同法》并没有对什么属于客观情况发生重大变化作出明确规定,这也很难成为企业规章制度提前规定的内容。在原劳动部发布的《关于〈劳动法〉若干条文的说明》第二十六条第四款中将"客观情况"解释为"发生不可抗力或出现致使劳动合同全部或部分条款无法履行的其他情况,如企业迁移、被兼并、企业资产转移等,并且排除本法第二十七条所列的客观情况"。

客观情况发生重大变化后,企业需要与员工进行协商,看能否对劳动合同做出变更,尽量找到继续履行劳动合同的可能条件。如果无法协商一致的,企业可以解除员工的劳动合同。

HR需要特别注意的是,客观情况发生重大变化,与企业"破产、注销、撤销、关闭、被吊销营业执照、提前解散"等情况是有重大区别的。客观情况发生变化,是企业还在运营的状态,不属于企业不再继续存在的情况。区分两者的关键原因是两种情况下解除劳动关系,对员工支付的经济补偿金以及具体操作流程都有一些差别。

4. 经济性裁员

企业经济性裁员,本质上是员工非过失性裁员的一种,也是企业单方面与员工解除劳动合同的一种行为。《劳动合同法》第四十一条规定:"……需要裁减人员二十人以上或者裁减不足二十人但占企业职工总数百分之十以上的,用人单位提前三十日向工会或者全体职工说明情况,听取工会或者职工的意见后,裁减人员方案经向劳动行政部门报告,可以裁减人员……"

由于经济性裁员涉及的员工较多,《劳动合同法》对企业实施经济性裁员作出了较为严格的规定。随着经济发展的不确定性增强,HR也可能随时需要面对企业经济性裁员问题。

经济性裁员的实体条件:

(1) 依照《中华人民共和国企业破产法》的规定进行重整的。

根据《中华人民共和国企业破产法》(以下简称《企业破产法》)的相关规定,企业不能清偿到期债务,并且现有资产不足以清偿全部债务或者明显缺乏清偿能力的,按照法律可以破产的方式还债,也可进行企业重组。一旦进入《企业破产法》规定的

重整程序，企业就可以进行经济性裁员。

（2）企业生产经营发生严重困难的。

企业生产经营发生严重困难，主要是指企业出现连续亏损，而且已经严重影响到正常的生产经营。严重困难的标准也可以按照企业所在地政府规定的困难企业的标准确定。《劳动合同法》并没有对"严重困难"提出明确的标准，除了上述两点之外，还需要根据常理或者人民法院法官的自由裁量权，对"严重困难"做出判断。

（3）企业转产、重大技术革新或者经营方式调整，经变更劳动合同后，仍需裁减人员的。

《劳动合同法》也没有对企业转产、重大技术革新以及经营方式调整，提出明确的标准。同样需要企业管理层、HR或者人民法院法官，依据基本的逻辑和生产经营常识，对此做出判断。基于这个原因裁员，属于企业人员的结构性调整。

（4）其他因劳动合同订立时所依据的客观经济情况发生重大变化，致使劳动合同无法履行的。

经济性裁员的程序条件：

（1）提前30日向工会或全体职工说明情况，并提供有关生产经营状况的资料；

（2）提出裁减人员的方案；

（3）与工会或者全体职工沟通，征求工会或全体职工的意见并适当修改方案；

（4）向当地原劳动部门汇报裁员方案，并听取劳动行政部门意见和建议；

（5）正式公布裁员方案；

（6）实施裁员，签订解除劳动合同协议，支付经济补偿金。

经济性裁员方案的基本内容：

（1）被裁减人员名单；

（2）裁减时间及实施步骤；

（3）符合法律、法规规定和集体合同约定的被裁减人员经济补偿办法。

典型案例

案例3：公司取消业务模块不属于客观情况发生重大变化

钱某于2016年8月入职北京某互联网创业公司，工作岗位是开发工程师，合同期限为3年。2018年3月，北京某互联网创业公司根据市场变化和竞争对手的具体情况做出战略调整，钱某所在业务模块整个业务线被取消。北京某互联网创业公司以客观情况发生变化，无法继续履行劳动合同为由解除了与钱某的劳动合同。

法院经审理认为：市场变化以及竞争对手的具体情况的变化，虽然都不是北京某互联网创业公司所能决定的，但是此种情况属于业务范畴，应当由北京某互联网创业公司管理层做出战略预判，并及时做出反应。北京某互联网创业公司对此负有责任，而不是由员工负责。因此，此种情形不应当被认定为客观情况发生重大变化的情形。

四、企业单方解除劳动合同的限制性规定

《劳动合同法》赋予了企业在法定条件下单方解除劳动合同的权利，但是，为了保护处于弱势地位的员工，《劳动合同法》也对企业解除员工的劳动合同作出了限制性规定。这些不能解除劳动关系的限制，也称为禁止性解除规定。

《劳动合同法》第四十二条，具体规定了这些限制性条件。也就是说员工出现下列任一情形，企业都不能以提前30日通知员工，或者支付1个月工资的代通知金并支付经济补偿的方式解除与员工的劳动关系。

1. 从事接触职业病危害作业的劳动者未进行离岗前职业健康检查，或者疑似职业病病人在诊断或者医学观察期间的；
2. 在本单位患职业病或者因工负伤并被确认丧失或者部分丧失劳动能力的；
3. 患病或者非因工负伤，在规定的医疗期内的；
4. 女职工在孕期、产期、哺乳期的；
5. 在本单位连续工作满十五年，且距法定退休年龄不足五年的；
6. 法律、行政法规规定的其他情形。

HR需要注意的是在上述前5种情形下，企业不能以提前30日通知的方式或者支付1个月工资代通知金的方式解除与员工的劳动关系，也不能进行经济性裁员。但是，《劳动合同法》并没有限制与员工协商一致解除劳动合同，也没有限制员工严重违反企业的规章制度而被企业解除劳动合同。

也就是说在上述前5种情形下，企业仍然可以在以下几种情形下解除员工的劳动合同：

1. 通过与员工协商一致的方式解除双方的劳动合同；
2. 如果员工有严重违反企业的规章制度的情形，企业也可以与员工解除双方的劳动合同；
3. 如果员工在试用期内，而且在录用条件中规定了员工患病或者非因工负伤或者因女职工怀孕（怀孕不能成为理由）影响正常工作的属于不符合录用条件，那么企业也可以员工"试用期不符合录用条件为由"解除双方的劳动合同；
4. 员工被追究刑事责任的；
5. 严重失职，营私舞弊，给企业造成重大损害的；
6. 员工同时与其他企业建立劳动关系，对完成本企业的工作任务造成严重影响，或者经企业提出，拒不改正的；
7. 员工以欺诈、胁迫的手段或者乘人之危，使企业在违背真实的意思表示的情况下，订立或者变更劳动合同。

典型案例

案例：员工因严重违反规章制度被解除劳动关系，但公司开具的离职理由是协商一致，被判支付经济补偿金

王某于 2017 年 3 月入职一家科技公司，岗位是软件开发工程师，合同期限为 3 年。2019 年 10 月，因王某与同事打架，严重违反公司规章制度，公司决定解除与王某的劳动合同。王某提出其在公司工作 2 年多时间，也做出了一定的业绩，希望公司在解除劳动合同证明上把离职理由写为双方协商一致解除劳动合同，以利于其继续找工作。公司 HR 考虑到王某日常的工作表现，也就同意了王某的要求。

王某离职半年后，向仲裁委提出要求该科技公司支付解除劳动合同经济补偿金。

仲裁委经审理认为：虽然王某触犯了公司的规章制度，但是科技公司与王某解除劳动关系的方式是双方协商一致。而公司没有证据证明王某是首先提出解除双方劳动关系的一方，因此应当认定是公司首先提出解除双方的劳动关系。据此，科技公司应当支付王某解除劳动合同的经济补偿金。

HR 在与离职员工签订离职协议或开具离职证明的时候，要注意解除或终止劳动关系的理由，以防止引起不必要的纠纷。很多时候，HR 要在人情和理智之间徘徊，如果想帮助员工，可以考虑让员工签订一个声明或者证明，由 HR 留存，以防后患。

第二节　HR在劳动合同终止管理中的痛点解析

企业与员工劳动关系的结束，是通过解除劳动合同或者终止劳动合同的方式实现的。我们在前面讲了劳动合同的解除问题，这一节主要讲解企业与员工劳动合同的终止问题。

就像劳动合同的解除一样，劳动合同的终止也属于《劳动合同法》的法定内容。在《劳动合同法》规定终止的内容范围之外，不存在其他劳动合同终止的条件。这是《劳动合同法》施行之后带来的新变化。在《劳动合同法》施行之前，企业和员工是可以约定劳动合同终止的条件的。《劳动合同法》实施之后，则不再允许企业与员工约定任何的劳动合同终止条件。

一、根据《劳动合同法》第四十四条的规定，如果下列条件出现，企业和员工的劳动合同终止

1. 劳动合同期满的

劳动合同期限届满，劳动合同自然终止。对于HR来说需要注意以下几个问题：

（1）是否支付经济补偿金主要分四种情况：第一，劳动合同到期，企业不同意续签劳动合同的，需要支付经济补偿金。第二，劳动合同到期，虽然企业同意续签劳动合同，但是企业提出新的签订劳动合同的条件低于原劳动合同所约定的条件的，员工不同意续签劳动合同的，企业需要支付经济补偿金。第三，劳动合同到期，企业同意续签劳动合同，且提出的新劳动合同的续签条件维持或者高于原劳动合同约定条件，员工不同意续签的情形下，企业无须支付经济补偿金。第四，员工不同意续签劳动合同的，企业无须支付经济补偿金。

（2）劳动合同到期，HR是否需要提前30天通知员工。《劳动合同法》规定企业或者员工在解除双方劳动关系的时候，需要提前30天通知对方。这是因为劳动合同正在履行过程中，任何一方都不能预见对方有解除劳动合同的意愿，因此规定提前30天通知的条件，以使彼此有所准备。而劳动合同到期属于提前知道的情形，任何一方都应当了解劳动合同到期的具体日期，因此，无须提前30天通知。

但是，实务中，HR需要时间协调内部管理流程，并确保劳动合同到期后不会由于手续办理问题形成新的事实劳动关系，所以实操中，HR应该在做出决定后，提前一段时间与员工协商。

2. 员工开始依法享受基本养老保险待遇的

根据《国务院关于工人退休、退职的暂行办法》规定，一般情况下，员工的退休年龄为：男职工年满60周岁，女职工年满50周岁。① 因此，员工到了法定退休年龄，就要退出工作岗位。员工退休，则劳动关系终止。《劳动合同法实施条例》第二十一条规定："劳动者达到退休年龄的，劳动合同终止。"

对于 HR 来说，应当按照法定退休年龄，及时督促即将到退休年龄的员工按时办理退休手续。如果该员工的工作对企业非常重要，可以考虑退休后办理退休返聘。退休返聘的员工与企业不再是劳动关系，而是劳务关系了。

3. 员工死亡，或者被人民法院宣告死亡或者宣告失踪的

员工死亡或者被人民法院宣告死亡，意味着劳动合同一方不再存在，无法继续履行合同的权利和义务，劳动合同自然终止。

4. 企业被依法宣告破产的

企业被宣告破产，如同员工死亡或者被宣告死亡，企业作为劳动合同一方也无法继续履行合同的权利和义务，劳动合同自然终止。

5. 企业被吊销营业执照、责令关闭、撤销或者股东决定提前解散的

企业被吊销营业执照、责令关闭、撤销或者股东决定提前解散，如同员工死亡或者被宣告死亡，企业作为劳动合同一方也无法继续履行合同的权利和义务，劳动合同自然终止。

二、根据《劳动合同法》相关规定，劳动合同到期不能终止的情形

劳动合同到期，并不意味着企业在任何条件下，都可以终止劳动合同。在一些法定情形下，劳动合同到期终止，会导致终止无效的情况。

1. 从事接触职业病危害作业的员工未进行离岗前职业健康检查，或者疑似职业病病人在诊断或者医学观察期间的。

如果员工的工作岗位是接触职业病危害作业的岗位，劳动合同到期的时候，需要进行离岗前职业健康检查，这是一个强制性规定。没有进行职业病健康检查的，合同到期终止的行为无效。已经是疑似职业病人或者员工在医学观察期间，更不能因为劳动合同到期，而终止劳动关系。

劳动合同虽然到期，但必须在进行了职业病健康检查，确认未患职业病或者职业病医学观察期结束后，才可以办理劳动合同终止手续。

---

① 根据《全国人民代表大会常务委员会关于实施渐进式延迟法定退休年龄的决定》（2025年1月1日起施行）规定，从2025年1月1日起，男职工和原法定退休年龄为五十五周岁的女职工，法定退休年龄每四个月延迟一个月，分别逐步延迟至六十三周岁和五十八周岁；原法定退休年龄为五十周岁的女职工，法定退休年龄每二个月延迟一个月，逐步延迟至五十五周岁。国家另有规定的，从其规定。

2. 在企业患职业病或者因工负伤并被确认丧失或者部分丧失劳动能力的。

根据《工伤保险条例》的规定，员工被认定为患职业病或者因工负伤的，经劳动鉴定委员会鉴定为一级至四级伤残的，企业需要保留劳动关系，员工可以退出工作岗位，享受医疗保险待遇。员工达到丧失或者部分丧失劳动能力的，企业不能与员工终止劳动关系。

3. 患病或者非因工负伤，在规定的医疗期内的。

4. 女职工在孕期、产期、哺乳期的。

5. 在企业连续工作满十五年，且距法定退休年龄不足五年的。

6. 劳动合同到期，但是企业与员工约定的服务期尚未到期的，劳动合同应当延续至服务期满，除非企业愿意放弃员工履行服务期协议。

7. 法律、行政法规规定的其他情形。

典型案例

案例：公司"解除劳动关系"写成"劳动合同终止"，被判无效

王某系某工厂员工，2017年11月6日，某工厂以王某旷工为理由，提出与王某解除双方的劳动关系，并于同日向王某送达了"劳动合同终止通知书"。王某不服，诉至法院。

法院经审理认为：王某旷工事实清楚。因为《劳动合同法》第四十四条已经就终止劳动合同的情形作出法定规定。旷工可以是解除双方劳动关系的理由，但不是终止劳动合同的法定理由。因此，判决王某胜诉，继续履行劳动合同。

本案给HR提了一个醒，要注意区分解除和终止劳动这两种不同的结束劳动关系的方式。《劳动合同法》赋予了用人单位和劳动者解除和终止两种结束方式不同的权利和义务。

第三节　HR在经济补偿金或赔偿金计算中的痛点解析

企业与员工解除或者终止劳动合同，一般情况下都会涉及经济补偿金和赔偿金的问题。可以说，劳动合同的解除或者终止，最后的关注点都是是否需要支付经济补偿金或者赔偿金，支付标准以及支付时间。

经济补偿金是企业与员工解除或者终止劳动关系时，企业根据法律规定支付给员工的一次性经济补偿。而赔偿金则是由于企业违反了相关法律的规定，在解除或者终止劳动合同时，需要向员工支付的一次性经济赔偿。

一、经济补偿金支付的法律依据

《劳动合同法》第四十六条和第四十七条对经济补偿金作出了规定。一旦出现下列情形，企业需要支付员工经济补偿金：

1. 企业未按照劳动合同约定提供劳动保护或者劳动条件的；
2. 企业未及时足额支付劳动报酬的；
3. 企业未依法为员工缴纳社会保险费的；
4. 企业的规章制度违反法律、法规的规定，损害员工权益的；
5. 企业以欺诈、胁迫的手段或者乘人之危，使员工在违背真实意思的情况下订立或者变更劳动合同的；
6. 企业以暴力、威胁或者非法限制人身自由的手段强迫劳动者劳动的；
7. 企业违章指挥、强令冒险作业危及劳动者人身安全的；
8. 企业提出通过协商一致的方式解除双方的劳动合同的；
9. 员工患病或者非因工负伤，在规定的医疗期满后不能从事原工作，也不能从事由用人单位另行安排的工作的；
10. 员工不能胜任工作，经过培训或者调整工作岗位，仍不能胜任工作的；
11. 劳动合同订立时所依据的客观情况发生重大变化，致使劳动合同无法履行，经企业与员工协商，未能就变更劳动合同内容达成协议的；
12. 依照《企业破产法》规定进行重整的；
13. 生产经营发生严重困难的；
14. 企业转产、重大技术革新或者经营方式调整，经变更劳动合同后，仍需裁减人员的；
15. 其他因劳动合同订立时所依据的客观经济情况发生重大变化，致使劳动合同无法履行的；

16. 劳动合同到期后，除企业维持或者提高劳动合同约定条件续订劳动合同，员工不同意续订的情形外，双方劳动合同期满终止固定期限劳动合同的；

17. 企业被依法宣告破产的；

18. 企业被吊销营业执照、责令关闭、撤销或者企业决定提前解散的；

19. 企业在劳动合同中免除自己的法定责任、排除劳动者权利的；

20. 企业违反法律、行政法规强制性规定的；

21. 以完成一定任务为期限的劳动合同，因为工作任务已经完成而终止的。

上述21种情形下，企业与员工解除劳动合同的，应当支付经济补偿金。

2008年之前的经济补偿金支付依据是《违反和解除劳动合同的经济补偿办法》，虽然这个办法已经在2017年11月废止，根据《劳动合同法》的规定，如果企业有2008年之前入职至今还在企业工作的员工，在计算经济补偿金的时候，HR还需要参照该办法计算经济补偿金。

二、经济补偿金的三个关键要素

经济补偿金的三个关键要素是经济补偿金的支付年限、支付标准和支付时间。

关于经济补偿金支付年限和支付标准，需要分段计算。

1. 第一段是2008年后的计算方法：员工在企业每满一年，支付一个月的工资；六个月以上不满一年的，按一年计算。不满六个月的支付半个月工资。

员工月工资高于企业所在直辖市、设区的市级人民政府公布的本地区上年度职工月平均工资三倍的，向其支付经济补偿的标准按职工月平均工资三倍的数额支付，向其支付经济补偿的年限最高不超过十二年。但是，对于月工资低于地区职工平均工资三倍的，没有最高12个月的限制条件。

2. 第二段则是2008年之前的计算方法：用人单位应根据劳动者在本单位工作年限，每满一年发给相当于一个月工资的经济补偿金；不满一年，按一年计算。《违反和解除劳动合同的经济补偿办法》（2017年11月24日废止）对经济补偿金的时限和标准规定如下：

（1）经劳动合同当事人协商一致，由企业解除劳动合同的，最多不超过十二个月。

（2）员工患病或者非因工负伤，经劳动鉴定委员会确认不能从事原工作，也不能从事企业另行安排的工作而解除劳动合同的，企业应按其在本单位的工作年限，每满一年发给相当于一个月工资的经济补偿金，同时还应发给不低于六个月工资的医疗补助费；没有最多十二个月的限制。

（3）员工不能胜任工作，经过培训或者调整工作岗位仍不能胜任工作，由企业解除劳动合同的，用人单位应按其在本企业的年限，工作时间每满一年，发给相当于一个月工资的经济补偿金，最多不超过十二个月。

（4）劳动合同订立时所依据的客观情况发生重大变化，致使原劳动合同无法履行，经当事人协商不能就变更劳动合同达成协议，由企业解除劳动合同的，企业按员工在本企业的年限，工作时间每满一年发给相当于一个月工资的经济补偿金。

（5）企业濒临破产进行法定整顿期间或者生产经营状况发生严重困难，必须裁减人员的，用人单位按被裁减人员在本企业工作的年限支付经济补偿金。在本企业工作的时间每满一年，发给相当于一个月工资的经济补偿金；本条没有最多十二个月的限制。

3.《劳动合同法》实施前后经济补偿金的主要区别是：（1）《劳动合同法》实施之后，对于月工资标准高于所在地上年度职工平均工资3倍的，经济补偿金支付标准按照企业所在地上年度职工平均工资3倍的数额支付，支付年限不能超过12年。《劳动合同法》实施之前，没有上年度职工平均工资3倍的限制。（2）《劳动合同法》实施之后，员工工作年限不满6个月的，按照半个月工资支付经济补偿金。之前，不满1年，需要支付1个月的经济补偿金。（3）劳动合同到期终止是否支付经济补偿金，《劳动合同法》实施之前的规定是劳动合同到期终止，企业无须支付经济补偿金。而《劳动合同法》实施以后，除企业维持或者提高劳动合同约定条件续订劳动合同，员工不同意续订的情形外，双方终止期满的固定期限劳动合同，企业应当支付员工经济补偿金。

4. 前12个月的平均工资，是指员工在企业提供正常生产劳动的情况下，企业按月支付给员工12个月工资的平均值，这里面包含全部的工资性收入。如果非因员工原因，如停产、停工等，致使员工没有正常上班工资减少的，应该将这些月份排除在12个月平均工资计算之外。如果员工的工作时间不满12个月，可以按照员工的实际工作月数计算。

如果员工前12个月的平均工资低于当地最低工资标准的，按照当地最低工资标准计算。另外，《违反和解除劳动合同的经济补偿办法》中，除了企业和员工协商一致和不能胜任工作解除劳动合同的情形之外，如果员工月平均工资低于所在企业月平均工资的，按照企业月平均工资的标准计算。

5. 根据《劳动合同法》第五十条的规定，经济补偿金的支付时间，应该是在员工和企业办结工作交接时支付。

三、企业无须支付经济补偿金的情形

1. 员工提出协商一致解除劳动合同；
2. 企业因员工的过失解除劳动合同；
3. 试用期内，员工提出解除劳动合同，或者企业因为员工不符合录用条件而解除劳动合同；
4. 员工达到法定退休年龄退休；
5. 员工死亡或者被人民法院宣告死亡或者宣告失踪。

四、赔偿金

企业违反《劳动合同法》的规定，解除或者终止员工的劳动合同，劳动者要求继

续履行劳动合同的，企业应当继续履行；而员工不要求继续履行劳动合同或者劳动合同已经不能继续履行的，企业应当依法支付赔偿金，赔偿标准是按照正常经济补偿金标准的二倍支付员工赔偿金。

🎞 **典型案例**

案例1：因员工提高续签劳动合同的条件导致劳动关系终止，公司无须支付补偿金

2016年6月，张某与一家运输公司签订了2年期限的劳动合同，职位是驾驶员，月工资8000元。劳动合同到期后，运输公司提出在维持原劳动合同约定条件不变的情况下，与张某续签劳动合同。但张某提出要求提高5%的月工资，运输公司HR没有同意，致使双方没有达成一致，因此劳动合同到期终止，双方办理了相关手续。问：运输公司是否应当支付经济补偿金？

《劳动合同法》规定，劳动合同期满后，除去企业维持或提高劳动合同约定条件续订劳动合同，员工不同意续订的情形外，企业才应当向劳动者支付经济补偿金。本案中运输公司提出维持原劳动合同的条件，与张某续签劳动合同。但是，张某提出了提高5%的月工资的要求。双方无法达成一致，因此劳动合同到期终止，不再续签。这种情形下，企业无须支付张某经济补偿金。

🎞 **典型案例**

案例2：劳动合同期限履行跨越2008年，协商一致解除劳动关系时经济补偿金的计算方法

2006年7月1日，张某与某石油炼化公司签订了6年期限的劳动合同，合同约定张某的工资为5000元/月以及根据相关规定发放绩效奖金。2012年5月1日，某石油炼化公司提出解除双方劳动合同，张某同意。经测算，张某在合同到期前12个月的平均工资是8000元。问：如何计算某石油炼化公司应当支付的经济补偿金？

这个案例中张某的工龄是5年10个月，如果按照《劳动合同法》的规定，应该支付6个月的经济补偿金，也就是48000元。但是，因为张某的工龄跨了2008年前后，所以应该分段计算。2008年之前，张某的工龄是1年6个月，应该支付2个月的经济补偿金；2008年之后，张某的工龄是4年4个月，应该支付4.5个月的经济补偿金；因此计算公式为：2×8000元+4.5×8000元＝52000元。

法律依据：

《劳动合同法》第九十七条："本法施行前已依法订立且在本法施行之日存续的劳动合同，继续履行；本法第十四条第二款第三项规定连续订立固定期限劳动合同的次数，自本法施行后续订固定期限劳动合同时开始计算。本法施行前已建立劳动关系，尚未订立书面劳动合同的，应当自本法施行之日起一个月内订立。本法施行之日存续的劳动合同在本法施行后解除或者终止，依照本法第四十六条规定应当支付经济补偿的，经济补偿年限自本法施行之日起计算；本法施行前按照当时有关规定，用人单位应当向劳动者支付经济补偿的，按照当时有关规定执行。"

《劳动合同法》第四十七条第一款："经济补偿按劳动者在本单位工作的年限，每满一年支付一个月工资的标准向劳动者支付。六个月以上不满一年的，按一年计算……"

《违反和解除劳动合同的经济补偿办法》（2017年11月24日废止）第五条："经劳动合同当事人协商一致，由用人单位解除劳动合同的，用人单位应根据劳动者在本单位工作年限，每满一年发给相当于一个月工资的经济补偿金，最多不超过十二个月。工作时间不满一年的按一年的标准发给经济补偿金。"

典型案例

案例3：劳动合同期限履行跨越2008年，公司强制解除劳动关系时经济补偿金和赔偿金的计算方法

上述案例2中，如果某石油炼化公司2012年5月1日提出解除与张某的劳动关系，张某不同意，而某石油炼化公司强制解除了双方的劳动合同，也没有支付经济补偿金和赔偿金。张某认为某石油炼化公司解除劳动合同没有法定理由，因此不服某石油炼化公司的关于解除的决定。后张某诉诸当地劳动仲裁委。问：如何计算经济补偿金和赔偿金？

张某在没有违反《劳动合同法》规定的法定解除条件下，某石油炼化公司的解除属于违法解除双方的劳动合同。本案也需要分段计算经济补偿金和赔偿金。2008年之前的工龄是1年6个月，应当支付2个月的经济补偿金。而某石油炼化公司没有支付经济补偿金，所以应该支付补偿金额50%的额外经济补偿金。2008年之后的工作年限是4年4个月，正常情况下，应该支付张某4.5个月的经济补偿金，但是某石油炼化公司的决定属于违法解除劳动合同，所以应该按照经济补偿金的二倍支付经济赔偿金。因此，计算公式为：2×8000元×（1+0.5）+4.5×8000元×2=96000元。

法律依据：

《劳动合同法》第八十七条："用人单位违反本法规定解除或者终止劳动合同的，应当依照本法第四十七条规定的经济补偿标准的二倍向劳动者支付赔偿金。"

《劳动合同法实施条例》第二十五条："用人单位违反劳动合同法的规定解除或者终止劳动合同，依照劳动合同法第八十七条的规定支付了赔偿金的，不再支付经济补偿。赔偿金的计算年限自用工之日起计算。"

《违反和解除劳动合同的经济补偿办法》(2017年11月24日废止)第十条:"用人单位解除劳动合同后,未按规定给予劳动者经济补偿的,除全额发给经济补偿金外,还须按该经济补偿金数额的百分之五十支付额外经济补偿金。"

典型案例

案例4:劳动合同期限履行跨越2008年,员工平均工资超过社平工资3倍时经济补偿金的计算方法

员工鲁某与水泥公司于2007年1月1日签订了8年期限的劳动合同。合同约定鲁某的月工资为5万元,另有绩效奖金。2014年5月,水泥公司提出并与鲁某协商一致,解除双方的劳动合同。鲁某前12个月的平均工资是7万元,水泥公司所在地的上年度职工平均工资为9000元/月。问:如何计算经济补偿金?

鲁某在水泥公司的工龄是7年5个月,其中2008年之前的工龄为1年,2008年之后的工龄为6年5个月。因此对于经济补偿金需要分段计算:2008年之前的经济补偿金没有规定按照前12个月的平均工资计算,没有封顶的限制。2008年之后的经济补偿金规定如果员工的12个月的平均工资超过当地职工平均工资的3倍,则按照当地职工月平均工资的3倍计算,有封顶的限制。因此,经济补偿金的计算公式为:1×70000+6.5×3×9000=245500元。

法律依据:

《劳动合同法》第四十七条第一款、第二款:"经济补偿按劳动者在本单位工作的年限,每满一年支付一个月工资的标准向劳动者支付。六个月以上不满一年的,按一年计算;不满六个月的,向劳动者支付半个月工资的经济补偿。

"劳动者月工资高于用人单位所在直辖市、设区的市级人民政府公布的本地区上年度职工月平均工资三倍的,向其支付经济补偿的标准按职工月平均工资三倍的数额支付,向其支付经济补偿的年限最高不超过十二年。"

《劳动合同法》第九十七条:"本法施行前已依法订立且在本法施行之日存续的劳动合同,继续履行;本法第十四条第二款第三项规定连续订立固定期限劳动合同的次数,自本法施行后续订固定期限劳动合同时开始计算。本法施行前已建立劳动关系,尚未订立书面劳动合同的,应当自本法施行之日起一个月内订立。本法施行之日存续的劳动合同在本法施行后解除或者终止,依照本法第四十六条规定应当支付经济补偿的,经济补偿年限自本法施行之日起计算;本法施行前按照当时有关规定,用人单位应当向劳动者支付经济补偿的,按照当时有关规定执行。"

第四节　HR 在离职手续办理中的痛点解析

无论是解除还是终止劳动合同，流程的最后都需要办理相关离职手续，并签订一些离职文件。实务中，这个阶段的操作一般是由 HR 主导与员工和相关部门沟通来完成的，而大部分离职流程管理也是由 HR 设计和负责的。

对于 HR 来说，员工办理离职应该关注以下几点。

一、员工工作交接

工作交接包括员工岗位工作的交接和企业财产的交接。一般情况下，HR 会设计一个离职员工工作交接表，离职的员工会与交接表中涉及的部门沟通，完成相关交接工作。随着 OA 办公系统、钉钉等办公软件的应用，工作交接流程多在这类办公系统中完成。有些系统的设计是可以在系统中手写签名，而有的系统设计可能没有这个功能。解决这个问题的方法是在设计电子办公系统时，注意设计签名功能。如果企业电子办公系统中的手签功能还不能实现，交接的最后，也就是在整个交接流程的最后一个节点，设计一个书面材料的签字环节，以留下书面档案材料备查或者使用。

工作交接是员工的义务，劳动合同解除或者终止的时候，员工必须完成工作的交接。如果员工没有正当理由拒绝工作交接的，一方面企业有权拒付经济补偿金或者赔偿金；另一方面也有权根据员工拒绝交接所造成的后果，追究员工的经济赔偿责任。

二、企业出具解除或者终止劳动关系的证明

一般情况下，企业出具解除或者终止劳动关系的证明，是完成劳动关系解除或者终止的最后一步。员工在解除或者终止劳动关系的证明上签字后，就意味着劳动合同的正式终止。在这一环节，让 HR 头疼的是有时候员工拒绝在解除或者终止劳动关系的证明上签字。从劳动合同法的角度讲，员工未签字，企业就没有把终止或者解除劳动关系的通知送达给员工，解除或终止劳动关系还没有得到员工的确认，双方的劳动合同还没有正式解除或者终止，企业还要承担劳动合同下的法定义务。这让 HR 陷入一个较为被动的境地。

因此，这种情况下，如何把解除或者终止劳动关系的证明送达给员工，成了 HR 的难题之一。解决这个问题，一是需要 HR 在员工入职的时候在双方签订的劳动合同中做好铺垫；二是要注意使用一些法定的送达方式。关于送达问题，我们已经在第五章中阐述，这里不再赘述。

三、竞业限制协议

劳动关系解除或者终止的时候，正是竞业限制协议执行或者放弃的时候。企业放弃竞业限制，员工不再受其约束。如果企业准备启动竞业限制协议，要求员工不能到竞争对手企业工作，则企业需要按月支付竞业限制补偿金，同时有权要求员工不得到竞争对手企业工作或者创办相关的企业。

对于 HR 来说，这里的关键点有两个。

1. HR 要在员工入职的时候，与员工协商约定好竞业限制补偿金标准，否则在员工离职的时候再行约定，补偿金额肯定会大幅升高或者存在约定不成的情况。

2. 员工离职的时候，对于已经签订的竞业限制协议，如果企业认为没有必要限制员工未来就业企业，一定要在离职协议中作出明确约定。否则，如果员工离开企业后，没有在当时签订的竞业限制协议约定的竞争性企业工作，则员工有权利要求企业支付相应的竞业限制补偿金。如果在签订竞业限制协议时没有约定竞业限制的补偿金标准，则按照员工在企业工作前 12 月平均工资的 30% 支付员工的竞业限制补偿金。HR 如果忽略了这点，就有可能给企业造成损失。实务中，一些企业不加区分地在与员工签订劳动合同的同时签订竞业限制协议，而在员工离职时，又没有约定原竞业限制协议不再有效，实际上是给企业制造了风险。

四、经济补偿金和赔偿金个人所得税的计算

员工离职的时候，经济补偿金或者赔偿金有可能是一笔不小的数额，这个时候就涉及经济补偿金或者赔偿金个人所得税的代扣代缴问题。对于 HR 来说，正确地计算个人所得税也很重要。如果多算了，实务中会是一件比较麻烦的事。

根据《财政部、国家税务总局关于个人所得税法修改后有关优惠政策衔接问题的通知》规定，对于员工因为与企业解除或者终止劳动合同而获得的经济补偿金或者赔偿金，并不是按照员工每月工资发放的征收办法征收个人所得税，而是按照以下办法征收个人所得税。

1. 个人因与用人单位解除劳动关系而取得一次性补偿收入（包括用人单位发放的经济补偿金、生活补助费和其他补助费用），在当地上年职工平均工资 3 倍数额以内的部分，免征个人所得税；超过 3 倍数额的部分，不并入当年综合所得，单独适用综合所得税率表，计算纳税。

2. 个人按国家和地方政府规定比例实际缴纳的住房公积金、医疗保险金、基本养老保险金、失业保险基金在计税时应予以扣除。

五、明确经济补偿金或者赔偿金的性质

正常情况下，员工离职的时候，如果涉及经济补偿金的支付，企业会希望在协议中明确支付的性质，以免引起争议。

实务中，企业与员工在签订离职协议的时候，出于一些特殊的考虑，尽管企业和员工在补偿数额方面达成一致，但有时候企业或者员工会提出在协议中规避"经济补偿金或者赔偿金"的字样，这样操作实际上会给企业带来一定的风险。

有的 HR 在协议中与员工约定：企业根据协议约定支付给员工的所有费用，包含企业按照《劳动合同法》等法律法规规定应当支付给员工的全部费用。员工收到企业支付的该笔费用后，员工同意与企业之间不再有任何债权债务关系。这种表达方式应该是合法合规的，而有的协议中使用了"员工收到约定的费用后，不能依据任何法律法规再行起诉企业，要求企业支付经济补偿金等任何利益"，属于限制和排除了员工的权利条款，应该是无效的内容。所以，同样的目的，不同的表达，会达到不同的效果，这也是 HR 需要注意的事项。

第五节　劳动合同法融入离职管理制度之实操解析

从上述几节的内容可以了解到，企业与员工解除或终止劳动关系的情形和处理方式是非常复杂的，因此实务中经常给不太熟悉《劳动合同法》及相关法律法规的 HR 造成较大的困扰。

我们前面讲过，HR 在日常工作中，常常习惯于参照公司的各项规章制度行事。因此，把《劳动合同法》的规定融入企业的离职管理制度，供 HR 在工作中参照执行，是 HR 管理与员工在解除或者终止劳动合同时，减少产生劳动纠纷和争议的最佳方法。

一家有 5000 多名员工的炼油公司最近发现，员工离职导致的纠纷有不断上升的趋势。而公司的 HR 流动较快，人员变换比较频繁。公司缺乏统一的离职管理流程，HR 只有在遇到与员工发生实际利益冲突的时候，才去咨询专业律师。而到了这个时候，咨询律师所起的作用也不大。因此，公司决定制定公司离职管理制度，使公司的离职管理标准化，或者说使 HR 在离职流程管理过程中，做到有据可依。

公司员工离职管理办法

一、目的

为了规范公司离职管理流程，使公司的离职管理更加符合劳动合同法及相关法律法规的规定，减少不必要的争议和纠纷，在公司内部建立起和谐的劳动关系，创建积极向上的企业文化，特制定本办法。

二、适用范围

公司全体员工。

三、劳动关系结束方式

公司通过解除劳动合同或者终止劳动合同两种方式结束与员工的劳动关系。

注：开除、辞退、除名等不再是劳动合同法明确规定的结束劳动关系的专业术语，也不再是解除或者终止劳动关系的法定方式。

四、协商一致解除劳动合同的管理

1. 在可能的情况下，公司尽量采用与员工协商一致的方式解除双方的劳动合同。

2. 员工提出协商解除劳动合同的，应当提交书面报告。双方应当签订协商一致解除劳动合同的协议。

注：解除劳动合同的协商一致由谁提出，关系到是否支付经济补偿金，因此公司管理者应当留存书面证据材料。

3. 公司严格遵守《劳动合同法》的具体规定情形，处理医疗期员工、"三期"女员工的劳动关系。在特定情形下，经公司管理层批准，公司可以通过协商一致的方式与医疗期员工、"三期"女员工解除劳动合同。

注：根据《劳动合同法》规定，医疗期员工、"三期"女员工的劳动合同受到特殊保护，非员工特定过失情形，不能解除劳动合同。协商一致的方式是可行的，但企业可能要付出更高的成本。

五、员工单方面提出解除劳动合同的管理

1. 员工可以提前 30 日通知公司，解除双方的劳动合同。员工应当提供书面报告。否则，公司不接受员工以口头形式提出解除双方的劳动合同。

2. 试用期内员工可以提前 3 天通知公司，解除劳动合同。员工应当提供书面报告。否则公司不接受员工以口头形式提出解除双方的劳动合同。

注：这两个条款属于公司没有过失，员工提出解除劳动合同的情形。书面报告利于公司保留档案材料以及在可能的劳动争议中有据可查。

3. 公司应当按照劳动合同约定为员工提供劳动保护或者劳动条件。否则，员工可以书面形式提出解除劳动合同。

4. 公司应当及时足额支付劳动报酬。否则，员工可以书面形式提出解除劳动合同。

5. 公司应当及时为员工缴纳社会保险。否则，员工可以书面形式提出解除劳动合同。

6. 公司应当谨慎制定公司的各项规章制度，做到不违反法律法规的规定，不损害员工的利益。否则，员工可以书面形式提出解除劳动合同。

7. 公司签订劳动合同，遵循自愿原则，绝不以欺诈、胁迫的手段或者乘人之危，使员工在违背真实意思的情况下订立或者变更劳动合同。否则，员工可以书面形式提出解除双方的劳动合同。

8. 公司劳动合同中的内容应当做到合法合规，而不是免除公司的法定责任、排除员工权利。否则，员工可以书面形式提出解除劳动合同。

9. 公司应当遵守法律、法规的强制性规定。否则，员工可以书面形式提出解除劳动合同。

10. 公司坚决反对以暴力、威胁或者非法限制人身自由的手段强迫员工劳动。否则，员工可以立即解除劳动合同。

11. 公司坚决反对违章指挥、强令冒险作业危及员工人身安全的行为。否则，员工可以立即解除劳动合同。

注：以上为公司存在过错，员工可以单方面提出解除劳动合同的情形。

把全部员工可以单方解除劳动合同的情形放在一起，是为了 HR 能对员工单方解除劳动合同的规定做全面的了解，并把这些《劳动合同法》的规定，转化为公司的规章制度，以便 HR 在公司规章制度的指导下进行操作。

当员工以上述任何理由提出解除劳动合同，HR 应当迅速固定好相关证据，以防证据灭失。

六、公司单方面提出解除劳动合同的管理

如果出现下列情形，公司有权提出与员工解除劳动合同。

1. 员工在试用期被证明不符合录用条件的，公司可以与员工解除劳动合同。员工不符合录用条件的，根据公司试用期管理办法执行。

注：试用期管理中公司应当与员工在劳动合同中约定"录用条件"，并制定量化考核指标，明确不符合录用条件的标准。

2. 员工违反公司员工手册中丙类违纪行为规定，属于严重违反公司规章制度，公司应当与员工解除劳动合同。

注：公司在员工手册中列出了严重违反公司规章制度的各类行为，一旦员工行为违反这些规定，公司可以与员工解除劳动合同。

3. 员工严重失职，营私舞弊，给公司造成重大损害，公司可以提出与员工解除劳动合同。

注：公司在员工手册中列出了严重失职或者营私舞弊的"重大损害"的标准。

4. 员工同时与其他用人单位建立劳动关系，对完成公司的工作任务造成严重影响，或者经公司提出，拒不改正的。

5. 员工以欺诈、胁迫的手段或者乘人之危，使公司在违背真实意思的情况下订立或者变更劳动合同的，公司可以解除与员工的劳动合同。

注：本条主要是关注员工提供虚假材料，如假毕业证等与公司建立劳动关系。一旦发现，公司可以立即解除劳动合同。

6. 员工被依法追究刑事责任，公司可以与员工解除劳动合同。

7. 员工患病或者非因工负伤，在规定的医疗期满后不能从事原工作，也不能从事由用人单位另行安排的工作，公司可以与员工解除劳动合同。

注：本条容易理解，但是操作起来比较困难。关键是要有两次"不能从事工作"的客观证明材料。这需要 HR 在具体操作中，能够明确操作规程，固定客观证据。具体操作详见第九章相关内容。

8. 员工不能胜任工作，经过培训或者调整工作岗位，仍不能胜任工作，公司可以解除员工的劳动合同。

注：本条也需要有两次"不能胜任工作"的证明材料，而证明非标准化工作的"不能胜任"难度是非常大的，需要 HR 在实操中，明确操作流程，注意固定客观证据。具体操作详见第九章相关内容。

9. 公司与员工订立劳动合同时所依据的客观情况发生重大变化，致使劳动合同无法履行，经双方协商，未能就变更劳动合同内容达成协议，公司可以解除与员工的劳动合同。

注：公司正常组织架构改革导致岗位消失的情形，一般不应当属于客观情况发生重大变化的情形。

另外，《劳动合同法》规定的其他四种公司可以解除劳动合同的情形，没有放到公司的规章制度中。这四种情形是：a. 用人单位依照《企业破产法》规定进行重整的；b. 用人单位生产经营发生严重困难的；c. 企业转产、重大技术革新或者经营方式调整，经变更劳动合同后，仍需裁减人员的；d. 其他因劳动合同订立时所依据的客观经济情况发生重大变化，致使劳动合同无法履行的。

七、公司单方解除劳动合同的限制情形管理

员工有下列情形，一般情况下，公司不应在合同期内或者合同期满，解除员工的劳动合同。

1. 从事接触职业病危害作业的员工未进行离岗前职业健康检查，或者疑似职业病病人在诊断或者医学观察期间的；
2. 在公司工作期间，患职业病或者因工负伤并被确认丧失或者部分丧失劳动能力的；
3. 员工患病或者非因工负伤，在规定的医疗期内的；
4. 女员工在孕期、产期、哺乳期的；
5. 在公司连续工作满十五年，且距法定退休年龄不足五年的。

但是，处于上述情形下的员工，在下列情形下，公司可以解除与员工的劳动合同：

1. 与员工协商一致的；
2. 员工有违反公司员工手册中规定的丙类违纪行为，属于严重违反公司规章制度的情形；
3. 员工在试用期内，被证明不符合录用条件的；
4. 员工被追究刑事责任的；
5. 严重失职，营私舞弊，给公司造成重大损害的；
6. 员工同时与其他公司建立劳动关系，对完成本公司的工作任务造成严重影响，或者经公司提出，拒不改正的；
7. 员工以欺诈、胁迫的手段或者乘人之危，使公司在违背真实意思表示的情况下，订立或者变更劳动合同的。

注：本条详细规定限定情形下公司可以解除劳动合同的方法，使HR既要遵守限定情形，也能够在一些特定情形下采取适当措施，维护公司利益。

八、劳动合同终止的情形管理

下列情形下，公司与员工的劳动合同终止，公司应当办理劳动合同终止手续。

1. 劳动合同期满，劳动合同终止。是否续签，根据具体情况决定。
2. 员工达到法定退休年龄，劳动合同终止。
3. 员工死亡，或者被人民法院宣告死亡或者宣告失踪，劳动合同终止。

注：以下两种情形没有列入本制度：a. 用人单位被依法宣告破产的；b. 用人单位被吊销营业执照、责令关闭、撤销或者用人单位决定提前解散的。但是 HR 应该掌握。

下列情形下，劳动合同不能终止，待该情形消失或达到法定条件后，再办理终止手续。

1. 从事接触职业病危害作业的员工未进行离岗前职业健康检查，或者疑似职业病病人在诊断或者医学观察期间的；

2. 在企业患职业病或者因工负伤并被确认丧失或者部分丧失劳动能力的；

3. 患病或者非因工负伤，在规定的医疗期内的；

4. 女职工在孕期、产期、哺乳期的；

5. 在企业连续工作满十五年，且距法定退休年龄不足五年的；

6. 劳动合同到期，但是公司与员工约定的服务期尚未到期的，劳动合同应当延续至服务期满，除非公司没有根据培训服务期协议与员工签订劳动合同补充协议，并愿意放弃员工履行服务期协议。

九、经济补偿金和赔偿金的计算

经济补偿金计算标准：

1. 《劳动合同法》实施之后：一般情况，以员工前 12 个月的平均工资为计算基数。员工月工资标准超过本公司所在地职工月平均工资标准的 3 倍的，以职工月平均工资 3 倍为计算基准，并且补偿年限最高不超过 12 个月。

工作满 6 个月不满 1 年，按一年计算。工作不满 6 个月，支付半个月工资的经济补偿。

2. 《劳动合同法》实施之前：一般情况，以员工前 12 个月平均工资为计算基数。在达到最低工资标准的情形下，以实际平均数据作为计算基数。只有在协商一致解除和员工不能胜任工作解除的条件下，有最多不超过 12 个月的限制。其他情形，不受最高 12 个月的限制。

工作没满一年，按一年计算。

注：列明经济补偿金计算标准，特别是《劳动合同法》前后标准对比，有利于 HR 执行。

公司需要支付经济补偿金的情形：

1. 公司一方提出通过协商一致的方式与员工解除双方的劳动合同的，公司支付经济补偿金；

2. 公司与员工劳动合同到期后，除公司维持或者提高劳动合同约定条件续订劳动合同，员工不同意续订的情形外，双方终止劳动合同的，公司支付经济补偿金；

3. 员工因为公司未按照劳动合同约定提供劳动保护或者劳动条件而解除劳动合同的，公司支付经济补偿金；

4. 员工因公司未及时足额支付劳动报酬，提出解除劳动合同，公司支付经济补偿金；

5. 员工因公司未依法为员工缴纳社会保险费提出解除劳动合同，公司支付经济补偿金；

6. 员工因公司的规章制度违反法律、法规的规定，损害员工权益提出解除劳动合同，公司支付经济补偿金；

7. 员工因公司以欺诈、胁迫的手段或者乘人之危，使员工在违背真实意思的情况下订立或者变更劳动合同，提出解除劳动合同，公司应支付经济补偿金；

8. 员工患病或者非因工负伤，在规定的医疗期满后不能从事原工作，也不能从事由用人单位另行安排的工作，公司提出解除劳动合同的，公司支付经济补偿金；

9. 员工不能胜任工作，经过培训或者调整工作岗位，仍不能胜任工作，公司提出解除劳动合同，公司支付经济补偿金；

10. 劳动合同订立时所依据的客观情况发生重大变化，致使劳动合同无法履行，经公司与员工协商，未能就变更劳动合同内容达成协议，解除劳动合同的，公司支付经济补偿金；

11. 员工因公司以暴力、威胁或者非法限制人身自由的手段强迫劳动者劳动而解除劳动合同的，公司支付经济补偿金；

12. 员工因公司违章指挥、强令冒险作业危及劳动者人身安全而解除劳动合同的，公司支付经济补偿金；

13. 员工因公司在劳动合同中免除自己的法定责任、排除劳动者权利，提出解除劳动合同的，公司支付经济补偿金；

14. 公司转产、重大技术革新或者经营方式调整，经变更劳动合同后，仍需裁减人员，公司支付被裁减人员的经济补偿金；

15. 其他因劳动合同订立时所依据的客观经济情况发生重大变化，致使劳动合同无法履行，解除劳动合同的，公司支付经济补偿金；

16. 以完成一定任务为期限的劳动合同，因为工作任务已经完成而终止的，公司应当支付经济补偿金；

17. 员工因公司违反法律、行政法规强制性规定而解除劳动合同，公司应当支付经济补偿金。

注：上述情形，公司应当按照一年一个月工资的标准，支付员工经济补偿金。一些情形下，虽然员工解除劳动合同是因公司先违反了法律规定，但是并不属于"公司违反劳动合同法规定解除劳动合同"，不适用二倍赔偿金的规定。

另外，本条规定没有把《劳动合同法》关于公司应当支付经济补偿金的其他情形列出，HR 应当知晓，其他情形是：1. 公司依照《企业破产法》规定进行重整的；2. 生产经营发生严重困难的；3. 企业被依法宣告破产的；4. 企业被吊销营业执照、责令关闭、撤销或者企业决定提前解散的。

十、离职手续办理

1. 员工离职手续办理之前，公司要与员工签订离职协议，确定好双方的权利和义务。

2. 离职交接手续，可以在 OA 办公系统中办理，但是离职员工必须使用手签功能签字，否则 HR 不认可手续办理完毕。

3. 如果公司需要支付经济补偿金，应当在办结工作交接时支付。

4. 员工必须在离职证明上签字确认。如果员工拒绝在离职证明上签字，公司应当把离职证明通过 EMS 邮寄到员工在劳动合同中约定的通信地址；并把离职证明的电子版，使用公司邮箱，发送到员工的私人邮箱。

特殊情况下，公司可以把离职证明邮寄到员工劳动合同中约定的紧急联系人的地址。

如果通过上述地址邮寄无法解决问题，公司可以考虑在《人民法院报》上通过公告的方式送达员工。

注：HR 需要在劳动合同中约定好员工的通信地址、私人邮箱以及紧急联系人通信地址，并约定好公司书面材料邮寄到上述地址，视为员工已经收到公司的书面文件。

5. 如果离职员工与公司签订了竞业限制协议，公司决定继续履行该协议，自员工离职后的第一个月起，公司开始支付约定的竞业限制协议补偿金；如果公司决定不再继续履行该协议，在离职环节，公司与员工签订《竞业限制解除协议》。

注：公司要在员工离职流程中，设定竞业限制协议的履行或者解除环节，以防止给公司造成不必要的损失。

第八章 把劳动合同法融入社会保险及非典型劳动关系管理

HR 在日常管理中，还会涉及社会保险缴纳管理以及非全日制用工、劳务派遣用工、大学生实习和退休返聘等非典型劳动关系用工形式。实践中，社会保险管理、非全日制用工、大学生实习以及退休返聘等管理所产生的争议和纠纷相对少一些。而在劳务派遣用工中，虽然发生的纠纷和争议比较多，但多由劳务派遣单位的管理引起，作为劳务派遣用工的公司，往往成为被动的第三方介入劳务派遣单位和劳务派遣员工的争议和纠纷中。因此，相对于正式的劳动用工关系管理，HR 在管理社会保险、非全日制用工、劳务派遣用工、大学生实习和退休返聘员工时，在《劳动合同法》方面所遇到的困难和挑战要少一些。但是，HR 实践中肯定会遇到一些问题，管理中也会有一些痛点。因此，我们需要对这些问题和痛点做一些解析，供 HR 参考。

第一节 HR 在社会保险管理中的痛点解析

管理员工社会保险也是 HR 的一项重要工作。实务中，HR 按时为企业员工办理社会保险转入、缴纳、转出手续，一般不会遇到争议或纠纷。但实务中也有因社会保险管理而引起的少数劳动争议或者纠纷。本节我们只从管理者的角度，对在养老、医疗、工伤、生育和失业保险管理中容易发生问题的环节，做一些说明和解析，以使 HR 在社会保险管理中能够得心应手，减少因此引起的争议和纠纷，建立和谐的劳动关系以及正能量的企业环境。

一、养老保险管理

1. HR 与员工约定不缴纳养老保险

出于各种原因，一些员工不愿意企业为其缴纳社保，也有一些企业试图降低人工成本，不愿意给员工缴纳社保。因此，实务中，有的企业和员工会私下签订一个员工放弃缴纳社会保险的协议，协议主要内容是员工放弃社会保险，或者企业把社会保险折合成一定现金按月发放给员工。

这样的做法，实际给企业埋下了隐患。因为企业为员工缴纳社会保险是法定的义务，企业和员工任何试图变通此义务的协议都是无效的。虽然企业已经以现金的形式发放给了员工所谓的保险费用，但是根据法律规定，企业并没有被认可履行了法定责任。一旦员工反悔或者社保征管机构要求企业补缴社保费用，企业将不得不面对额外的成本损失，滞纳金也是一笔不小的额外负担。因此，HR 切不可与员工约定社会保险以现金的形式直接发放，依法为员工缴纳社保是企业应尽的义务。

2. 非全日制员工的社会保险

非全日制员工，在企业中是容易被忽略的存在。但非全日制员工也受《劳动合同法》的调整，因此也是一种法定用人机制。那么对于非全日制员工，企业是否需要为其缴纳社会保险呢？

应该说，作为受《劳动合同法》调整的一种用人机制，《劳动法》及相关法律法规关于社会保险的规定既适用于全日制员工，也适用于非全日制员工。

《关于非全日制用工若干问题的意见》第十条、第十一条和第十二条，对非全日制员工的社会保险作出了如下规定：

从事非全日制工作的员工应当参加基本养老保险，原则上参照个体工商户的参保办法执行。对于已参加过基本养老保险和建立个人账户的人员，前后缴费年限合并计算，跨统筹地区转移的，应办理基本养老保险关系和个人账户的转移、接续手续。符合退休条件时，按国家规定计发基本养老金。

从事非全日制工作的员工可以个人身份参加基本医疗保险，并按照待遇水平与缴费水平相挂钩的原则，享受相应的基本医疗保险待遇。参加基本医疗保险的具体办法由各地劳动保障部门研究制定。

企业应当按照国家有关规定为建立劳动关系的非全日制员工缴纳工伤保险费。从事非全日制工作的员工发生工伤，依法享受工伤保险待遇；被鉴定为伤残五级至十级的，经员工与企业协商一致，可以一次性结算伤残待遇及有关费用。

也就是说，对于非全日制员工，企业仅依据法律规定，为其缴纳工伤保险即可。养老保险和医疗保险，由非全日制员工自己缴纳。

二、工伤保险管理

在养老、工伤、生育、医疗和失业五种社会保险中，实务中 HR 最感到头疼的是工伤保险的管理。

1. 应当被认定为工伤的情形

员工工伤认定分为两种情况：一种是可以直接被认定为工伤的情形，另一种是可以视为工伤的情形。根据《工伤保险条例》，可以被直接认定为工伤的有以下 7 种情形：

（1）在工作时间和工作场所内，因工作原因受到事故伤害的。

员工在工作时间之内，并且在工作场所，因为工作原因导致的对员工的事故伤害，应当被认定为工伤。这种情况比较容易认定。

（2）工作时间前后在工作场所内，从事与工作有关的预备性或者收尾性工作受到事故伤害的。

伤害事故的发生不在企业规定的正常工作时间之内，而是在企业规定的工作时间之外（上班之前，或者下班之后），但是发生地点是在工作场所内，员工为开展工作做准备或者工作收尾而导致的事故伤害，可以直接被认定为工伤。

（3）在工作时间和工作场所内，因履行工作职责受到暴力等意外伤害的。

本款规定了能认定员工工伤的 3 个条件：一是企业规定的工作时间内；二是在工作场所；三是员工因为工作责任而导致的暴力等意外伤害。符合这三种情况的，员工应当被认定为工伤。

（4）患职业病的。

员工患职业病，应当被认定为工伤。职业病有法定的认定流程。

（5）因工外出期间，由于工作原因受到伤害或者发生事故下落不明的。

本款规定了认定工伤的 2 个条件：一是员工因为工作而外出期间；二是员工因为工作原因受到的伤害或者下落不明，非工作原因导致的伤害或者下落不明不属于工伤范围。

（6）在上下班途中，受到非本人主要责任的交通事故或者城市轨道交通、客运轮渡、火车事故伤害的。

本款规定了认定上下班途中的工伤条件：一是在上下班途中。无论走哪一条道路，只要在上下班途中即可。二是员工受到伤害，并且不是员工的主要责任。员工负主要责任的事故伤害不应当被认定为工伤。也就是说并不是所有的员工上下班期间发生的交通事故伤害，都能被认定为工伤。

（7）法律、行政法规规定应当认定为工伤的其他情形。

2. 可以视为工伤的情形

除了应当被认定为工伤的情形，有3种情况可以被视为工伤。这3种情形是：

（1）在工作时间和工作岗位，突发疾病死亡或者在48小时之内经抢救无效死亡的。

一些情况下，员工非因工伤事故受到伤害而死亡，而是自身患有的疾病导致的突然死亡。员工如果在工作时间内突发疾病死亡或者送达医院抢救在48小时内抢救无效死亡的，应当视为工伤。

（2）员工在抢险救灾等维护国家利益、公共利益活动中受到伤害的，也应当视为工伤。

（3）员工原在军队服役，因战、因工负伤致残，已取得革命伤残军人证，到用人单位后旧伤复发的。

员工有第（1）项、第（2）项情形的，按照工伤保险条例的有关规定享受工伤保险待遇；员工有第（3）项情形的，按照《工伤保险条例》的有关规定享受一次性伤残补助金以外的工伤保险待遇。

无论是应当被认定为工伤的情形，还是可以视为工伤的情形，如果员工受伤或者死亡是因为员工自身故意犯罪、醉酒、吸毒、自残或者自杀导致的，不能被认定或者视为工伤。

3. 工伤申请期限

企业发生疑似工伤的伤害事故，或者按照职业病防治相关规定，被诊断、鉴定为职业病的，应当自事故伤害发生之日或者被诊断、鉴定为职业病之日起30日内，向统筹地区社会保险行政部门提出工伤认定申请。如有特殊情况，报经社会保险行政部门同意，申请时限可以适当延长。

企业未按前款规定提出工伤认定申请的，工伤职工或者其近亲属、工会组织在事故伤害发生之日或者被诊断、鉴定为职业病之日起1年内，可以直接向企业所在地统筹地区社会保险行政部门提出工伤认定申请。

如果企业没有在规定的时限内提交工伤认定申请，在此期间发生符合工伤保险条例规定的工伤待遇等有关费用由该企业负担。

因此，对于企业HR来说，30日是一个申请认定的期限，没有正当理由，不能超过30日的限定期为员工申请工伤认定。否则，有可能给企业造成损失。

4. 工伤费用的承担

员工因工负伤或者患职业病后，企业已经按规定缴纳工伤保险的，并不是说所有的费用都由工伤保险基金承担，有一部分费用还需要企业承担。

（1）由企业承担的相关费用是：（a）员工治疗工伤期间的工资和福利；（b）员工鉴定为五级、六级伤残的，企业应当按月支付的伤残津贴；（c）企业与员工终止或者解除劳动合同时，应当向员工支付的一次性伤残就业补助金。

《工伤保险条例》第三十三条规定："职工因工作遭受事故伤害或者患职业病需要暂停工作接受工伤医疗的，在停工留薪期内，原工资福利待遇不变，由所在单位按月支付。停工留薪期一般不超过12个月。伤情严重或者情况特殊，经设区的市级劳动能力鉴定委员会确认，可以适当延长，但延长不得超过12个月。工伤职工评定伤残等级后，停发原待遇，按照本章的有关规定享受伤残待遇。工伤职工在停工留薪期满后仍需治疗的，继续享受工伤医疗待遇。生活不能自理的工伤职工在停工留薪期需要护理的，由所在单位负责。"

（2）由工伤保险基金承担的费用是：（a）员工治疗工伤的医疗费用和康复费用；（b）员工住院伙食补助费；（c）员工到统筹地区以外就医的交通食宿费；（d）员工安装配置伤残辅助器具所需费用；（e）员工生活不能自理的，经劳动能力鉴定委员会确认的生活护理费；（f）员工一次性伤残补助金和一级至四级伤残职工按月领取的伤残津贴；（g）员工与企业终止或者解除劳动合同时，应当享受的一次性医疗补助金；（h）员工因工死亡的，其遗属领取的丧葬补助金、供养亲属抚恤金和因工死亡补助金；（i）劳动能力鉴定费。

不同的费用项目，由企业和工伤保险基金各自承担，HR应该清楚地了解企业所应承担的有关费用，以便做出相应的安排。

5. 企业没有缴纳工伤保险

企业由于各种原因，没有给员工缴纳工伤保险的。一旦发生工伤保险事故，企业应该按照工伤保险的标准支付给员工各项待遇。如果企业拒绝支付相关保险待遇，工伤保险基金可以先行支付。

法律赋予了工伤保险征收机构较大的权力。如果企业欠缴工伤保险或者社会保险机构代付相关保险待遇后，企业拒绝支付给社会保险机构，社会保险机构可以在获得行政主管部门同意后，直接从企业银行账户划转相应的费用，无须通过法院的审判程序。企业银行账户余额不足的，社会保险征收机构还可以直接申请人民法院扣押、查封、拍卖其价值相当于应当缴纳社会保险费的财产，以拍卖所得抵缴社会保险费，也无须通过审判程序。

6. 一些复杂情形下的工伤问题

（1）劳务派遣员工在用工企业发生工伤如何处理？

在员工、用工企业和劳务派遣单位三方之间的关系中，劳务派遣单位和员工是劳动合同关系，工伤保险的缴纳是由劳务派遣单位完成的，因此一旦员工在用工企业发生工伤，还要由劳务派遣单位申报工伤。

对于员工来说，如果出现纠纷，则可以把劳务派遣单位和用工企业一并作为申请人或者被告人，要求劳务派遣单位和用工企业承担连带责任。

(2)"过劳死"能否认定为工伤？

一些企业违反《劳动合同法》的规定，致使员工工作时间、工作压力、工作量长期处于超负荷状态，出现"过劳死"（指因过度劳累死亡）。但是，员工因为过度劳累死亡，如果不是在工作时间和工作岗位上发生，是无法认定为工伤的，因为工作与死亡之间的因果关系很难得到有效证明。

(3)大学生或者返聘人员发生工伤事故如何处理？

一般意义上，工伤是建立在企业和员工具备劳动关系的基础上的。大学生在企业实习，双方并没有建立劳动关系。因此，实务中，如果大学生在企业发生伤害事故，一般情况下很难被劳动行政部门确认为工伤。

对于企业 HR 来说，正确的做法是给大学生或者返聘人员购买商业人身损害险，以保障实习大学生或者返聘人员和企业自身的利益。当然，一旦发生伤害事故，大学生或者返聘人员还可以以人身侵权为由，对企业提出赔偿诉讼。

(4)员工被派出国工作发生工伤事故如何处理？

随着中国企业走向世界，越来越多的员工被派往国外工作。原则上，员工被派往国外时，如果员工在国外参加当地的工伤保险，则员工在国内的工伤保险可以中止，若员工在国外没有参加当地的工伤保险，则员工在国内的工伤保险不中止。

但是实务中，大部分企业外派员既参加国外工伤保险，国内工伤保险也没有中止，而是继续缴纳。一旦发生工伤事故，处理的原则是，如果国外保险的赔付标准高于国内保险标准，则企业需要把国外赔付的全部赔付费用给员工或者家属，国内工伤保险不再支付；但是，如果国外赔付标准低于国内保险赔付标准的，国外赔付与国内赔付之间的差额，由国内保险支付。一般情形下，员工不能同时接受国内和国外保险的双重赔付。

(5)工伤私了协议有效力吗？

工伤事故发生后，出于各种不同的考虑，企业不愿意申报工伤保险事故或者企业根本没有缴纳工伤保险，因此试图私下与员工达成协议，支付员工一些赔偿费用。我们说社会保险属于强制险，那么企业与员工达成的私了协议是否有效呢？

应该说，企业与员工达成的私了协议，不是一概无效的。如果企业赔付给员工的费用，不低于《工伤保险条例》规定的费用标准，私了协议是有效的。但是如果企业赔付给员工的费用，低于《工伤保险条例》规定的标准，低于的部分属于无效，员工仍然可以追讨。

典型案例

案例：员工派驻外地工作，非上班期间自然死亡属于工亡

刘某于 2017 年 5 月入职北京某建筑材料公司，工作岗位为工程师，双方签订了 3 年期限的劳动合同。2018 年 1 月，该公司外派刘某到四川工厂协助新项目建设，派驻时间为 1 年，按照当地工厂考勤管理。2018 年 7 月，四川工厂发现刘某在租住的房屋中去世，经确定死亡原因为心脏病突发。

刘某家属要求认定为工亡。北京某建筑材料公司认为刘某是公司长期派驻到四川工厂，不属于出差，刘某是在租住的房屋中去世，属于自然原因死亡，因此拒绝认定为工伤。双方由此产生争议。

法院经审理后认为，虽然刘某长期在四川工厂工作，但是刘某并没有与四川工厂重新签订劳动合同，仍然与北京某建筑材料公司保持劳动关系，而且刘某的工资一直由该公司发放。因此，可以认定刘某被派到四川工厂工作，属于出差，判决刘某死亡属于工伤事故。

实务中，受法律因素、管理因素以及员工意愿的影响，集团公司多有派驻到外地长期工作的员工是否与当地公司重新签订劳动合同的问题，HR 应当慎重考虑。

第二节 HR在劳务派遣管理中的痛点解析

基于降低人工成本、补充人员不足或者提升用工灵活性的考虑，企业使用劳务派遣用工形式已经越来越普遍。而法律对于劳务派遣用工的规定也越来越严格。对于HR来说，虽然基于劳务派遣的用工形式管理上看起来更容易一些，但是实务中也存在一些困难和挑战。

因此，HR有必要对劳务派遣中存在的一些关键痛点进行了解，以便做好企业劳务派遣用工的管理工作。

一、劳务派遣用工的法律关系

企业与员工之间的法律关系是劳动合同关系，这个容易理解。而在劳务派遣用工中的法律关系，要复杂一些。劳务派遣中，存在三种不同的法律关系。

1. 劳动合同关系

劳务派遣单位和员工是劳动合同关系。派遣员工与派遣单位需要签订2年以上的固定劳动合同，这两者之间的权利和义务关系，完全受《劳动合同法》及相关法律法规的管理和调整。

2. 民事经济合同关系

企业和劳务派遣单位签订的是民事经济合同，是企业与企业之间的业务关系。企业和劳务派遣单位的这种民事法律关系，既受《民法典》的管理也受《劳动合同法》及相关法律法规的管理。在双方签订的民事经济合同中，既要明确企业和劳务派遣单位的权利和义务，同时也要约定好派遣员工的权利和义务。

3. 用工管理关系

员工被派遣到企业，就要接受企业的管理，也就是说劳务派遣单位把对员工管理的部分权利，让渡给了企业。企业对员工的劳动过程和结果进行管理。企业对员工的管理主要体现在：（1）员工应当接受企业的工作安排，完成指定的工作任务。（2）员工应当遵守企业的各项规章制度；员工违反了企业的规章制度，企业有权依据相关规章制度，予以适当的处分。（3）企业有对员工进行绩效管理的权利。（4）法定或者约定的情形下，企业有权把员工退回劳务派遣单位。

厘清企业、派遣员工和劳务派遣单位三者之间的法律关系，是HR对劳务派遣用工进行有效管理的前提。

典型案例

案例：劳务外派员工没有缴纳社保工亡，被派遣单位承担连带责任

2017年8月，某传媒公司与某劳务派遣公司签订协议，由某劳务派遣公司派遣一人到某传媒公司工作。某劳务派遣公司招聘李某后将其派遣到某传媒公司工作，但没有给李某缴纳社会保险。2018年12月，由于长期高负荷工作，李某在某传媒公司卫生间突发心脏病去世。因对赔偿产生争议，李某家属申请仲裁。

仲裁庭经审理认为，李某死亡应当认定为工伤无疑。某劳务派遣公司与李某是劳动关系，且没有为其缴纳社会保险，因此，应该全额赔偿李某的工亡待遇，被派遣单位某传媒公司对李某的工亡赔偿负连带责任。

二、劳务派遣岗位性质的认定

《劳动合同法》规定，劳动合同用工是我国企业基本用工形式，而劳务派遣用工是补充形式，只能在临时性、辅助性或者替代性的工作岗位上实施。

这个临时性、辅助性或者替代性就是通常所说的劳务派遣的"三性"。

1. 临时性的定义是工作岗位存续不超过6个月的工作，这里所说的6个月是工作岗位本身的存在时间不超过6个月，而不是劳务派遣的时间不超过6个月。因此，企业视同把工作岗位分割为不同阶段，已达到6个月时间限制，是不符合法律规定的。

2. 辅助性的定义是为主营业务岗位提供服务的非关键主营业务岗位。由于行业不同、企业业务不同，对于如何确定辅助性工作岗位是比较困难的。实务中一直存在争议。《劳务派遣暂行规定》对如何确定辅助性岗位，作出了明确的规定。

《劳务派遣暂行规定》第三条第三款规定："用工单位决定使用被派遣劳动者的辅助性岗位，应当经职工代表大会或者全体职工讨论，提出方案和意见，与工会或者职工代表平等协商确定，并在用工单位内公示。"

根据上述规定，企业辅助性岗位的确定，是通过一定的程序来确定，而不再是企业管理层或者HR自己根据企业业务特点来确定。这实际上是通过企业内部员工的监督，来管理和控制辅助性岗位。而实务中，如果不是特别需要，很少企业会专门为确定辅助性岗位走这个法定流程。

确定辅助性岗位的流程，与企业制定与员工有切身利益的规章制度所规定的流程，没有不同。没有经过法定流程的辅助性岗位，不再受《劳动合同法》的认可。

3. 替代性工作岗位，是指企业内部员工由于休假、脱产学习等各种原因暂时离开工作岗位，企业需要劳务派遣员工临时替代劳动合同关系员工的工作岗位。例如，企业HR部门招聘专员休产假，而招聘工作量比较大，需要有人临时替代招聘专员的工作。招聘专员休完假后，替代性岗位需求消失。

三、劳务派遣员工的退回

对于 HR 来说，劳务派遣用工的一个好处是劳务派遣用工关系的解除或者终止不像劳动合同员工的解除或者终止那么复杂。但是，实务中，劳务派遣用工关系的解除或者终止，也并不是一帆风顺的，用工企业并不可以任意而为。

因此，HR 有必要了解劳务派遣用工退回的一些关键要点。

1. 劳务派遣协议到期终止退回劳务派遣单位

企业与劳务派遣单位签订的劳务派遣协议期满，协议到期终止，也就意味着派遣员工与企业用工关系的终止。如果不再续签的话，企业把劳务派遣员工退回到劳务派遣单位，符合各方的预期和法律的规定。

2. 因劳务派遣员工的个人原因退回劳务派遣单位

《劳动合同法》对企业退回劳务派遣员工有着较为严格的限制性规定，如果员工有下列情况的，企业才可以把劳务派遣员工退回到劳务派遣单位。

（1）劳务派遣员工试用期不符合录用条件；

（2）劳务派遣员工严重违反企业的规章制度；

（3）劳务派遣员工严重失职，营私舞弊，给企业造成重大损害；

（4）劳务派遣员工同时与其他企业建立劳动关系，对完成企业的工作任务造成严重影响，或者经企业提出，拒不改正的；

（5）劳务派遣员工以欺诈、胁迫的手段或者乘人之危，使企业在违背真实意思的情况下订立或者变更劳务派遣协议致使劳动合同无效的；

（6）劳务派遣员工被依法追究刑事责任的；

（7）劳务派遣员工患病或者非因工负伤，在规定的医疗期满后不能从事原工作，也不能从事由用人单位另行安排的工作的；

（8）劳务派遣员工不能胜任工作，经过培训或者调整工作岗位，仍不能胜任工作的。

3. 因企业原因退回劳务派遣单位

根据《劳务派遣暂行规定》，如果出现下列情形，企业可以把劳务派遣员工退回到劳务派遣单位。

（1）劳务派遣协议订立时所依据的客观情况发生重大变化，致使劳务派遣协议无法履行，经企业与劳务派遣员工协商，未能就变更劳务派遣相关内容达成协议的；

（2）企业进行经济性裁员的；

（3）企业被依法宣告破产、被吊销营业执照、被责令关闭、撤销或者决定提前解散或者期限届满不再继续经营的。

4. 企业退回劳务派遣员工的限制

根据《劳务派遣暂行规定》，如果出现下列情形，企业不能退回劳务派遣员工。劳务派遣协议届满的，需要等待相关情形消失后，才可以退回到劳务派遣单位。

（1）从事接触职业病危害作业的劳务派遣员工未进行离岗前职业健康检查，或者疑似职业病病人在诊断或者医学观察期间的；

（2）在企业患职业病或者因工负伤并被确认丧失或者部分丧失劳动能力的；

（3）劳务派遣员工患病或者非因工负伤，在规定的医疗期内的；

（4）劳务派遣女员工在孕期、产期、哺乳期的；

（5）在企业连续工作满十五年，且距法定退休年龄不足五年的；

（6）法律、行政法规规定的其他情形。

5. 约定退回的痛点

上述基于个人和企业原因的退回，是单方面原因造成的退回，也是法定的退回原因。那么，除了法定的退回原因之外，企业能否与劳务派遣单位约定退回呢？

《劳动合同法》规定，除了法定的解除或者终止劳动关系的条件之外，企业不能与员工约定解除或者终止劳动合同的条件。而对于劳务派遣用工，劳务派遣单位与劳务派遣员工签订的是劳动合同，因此，劳务派遣单位不能在法定条件之外与劳务派遣员工解除或者终止劳动合同。但是对于企业和劳务派遣单位之间，如果双方约定在劳务派遣单位与劳务派遣员工签订的劳动合同期限内，达到某种条件，企业可以把劳务派遣员工退回到劳务派遣单位，应属合法有效。因为劳务派遣单位与企业之间的关系是一种民事经济合同关系，《劳动合同法》也没有禁止两个单位之间就退回作出约定。但是，约定条件达成，在劳务派遣员工和劳务派遣单位约定的劳动合同期限内，劳务派遣单位不能与员工解除双方的劳动关系。劳务派遣单位应该根据双方的劳动合同把劳务派遣员工派遣到其他企业，或者给予相应的待遇。

6. 违法退回的法律责任

根据《劳务派遣暂行规定》的相关规定，实际上劳务派遣用工在企业里的管理是以《劳动合同法》的规定为基准的。也就是说虽然称之为劳务派遣员工，但是企业没有建立与这些员工的劳动关系，企业和劳务派遣用工的大部分关系，受《劳动合同法》的管理和调整。

企业在不符合《劳动法》及相关法律法规的规定的情形下，违法退回劳务派遣员工，可能会承担如下责任：

（1）行政责任。行政部门责令限期改正企业的违法退回。逾期不改正的，劳动行政部门处以每人5000—10000元标准的罚款。

（2）支付违法解除赔偿金。由于企业违法退回劳务派遣单位，可能会导致劳务派遣单位违法解除与劳务派遣员工的劳动关系，这种情况下，劳务派遣员工既可以要求继续履行劳动合同，也可以要求企业和劳务派遣单位承担违法解除劳动合同的连带赔偿责任。

实务中，即使员工要求继续履行劳动合同，也是劳务派遣员工和劳务派遣单位之间的事情了，劳务派遣员工一般不太可能回到企业从事原工作。但是，企业要与劳务派遣单位承担赔偿损失的连带责任。从这个角度说，劳务派遣用工确实会大大降低HR

的管理难度。

四、劳务派遣与业务外包的不同

实务中，一些 HR 会混淆劳务派遣和业务外包的关系，实际上，两者有着很大的不同。

业务外包是企业直接把一项具体的业务，交由其他企业、团队或者个人完成，企业与这些承担外包任务的其他企业、团队或者个人签订的是民事经济合同。例如，企业把厂房的建设外包给一家建筑公司。建筑公司与企业签订外包合同后，便可以组织自己的员工来完成厂房的建设。企业与建筑公司的员工没有任何的法律关系。厂房建设完毕，企业根据业务外包合同的约定，验收厂房即可。

而劳务派遣的法律关系，受到《劳动合同法》的严格管理和控制。企业、劳务派遣单位和员工必须根据《劳动合同法》的规定处理三方之间的法律关系，由企业直接指挥或者安排劳务派遣员工完成企业的工作任务。

五、劳务派遣员工的竞业限制

劳务派遣员工一般从事临时性、辅助性或者替代性的岗位，一般不会掌握或者了解企业的关键保密的事项，但是也不排除一些情况下需要签订竞业限制协议。另外，有一些与企业建立过劳动合同关系的员工，在与企业签订了竞业限制协议后，为了规避竞业限制协议的约束，以劳务派遣的方式进入竞争对手的企业工作，这种情况也并不少见。

对于企业 HR 来说，如果劳务派遣岗位的性质需要签订竞业限制协议，最好与劳务派遣单位和劳务派遣员工都作出竞业限制的约定。

企业和劳务派遣单位签订的是民事经济合同，可以在合同中约定劳务派遣单位的义务之一就是劳务派遣关系结束后，劳务派遣单位不得把劳务派遣员工重新派遣到竞争对手的企业，否则，就应当承担违约赔偿责任。

企业和劳务派遣员工签订的竞业限制协议，主要是约定劳务派遣员工在劳务派遣关系结束，离开劳务派遣单位后，不能到竞争对手的企业中工作。既不能与竞争对手企业建立劳动关系，也不能通过派遣的方式到竞争对手企业工作。

当然，企业提出要求的前提是企业按月支付给劳动派遣员工竞业限制补偿金。如果不需要劳务派遣员工履行竞业限制协议，则需要签订竞业限制解除协议。否则，如果企业没有按时支付劳务派遣员工竞业限制补偿金，而劳务派遣员工也没有到竞争对手企业工作，劳务派遣员工完全有权利要求企业按照其在企业工作时前 12 个月平均工资的 30% 的月标准支付竞业限制补偿金。这是 HR 在实务中应该注意的一点。

第三节　HR在非全日制用工中的痛点解析

随着经济的发展，企业使用非全日制用工的形式越来越普遍。而《劳动合同法》也对非全日制用工作出了较为严格的规定。实务中，非全日制用工还不是 HR 关注的重点，原因是非全日制用工对很多企业来说并不是常规用工。

但是，作为专业的 HR，还是需要了解《劳动合同法》对非全日制用工的规定，以便做好企业对非全日制用工的管理。

一、非全日制用工的时间特点

《劳动合同法》第六十八条对企业非全日制用工作出了明确的规定。非全日制用工必须符合三个条件：一是非全日制用工以小时为单位计算薪酬；二是每天工作不能超过 4 个小时；三是每周工作时间累计不超过 24 小时。

从该规定来看，非全日制用工的关键是工作时间。一般情况下，如果非全日制用工经常或者每天超过 4 个小时，就极有可能被认定为全日制用工。因此，HR 要关注非全日制用工的工作时间问题。

但是，并不是说非全日制用工不能加班。特定情况下，如果不是经常加班，一般不会被认定为全日制员工。这个问题，还需要 HR 在日常管理中予以把握。

二、非全日制员工的社保要求

企业应当给非全日制员工购买工伤保险。对于养老、医疗、失业和生育保险，没有作出强制性规定。除了工伤保险，非全日制员工可以自行购买或者加入其他险种。

三、其他规定

《劳动合同法》对非全日制用工作出了一些特别的规定：

1. 非全日制用工可以通过口头的方式约定。但是，实务中，我们还是建议企业 HR 与非全日制员工签订书面合同，以便于管理或者留下书面证据材料。

2. 企业不能与非全日制员工约定试用期。

3. 企业可以与非全日制员工随时解除或者终止用工关系，不需要支付经济补偿金。

4. 非全日制用工的薪酬支付时间不能超过 15 个日历日。

第四节　HR在大学生实习、退休返聘等管理中的痛点解析

一、大学生兼职或者实习的关系管理

大学生在企业兼职或者实习，是一种非常普遍的现象。但是，对于大学生和企业之间的关系，是一种什么样的法律关系，存在一些争议。而法律关系的确定是 HR 对大学生采取什么样的管理方式的前提和基础。

实务中，大多数企业是根据原劳动部《关于贯彻执行〈中华人民共和国劳动法〉若干问题的意见》第十二条"在校生利用业余时间勤工助学，不视为就业，未建立劳动关系，可以不签订劳动合同"的规定，来认定大学生与企业的法律关系不属于劳动关系。而这条规定的本质意思仅仅是把大学生利用业余时间勤工俭学，认定为可以不签订劳动合同。并不是说只要是大学生身份，就一定不能建立劳动关系。

大学生实习或者兼职，是否具备《劳动合同法》下的"劳动者"的资格，《劳动合同法》并没有作出明确的规定。但是我国法律对于员工就业年龄有着明确的规定，年满18周岁的公民或者年满16周岁未满18周岁公民排除某些限制性行业之外，都是完全民事行为能力人，都有就业的权利；应该说，绝大多数大学生的年龄符合中国公民就业的规定。

原劳动部发布的《关于确立劳动关系有关事项的通知》指出，用人单位招用劳动者未订立书面劳动合同，但同时具备下列情形的，劳动关系成立。（1）用人单位和劳动者符合法律、法规规定的主体资格；（2）用人单位依法制定的各项劳动规章制度适用劳动者，劳动者受用人单位的劳动管理，从事用人单位安排的有报酬的劳动；（3）劳动者提供的劳动是用人单位业务的组成部分。

因此，大学生与企业的法律关系，虽然大多数情形下，双方签订的是实习协议，一般按照劳务关系处理。但是特定条件下，只要满足上述三种情形，也是可以被认定为劳动关系的。并不是只要身份是大学生，就一定是劳务关系。

但是实务中，很少有企业与大学生签订正式的劳动合同。即使是非全日制用工的劳动合同，也很少有企业与大学生签订。大部分大学生在企业的实习或者兼职，有的是按小时工作，也有的是严格遵守企业的工作时间规定。从时间规定上来看，那些严格按照企业工作时间的规定上下班，提供正常的劳动，并按时收到企业支付的劳动报酬，即将毕业的大学生，是极有可能被认定为与企业建立了劳动关系的。而 HR 一般把大学生在企业的实习或者兼职，认定为一种劳务关系，并签订实习协议。因此，HR

还是要注意,除非企业有意愿,不要把实习关系被动变成劳动关系。

典型案例

案例1:应届毕业大学生在某公司实习被认定为劳动关系

某互联网公司因业务发展较快,有较大的招聘需求。2019年2月招聘主管提出聘用一名在校大学生,帮助在智联招聘、猎聘等网络渠道搜索、筛选简历。2月15日,某大学人力资源管理专业的大四学生王某被选中,与公司签订了《在校大学生实习协议》,规定工作岗位为招聘助理,实习工资为每月3500元。王某提出自己只有论文没有写完,另外工作也没有着落,愿意多签一些实习时间,可以一边实习一边找工作,因此,公司与王某约定实习时间从2019年2月15日到9月10日。王某每天按照公司的工作时间上下班。2019年7月13日,王某在上班的路上,出了交通事故,腿部粉碎性骨折,到医院做手术住院,没有再继续到公司上班。公司结清了王某的实习工资。

2019年12月,王某到仲裁机构申请仲裁,要求确认与某互联网公司属于劳动关系,并要求按工伤保险程序处理上班时发生的交通事故。

仲裁机构经审理认为:《劳动合同法》并没有禁止大学生成为劳动关系的主体,王某在某互联网公司上班时,已经年满18周岁,符合《劳动合同法》规定的劳动者的主体资格。王某在某互联网公司上班期间,每周5天工作制,严格按照公司的考勤规定上下班。王某在实习协议中也约定了具体的工作岗位,某互联网公司每月按时支付了王某工资。并且,王某与某互联网公司约定的实习时间跨越了其领取毕业证的时间,因此可以推定王某在某互联网公司工作并不是以"利用在校期间的业余时间勤工俭学"为目的的。因此,仲裁委认定王某与某互联网公司存在劳动关系。而工伤认定事宜应当根据法律规定到工伤保险机构申请认定。

案例2:公司实习生没有按约定取得大学毕业证,仍被认定为劳动关系

某大学计算机专业的大四学生刘某,毕业前5个月开始在一家软件公司实习,软件公司与刘某约定,在刘某取得学历、学位证书后,与其签订正式的劳动合同。但是,由于几门课程考试不及格,刘某在7月毕业的时候,并没有取得学位证书。软件公司在9月知道此事后决定解除与刘某的工作关系。刘某不服,认为和软件公司已经是劳动关系,提出仲裁,要求软件公司支付双倍的经济补偿金。

仲裁委审理后认为,刘某大学毕业前,属于大学学习期间,无法全职为软件公司提供劳动,刘某与软件公司的关系应当属于劳务关系;而刘某大学毕业后,虽然没有取得毕业证书,但是自7月中旬起已经全职在软件公司工作,接受软件公司的工作安排,并且软件公司也支付了工资。因此,自7月中旬起,刘某与软件公司已经建立了劳动关系,接受劳动合同法的管理和调整。本案中,刘某没有达到双方约定的入职条件,但是确实已经建立了事实劳动关系。对于没有约定终止日期的事实劳动关系,软件公司有权提出与刘某解除。但是软件公司应当支付刘某半个月的经济补偿金。

二、退休返聘人员的关系管理

出于具体业务的需求，有些企业会使用一些已经达到法定退休年龄并办理了退休手续的人员。由于这些人员已经办理了退休退职手续，因此已经不是劳动合同法管辖下的"劳动者"。从法律关系的角度看，退休返聘人员与企业的关系是一种劳务关系。

1. 根据原劳动部发布的《关于实行劳动合同制度若干问题的通知》第十三条规定："已享受养老保险待遇的离退休人员被再次聘用时，用人单位应与其签订书面协议，明确聘用期内的工作内容、报酬、医疗、劳保待遇等权利和义务。"

原劳动部办公厅《对〈关于实行劳动合同制度若干问题的请示〉的复函》中也有明确规定：关于离退休人员的再次聘用问题。各地应采取适当的调控措施，优先解决适龄劳动者的就业和再就业问题。对被再次聘用的已享受养老保险待遇的离退休人员，根据原劳动部《关于实行劳动合同制度若干问题的通知》（劳部发〔1996〕354号）第十三条的规定，其聘用协议可以明确工作内容、报酬、医疗、劳动保护待遇等权利、义务。离退休人员与用人单位应当按照聘用协议的约定履行义务，聘用协议约定提前解除书面协议的，应当按照双方约定办理，未约定的，应当协商解决。离退休人员聘用协议的解除不能依据《劳动法》第二十八条执行。

从上述规定可以明确退休返聘人员与企业的关系就是一种劳务关系，不受劳动合同法的调整。企业在与退休返聘人员解除劳动关系的时候，无须支付经济补偿金。

2. 退休返聘人员的工伤保险

退休返聘人员不可避免地在工作中会发生工伤事故，对这个群体的事故保险问题，大部分企业选择为退休返聘员工购买商业人身伤害险。

《人力资源社会保障部对十三届全国人大二次会议第6160号建议的答复》对于退休返聘人员工伤保险问题有明确的答复：第一点是说明工伤保险是建立在劳动关系基础之上的，而退休返聘人员与企业是劳务关系，所以无法按照劳动关系的原则，为退休返聘人员缴纳工伤保险；第二点是如果达到法定退休年龄，但是没有办理退休手续或者没有依法享受养老保险待遇的，如果发生工伤事故或者职业病，企业应当承担工伤保险的责任；第三点是企业招聘已经办理退休手续或者依法享受养老保险待遇的人员，如果企业为这些退休返聘人员按照项目参与的方式缴纳了工伤保险费的，退休返聘人员有权享受工伤保险待遇，适用《工伤保险条例》。

《浙江省人力资源和社会保障厅等3部门关于试行职业技工等学校学生在实习期间和已超过法定退休年龄人员在继续就业期间参加工伤保险工作的指导意见》（已失效）也对退休人员的工伤保险作出了规定：超过法定退休年龄，但是没有享受机关事业单位或者城镇职工基本养老保险待遇，且男性不超过65周岁、女性不超过60周岁。在浙江省，满足条件的退休返聘人员，是可以购买工伤保险的。

但并不是所有的情形下，企业都可以为退休返聘人员购买工伤保险。因此，企业为了防范退休返聘人员的工伤事故风险，最好为退休返聘人员购买商业保险。既可以为退休返聘人员购买人身意外险,也可以为其购买雇主责任险。但需要指出的是雇主责任险的赔偿主体是企业,而人身意外险的责任主体是退休返聘员工。理论上,员工在人身意外险下得到赔偿后,还可以要求企业承担相应的责任。因此,建议企业为退休返聘人员购买雇主责任险。

典型案例

案例:员工办理退休手续后继续在原公司工作,离职时公司不必支付经济补偿金

王某是某科技公司的员工,2018年6月,王某达到法定退休年龄,某科技公司为王某办理了退休手续。王某已经开始享受养老保险待遇。但是由于王某主持的项目还没有结束,王某在办理退休手续后,一直在某科技公司工作,按时上下班。18个月后,王某主持的项目结束,某科技公司提出不需要王某继续回公司上班了。某科技公司按照王某退休前的工资标准,发放了王某的工资。王某提出某科技公司向其支付经济补偿金的诉求,被某科技公司拒绝。后,王某提起仲裁。

仲裁委经审理后认为,王某已经到了退休年龄,而且已经办理了退休手续,因此王某与某科技公司的劳动关系已经终止。因退休导致劳动合同终止的,企业无须支付经济补偿金。王某办理退休以后,王某与某科技公司的关系,已经由劳动关系转变为事实上的劳务关系。而在劳务关系中,企业与劳务员工解除或者终止劳务关系,无须支付经济补偿金。由于王某与某科技公司并没有签订劳务返聘协议,双方没有约定终止的时间,因此某科技公司提出与王某解除劳务关系,符合法律的规定。

三、涉外和涉港澳台人员劳动关系的管理

随着我国经济的发展,越来越多的外国人/港澳台人员在中国企业就职。管理和调整外国人/港澳台人员的专门法律法规有《外国人在中国就业管理规定》和《台湾香港澳门居民在内地就业管理规定》(2018年8月废止)两部。

根据《劳动合同法》第二条规定,中国境内的企业、个体经济组织、民办非企业单位等组织与劳动者建立劳动关系,订立、履行、变更、解除或者终止劳动合同,适用于劳动合同法。因此,中国境内成立的企业组织聘用外国人或者港澳台人员,应当受《劳动合同法》的管辖,双方建立的法律关系属于劳动合同关系。

1. 外国人在中国就业

基于外籍人士的特殊身份,《外国人在中国就业管理规定》对外国人在中国就业,作出了相对严格的规定。

(1) 外国人在中国企业就业,必须持有外国人就业证,没有外国人就业证,不允许外国籍人士受聘于中国境内企业。另外,企业聘用外国人的,需要向有关政府主管部门申请办理就业许可。获得就业许可和就业证双证的外国人,才允许在中国境内企

业就业。

持有就业证和就业许可证的外国人，可以与企业签订劳动合同，建立劳动关系。

（2）外国人可免办就业许可和就业证的情形。

由我国政府直接出资聘请的外籍专业技术和管理人员，或由国家机关和事业单位出资聘请，具有本国或国际权威技术管理部门或行业协会确认的高级技术职称或特殊技能资格证书的外籍专业技术和管理人员，并持有外国专家局签发的外国专家证的外国人；

持有在中华人民共和国从事海上石油作业工作准证从事海上石油作业、不需登陆、有特殊技能的外籍劳务人员；

经文化和旅游部批准持临时营业演出许可证进行营业性文艺演出的外国人。

（3）可免办许可证书，直接办理就业证的情形。

按照我国与外国政府间、国际组织间协议、协定，执行中外合作交流项目受聘来中国工作的外国人；

外国企业常驻中国代表机构中的首席代表、代表。

（4）劳动合同期限。企业与外国人签订的劳动合同，最长不得超过 5 年。满足条件，到期可以续签。

（5）外国人社保。

2011 年原劳动部发布《在中国境内就业的外国人参加社会保险暂行办法》规定，在中国合法就业的外国人，用人单位应当为外籍员工缴纳社会保险。

2. 港澳台人员在内地（大陆）就业

港澳台人员对中国职业经理人的发展做出了较大的贡献。2005 年之前，内地（大陆）对港澳台人员在内地（大陆）就业的规定，与外国人在中国就业一样严格。但是2005 年原劳动部《台湾香港澳门居民在内地就业管理规定》（2018 年 8 月废止）实施之后，大幅度放宽了港澳台人员在内地（大陆）的就业管理：港澳台人员就业证的办理程序大大简化、港澳台在中国内地（大陆）的就业岗位不再受限以及可以按照《社会保险费征缴暂行条例》为港澳台人员缴纳社会保险费等。

随着《台湾香港澳门居民在内地就业管理规定》的废止，2018 年 7 月 28 日起，港澳台人员在内地（大陆）就业不再需要办理港澳台人员就业证。在内地（大陆）求职、就业的港澳台人员，可使用港澳台居民居住证、港澳居民来往内地通行证、台湾居民来往大陆通行证等有效身份证件办理人力资源社会保障各项业务，以工商营业执照、劳动合同（聘用合同）、工资支付凭证或社会保险缴费记录等作为其在内地（大陆）就业的证明材料。

第五节　劳动合同法融入社会保险以及非典型劳动关系的管理之实操解析

在日常管理中，HR 需要掌握关于社会保险和劳务派遣、非全日制用工、大学生实习、退休返聘等不同用工形式的关键法律痛点，以防疏忽大意，给公司造成不必要的损失。这四种不同用工形式的法律规定非常繁杂，因此，为了便于 HR 工作，可以制定一些内部指导规则，作为人力资源管理体系的一些基础制度，使 HR 在容易出错的地方不出错。

HR 社会保险、劳务派遣等非典型用工日常工作指导
（内部工作指导文件）

一、在任何条件下，公司不允许与员工签订任何形式的社会保险免交协议。公司应当按照相关法律法规的规定，为员工缴纳社会保险。

二、如果公司使用非全日制用工，可以为非全日制用工缴纳工伤保险。

注：HR 应当避免在社会保险管理中犯上述两个错误。

三、如果公司使用非全日制员工，工作时间应当限定在每天 4 小时，每周不超过 24 小时。非全日制员工可以适当加班。

注：HR 对非全日制用工的概念和条件要清楚和了解。

四、无论员工发生可以被认定为工伤的情形还是可以视为工伤的情形，公司应当尽量固定好相关证据，并在 30 个工作日内向社保机构申请工伤认定。

五、员工发生工伤事故，公司应当承担的费用是：

1. 按照员工工资标准发放员工停工留薪期间的工资和福利，一般期限为 12 个月，特殊情况经批准可以延长 12 个月；

2. 员工鉴定为五级、六级伤残的，公司应当按月支付伤残津贴；

3. 公司与员工终止或者解除劳动合同时，应当向员工支付的一次性伤残就业补助金。

六、任何情形下，不允许与员工签订工伤事故私了协议。

注：HR 应当了解申请工伤保险的时限，以免错失机会，造成损失。另外，HR 要明确公司应当承担的费用，以便日常工作的开展。

七、公司可以使用劳务派遣用工，但是应当限制在临时性、辅助性和替代性的工作岗位。劳务派遣用工，由公司人力资源副总裁审批。

临时性工作岗位，是指岗位存在时间不超过 6 个月的工作岗位；辅助性工作岗位应当经过员工代表大会讨论的法定流程；替代性工作岗位是指有员工因为怀孕、休假

等不能到岗，业务需要有人代为暂时提供服务的岗位。

注：HR虽然知道劳务派遣岗位的"三性"，但未必了解其中的真实意思。因此，规定在公司制度中，以方便HR学习和了解，明确定义。

八、公司在与劳务派遣单位签订劳务派遣协议时，必须约定劳务派遣员工退回的条件。退回条件包括法定退回条件和约定退回条件。

注：利于公司对劳务派遣员工的管理，一旦条件出现，不会让公司处于合同违约的状态。

九、一旦出现下列情形，属于法定退回的条件出现。

1. 公司与劳务派遣单位签订的劳务派遣协议到期；
2. 劳务派遣员工试用期不符合录用条件；
3. 劳务派遣员工严重违反公司的规章制度；
4. 劳务派遣员工严重失职，营私舞弊，给企业造成重大损害；
5. 劳务派遣员工同时与其他企业建立劳动关系，对完成企业的工作任务造成严重影响，或者经企业提出，拒不改正的；
6. 劳务派遣员工以欺诈、胁迫的手段或者乘人之危，使企业在违背真实意思的情况下订立或者变更劳务派遣协议致使劳动合同无效的；
7. 劳务派遣员工被依法追究刑事责任的；
8. 劳务派遣员工患病或者非因工负伤，在规定的医疗期满后不能从事原工作，也不能从事由用人单位另行安排的工作的；
9. 劳务派遣员工不能胜任工作，经过培训或者调整工作岗位，仍不能胜任工作的；
10. 劳务派遣协议订立时所依据的客观情况发生重大变化，致使劳务派遣协议无法履行，经企业与劳务派遣员工协商，未能就变更劳务派遣相关内容达成协议的；
11. 公司进行经济性裁员的；
12. 公司被依法宣告破产、被吊销营业执照、被责令关闭、撤销或者决定提前解散或者期限届满不再继续经营。

十、退回劳务派遣用工的限制条件

如果出现下列情形，公司不能退回劳务派遣员工。劳务派遣协议届满的，需要等待相关情形消失后，才可以将劳动派遣员工退回到劳务派遣单位。

1. 从事接触职业病危害作业的劳务派遣员工未进行离岗前职业健康检查，或者疑似职业病病人在诊断或者医学观察期间的；
2. 在企业患职业病或者因工负伤并被确认丧失或者部分丧失劳动能力的；
3. 劳务派遣员工患病或者非因工负伤，在规定的医疗期内的；
4. 劳务派遣女员工在孕期、产期、哺乳期的；
5. 在企业连续工作满十五年，且距法定退休年龄不足五年的。

注：HR明晰上述法定退回条件和相关限制，可以根据具体情况做出具体工作安排。特别是可以与劳务派遣单位协商，解决上述法定不能退回条件下的困难。

十一、公司欢迎大学生到公司实习，但是公司与大学生签订的实习期限，不得超过大学生的毕业时间。

注：大四学生的实习，HR要注意学生的毕业证获得时间。

十二、特定情形下，经公司人力资源副总裁批准，公司可以使用退休返聘人员。公司应当与退休返聘人员签订退休返聘协议，并为退休返聘人员购买雇主责任险。

第九章　HR 工作劳动合同法管理痛点之有问有答

HR 在日常事务操作中，经常会遇到事关劳动合同法的疑难事务。如果操作不当，可能会引发一些管理问题，甚至引发不必要的纠纷或矛盾。本章以问答形式，对 HR 日常管理中经常遇到的与劳动合同法有关的问题予以解析，帮助 HR 正确处理人力资源管理体系建设和维护中的一些具体难点。

一、劳动关系管理

疑难问题 1：自 1995 年《劳动法》施行 20 多年以来，为什么劳动纠纷案件中企业败诉率很高？

1995 年《劳动法》的实施，是我国当代人力资源管理的里程碑和分水岭。《劳动法》实施以后，企业开始了人力资源管理的新探索。可以说，《劳动法》为过去 20 多年我国当代人力资源管理的繁荣奠定了良好的基础。

虽然企业在《劳动法》实施后逐渐转型为科学的人力资源管理模式，却在与员工的劳动争议或纠纷中败诉率很高。

有人认为企业败诉率高是因为《劳动法》过度保护员工权益。在企业与员工的关系中，企业处于一个强势地位，而员工处于一个弱势地位，因此《劳动法》强调对员工的保护，也是情有可原的。但本质上，《劳动法》只是界定了企业和员工各自的权利和义务，因此其对员工权益的保护并不是企业败诉率较高的原因。

总体来说，企业劳动争议败诉，一方面是因为企业在运营管理中确实违反了《劳动法》规定的企业应承担的责任和义务，侵犯了员工的权利；另一方面是《劳动法》把举证责任更多地交给了用人单位。企业往往在举证责任环节存在管理上的疏漏，很多情况下无法提供有效证据。所以大致来说，企业败诉率高的主要原因还是企业在人力资源管理体系建设中，或者说在日常管理流程中，对企业和员工的权利和义务的保护做得不到位；同时，由于日常管理工作的疏漏，在举证责任环节也没做到位。

因此，我们说，企业败诉并不是法律本身导致的，本质上还是管理问题。如果 HR 真正做好管理，特别是通过制度和流程，做好事前控制工作，大量的劳动纠纷是可以避免的。即使产生了劳动纠纷，如果在日常规范管理，企业胜诉的概率也不会像现在这样低。

只有找出真正的管理问题，才能解决 HR 在员工劳动关系管理方面面临的困境，提高企业的劳动关系管理水平。

1. 实务中，大多数 HR 是非常重视法律问题的，但往往是在出现问题的时候才去咨询劳动法律师。大多数 HR 忽略了在前端的管理过程中积极考虑《劳动法》的介入，在人力资源管理体系和管理流程建设过程中，没有通盘考虑《劳动法》及相关法律法规的影响。虽然有些企业聘请了劳动法律师，但律师往往只对 HR 提出的问题做出反应和回答，受知识和经验所限，律师无力介入企业的管理问题，这就导致多数企业在最重要的避免法律纠纷或落实证据等管理前端存在很大的弱项。

比如：HR 实务中没有明确约定员工试用期的录用条件，一旦以试用期员工不符合录用条件为由解除劳动关系，便有可能陷入没有依据的困境当中。拿试用期员工病假来说，如果双方约定在试用期内员工非因工病假超过一定时间，就视为不符合录用条件，当员工非因工病假影响岗位工作时，企业也就可以解除双方的劳动关系。如果企业对工作岗位实现工作目标量化考核，一旦员工绩效考核不达标，也就容易客观认定员工不符合录用条件，从而解除劳动关系。

上述例子，劳动法律师在日常管理中是难以介入的，多数是在争议或纠纷发生后才会介入，但这个时候，为时已晚。如果发生劳动争议，企业大概率会败诉。

2. 只有真正懂《劳动法》的 HR，才是企业提高胜诉率的关键。实务中，虽然劳动关系是人力资源的六大基本模块之一，但是很多 HR 对《劳动法》及相关法律法规的了解没有做到深度化和体系化。一些 HR 也没有认真地对《劳动法》的痛点进行系统性研究和学习，遇到具体问题再找律师咨询，这样就失去了通过管理前置处理问题的有利时机。不进行系统的研究和学习，就无法在企业建章立制方面做出系统性安排。所以说，只有懂法律又懂管理的 HR，才能真正解决问题。

3. 对于如何提前管控、如何修改或制定现存的规章制度、如何规避法律风险，有些关键点和流程 HR 是清楚的。但是这些多是些费时费力、阻碍较大、有较大难度的工作。一些 HR 面对这样的问题和挑战，容易打退堂鼓、畏惧，并产生得过且过、遇到问题再解决的心理。HR 缺乏从源头予以控制的决心，是导致很多劳动纠纷败诉的原因。

4. 在 HR 的日常管理中，由于过于追求效率，往往缺乏对相关证据的管理固定措施。关键时刻缺乏证据，也是企业败诉的主要原因。例如，企业支付了加班费，但是却没有让员工在包含加班费的工资单上签字，一旦因为加班费出现争议，企业大概率会败诉。

5. 《劳动法》及相关法律法规是较为复杂的，既有国家规定，也有人社部和最高人民法院的规定或者司法解释，还有地方政府和地方人民法院的规定、解释和判例；既有现在的新规定，也有发布时间早但还没有明确废止的规定；等等。没有深度研究的 HR 在管理上只能应付个框架，细节上无从下手。只好兵来将挡，水来土掩，这就容易陷入被动。

根据统计，多数劳动争议案例是在企业正常生产经营过程中产生的。专业的 HR 应当在建设企业人力资源管理体系时，就把《劳动法》及相关法律法规融入其中。这样 HR 在执行企业员工管理的各项制度、政策和流程时，遵守企业的规定就是遵守《劳动法》及相关法律法规的规定，从而减少劳动争议案件的发生，或者说即使不可避免地发生一些劳动纠纷案例，也会提升公司的胜诉率，减少败诉对企业的负面影响。

疑难问题 2：HR 如何做好劳动关系管理？

人力资源战略规划来自企业的总体战略规划，那么作为企业人力资源重要组成部分的劳动关系是否需要战略规划呢？回答是肯定的，但在实际操作中，劳动关系的战略规划往往被 HR 忽略。

企业在制定招聘、员工配置、薪酬、绩效、培训等各模块的制度或流程时，要把劳动关系管理问题考虑进去。

劳动关系规划的关键是预判，并做出相应的安排。约定在先和告知在先的劳动关系管理原则，对于劳动关系工作做得是否顺利特别重要。

1. 约定在先。约定在先，是指把企业如何进行员工管理的内容和与员工切身利益有关的管理内容进行事先约定，尤其是法律法规规定得不够具体清楚，同时赋予了企业一定程度用工自主权的内容要进行较为清晰的约定。这些内容都需要约定在与员工订立的劳动合同文本中。

比如，《劳动合同法》第三十九条规定了员工试用期不符合录用条件，公司可以解除劳动关系并且不需要支付经济补偿金，因此，HR 需要在与员工的劳动合同中事先约定录用条件是什么；再如，员工严重违反企业规章制度的，公司可以解除劳动关系，因此，HR 就需要在劳动合同中与员工约定哪些行为是严重违反企业规章制度的；等等。如果对上述例子中的内容没有进行事先约定，一旦员工做出一些不当行为，企业解除与员工劳动关系的行为就极有可能缺乏依据。

2. 告知在先。告知在先，是指企业提前把对某些事情的态度和处理意见，以假设的方式告知员工。作为员工，提前知道了企业的某些规定、意见或者态度，一般来讲，就很少故意触犯或者违反这些规定。

比如，员工手册就是一份告知在先且关于企业劳动纪律等方面的规章制度，如果这份材料内容缺失，就失去了劳动纪律等方面"告知在先"的作用。

需要说明的是，HR 对劳动关系风险点的把控是 HR 做到约定在先和告知在先的前提。

劳动关系管理的主要风险点有哪些呢？劳动关系的风险控制点虽然很多，但是基本有脉络可寻。比如：招聘工作中，风险控制点在于招聘条件中避免就业歧视、试用期管理中录用条件的约定；用工自主权方面风险点在于对员工不能胜任工作的管理、严重违反企业规章制度解除劳动关系、员工一定条件下的调岗降薪降职等。

因此，我们说 HR 如何做劳动关系管理，除了提升自身业务能力以外，主要从三个方面着手：一是在人力资源体系制度建设中，招聘、配置、培训、薪酬、绩效等方面要把劳动关系的管理考虑进去。员工关系专员或总监有责任去说服人力资源一把手重视这个问题。二是一定要适用约定在先和告知在先的管理原则，这两个原则是劳动关系管理的首要原则。三是要了解和懂得劳动关系管理的风险点和控制点。这三点可以说都要求 HR 具备比较高的劳动法及相关法律法规水平，因此 HR 的学习永远在路上。

二、招聘和录用管理

疑难问题 3：HR 如何尽量减少公司发了 Offer 又反悔的情况发生？

公司发了 Offer 又反悔，对于 HR 来说是一件非常尴尬的事。无论如何，公司发出 Offer 后再取消，特别是候选人已经做好入职准备的情况下，会给对方造成非常不必要的麻烦和损失。公司需要承担缔约过失责任。根据《民法典》的规定，公司应当赔偿候选人因此造成的损失。

出现这类事情的原因比较复杂。例如，可能是因为公司战略或业务调整，暂时不需要这个岗位了；或者业务部门自己找到更合适的人选了；等等。

作为 HR，如何通过制度和流程尽量避免此类情况的发生呢？

第一，公司战略调整是 HR 无法控制的问题，但战略调整其实是有一个时间段的，在此期间作为 HR 应该随时和有关部门沟通，在公司保密的范围内尽量了解更多的信息，以便在发出 Offer 前能够做出正确的决定，如先稍微等一下，看一看具体情况再发 Offer。

第二，HR 应当建立有效的 Offer 管理流程。业务部门的主要领导或者公司管理层需要参与到 Offer 批准流程中来。通过这个流程，可能提前掌握信息的业务部门和公司管理层在签字前会根据业务具体情况做出进一步的考虑和判断，这样就在最大程度上有效防止或减少发出 Offer 又后悔的情况发生。

第三，如果通过上述努力，还没有解决问题，不得不取消发出的 Offer，这时就要看 HR 的沟通能力了。进行有效协商和沟通，取得候选人的理解。

因此，公司发出 Offer 后反悔，首先明确的是公司应当承担一定的赔偿责任，这个责任要根据实际对候选人造成的损失进行评估。然后，妥善地与候选人协商解决。HR 在发出 Offer 前后的管控和沟通工作也至关重要。HR 要慎重对待每一个 Offer，注重事前事后流程的管理确认，以及与业务部门的沟通和高层战略信息的获取，并在其中起到一个沟通桥梁的作用。一旦事情发生，HR 要努力把公司的实际损失和品牌损失降到最低。

疑难问题 4：如何避免入职体检引起争议？

体检的目的是检查应聘者是否有潜在的疾病、职业病等，检查劳动者的健康状况是否适合工作岗位。但是在实际操作中，不少 HR 为了降低成本，或好不容易完成招聘任务，往往忽视候选人的入职体检工作，导致在劳动合同签订后才发现员工早就存在潜在的疾病或职业病。

如果企业在与员工建立劳动关系后，才发现员工的病情，将会给企业造成不必要的损失和麻烦。

1.《劳动法》对解除患病员工的劳动合同有严格的限制：员工患病，企业不能随意解除与员工的劳动关系，企业应该依法给予员工一定的医疗期；员工医疗期满，不能从事原工作，也不能从事企业另行安排的工作的，企业才能解除与员工的劳动关系，而且还应当提前三十日通知员工或支付员工一个月的代通知金。企业还应当根据规定支付员工医疗补助金等费用。因此，如果新入职员工患病或非因工负伤，将会额外增加企业的成本。

2.《劳动法》对职业病的相关规定也有可能让 HR 面临窘境。企业对从事接触职业病危害的员工，应当在上岗前进行职业病健康检查，否则不得安排其从事相关作业。未按规定实行上岗前职业健康检查的，还可能承担警告或者 5 万元以上 10 万元以下罚款的行政责任。员工被诊断出职业病，但尚未参加工伤保险的，所有的医疗费用要由企业承担。而如果企业提前进行了健康检查，相关费用由员工之前的企业承担。换言之，如果企业未对员工进行入职前健康检查，不能证明员工的职业病是在员工之前的用人单位患病的，则要承担法律和经济责任。可见，入职前健康检查是用人单位降低风险的重要方式之一。

3. 在体检这个环节，HR 容易陷入的纠纷是就业歧视问题。HR 认为企业根据员工的面试表现，结合候选人体检结果，做出是否聘用的决定，是企业自己的事情。但是，前些年的一部分乙肝就业歧视的案例，如张某状告人事部门歧视乙肝患者案，就引起了社会对就业歧视的广泛关注。

那么，HR 应该怎么应对呢？重置招聘流程是一个最好的解决方案。

我们对 HR 提出以下意见和建议：

1. 要求候选人到指定的医院体检。有的企业 HR 图方便，仅指定医院的级别，往往不指定医院。但是，这样操作可能会流于形式，让有疾病的候选人有更多的规避空间。

此外，企业还要细化体检项目，并针对企业自身岗位及生产环境的特点，选择针对性体检项目。HR 还要重视体检资料存档，企业的体检材料务必由人力资源部门或归口部门存档备案，以避免出现问题或者发生争议时无法提供相关证据资料。

2. 先体检后发录用通知。要求面试合格的候选人先进行体检，企业在收到体检报告并确认没有疑问的情况下，再发出录用通知书。不要在候选人面试合格后直接发出录用通知，入职体检是面试后发放录用通知前不可缺少的一个环节。对于 HR 来说，只是把体检和发放 Offer 的流程进行了重置，不会额外增加工作量。

三、劳动合同管理

疑难问题 5：法定情形原因致使劳动合同顺延后员工达到连续工作满十年标准的，也要签订无固定期限劳动合同吗？

员工在企业连续工作满十年，企业应该与员工签订无固定期限劳动合同基本上是每位劳动者都知道的事情。但是，对劳动合同到期前出现法定顺延，如员工怀孕、产假、在医疗期内等情况，导致合同顺延，致使员工连续工作满了十年的，是否应该签订无固定期限的劳动合同呢？

除了上海，我国多数地方规定把法定顺延的情况一并考虑进连续工作的年限，企业应当与员工签订无固定期限劳动合同。

但是上海的规定非常明确："劳动合同期满，合同自然终止。合同期限的续延只是为了照顾劳动者的特殊情况，对合同终止时间进行了相应的延长，而非不得终止。《劳动合同法》第四十五条也明确规定：'劳动合同期满，有本法第四十二条规定情形之一的，劳动合同应当续延至相应的情形消失时终止。'在法律没有对终止的情况作出特别规定的情况下，不能违反法律关于合同终止的规定随意扩大解释，将订立无固定期限合同的后果纳入其中。因此，法定的续延事由消失时，合同自然终止。"[①]

在上海工作的 HR 应该注意当地关于这一点规定。

四、薪酬绩效管理

疑难问题 6：员工绩效考核不合格能否直接认定为不能胜任工作？

绩效考核不合格，与不能胜任工作之间有着密切的联系，但是绩效考核不合格，并不意味着员工就一定不能胜任工作。那么如何认定员工不能胜任工作呢？

劳动法律规定的员工"不能胜任"工作，与人力资源管理角度认为的"不能胜任"有很大的不同。人力资源管理中，有关于"胜任力"的概念，考察员工的胜任力使用的是"冰山"模型。而劳动法律所定义的胜任力，比较简单直接一些。原劳动部《关于〈劳动法〉若干条文的说明》第二十六条第三款规定："本条第（二）项中的'不能胜任工作'，是指不能按要求完成劳动合同中约定的任务或者同工种、同岗位人员的工作量。用人单位不得故意提高定额标准，使劳动者无法完成。"因此，判断员工是否胜任工作岗位，要看员工是否按时完成了自己的工作任务也看员工的工作量与同岗位人员是否有较大的差异。

实务中，对于员工是否胜任工作的判断一般是通过绩效管理系统来完成的。公司通过员工的绩效考核结果，判定员工是否胜任本岗位工作。因为绩效考核的主要内容就是员工是否能够及时、按时、保质完成工作任务；另外，企业领导在绩效考核时也

[①] 《上海市高级人民法院关于适用〈劳动合同法〉若干问题的意见》（沪高法〔2009〕73 号，2009 年 3 月 3 日）。

会考虑对不同员工工作结果完成的数量和质量等进行对比。

绩效考核不合格需要通过劳动合同或者公司规章制度与"不能胜任"建立起联系，且相关的判断标准要符合法律规定。否则，绩效考核不及格并不能直接被认定为不能胜任工作岗位。

当然，所有的绩效考核指标都必须是能够有效实现量化考核的。否则考核结果就会受到质疑，并引发纠纷。

疑难问题7：员工有违纪行为是否可以降薪？

《劳动合同法》规定员工工资是劳动合同的必备条款。企业调整员工工资，应当经过双方协商一致，并签订书面变更协议。也就是说，企业不能单方面降低员工工资。

但是，企业在日常管理过程中，经常会遇到员工违反公司劳动纪律的现象。这种情形下，企业可否对员工实施降低薪酬标准的处罚措施呢？

《劳动合同法》对于员工有违纪行为，企业是否可以降薪没有明确规定。但是其中第三十九条规定了员工严重违反企业的规章制度时，企业可以解除员工的劳动合同，这是最严厉的处罚措施。但是员工的违纪程度不同，并不都能达到严重违反企业规章制度的标准，有些违纪行为还达不到解除劳动合同的程度。因此，当企业使用解除劳动合同最严厉的处罚之外的措施，如降职、降级、降薪等时，应该是可行的一种处罚方法。

企业实施对因为员工违纪而降薪的处罚时，应该做到以下几点：

1. 在劳动合同中约定如果员工违反企业的规章制度，触发降薪的规定条款时，员工同意企业有权给予降薪的处分。

2. 在公司规章制度，如员工手册中明确列举和规定可以处以降薪的违纪行为类型，规章制度的制定应当经过法定的民主程序。

3. 员工的降薪标准，应当设定在合理的范围内。至于什么样的标准属于合理范围，没有统一的规定。一旦有纠纷，一般情况下，仲裁机构和人民法院会根据企业的工资制度、员工的原工资标准、降薪的幅度等具体情况确定是否合理合法。当然，降薪后的标准至少不能低于当地最低工资标准。

4. HR书面通知企业的降薪决定，并要求员工在降薪通知书上签字；企业要能证明员工已经知道或者了解降薪的决定。

如果企业没有事先约定或者事先作出相关规定，员工违纪是不能直接降薪的。

疑难问题8：女职工"三期"内不能胜任工作，企业可以调岗调薪吗？

《劳动合同法》及相关法律法规对"三期"女员工有着特殊的保护。例如，《妇女权益保障法》第四十八条第一款规定了"用人单位不得因结婚、怀孕、产假、哺乳等情形，降低女职工的工资和福利待遇"。国务院颁布的《女职工劳动保护特别规定》第五条也规定："用人单位不得因女职工怀孕、生育、哺乳降低其工资、予以辞退、与其解除劳动或者聘用合同。"

所以说企业要对"三期"女员工进行调岗调薪的，除非向上调整，否则处理不好就会违反《劳动合同法》的规定。一般情况下，企业也会尊重"三期"女员工，不会轻易对其调岗调薪。但是，企业有时会遇到一些特定情形，需要调整"三期"女员工的岗位和薪酬。

虽然法律法规对于降低"三期"女员工的工资有禁止性规定。但这些规定针对的是"因为员工怀孕原因，降低薪酬"，而不是员工"不能胜任工作，降低薪酬"。两者是有差异的。

所以，企业不能以"三期"女员工不能胜任工作为由解除劳动合同，调岗调薪则未被禁止。问题的关键还是要有充分证据证明"三期"女员工不能胜任工作。

1. 在劳动合同中约定或者在绩效管理制度中规定员工不能胜任工作企业可以调整员工工作岗位和工资标准。

2. 对"三期"女员工要有全面、客观、量化的考核结果，并且员工在考核结果上签字确认。

3. 企业应当有合法合规且完善的薪酬管理制度，明确规定各岗位各职级的工资标准。

4. 岗位的调整要有合法性和合理性，不能有恶意或者羞辱的成分。

在满足上述四个条件的情况下，才可调整"三期"女员工的岗位和工资。不过，建议企业如果不是万不得已，尽量不对"三期"女员工的岗位进行调整，体现企业对"三期"女员工的关怀，也避免引发一系列争议和纠纷。

五、劳动合同履行

疑难问题9：企业部门取消可否成为企业单方调岗的合法理由？

根据《劳动合同法》第四十条第三项规定，劳动合同订立时所依据的客观情况发生重大变化，致使劳动合同无法履行，经用人单位与劳动者协商，未能就变更劳动合同内容达成协议的，用人单位可以解除劳动合同。由此，一些企业认为基于业务发展、机构改革等原因，导致企业内部一些部门被取消的，属于"客观情况发生重大变化"，因此企业不但可以解除员工的劳动合同，而且可以单方调整员工的工作岗位。

但是，《劳动合同法》并不认可企业自行取消内部部门属于客观情况发生重大变化的情形。虽然一些特定情况下，部门取消的底层原因就是企业业务发生了不以企业主观意志为转移的客观变化，但是这种变化导致的企业部门取消，仍然不被认定为客观情况发生重大变化。主要原因是部门取消被认定是企业的一种主观行为；同时，《劳动合同法》还认为企业在与员工签订劳动合同时，有责任预测到未来业务的变化。如果企业没能预测到业务的变化，责任应当由企业承担，而不是员工。

另外，关于什么是"客观情况发生重大变化"，原劳动部《关于〈劳动法〉若干条文的说明》明确规定，所谓的"客观情况"指：发生不可抗力或出现致使劳动合同全部或部分条款无法履行的其他情况，如企业迁移、被兼并、企业资产转移等，并且排除"用人单位濒临破产进行法定整顿期间或者生产经营状况发生严重困难"的情形。客观情况发生重大变化是客观原因导致的。主观原因导致的情况变化，不应当属于客观情况发生重大变化。

因此，企业部门取消，不能成为企业单方面调岗的理由。

疑难问题10：企业有权对员工实施罚款处罚吗？

实务中，很多企业都有对员工罚款的规定。对于一些管理者来说，这看上去是一种有效率的管理方式。那么企业到底有没有对员工实施罚款处罚的权利呢？

企业罚款的法律渊源是1982年国务院发布的《企业职工奖惩条例》（已失效），其中第十二条规定："对职工的行政处分分为：警告，记过，记大过，降级，撤职，留用察看，开除。在给予上述行政处分的同时，可以给予一次性罚款。"但是该条例已经被国务院于2008年予以废止，并明确规定该条例已经被《劳动法》和《劳动合同法》所覆盖。

《劳动法》和《劳动合同法》中并没有对企业是否有罚款的权利作出明确的规定。只是规定员工在违反培训服务期的约定、竞业限制协议的约定以及违法解除劳动合同和违反保密协议给企业造成损失的情况下，才需要向企业支付违约金或者赔偿金，并没有提及企业罚款的权利。

既然法律没有规定企业有或没有罚款权，那么企业是否可以在规章制度中予以规定，通过法律规定的民主程序使规章制度生效后再进行罚款呢？

这种操作方式，不符合常理。我们在员工手册一章说过，不符合常理的规章制度条款，往往会被仲裁机构或者人民法院认定为无效。我们说把罚款规定放在规章制度中不符合常理是因为企业和员工的劳动关系，实际上存在很大的不平等。如果企业通过制定规章制度就可以罚款，有可能会对员工造成极为不利的后果。比如：企业通过故意加大罚款额度或者罚款种类，给员工造成经济损失。

另外，根据《中华人民共和国立法法》和《中华人民共和国行政处罚法》的相关规定，对公民实施罚款的主体仅限于法律、行政法规、地方性法规授权的行政机关、司法机关。企业员工是公民身份，既然两部法律规定了只有行政机关和司法机关才有权对公民实施罚款，因此企业也就无权对员工实施罚款。

而实际上，罚款对企业来说，除了要承担一定的法律风险，绝不是一个激励员工的最佳方式，大部分时候反而会起到负激励的作用。

疑难问题11：实行不定时工作制的员工如何界定"旷工"行为？

大部分企业规章制度中都有关于对员工旷工行为的处罚措施。但是对于实行不定时工作制的员工，由于无须按时上下班考勤，所以存在认定旷工行为困难的情况。

既然员工实行的是不定时工作制，企业就很难对其工作状态进行实时监控。企业只能检验员工的工作结果，通过工作结果考核员工的业绩和贡献。但是，在实务中，公司管理上也需要实行不定时工作制的员工遵守一定的工作规则，包括遵守公司关于旷工的规定。

员工虽然实行的是不定时工作制，但是也要到企业汇报、开会或者通过邮件、办公系统等，及时汇报自己的工作情况。从这个角度讲，企业可以对员工根据要求到公司当面汇报工作、参加会议或者按时通过邮件、办公系统与公司沟通等，作出考勤方面的规定。

针对不定时工作制在特定情形下的出勤问题，企业可以考虑作出如下规定：

1. 对于不定时工作制员工，可以规定到公司汇报或者开会的时间，如每周一天到公司汇报、开会或者参加培训，必须按规定考勤；或者规定按时通过邮件或者办公系统汇报工作情况，算作考勤；等等。

2. 公司在规章制度中作出相应的规定：实行不定时工作制的员工，无须正常考勤。但是应当服从公司的工作安排。员工未经批准，不服从公司工作安排进行正常出勤的，视为员工旷工。另外，如果公司发现不定时工作制的员工工作时间处理私人事务，也应当视为旷工行为。

企业对不定时工作制员工作出这种规定，是为了防止个别员工以实行不定时工作制或者其他理由为借口，不服从企业的工作安排，拒绝参与某些汇报或者会议；或者利用工作时间处理私人事务；等等。一旦出现这种情形，如果没有作出此类规定，企业就没有采取管理措施的依据。

疑难问题 12：员工用微信或短信请假，领导没有回复的，如何认定？

实务中，很多企业的员工已经习惯于使用微信或者短信的方式，向领导请假。但是，如果领导没有回复，如何认定呢？

实际上，已经有因为领导没有回复员工请假，导致员工被处罚而引起的劳动争议。仲裁机构认定公司没有同意员工的请假申请。

作为企业，当员工请假的时候，是有审批权的。企业可以根据具体情况决定批准或者不批准。企业应当在规章制度中明确请假流程。比如，明确规定员工可以通过微信或者短信请假，但是回公司后，要补交正式的请假申请；如果通过微信或者短信请假，领导没有在几个小时内回复的，视为领导没有同意；等等。规定明确了，就不容易出现问题和纠纷了。

没有明确请假流程的企业，员工通过微信或者短信请假也是可以的，毕竟微信、短信是现下常用的沟通方式。但是，如果领导没有回复，根据现有判例来看，不会认定领导"默认"或"同意"了员工的请假申请。

疑难问题 13：员工拒绝或无法签字时，HR 应当如何把有关文件或通知送达给员工？

被解除劳动合同员工签字的问题，是 HR 工作中一个管理上的老大难问题，并极有可能引起法律风险。

根据《劳动合同法》的规定，对于不辞而别或者拒绝签收解除劳动关系通知书的员工，用人单位必须把解除劳动关系的决定送达员工，否则不能产生法律效力，双方的劳动关系被视为没有解除。这样的员工虽然离开了企业，但企业还要承担《劳动合同法》下的一些义务。例如，员工可以要求企业发放生活费工资，补交社会保险，等等。

那么，这个问题应该如何解决呢？

首先，要从事前控制上着手。要在签订劳动合同的时候，约定员工的通信地址。随着人员流动的加大，这对于外地员工较多的生产密集型企业尤其重要，而员工身份证地址与员工实际通信地址多数情况下并不相符。有鉴于此，用人单位应当在劳动合同中约定员工的通信地址，并约定送达条款。如：企业对员工的送达地址均按此地址进行，如员工变更通信地址的，应及时通知企业；未能通知的，企业按原地址送达，视为员工收到。除了约定通信地址与送达条款外，企业还有必要在劳动合同中约定紧急联系人。紧急联系人是在员工发生意外或其他紧急情况下，企业需要联系到员工委托的亲属或朋友，以处理与员工有关的事务，因此在劳动合同中约定紧急联系人是非常必要的。实际上，紧急联系人除了处理员工的紧急事务，还可以成为员工代收企业发给员工的一些文件资料的委托人。因此，在劳动合同中的紧急联系人条款可以参照如下内容设计：员工同意，在其处于联系障碍状态（包括但不限于乙方因疾病住院、发生意外事故、丧失人身自由等情形）时，委托紧急联系人作为员工的委托人，该委托人享有全权代理员工处理员工本人劳动合同项下所涉一切问题的权限，包括但不限于与企业进行协商谈判、和解、代为收付有关款项及代为收发有关文书等。

多数企业仅留下紧急联系人的地址等信息，而没有约定上述授权信息。一旦发生法律方面的问题，如果紧急联系人与员工没有法定的授权关系，企业的通知即使送达紧急联系人，也不受法律保护，相当于根本没有通知到员工。

其次，要注意几种不同的送达形式。

实践中多参照原劳动部办公厅发布的《关于通过新闻媒介通知职工回单位并对逾期不归者按自动离职或旷工处理问题的复函》（2017 年 11 月失效）规定的送达程序执行。应以书面形式直接送达职工本人；本人不在的，交其同住成年亲属签收。直接送达有困难的可以邮寄送达，以挂号查询回执上注明的收件日期为送达日期。只有在受送达职工下落不明，或者用上述送达方式无法送达的情况下，方可公告送达，即张贴公告或通过新闻媒介通知。自发出公告之日起，经过三十日，即视为送达。

邮寄送达。邮寄送达所要注意的事项是，一定要在邮寄的封面把邮寄的内容书写清楚。例如：员工解除劳动合同通知书。否则，企业无法证明邮寄的是什么东西。一旦发生诉讼，企业无法证明自己已经把解除劳动合同通知书送达员工了。这样的案例已经有很多了。同时，随着手机的应用，建议HR在工会的见证下，把解除劳动合同通知书等文件材料拍照或录视频，作为辅助证据使用。但是，一旦与员工发生纠纷，邮寄送达一般很少有员工签收。

公告送达。公告送达的重点是，只有在邮寄送达不成功之后，才可以使用公告送达。如果没有事先进行邮寄送达的尝试，一开始就使用公告送达，应该是无效的送达方式。公告送达最好选择《人民法院报》等这种全国性的司法报纸。

因此，送达的方式是有先后顺序的：先直接送达，再邮寄送达，最后公告送达。如果企业没有遵循上述送达顺序，直接采取邮寄方式送达或公告方式送达相关文书，可能会因企业送达程序的错误而无效，从而造成不利后果。

另外，最高人民法院公示过一个送达案例，非常有代表性。

该案例中A公司在合同中约定了一个"诉前送达条款"，法院经审理确认合同中约定的送达方式有效，最终法院通过手机短信的方式送达所有法律文书。HR也可以在合同中约定类似条款，让送达尽量变得更容易。

该案概要如下：

2015年7月25日，A公司与陈某在线签订《网商贷贷款合同》，约定借款及相关双方权利义务。其中，合同特别约定：

对于因合同争议引起的纠纷，司法机关可以通过手机短信或电子邮件等现代通信方式送达法律文书；陈某指定接收法律文书的手机号码或电子邮箱为合同签约时输入支付宝密码的支付宝账户绑定的手机号码或电子邮箱；陈某同意司法机关采取一种或多种送达方式送达法律文书，送达时间以上述送达方式中最先送达的为准；陈某确认上述送达方式适用于各个司法阶段，包括但不限于一审、二审、再审、执行以及督促程序；陈某保证送达地址准确、有效，如果提供的地址不确切，或者不及时告知变更后的地址，使法律文书无法送达或未及时送达，自行承担由此可能产生的法律后果。合同签订后，A公司发放贷款，但陈某未依约还款付息，故A公司提起诉讼。

审理过程中，法院通过12368诉讼服务平台，向被告陈某支付宝账户绑定的手机号码发送应诉通知书、举证通知书、开庭传票等诉讼文书，平台系统显示发送成功。陈某无正当理由拒不到庭参加诉讼，法院依法缺席审理。

公司与员工签订劳动合同时，也可以参照本案例，作出如下约定：

员工同意公司可以通过以下任何一种或者多种方式送达给员工相关书面文件，送达时间以上述送达方式中最先送达的为准：

员工确认以下任何方式均可送达：

1. 手机短信送达

送达手机号码：

手机号持有人：

2. 电子邮件送达

电子邮箱为：

邮箱持有人：

3. 邮寄送达

邮寄地址为：

收件人：

4. 紧急联系人。公司对员工紧急联系人的送达，也视为送达

（1）手机短信送达

送达手机号码：

手机号持有人：

（2）电子邮件送达

电子邮箱为：

邮箱持有人：

（3）邮寄送达

邮寄地址为：

收件人：

双方共同确认：上述送达方式适用于公司和员工联系的各个阶段，也适用于各个司法阶段。同时双方保证送达地址准确、有效，如果提供的地址不确切，或者不及时告知变更后的地址，使法律文书无法送达或未及时送达，自行承担由此可能产生的法律后果。

劳动合同关系与经济合同关系有所不同，但是上述案例是最高人民法院公布的送达案例，有一定的代表性。建议HR在和员工签订劳动合同的时候，在劳动合同中加入类似条款，虽然不是万无一失，但是也可起到一定的作用。

疑难问题14：企业与员工在劳动合同中约定"可以根据业务需要调整员工的工作岗位"是否有效？

企业与员工签订劳动合同后，在劳动合同履行过程中，根据业务需要调整员工工作岗位的，需要双方协商一致，并签订书面劳动合同变更协议。如果员工不同意，则调岗会非常困难，因此很多企业试图在劳动合同中约定：员工同意企业有权根据业务需要调整员工的工作岗位。

《劳动合同法》并没有明确禁止此类约定，但是，实务中企业并不是根据这条约定，就可以随意调整员工的工作岗位。根据劳动争议案件的实际判例，调岗要符合下列条件，才不会被认定为无效或者违法。

《天津法院劳动争议案件审理指南》第十九条规定："用人单位对劳动者的工作岗位进行调整，应当同时具备以下条件：

（1）符合劳动合同的约定或者用人单位规章制度的规定；

（2）符合用人单位生产经营的客观需要；

（3）调整后的工作岗位的劳动待遇水平与原岗位基本相当，但根据《中华人民共和国劳动合同法》第四十条第一项、第二项，因劳动者患病或者非因工负伤，在规定的医疗期满后不能从事原工作而被调整岗位，或者因劳动者不能胜任工作而调整岗位的除外；

（4）调整工作岗位不具有歧视性、侮辱性；

（5）不违反法律法规的规定。

"用人单位因生产经营状况发生较大变化，经济效益出现下滑等客观情况，对内部经营进行调整，属于用人单位经营自主权的范畴，由此导致劳动者岗位变化、待遇水平降低，劳动者主张用人单位违法调整工作岗位、降低待遇水平的，不予支持。

"用人单位主张调整劳动者工作岗位合法，应承担举证证明责任。"

由此可见，企业调岗应当符合下列条件：

1. 企业调整工作岗位，确实是根据业务的需要。例如，由于业务的变化，导致员工所在部门取消。

2. 所调岗位要具有合理性。新调整的岗位与原岗位的工作性质、工作方式等没有过大的差距，新旧岗位之间要有一定的关联性。

3. 岗位调整不应当体现出恶意或者惩罚性质。

4. 调岗不应当给员工造成实际履行工作上的困难。

5. 具体在劳动合同中的约定内容不能明显地排除员工的合法权利。例如，如果约定企业可以根据需要调岗，员工不应当反对。前半段没有问题，后半段则排除了员工的合法权利，属于无效约定。

北京地区也有相关解释。如，《北京市高级人民法院、北京市劳动人事争议仲裁委员会关于审理劳动争议案件解答（一）》："59. 用人单位调整劳动者工作岗位的，如何处理？用人单位与劳动者约定可根据生产经营情况调整劳动者工作岗位的，经审查用人单位证明生产经营情况已经发生变化，调岗属于合理范畴，应支持用人单位调整劳动者工作岗位。用人单位与劳动者在劳动合同中未约定工作岗位或约定不明的，用人单位有正当理由，根据生产经营需要，合理地调整劳动者工作岗位属于用人单位自主用工行为。判断合理性应参考以下因素：用人单位经营必要性、目的正当性，调整后的岗位为劳动者所能胜任、工资待遇等劳动条件无不利变更。用人单位与劳动者签订的劳动合同中明确约定工作岗位但未约定如何调岗的，在不符合《劳动合同法》第四十条所列情形时，用人单位自行调整劳动者工作岗位的属于违约行为，给劳动者造成损失的，用人单位应予以赔偿，参照原岗位工资标准补发差额。对于劳动者主张恢复原工作岗位的，根据实际情况进行处理。经审查难以恢复原工作岗位的，可释明劳动者另行主张权利，释明后劳动者仍坚持要求恢复原工作岗位，可驳回请求……"

疑难问题 15：HR 如何在日常管理中保留证据？

劳动争议案件中，企业实际上负大部分的举证责任。而实践中，企业因为不能举证而导致败诉的案例比比皆是。那么 HR 应当如何在管理中保留好证据材料呢？

不同的劳动争议案件所需要的证据各不相同，但是回到管理中，HR 还是有一些共性的方法，用以收集或者保留证据。

1. 员工与企业签订的劳动合同、保密与竞业限制协议等书面文件，当然是重要的证据。

2. 制定企业规章制度时，履行法定民主程序的相关资料，也是证明企业规章制度有效的重要证据。

3. 员工签收企业规章制度的材料。

4. 员工签字的考勤记录、绩效考核表单、工资单、调岗通知、调薪通知、相关协议、离职证明、邮寄送达的材料、公告送达的材料等，需要妥善保存。当然，这些材料需要员工签字。没有员工签字的材料，不是有效的证据材料。尤其是工资单、绩效考核表单、考勤记录等，HR 在日常管理实践中非常容易忽略员工的签字问题。即使信息化已经非常发达，HR 也不应当为了工作上的便利，忽略员工的签字。

5. 违纪员工的检讨书、申辩书等材料。

6. 具体事件涉及的知情者的证词、物证。例如，被损坏的设备等。

7. 具体事件的视听资料等。

8. 与员工邮件往来、微信、短信沟通的聊天记录等，也可以作为一种证据材料。这些材料 HR 要及时固定，否则非常容易消失。

9. 政府部门对员工的处分或者处罚材料。

10. 员工签字的其他材料。

六、劳动合同的解除或终止

疑难问题 16：企业解除劳动合同没有履行通知工会的程序，是否合法？

《劳动合同法》第四十三条规定："用人单位单方解除劳动合同，应当事先将理由通知工会。用人单位违反法律、行政法规规定或者劳动合同约定的，工会有权要求用人单位纠正。用人单位应当研究工会的意见，并将处理结果书面通知工会。"

但是，在实践中，很多企业并没有履行这一法定程序。那么违反《劳动合同法》本条款的规定，是否会导致劳动合同的解除无效呢？

《最高人民法院关于审理劳动争议案件适用法律问题的解释（一）》第四十七条规定："建立了工会组织的用人单位解除劳动合同符合劳动合同法第三十九条、第四十条规定，但未按照劳动合同法第四十三条规定事先通知工会，劳动者以用人单位违法解除劳动合同为由请求用人单位支付赔偿金的，人民法院应予支持，但起诉前用人单位已经补正有关程序的除外。"

对于建立了工会组织的企业，履行《劳动合同法》规定的解约流程时，如果在解除员工的劳动合同时没有通知工会,只要在员工或者企业起诉前企业补正了程序,就认为是已经履行了程序。这条规定给企业提供了补救的机会。

但是,如果企业没有在解除时通知工会,在起诉前也没有补正程序,即使企业解除的理由正当合法,也会被认定为违法解除,需要支付员工经济赔偿金。

对于没有建立工会的企业,各地的规定和实践有所不同。例如,《江苏省劳动合同条例》第三十一条第二款规定:"用人单位单方解除劳动合同,应当事先将理由通知工会;用人单位尚未建立工会的,通知用人单位所在地工会。"也就是在江苏,企业解除劳动关系,需要通知企业所在地工会。《天津市高级人民法院关于印发〈天津法院劳动争议案件审理指南〉的通知》(津高法〔2017〕246号)第二十一条第二款规定:"未建立工会的用人单位根据《中华人民共和国劳动合同法》第三十九条、第四十条规定解除劳动合同,劳动者以用人单位未通知所在地工会或者行业工会为由主张违法解除劳动合同的,不予支持。"也就是在天津,企业解除劳动关系,无须通知地方工会。另外,各个地方大都有针对"是否通知工会"的判例,也可作为HR的参考。但没有工会的企业最好建立自己的工会,否则,在履行劳动合同时可能会比较麻烦。

疑难问题17:如何正确遵照"严重违反用人单位的规章制度"的规定解除劳动关系?

《劳动合同法》第三十九条规定,员工"严重违反用人单位的规章制度",企业可以解除与该员工的劳动关系。但对于员工具体哪些行为属于严重违反规章制度,没有作出明确规定。这一规定实际给了企业一定的自由裁量权。但实践中,企业依据这一规定解除员工的劳动关系时,往往存在一些问题。

那么,企业如何才能根据这一规定正确解除严重违反规章制度员工的劳动关系呢?具体来说,企业应该做到以下几点:

1. 规章制度的内容要符合法律的规定。不符合法律规定的规章制度会被认定为无效。例如,如果规章制度中规定:员工应当同意企业不为其缴纳社会保险。这一规定违反《劳动合同法》,当然无效。

2. 根据常理或逻辑,规章制度规定的员工行为要达到"严重"的程度。如果根据常理或者逻辑判断,规定的员工行为达不到"严重"的程度,也会被认定为无效。如果规章制度规定,员工迟到累计3次,就是严重违反公司规章制度,可以解除员工的劳动合同。这样的规定,基本就是无效的。因为迟到3次就解除劳动合同,惩罚结果过于严厉,不符合基本常理和逻辑。

另外,企业所处情形不同,"严重"的事项也会有所不同。例如,员工在写字楼办公室抽烟,就不属于"严重"的范畴。但如果员工在化工、炼油厂工作区抽烟,就可以认定为"严重违反企业规章制度"。

3. 要尽量把公司不能容忍的、员工可能的错误行为都在公司规章制度中作出明确规定。否则,如果员工做出了某种不当的行为,《劳动合同法》及相关法律法规中没有规定，公司规章制度也没有规定的情形下，公司所采取的行动或者决定，就会因为没有依据，难以得到仲裁机构或者人民法院的支持。

4. 要在规章制度中把《劳动合同法》规定模糊的地方尽量量化。例如，《劳动合同法》规定"严重失职，营私舞弊，给用人单位造成重大损害"的情形，公司可以解除劳动合同，但是对于"重大损害"的标准，并没有作出明确规定。公司在制定规章制度的时候，就可以把"重大损害"予以量化。例如，对企业造成 3 万元损失则属于"重大损害"，等等。这样规定，利于 HR 执行，也利于明确标准。

5. 规章制度的制定要符合法定的程序。没有经过法定程序的规章制度，不会得到仲裁机构和人民法院的认可。具体如何履行法定程序，我们已经在员工手册一章做了详细的介绍，读者可以参考相关内容，这里不再赘述。

疑难问题 18：公司如何正确运用"劳动者不能胜任工作，经过培训或者调整工作岗位后，仍然不能胜任工作"的规定，依法解除劳动合同？

HR 基本都知道《劳动合同法》的这一规定。但是在具体的实操中，仍然会出现问题。这其中有 HR 怕麻烦、流程长的原因，而主要原因还是 HR 在操作上存在疏漏，或者管理上的粗放所致。

实务中，一些企业一旦发现员工不能胜任工作岗位，就直接解除与员工的劳动合同。这样做的结果就是企业可能最终要支付员工经济补偿标准二倍的赔偿金，还会对企业其他员工造成不必要的负面影响。专业的 HR 一定会想办法避免这类事件的发生，避免对公司人才管理产生不利影响。

具体来说，满足《劳动合同法》的规定，实现企业的目标，应该按照以下程序操作。

（一）做好制度性安排

1. 在劳动合同中约定员工的岗位职责，明确员工的工作内容和责任。当然，如果劳动合同中没有约定，可以专门作出约定，由员工在岗位职责书面文件上签字即可。

2. 在劳动合同中约定，员工根据公司绩效管理办法进行的季度/年度业绩考核结果为 D 级或者低于某个分值的，属于员工不能胜任工作。当然，也可以在公司绩效管理办法中，作出相应规定。

3. 在劳动合同中约定，最好同时也在员工手册中规定，如果员工不能胜任工作，公司有权安排员工进行培训或者调整工作岗位。员工拒绝参加培训或者拒绝调整工作岗位的，属于严重违反公司规章制度。

4. 在劳动合同中约定，同时在员工手册中规定，员工严重违反公司规章制度的，公司有权解除与员工的劳动合同。

（二）做好员工绩效量化考核管理

1. 公司绩效管理指标的量化考核一直是大多数公司绩效管理的难点。特别是定性指标的考核，很多公司的 HR 或者业务部门感到难以量化。实际上，大多数定性指标是可以量化考核的。这一点我们已经在第二章做了专门的解析。请参照阅读。

量化考核的好处是绩效考核结果直观、客观，容易被员工理解，也不容易被否定。根据员工绩效量化考核的结果，以及劳动合同的约定或者绩效管理办法的规定，就可以做出员工是否胜任工作的判断。

2. 员工考核结果的签字

如果员工绩效考核结果不理想，签字有时会成为一个问题。解决这个问题的方法，就是在绩效管理制度中规定，如果员工对考核结果有异议，可以在一定期限内提出申诉，企业通过申诉流程组织有关人员重新考评确认；但如果员工在规定时间内没有提出申诉的，可以视为员工同意考核结果。另外，如果绩效考核实现了量化，考核结果直观明了，即使出现纠纷，公司也能出具证据证明考核结果的客观性和真实性。

（三）培训或者调岗

1. 如果公司选择对不能胜任工作的员工实施培训，培训的内容应当与员工工作岗位的工作内容和责任相关联。而且，HR 还要做好相关记录。这些记录包括员工因为不能胜任目前工作进行培训的通知、员工参加培训的考勤记录、员工参加培训项目的基本内容、培训成绩（如有）等书面材料。

2. 如果公司选择对不能胜任工作的员工实施调岗，所调整的岗位应该与员工原工作岗位有关联性或者具备合理性。例如，原岗位是招聘主管，调整到销售岗位或者财务岗位，除非员工愿意，否则，这种调岗就缺乏关联性或者合理性。

3. 如果员工拒绝参加培训或者拒绝调岗，公司可以根据劳动合同的约定或者规章制度的规定，以员工严重违反公司规章制度为由，解除员工的劳动合同（劳动合同、员工手册中已事先约定或者规定）。

（四）培训或调岗仍不能胜任

1. 这个环节与上述第二款的内容没有不同。继续做好绩效管理的量化考核工作。

2. 根据考核结果，确定员工的胜任与否。

3. 第二次工作岗位的考核可以是一个绩效周期，也可以短于一个绩效考核周期。基于工作岗位的特点，与员工作出书面约定即可。

（五）解除劳动合同

1. 如果员工经过培训或者调岗，绩效考核结果不是 D 级或者高于规定的某个考核分值，员工胜任工作岗位，可以继续履行劳动合同。

2. 如果员工经过培训或者调岗，仍不能胜任工作岗位，则公司可以提前 30 日通知或者支付代通知金，与员工解除双方的劳动合同。

3. 这种情形下解除劳动合同，公司应当支付经济补偿金。

疑难问题 19：如何根据"劳动者患病或非因工负伤，在规定的医疗期满后不能从事原工作，也不能从事用人单位另行安排的工作"的规定，依法解除相关员工的劳动关系？

《劳动合同法》的这条规定，也是让 HR 感到头痛的内容。因为在实际操作中，既要考虑员工具体的身体状况与工作岗位的匹配度，也存在不好固定证据以及员工不配合的问题。

具体来说，应当注意以下几点：

1. 员工生病后，根据员工的实际工作年限和在公司的具体工作年限，确定员工的医疗期。

2. 在公司制度中规定或者在劳动合同中约定，员工医疗期满没有康复、需要继续治疗，仍然不能到公司上班的，可以视为员工不能从事原工作，也不能从事公司另行安排的工作，公司有权解除与该员工的劳动合同。

具体操作：a. 医疗期满或者医疗期满前一周，以书面方式询问员工在医疗期满后是否康复、是否能回公司上班；b. 如果员工尚未康复，无法来公司上班，公司可以书面方式通知员工解除劳动合同，在通知中注明：医疗期已满、员工尚未康复、劳动合同第几条之约定或者公司规章制度第几条之规定、解除劳动合同的日期以及员工应当享有的经济补偿金和其他待遇。

3. 医疗期满，员工已经康复，对员工是否能从事原工作的判断。

一般情况下，员工会根据自身的健康状况，做出是否能继续从事原工作的判断。如果员工判断自己可以从事原工作，公司可以根据医生的诊断、员工康复情况的观察等作出判断。这一环节，需要员工提交能继续从事原工作的书面申请，公司同意并保留员工书面申请材料即可。

如果员工判断自己不能继续从事原工作，公司可以根据医生的诊断、员工的病情等作出判断。如果判断员工确实不能从事原工作，可以考虑给员工另行安排工作。这一环节需要保留的书面材料：员工的病历、员工表明自己不能从事原工作而请求另行安排工作的申请等。

具体判断员工是否能够从事原工作，主要通过下面几种情况予以判定：

a. 可以申请劳动鉴定委员会予以判定，这是最为权威的一种判定结果，但因为流程麻烦，除非有争议，实践中其实使用的并不多；

b. 医生的诊断证明等；

c. 员工是否失去在工作岗位工作的重要健康从业条件；

d. 员工是否完全或者基本丧失劳动能力。

4. 公司给员工另行安排的工作，需要注意：一、劳动强度要低于原工作岗位；二、最好与员工之前的工作有一定的关联性。新安排的工作不能体现恶意或者不合常理是另行安排工作的基本原则。这一环节要保留好经过员工确认的公司通知员工调岗的通知、新岗位的工作职责、绩效考核指标等书面材料。

5. 员工工作一段时间后，基本能够判断自己的身体状况是否能够适应新的工作岗位；此外，企业可以从员工考勤、工作职责和绩效指标的完成情况，看员工是否适合新的工作岗位。如果判断员工仍然不能胜任，才可以进入解除劳动合同的流程。

疑难问题 20：如何根据"严重失职，营私舞弊，给用人单位造成重大损害"的规定解除员工的劳动合同？

我们先来了解什么是"严重失职"，什么是"营私舞弊"。严重失职是指员工在与企业劳动关系存续期间负有维护和提升企业利益的义务，如果员工发生没有履行尽职尽责义务的严重过失，给企业造成重大损害，就是严重失职。营私舞弊是指员工利用职务之便谋取个人私利的行为。严重失职是一种过失行为；营私舞弊是一种故意行为。

严重失职和营私舞弊的概念比较清晰，也容易界定。《劳动合同法》这一规定的难点是对"重大损害"的界定容易产生歧义或者纠纷。

解决这一问题的方法就是在公司的规章制度中，对"重大损害"作出具体的规定。例如，由于员工严重失职，给公司造成 3 万元的经济损失，可以视为重大损害；员工丢失公司核心技术资料，虽然无法界定经济损失，但是可以把这种行为界定为重大损害；等等。

如果公司没有在规章制度中界定好什么是重大损害，一旦发生此类事件，公司处理起来就缺乏依据。虽然公司以"员工严重失职，营私舞弊，给公司造成重大损害"的规定，解除员工的劳动合同，但是因为无法确定"重大损害"的标准，很多情况下会被仲裁机构或者人民法院认定为解除行为无效或者违法。

因此，正确实操这一条款的关键，就是要在公司的规章制度中事先规定好"重大损害"的各类行为或者标准。HR 在制定公司员工手册时，需要把这个问题考虑进去。

七、经济补偿金

疑难问题 21：企业与员工没有签订培训服务期协议，员工离职是否可以要求员工支付赔偿金？

在《劳动合同法》实施之前，一些地方法规或法院的实践中，企业给员工支付了专项技术培训等费用，员工在一定期限内离职的，企业有权要求员工支付赔偿金。例如，根据 2004 年《天津市高级人民法院关于印发〈关于审理劳动争议案件有关问题的通知〉的通知》第九条的规定，对用人单位已支付的培训费，按照以下原则处理：双方对培训费问题没有约定，又没有约定服务期限，劳动者在劳动合同履行期限届满前提出解除劳动合同的，按照劳动合同约定的履行期限与已经履行的劳动合同期间核算劳动者应承担的培训费用。上海市也有类似的规定。

但是《劳动合同法》实施之后，对此作出了不同的规定。根据《劳动合同法》第二十二条的规定，企业提供专业技术培训，可以与员工签订协议，并与员工约定服务期，同时约定违约金。员工违反服务期约定，应当向企业支付违约金。

根据这个规定，我们可以了解到，员工向企业支付的是违约金而不是赔偿金。违约金支付的前提：(1) 用人单位为劳动者提供专项培训费用并据此签订了服务期协议；(2) 双方在服务期协议中约定了违约金；(3) 员工违反了服务期协议。

违约金是违反约定才具备支付条件。前提是要有约定，如果没有约定，就不存在违反协议的事情。因此，基于违约金支付的 3 个前提条件可以判断，如果企业与员工没有约定服务期和违约金，员工离职时，不需要向企业支付违约金。

疑难问题 22：原劳动部发布的《违反和解除劳动合同的经济补偿办法》已经被废止，那么如何计算《劳动合同法》实施之前的经济补偿？

《劳动合同法》实施之后，对于员工经济补偿金的计算，一直是以 2008 年为界分段计算的。2008 年之前的经济补偿金计算依据的是《违反和解除劳动合同的经济补偿办法》，但是这个规定已于 2017 年废止。因此，对于 2008 年之前经济补偿金的计算，就产生了分歧。一方观点认为该办法既然已经废止，就不能再作为经济补偿金计算的依据。2008 年之前经济补偿金计算也要根据《劳动合同法》的规定执行。另一方的观点认为，虽然该办法已经废止，但是 2008 年之前的经济补偿金计算依据，还是要根据该办法的规定执行。

我们同意第二种观点，理由如下：

《劳动合同法》第九十七条第三款规定："本法施行之日存续的劳动合同在本法施行后解除或者终止，依照本法第四十六条规定应当支付经济补偿的，经济补偿年限自本法施行之日起计算；本法施行前按照当时有关规定，用人单位应当向劳动者支付经济补偿的，按照当时有关规定执行。"也就是说，《劳动合同法》在本条规定了不溯及既往的规则。本条明确规定《劳动合同法》施行之前，企业应当支付经济补偿金的，按照当时的有关规定执行。

因此，虽然《违反和解除劳动合同的经济补偿办法》目前已经废止，但是在法律法规没有对 2008 年之前经济补偿金计算依据作出明确规定之前，该办法还是属于《劳动合同法》所指的"当时的有关规定"。所以 2008 年之前的经济补偿金计算，还是要依据《违反和解除劳动合同的经济补偿办法》执行。

疑难问题 23：员工没有办理工作交接，企业能否以此为由拒付应发工资及经济补偿金？

一些情况下，由于员工离职时与企业有一些矛盾或者冲突，有可能在离职交接环节出现问题。员工或者拒绝交接，或者故意拖延，有的甚至一走了之。企业遇到这种情况，应该如何处理呢？

《劳动合同法》第五十条第二款规定："劳动者应当按照双方约定，办理工作交接。用人单位依照本法有关规定应当向劳动者支付经济补偿的，在办结工作交接时支付。"本条明确规定了员工在离职时的交接义务以及企业支付经济补偿金的时间。实践中，往往在员工完成交接之后，由企业支付经济补偿金。

为了有效处理此类事件，HR 应当做到以下几点：

1. 工作交接是一个重要事项，因此 HR 应当在与员工的劳动合同中约定或者在企业的规章制度中明确规定工作交接的标准。例如，工作交接的完成，以双方签字确认为准,等等。

2. HR应当制定标准的员工工作交接表,明确交接的各种事项。同时也利于保存相关书面材料,做到有据可查。

3. 如果员工没有交接,企业应当通过邮寄、电子邮件、微信等方式,通知员工及时交接,否则公司有权不支付其经济补偿,等等。

4. 如果事关重大,企业还可以申请当地劳动行政部门介入,督促员工及时交接。

如果员工拒不交接,企业是否可以扣发员工工资呢?

答案是不可以。因为根据《工资支付暂行规定》第九条的规定:"劳动关系双方依法解除或终止劳动合同时,用人单位应在解除或终止劳动合同时一次付清劳动者工资。"也就是说员工拒不交接工作,企业只有不支付经济补偿金的权利,没有扣发员工工资的权利。

在员工完成工作交接后,企业应当支付其经济补偿金。如果员工拒不交接给企业造成损失的,企业可以向员工追偿损失。

疑难问题24:企业与员工双方协商一致解除劳动合同,约定的经济补偿金可以低于劳动合同法规定的标准吗?

实务中,企业与员工协商一致解除劳动合同,约定的补偿金低于《劳动合同法》规定标准的案例不在少数。因为是协商一致解除劳动合同,所以由此引起的劳动争议并不常见。

《最高人民法院关于审理劳动争议案件适用法律问题的解释(一)》第三十五条规定:"劳动者与用人单位就解除或者终止劳动合同办理相关手续、支付工资报酬、加班费、经济补偿或者赔偿金等达成的协议,不违反法律、行政法规的强制性规定,且不存在欺诈、胁迫或者乘人之危情形的,应当认定有效。前款协议存在重大误解或者显失公平情形,当事人请求撤销的,人民法院应予支持。"

因此,除非员工与企业达成的协议有重大误解或者显失公平,企业与员工通过协商一致的方式,约定的补偿数额低于劳动合同法规定标准的,应该认为有效。

另外,不同的地域,对此也有不同的规定。企业还应当考虑所在地的法律法规的规定。深圳市中级人民法院《关于审理劳动争议案件若干问题的指导意见》(试行)(2009)第八十八条规定:"双方约定解除劳动合同后,由用人单位支付给劳动者的补偿金或违约金标准与法定经济补偿金标准不同的,均应认定无效。"企业所在地在深圳的HR,要注意这一规定。

因此,关于解除劳动合同的经济补偿金,HR应当首先根据《劳动合同法》的规定计算出法定的补偿标准。在此基础上与劳动者进行协商。我们的建议是,虽然HR有为公司降低成本的责任,但在协商经济补偿金数额时,最好不低于劳动合同法规定的标准。这样有利于规避风险,也有利于建立和谐的劳动关系,长远来看利大于弊。

附　录

中华人民共和国劳动合同法

（2007年6月29日第十届全国人民代表大会常务委员会第二十八次会议通过　根据2012年12月28日第十一届全国人民代表大会常务委员会第三十次会议《关于修改〈中华人民共和国劳动合同法〉的决定》修正）

目　录

第一章　总　则
第二章　劳动合同的订立
第三章　劳动合同的履行和变更
第四章　劳动合同的解除和终止
第五章　特别规定
　第一节　集体合同
　第二节　劳务派遣
　第三节　非全日制用工
第六章　监督检查
第七章　法律责任
第八章　附　则

第一章　总　则

第一条　为了完善劳动合同制度，明确劳动合同双方当事人的权利和义务，保护劳动者的合法权益，构建和发展和谐稳定的劳动关系，制定本法。

第二条　中华人民共和国境内的企业、个体经济组织、民办非企业单位等组织（以下称用人单位）与劳动者建立劳动关系，订立、履行、变更、解除或者终止劳动合同，适用本法。

国家机关、事业单位、社会团体和与其建立劳动关系的劳动者，订立、履行、变更、解除或者终止劳动合同，依照本法执行。

第三条　订立劳动合同，应当遵循合法、公平、平等自愿、协商一致、诚实信用的原则。

依法订立的劳动合同具有约束力，用人单位与劳动者应当履行劳动合同约定的义务。

第四条　用人单位应当依法建立和完善劳动规章制度，保障劳动者享有劳动权利、履行劳动义务。

用人单位在制定、修改或者决定有关劳动报酬、工作时间、休息休假、劳动安全卫生、保险福利、职工培训、劳动纪律以及劳动定额管理等直接涉及劳动者切身利益的规章制度或者重大事项时，应当经职工代表大会或者全体职工讨论，提出方案和意见，与工会或者职工代表平等协商确定。

在规章制度和重大事项决定实施过程中，工会或者职工认为不适当的，有权向用人单位提出，通过协商予以修改完善。

用人单位应当将直接涉及劳动者切身利益的规章制度和重大事项决定公示，或者告知劳动者。

第五条　县级以上人民政府劳动行政部门会同工会和企业方面代表，建立健全协调劳动关系三方机制，共同研究解决有关劳动关系的重大问题。

第六条　工会应当帮助、指导劳动者与用人单位依法订立和履行劳动合同，并与用人单位建立集体协商机制，维护劳动者的合法权益。

第二章　劳动合同的订立

第七条　用人单位自用工之日起即与劳动者建立劳动关系。用人单位应当建立职工名册备查。

第八条　用人单位招用劳动者时，应当如实告知劳动者工作内容、工作条件、工作地点、职业危害、安全生产状况、劳动报酬，以及劳动者要求了解的其他情况；用人单位有权了解劳动者与劳动合同直接相关的基本情况，劳动者应当如实说明。

第九条　用人单位招用劳动者，不得扣押劳动者的居民身份证和其他证件，不得要求劳动者提供担保或者以其他名义向劳动者收取财物。

第十条　建立劳动关系，应当订立书面劳动合同。

已建立劳动关系，未同时订立书面劳动合同的，应当自用工之日起一个月内订立书面劳动合同。

用人单位与劳动者在用工前订立劳动合同的，劳动关系自用工之日起建立。

第十一条　用人单位未在用工的同时订立书面劳动合同，与劳动者约定的劳动报酬不明确的，新招用的劳动者的劳动报酬按照集体合同规定的标准执行；没有集体合同或者集体合同未规定的，实行同工同酬。

第十二条　劳动合同分为固定期限劳动合同、无固定期限劳动合同和以完成一定工作任务为期限的劳动合同。

第十三条　固定期限劳动合同，是指用人单位与劳动者约定合同终止时间的劳动合同。

用人单位与劳动者协商一致，可以订立固定期限劳动合同。

第十四条　无固定期限劳动合同，是指用人单位与劳动者约定无确定终止时间的劳动合同。

用人单位与劳动者协商一致，可以订立无固定期限劳动合同。有下列情形之一，劳动者提出或者同意续订、订立劳动合同的，除劳动者提出订立固定期限劳动合同外，应当订立无固定期限劳动合同：

（一）劳动者在该用人单位连续工作满十年的；

（二）用人单位初次实行劳动合同制度或者国有企业改制重新订立劳动合同时，劳动者在该用人单位连续工作满十年且距法定退休年龄不足十年的；

（三）连续订立二次固定期限劳动合同，且劳动者没有本法第三十九条和第四十条第一项、第二项规定的情形，续订劳动合同的。

用人单位自用工之日起满一年不与劳动者订立书面劳动合同的，视为用人单位与劳动者已订立无固定期限劳动合同。

第十五条　以完成一定工作任务为期限的劳动合同，是指用人单位与劳动者约定以某项工作的完成为合同期限的劳动合同。

用人单位与劳动者协商一致，可以订立以完成一定工作任务为期限的劳动合同。

第十六条　劳动合同由用人单位与劳动者协商一致，并经用人单位与劳动者在劳动合同文本上签字或者盖章生效。

劳动合同文本由用人单位和劳动者各执一份。

第十七条　劳动合同应当具备以下条款：

（一）用人单位的名称、住所和法定代表人或者主要负责人；

（二）劳动者的姓名、住址和居民身份证或者其他有效身份证件号码；

（三）劳动合同期限；

（四）工作内容和工作地点；

（五）工作时间和休息休假；

（六）劳动报酬；

（七）社会保险；

（八）劳动保护、劳动条件和职业危害防护；

（九）法律、法规规定应当纳入劳动合同的

其他事项。

劳动合同除前款规定的必备条款外，用人单位与劳动者可以约定试用期、培训、保守秘密、补充保险和福利待遇等其他事项。

第十八条 劳动合同对劳动报酬和劳动条件等标准约定不明确，引发争议的，用人单位与劳动者可以重新协商；协商不成的，适用集体合同规定；没有集体合同或者集体合同未规定劳动报酬的，实行同工同酬；没有集体合同或者集体合同未规定劳动条件等标准的，适用国家有关规定。

第十九条 劳动合同期限三个月以上不满一年的，试用期不得超过一个月；劳动合同期限一年以上不满三年的，试用期不得超过二个月；三年以上固定期限和无固定期限的劳动合同，试用期不得超过六个月。

同一用人单位与同一劳动者只能约定一次试用期。

以完成一定工作任务为期限的劳动合同或者劳动合同期限不满三个月的，不得约定试用期。

试用期包含在劳动合同期限内。劳动合同仅约定试用期的，试用期不成立，该期限为劳动合同期限。

第二十条 劳动者在试用期的工资不得低于本单位相同岗位最低档工资或者劳动合同约定工资的百分之八十，并不得低于用人单位所在地的最低工资标准。

第二十一条 在试用期中，除劳动者有本法第三十九条和第四十条第一项、第二项规定的情形外，用人单位不得解除劳动合同。用人单位在试用期解除劳动合同的，应当向劳动者说明理由。

第二十二条 用人单位为劳动者提供专项培训费用，对其进行专业技术培训的，可以与该劳动者订立协议，约定服务期。

劳动者违反服务期约定的，应当按照约定向用人单位支付违约金。违约金的数额不得超过用人单位提供的培训费用。用人单位要求劳动者支付的违约金不得超过服务期尚未履行部分所应分摊的培训费用。

用人单位与劳动者约定服务期的，不影响按照正常的工资调整机制提高劳动者在服务期期间的劳动报酬。

第二十三条 用人单位与劳动者可以在劳动合同中约定保守用人单位的商业秘密和与知识产权相关的保密事项。

对负有保密义务的劳动者，用人单位可以在劳动合同或者保密协议中与劳动者约定竞业限制条款，并约定在解除或者终止劳动合同后，在竞业限制期限内按月给予劳动者经济补偿。劳动者违反竞业限制约定的，应当按照约定向用人单位支付违约金。

第二十四条 竞业限制的人员限于用人单位的高级管理人员、高级技术人员和其他负有保密义务的人员。竞业限制的范围、地域、期限由用人单位与劳动者约定，竞业限制的约定不得违反法律、法规的规定。

在解除或者终止劳动合同后，前款规定的人员到与本单位生产或者经营同类产品、从事同类业务的有竞争关系的其他用人单位，或者自己开业生产或者经营同类产品、从事同类业务的竞业限制期限，不得超过二年。

第二十五条 除本法第二十二条和第二十三条规定的情形外，用人单位不得与劳动者约定由劳动者承担违约金。

第二十六条 下列劳动合同无效或者部分无效：

（一）以欺诈、胁迫的手段或者乘人之危，使对方在违背真实意思的情况下订立或者变更劳动合同的；

（二）用人单位免除自己的法定责任、排除劳动者权利的；

（三）违反法律、行政法规强制性规定的。

对劳动合同的无效或者部分无效有争议的，由劳动争议仲裁机构或者人民法院确认。

第二十七条 劳动合同部分无效，不影响其他部分效力的，其他部分仍然有效。

第二十八条 劳动合同被确认无效,劳动者已付出劳动的,用人单位应当向劳动者支付劳动报酬。劳动报酬的数额,参照本单位相同或者相近岗位劳动者的劳动报酬确定。

第三章 劳动合同的履行和变更

第二十九条 用人单位与劳动者应当按照劳动合同的约定,全面履行各自的义务。

第三十条 用人单位应当按照劳动合同约定和国家规定,向劳动者及时足额支付劳动报酬。

用人单位拖欠或者未足额支付劳动报酬的,劳动者可以依法向当地人民法院申请支付令,人民法院应当依法发出支付令。

第三十一条 用人单位应当严格执行劳动定额标准,不得强迫或者变相强迫劳动者加班。用人单位安排加班的,应当按照国家有关规定向劳动者支付加班费。

第三十二条 劳动者拒绝用人单位管理人员违章指挥、强令冒险作业的,不视为违反劳动合同。

劳动者对危害生命安全和身体健康的劳动条件,有权对用人单位提出批评、检举和控告。

第三十三条 用人单位变更名称、法定代表人、主要负责人或者投资人等事项,不影响劳动合同的履行。

第三十四条 用人单位发生合并或者分立等情况,原劳动合同继续有效,劳动合同由承继其权利和义务的用人单位继续履行。

第三十五条 用人单位与劳动者协商一致,可以变更劳动合同约定的内容。变更劳动合同,应当采用书面形式。

变更后的劳动合同文本由用人单位和劳动者各执一份。

第四章 劳动合同的解除和终止

第三十六条 用人单位与劳动者协商一致,可以解除劳动合同。

第三十七条 劳动者提前三十日以书面形式通知用人单位,可以解除劳动合同。劳动者在试用期内提前三日通知用人单位,可以解除劳动合同。

第三十八条 用人单位有下列情形之一的,劳动者可以解除劳动合同:

(一)未按照劳动合同约定提供劳动保护或者劳动条件的;

(二)未及时足额支付劳动报酬的;

(三)未依法为劳动者缴纳社会保险费的;

(四)用人单位的规章制度违反法律、法规的规定,损害劳动者权益的;

(五)因本法第二十六条第一款规定的情形致使劳动合同无效的;

(六)法律、行政法规规定劳动者可以解除劳动合同的其他情形。

用人单位以暴力、威胁或者非法限制人身自由的手段强迫劳动者劳动的,或者用人单位违章指挥、强令冒险作业危及劳动者人身安全的,劳动者可以立即解除劳动合同,不需事先告知用人单位。

第三十九条 劳动者有下列情形之一的,用人单位可以解除劳动合同:

(一)在试用期间被证明不符合录用条件的;

(二)严重违反用人单位的规章制度的;

(三)严重失职,营私舞弊,给用人单位造成重大损害的;

(四)劳动者同时与其他用人单位建立劳动关系,对完成本单位的工作任务造成严重影响,或者经用人单位提出,拒不改正的;

(五)因本法第二十六条第一款第一项规定的情形致使劳动合同无效的;

(六)被依法追究刑事责任的。

第四十条 有下列情形之一的,用人单位提前三十日以书面形式通知劳动者本人或者额外支付劳动者一个月工资后,可以解除劳动合同:

(一)劳动者患病或者非因工负伤,在规定

的医疗期满后不能从事原工作，也不能从事由用人单位另行安排的工作的；

（二）劳动者不能胜任工作，经过培训或者调整工作岗位，仍不能胜任工作的；

（三）劳动合同订立时所依据的客观情况发生重大变化，致使劳动合同无法履行，经用人单位与劳动者协商，未能就变更劳动合同内容达成协议的。

第四十一条 有下列情形之一，需要裁减人员二十人以上或者裁减不足二十人但占企业职工总数百分之十以上的，用人单位提前三十日向工会或者全体职工说明情况，听取工会或者职工的意见后，裁减人员方案经向劳动行政部门报告，可以裁减人员：

（一）依照企业破产法规定进行重整的；

（二）生产经营发生严重困难的；

（三）企业转产、重大技术革新或者经营方式调整，经变更劳动合同后，仍需裁减人员的；

（四）其他因劳动合同订立时所依据的客观经济情况发生重大变化，致使劳动合同无法履行的。

裁减人员时，应当优先留用下列人员：

（一）与本单位订立较长期限的固定期限劳动合同的；

（二）与本单位订立无固定期限劳动合同的；

（三）家庭无其他就业人员，有需要扶养的老人或者未成年人的。

用人单位依照本条第一款规定裁减人员，在六个月内重新招用人员的，应当通知被裁减的人员，并在同等条件下优先招用被裁减的人员。

第四十二条 劳动者有下列情形之一的，用人单位不得依照本法第四十条、第四十一条的规定解除劳动合同：

（一）从事接触职业病危害作业的劳动者未进行离岗前职业健康检查，或者疑似职业病病人在诊断或者医学观察期间的；

（二）在本单位患职业病或者因工负伤并被确认丧失或者部分丧失劳动能力的；

（三）患病或者非因工负伤，在规定的医疗期内的；

（四）女职工在孕期、产期、哺乳期的；

（五）在本单位连续工作满十五年，且距法定退休年龄不足五年的；

（六）法律、行政法规规定的其他情形。

第四十三条 用人单位单方解除劳动合同，应当事先将理由通知工会。用人单位违反法律、行政法规规定或者劳动合同约定的，工会有权要求用人单位纠正。用人单位应当研究工会的意见，并将处理结果书面通知工会。

第四十四条 有下列情形之一的，劳动合同终止：

（一）劳动合同期满的；

（二）劳动者开始依法享受基本养老保险待遇的；

（三）劳动者死亡，或者被人民法院宣告死亡或者宣告失踪的；

（四）用人单位被依法宣告破产的；

（五）用人单位被吊销营业执照、责令关闭、撤销或者用人单位决定提前解散的；

（六）法律、行政法规规定的其他情形。

第四十五条 劳动合同期满，有本法第四十二条规定情形之一的，劳动合同应当续延至相应的情形消失时终止。但是，本法第四十二条第二项规定丧失或者部分丧失劳动能力劳动者的劳动合同的终止，按照国家有关工伤保险的规定执行。

第四十六条 有下列情形之一的，用人单位应当向劳动者支付经济补偿：

（一）劳动者依照本法第三十八条规定解除劳动合同的；

（二）用人单位依照本法第三十六条规定向劳动者提出解除劳动合同并与劳动者协商一致解除劳动合同的；

（三）用人单位依照本法第四十条规定解除劳动合同的；

（四）用人单位依照本法第四十一条第一款

规定解除劳动合同的;

(五)除用人单位维持或者提高劳动合同约定条件续订劳动合同,劳动者不同意续订的情形外,依照本法第四十四条第一项规定终止固定期限劳动合同的;

(六)依照本法第四十四条第四项、第五项规定终止劳动合同的;

(七)法律、行政法规规定的其他情形。

第四十七条 经济补偿按劳动者在本单位工作的年限,每满一年支付一个月工资的标准向劳动者支付。六个月以上不满一年的,按一年计算;不满六个月的,向劳动者支付半个月工资的经济补偿。

劳动者月工资高于用人单位所在直辖市、设区的市级人民政府公布的本地区上年度职工月平均工资三倍的,向其支付经济补偿的标准按职工月平均工资三倍的数额支付,向其支付经济补偿的年限最高不超过十二年。

本条所称月工资是指劳动者在劳动合同解除或者终止前十二个月的平均工资。

第四十八条 用人单位违反本法规定解除或者终止劳动合同,劳动者要求继续履行劳动合同的,用人单位应当继续履行;劳动者不要求继续履行劳动合同或者劳动合同已经不能继续履行的,用人单位应当依照本法第八十七条规定支付赔偿金。

第四十九条 国家采取措施,建立健全劳动者社会保险关系跨地区转移接续制度。

第五十条 用人单位应当在解除或者终止劳动合同时出具解除或者终止劳动合同的证明,并在十五日内为劳动者办理档案和社会保险关系转移手续。

劳动者应当按照双方约定,办理工作交接。用人单位依照本法有关规定应当向劳动者支付经济补偿的,在办结工作交接时支付。

用人单位对已经解除或者终止的劳动合同的文本,至少保存二年备查。

第五章 特别规定

第一节 集体合同

第五十一条 企业职工一方与用人单位通过平等协商,可以就劳动报酬、工作时间、休息休假、劳动安全卫生、保险福利等事项订立集体合同。集体合同草案应当提交职工代表大会或者全体职工讨论通过。

集体合同由工会代表企业职工一方与用人单位订立;尚未建立工会的用人单位,由上级工会指导劳动者推举的代表与用人单位订立。

第五十二条 企业职工一方与用人单位可以订立劳动安全卫生、女职工权益保护、工资调整机制等专项集体合同。

第五十三条 在县级以下区域内,建筑业、采矿业、餐饮服务业等行业可以由工会与企业方面代表订立行业性集体合同,或者订立区域性集体合同。

第五十四条 集体合同订立后,应当报送劳动行政部门;劳动行政部门自收到集体合同文本之日起十五日内未提出异议的,集体合同即行生效。

依法订立的集体合同对用人单位和劳动者具有约束力。行业性、区域性集体合同对当地本行业、本区域的用人单位和劳动者具有约束力。

第五十五条 集体合同中劳动报酬和劳动条件等标准不得低于当地人民政府规定的最低标准;用人单位与劳动者订立的劳动合同中劳动报酬和劳动条件等标准不得低于集体合同规定的标准。

第五十六条 用人单位违反集体合同,侵犯职工劳动权益的,工会可以依法要求用人单位承担责任;因履行集体合同发生争议,经协商解决不成的,工会可以依法申请仲裁、提起诉讼。

第二节 劳务派遣

第五十七条 经营劳务派遣业务应当具备下

列条件：

（一）注册资本不得少于人民币二百万元；

（二）有与开展业务相适应的固定的经营场所和设施；

（三）有符合法律、行政法规规定的劳务派遣管理制度；

（四）法律、行政法规规定的其他条件。

经营劳务派遣业务，应当向劳动行政部门依法申请行政许可；经许可的，依法办理相应的公司登记。未经许可，任何单位和个人不得经营劳务派遣业务。

第五十八条 劳务派遣单位是本法所称用人单位，应当履行用人单位对劳动者的义务。劳务派遣单位与被派遣劳动者订立的劳动合同，除应当载明本法第十七条规定的事项外，还应当载明被派遣劳动者的用工单位以及派遣期限、工作岗位等情况。

劳务派遣单位应当与被派遣劳动者订立二年以上的固定期限劳动合同，按月支付劳动报酬；被派遣劳动者在无工作期间，劳务派遣单位应当按照所在地人民政府规定的最低工资标准，向其按月支付报酬。

第五十九条 劳务派遣单位派遣劳动者应当与接受以劳务派遣形式用工的单位（以下称用工单位）订立劳务派遣协议。劳务派遣协议应当约定派遣岗位和人员数量、派遣期限、劳动报酬和社会保险费的数额与支付方式以及违反协议的责任。

用工单位应当根据工作岗位的实际需要与劳务派遣单位确定派遣期限，不得将连续用工期限分割订立数个短期劳务派遣协议。

第六十条 劳务派遣单位应当将劳务派遣协议的内容告知被派遣劳动者。

劳务派遣单位不得克扣用工单位按照劳务派遣协议支付给被派遣劳动者的劳动报酬。

劳务派遣单位和用工单位不得向被派遣劳动者收取费用。

第六十一条 劳务派遣单位跨地区派遣劳动者的，被派遣劳动者享有的劳动报酬和劳动条件，按照用工单位所在地的标准执行。

第六十二条 用工单位应当履行下列义务：

（一）执行国家劳动标准，提供相应的劳动条件和劳动保护；

（二）告知被派遣劳动者的工作要求和劳动报酬；

（三）支付加班费、绩效奖金，提供与工作岗位相关的福利待遇；

（四）对在岗被派遣劳动者进行工作岗位所必需的培训；

（五）连续用工的，实行正常的工资调整机制。

用工单位不得将被派遣劳动者再派遣到其他用人单位。

第六十三条 被派遣劳动者享有与用工单位的劳动者同工同酬的权利。用工单位应当按照同工同酬原则，对被派遣劳动者与本单位同类岗位的劳动者实行相同的劳动报酬分配办法。用工单位无同类岗位劳动者的，参照用工单位所在地相同或者相近岗位劳动者的劳动报酬确定。

劳务派遣单位与被派遣劳动者订立的劳动合同和与用工单位订立的劳务派遣协议，载明或者约定的向被派遣劳动者支付的劳动报酬应当符合前款规定。

第六十四条 被派遣劳动者有权在劳务派遣单位或者用工单位依法参加或者组织工会，维护自身的合法权益。

第六十五条 被派遣劳动者可以依照本法第三十六条、第三十八条的规定与劳务派遣单位解除劳动合同。

被派遣劳动者有本法第三十九条和第四十条第一项、第二项规定情形的，用工单位可以将劳动者退回劳务派遣单位，劳务派遣单位依照本法有关规定，可以与劳动者解除劳动合同。

第六十六条 劳动合同用工是我国的企业基本用工形式。劳务派遣用工是补充形式，只能在临时性、辅助性或者替代性的工作岗位上实施。

前款规定的临时性工作岗位是指存续时间不超过六个月的岗位；辅助性工作岗位是指为主营业务岗位提供服务的非主营业务岗位；替代性工作岗位是指用工单位的劳动者因脱产学习、休假等原因无法工作的一定期间内，可以由其他劳动者替代工作的岗位。

用工单位应当严格控制劳务派遣用工数量，不得超过其用工总量的一定比例，具体比例由国务院劳动行政部门规定。

第六十七条 用人单位不得设立劳务派遣单位向本单位或者所属单位派遣劳动者。

第三节 非全日制用工

第六十八条 非全日制用工，是指以小时计酬为主，劳动者在同一用人单位一般平均每日工作时间不超过四小时，每周工作时间累计不超过二十四小时的用工形式。

第六十九条 非全日制用工双方当事人可以订立口头协议。

从事非全日制用工的劳动者可以与一个或者一个以上用人单位订立劳动合同；但是，后订立的劳动合同不得影响先订立的劳动合同的履行。

第七十条 非全日制用工双方当事人不得约定试用期。

第七十一条 非全日制用工双方当事人任何一方都可以随时通知对方终止用工。终止用工，用人单位不向劳动者支付经济补偿。

第七十二条 非全日制用工小时计酬标准不得低于用人单位所在地人民政府规定的最低小时工资标准。

非全日制用工劳动报酬结算支付周期最长不得超过十五日。

第六章 监督检查

第七十三条 国务院劳动行政部门负责全国劳动合同制度实施的监督管理。

县级以上地方人民政府劳动行政部门负责本行政区域内劳动合同制度实施的监督管理。

县级以上各级人民政府劳动行政部门在劳动合同制度实施的监督管理工作中，应当听取工会、企业方面代表以及有关行业主管部门的意见。

第七十四条 县级以上地方人民政府劳动行政部门依法对下列实施劳动合同制度的情况进行监督检查：

（一）用人单位制定直接涉及劳动者切身利益的规章制度及其执行的情况；

（二）用人单位与劳动者订立和解除劳动合同的情况；

（三）劳务派遣单位和用工单位遵守劳务派遣有关规定的情况；

（四）用人单位遵守国家关于劳动者工作时间和休息休假规定的情况；

（五）用人单位支付劳动合同约定的劳动报酬和执行最低工资标准的情况；

（六）用人单位参加各项社会保险和缴纳社会保险费的情况；

（七）法律、法规规定的其他劳动监察事项。

第七十五条 县级以上地方人民政府劳动行政部门实施监督检查时，有权查阅与劳动合同、集体合同有关的材料，有权对劳动场所进行实地检查，用人单位和劳动者都应当如实提供有关情况和材料。

劳动行政部门的工作人员进行监督检查，应当出示证件，依法行使职权，文明执法。

第七十六条 县级以上人民政府建设、卫生、安全生产监督管理等有关主管部门在各自职责范围内，对用人单位执行劳动合同制度的情况进行监督管理。

第七十七条 劳动者合法权益受到侵害的，有权要求有关部门依法处理，或者依法申请仲裁、提起诉讼。

第七十八条 工会依法维护劳动者的合法权益，对用人单位履行劳动合同、集体合同的情况进行监督。用人单位违反劳动法律、法规和劳动合同、集体合同的，工会有权提出意见或者要求纠正；劳动者申请仲裁、提起诉讼的，工会依法给予支持和帮助。

第七十九条　任何组织或者个人对违反本法的行为都有权举报，县级以上人民政府劳动行政部门应当及时核实、处理，并对举报有功人员给予奖励。

第七章　法律责任

第八十条　用人单位直接涉及劳动者切身利益的规章制度违反法律、法规规定的，由劳动行政部门责令改正，给予警告；给劳动者造成损害的，应当承担赔偿责任。

第八十一条　用人单位提供的劳动合同文本未载明本法规定的劳动合同必备条款或者用人单位未将劳动合同文本交付劳动者的，由劳动行政部门责令改正；给劳动者造成损害的，应当承担赔偿责任。

第八十二条　用人单位自用工之日起超过一个月不满一年未与劳动者订立书面劳动合同的，应当向劳动者每月支付二倍的工资。

用人单位违反本法规定不与劳动者订立无固定期限劳动合同的，自应当订立无固定期限劳动合同之日起向劳动者每月支付二倍的工资。

第八十三条　用人单位违反本法规定与劳动者约定试用期的，由劳动行政部门责令改正；违法约定的试用期已经履行的，由用人单位以劳动者试用期满月工资为标准，按已经履行的超过法定试用期的期间向劳动者支付赔偿金。

第八十四条　用人单位违反本法规定，扣押劳动者居民身份证等证件的，由劳动行政部门责令限期退还劳动者本人，并依照有关法律规定给予处罚。

用人单位违反本法规定，以担保或者其他名义向劳动者收取财物的，由劳动行政部门责令限期退还劳动者本人，并以每人五百元以上二千元以下的标准处以罚款；给劳动者造成损害的，应当承担赔偿责任。

劳动者依法解除或者终止劳动合同，用人单位扣押劳动者档案或者其他物品的，依照前款规定处罚。

第八十五条　用人单位有下列情形之一的，由劳动行政部门责令限期支付劳动报酬、加班费或者经济补偿；劳动报酬低于当地最低工资标准的，应当支付其差额部分；逾期不支付的，责令用人单位按应付金额百分之五十以上百分之一百以下的标准向劳动者加付赔偿金：

（一）未按照劳动合同的约定或者国家规定及时足额支付劳动者劳动报酬的；

（二）低于当地最低工资标准支付劳动者工资的；

（三）安排加班不支付加班费的；

（四）解除或者终止劳动合同，未依照本法规定向劳动者支付经济补偿的。

第八十六条　劳动合同依照本法第二十六条规定被确认无效，给对方造成损害的，有过错的一方应当承担赔偿责任。

第八十七条　用人单位违反本法规定解除或者终止劳动合同的，应当依照本法第四十七条规定的经济补偿标准的二倍向劳动者支付赔偿金。

第八十八条　用人单位有下列情形之一的，依法给予行政处罚；构成犯罪的，依法追究刑事责任；给劳动者造成损害的，应当承担赔偿责任：

（一）以暴力、威胁或者非法限制人身自由的手段强迫劳动的；

（二）违章指挥或者强令冒险作业危及劳动者人身安全的；

（三）侮辱、体罚、殴打、非法搜查或者拘禁劳动者的；

（四）劳动条件恶劣、环境污染严重，给劳动者身心健康造成严重损害的。

第八十九条　用人单位违反本法规定未向劳动者出具解除或者终止劳动合同的书面证明，由劳动行政部门责令改正；给劳动者造成损害的，应当承担赔偿责任。

第九十条　劳动者违反本法规定解除劳动

合同，或者违反劳动合同中约定的保密义务或者竞业限制，给用人单位造成损失的，应当承担赔偿责任。

第九十一条　用人单位招用与其他用人单位尚未解除或者终止劳动合同的劳动者，给其他用人单位造成损失的，应当承担连带赔偿责任。

第九十二条　违反本法规定，未经许可，擅自经营劳务派遣业务的，由劳动行政部门责令停止违法行为，没收违法所得，并处违法所得一倍以上五倍以下的罚款；没有违法所得的，可以处五万元以下的罚款。

劳务派遣单位、用工单位违反本法有关劳务派遣规定的，由劳动行政部门责令限期改正；逾期不改正的，以每人五千元以上一万元以下的标准处以罚款，对劳务派遣单位，吊销其劳务派遣业务经营许可证。用工单位给被派遣劳动者造成损害的，劳务派遣单位与用工单位承担连带赔偿责任。

第九十三条　对不具备合法经营资格的用人单位的违法犯罪行为，依法追究法律责任；劳动者已经付出劳动的，该单位或者其出资人应当依照本法有关规定向劳动者支付劳动报酬、经济补偿、赔偿金；给劳动者造成损害的，应当承担赔偿责任。

第九十四条　个人承包经营违反本法规定招用劳动者，给劳动者造成损害的，发包的组织与个人承包经营者承担连带赔偿责任。

第九十五条　劳动行政部门和其他有关主管部门及其工作人员玩忽职守、不履行法定职责，或者违法行使职权，给劳动者或者用人单位造成损害的，应当承担赔偿责任；对直接负责的主管人员和其他直接责任人员，依法给予行政处分；构成犯罪的，依法追究刑事责任。

第八章　附　　则

第九十六条　事业单位与实行聘用制的工作人员订立、履行、变更、解除或者终止劳动合同，法律、行政法规或者国务院另有规定的，依照其规定；未作规定的，依照本法有关规定执行。

第九十七条　本法施行前已依法订立且在本法施行之日存续的劳动合同，继续履行；本法第十四条第二款第三项规定连续订立固定期限劳动合同的次数，自本法施行后续订固定期限劳动合同时开始计算。

本法施行前已建立劳动关系，尚未订立书面劳动合同的，应当自本法施行之日起一个月内订立。

本法施行之日存续的劳动合同在本法施行后解除或者终止，依照本法第四十六条规定应当支付经济补偿的，经济补偿年限自本法施行之日起计算；本法施行前按照当时有关规定，用人单位应当向劳动者支付经济补偿的，按照当时有关规定执行。

第九十八条　本法自 2008 年 1 月 1 日起施行。

中华人民共和国劳动合同法实施条例

（2008年9月3日国务院第25次常务会议通过 2008年9月18日中华人民共和国国务院令第535号公布 自公布之日起施行）

第一章 总 则

第一条 为了贯彻实施《中华人民共和国劳动合同法》（以下简称劳动合同法），制定本条例。

第二条 各级人民政府和县级以上人民政府劳动行政等有关部门以及工会等组织，应当采取措施，推动劳动合同法的贯彻实施，促进劳动关系的和谐。

第三条 依法成立的会计师事务所、律师事务所等合伙组织和基金会，属于劳动合同法规定的用人单位。

第二章 劳动合同的订立

第四条 劳动合同法规定的用人单位设立的分支机构，依法取得营业执照或者登记证书的，可以作为用人单位与劳动者订立劳动合同；未依法取得营业执照或者登记证书的，受用人单位委托可以与劳动者订立劳动合同。

第五条 自用工之日起一个月内，经用人单位书面通知后，劳动者不与用人单位订立书面劳动合同的，用人单位应当书面通知劳动者终止劳动关系，无需向劳动者支付经济补偿，但是应当依法向劳动者支付其实际工作时间的劳动报酬。

第六条 用人单位自用工之日起超过一个月不满一年未与劳动者订立书面劳动合同的，应当依照劳动合同法第八十二条的规定向劳动者每月支付两倍的工资，并与劳动者补订书面劳动合同；劳动者不与用人单位订立书面劳动合同的，用人单位应当书面通知劳动者终止劳动关系，并依照劳动合同法第四十七条的规定支付经济补偿。

前款规定的用人单位向劳动者每月支付两倍工资的起算时间为用工之日起满一个月的次日，截止时间为补订书面劳动合同的前一日。

第七条 用人单位自用工之日起满一年未与劳动者订立书面劳动合同的，自用工之日起满一个月的次日至满一年的前一日应当依照劳动合同法第八十二条的规定向劳动者每月支付两倍的工资，并视为自用工之日起满一年的当日已经与劳动者订立无固定期限劳动合同，应当立即与劳动者补订书面劳动合同。

第八条 劳动合同法第七条规定的职工名册，应当包括劳动者姓名、性别、公民身份号码、户籍地址及现住址、联系方式、用工形式、用工起始时间、劳动合同期限等内容。

第九条 劳动合同法第十四条第二款规定的连续工作满10年的起始时间，应当自用人单位用工之日起计算，包括劳动合同法施行前的工作年限。

第十条 劳动者非因本人原因从原用人单位被安排到新用人单位工作的，劳动者在原用人单位的工作年限合并计算为新用人单位的工作年限。原用人单位已经向劳动者支付经济补偿的，新用人单位在依法解除、终止劳动合同计算支付经济补偿的工作年限时，不再计算劳动者在原用人单位的工作年限。

第十一条 除劳动者与用人单位协商一致的情形外，劳动者依照劳动合同法第十四条第二款的规定，提出订立无固定期限劳动合同的，用人单位应当与其订立无固定期限劳动合同。对劳动合同的内容，双方应当按照合法、公平、平等自愿、协商一致、诚实信用的原则协商确定；对协商不一致的内容，依照劳动合同法第十八条的规定执行。

第十二条　地方各级人民政府及县级以上地方人民政府有关部门为安置就业困难人员提供的给予岗位补贴和社会保险补贴的公益性岗位，其劳动合同不适用劳动合同法有关无固定期限劳动合同的规定以及支付经济补偿的规定。

第十三条　用人单位与劳动者不得在劳动合同法第四十四条规定的劳动合同终止情形之外约定其他的劳动合同终止条件。

第十四条　劳动合同履行地与用人单位注册地不一致的，有关劳动者的最低工资标准、劳动保护、劳动条件、职业危害防护和本地区上年度职工月平均工资标准等事项，按照劳动合同履行地的有关规定执行；用人单位注册地的有关标准高于劳动合同履行地的有关标准，且用人单位与劳动者约定按照用人单位注册地的有关规定执行的，从其约定。

第十五条　劳动者在试用期的工资不得低于本单位相同岗位最低档工资的80%或者不得低于劳动合同约定工资的80%，并不得低于用人单位所在地的最低工资标准。

第十六条　劳动合同法第二十二条第二款规定的培训费用，包括用人单位为了对劳动者进行专业技术培训而支付的有凭证的培训费用、培训期间的差旅费用以及因培训产生的用于该劳动者的其他直接费用。

第十七条　劳动合同期满，但是用人单位与劳动者依照劳动合同法第二十二条的规定约定的服务期尚未到期的，劳动合同应当续延至服务期满；双方另有约定的，从其约定。

第三章　劳动合同的解除和终止

第十八条　有下列情形之一的，依照劳动合同法规定的条件、程序，劳动者可以与用人单位解除固定期限劳动合同、无固定期限劳动合同或者以完成一定工作任务为期限的劳动合同：

（一）劳动者与用人单位协商一致的；

（二）劳动者提前30日以书面形式通知用人单位的；

（三）劳动者在试用期内提前3日通知用人单位的；

（四）用人单位未按照劳动合同约定提供劳动保护或者劳动条件的；

（五）用人单位未及时足额支付劳动报酬的；

（六）用人单位未依法为劳动者缴纳社会保险费的；

（七）用人单位的规章制度违反法律、法规的规定，损害劳动者权益的；

（八）用人单位以欺诈、胁迫的手段或者乘人之危，使劳动者在违背真实意思的情况下订立或者变更劳动合同的；

（九）用人单位在劳动合同中免除自己的法定责任、排除劳动者权利的；

（十）用人单位违反法律、行政法规强制性规定的；

（十一）用人单位以暴力、威胁或者非法限制人身自由的手段强迫劳动者劳动的；

（十二）用人单位违章指挥、强令冒险作业危及劳动者人身安全的；

（十三）法律、行政法规规定劳动者可以解除劳动合同的其他情形。

第十九条　有下列情形之一的，依照劳动合同法规定的条件、程序，用人单位可以与劳动者解除固定期限劳动合同、无固定期限劳动合同或者以完成一定工作任务为期限的劳动合同：

（一）用人单位与劳动者协商一致的；

（二）劳动者在试用期间被证明不符合录用条件的；

（三）劳动者严重违反用人单位的规章制度的；

（四）劳动者严重失职，营私舞弊，给用人单位造成重大损害的；

（五）劳动者同时与其他用人单位建立劳动关系，对完成本单位的工作任务造成严重影响，或者经用人单位提出，拒不改正的；

（六）劳动者以欺诈、胁迫的手段或者乘人

之危，使用人单位在违背真实意思的情况下订立或者变更劳动合同的；

（七）劳动者被依法追究刑事责任的；

（八）劳动者患病或者非因工负伤，在规定的医疗期满后不能从事原工作，也不能从事由用人单位另行安排的工作的；

（九）劳动者不能胜任工作，经过培训或者调整工作岗位，仍不能胜任工作的；

（十）劳动合同订立时所依据的客观情况发生重大变化，致使劳动合同无法履行，经用人单位与劳动者协商，未能就变更劳动合同内容达成协议的；

（十一）用人单位依照企业破产法规定进行重整的；

（十二）用人单位生产经营发生严重困难的；

（十三）企业转产、重大技术革新或者经营方式调整，经变更劳动合同后，仍需裁减人员的；

（十四）其他因劳动合同订立时所依据的客观经济情况发生重大变化，致使劳动合同无法履行的。

第二十条　用人单位依照劳动合同法第四十条的规定，选择额外支付劳动者一个月工资解除劳动合同的，其额外支付的工资应当按照该劳动者上一个月的工资标准确定。

第二十一条　劳动者达到法定退休年龄的，劳动合同终止。

第二十二条　以完成一定工作任务为期限的劳动合同因任务完成而终止的，用人单位应当依照劳动合同法第四十七条的规定向劳动者支付经济补偿。

第二十三条　用人单位依法终止工伤职工的劳动合同的，除依照劳动合同法第四十七条的规定支付经济补偿外，还应当依照国家有关工伤保险的规定支付一次性工伤医疗补助金和伤残就业补助金。

第二十四条　用人单位出具的解除、终止劳动合同的证明，应当写明劳动合同期限、解除或者终止劳动合同的日期、工作岗位、在本单位的工作年限。

第二十五条　用人单位违反劳动合同法的规定解除或者终止劳动合同，依照劳动合同法第八十七条的规定支付了赔偿金的，不再支付经济补偿。赔偿金的计算年限自用工之日起计算。

第二十六条　用人单位与劳动者约定了服务期，劳动者依照劳动合同法第三十八条的规定解除劳动合同的，不属于违反服务期的约定，用人单位不得要求劳动者支付违约金。

有下列情形之一，用人单位与劳动者解除约定服务期的劳动合同的，劳动者应当按照劳动合同的约定向用人单位支付违约金：

（一）劳动者严重违反用人单位的规章制度的；

（二）劳动者严重失职，营私舞弊，给用人单位造成重大损害的；

（三）劳动者同时与其他用人单位建立劳动关系，对完成本单位的工作任务造成严重影响，或者经用人单位提出，拒不改正的；

（四）劳动者以欺诈、胁迫的手段或者乘人之危，使用人单位在违背真实意思的情况下订立或者变更劳动合同的；

（五）劳动者被依法追究刑事责任的。

第二十七条　劳动合同法第四十七条规定的经济补偿的月工资按照劳动者应得工资计算，包括计时工资或者计件工资以及奖金、津贴和补贴等货币性收入。劳动者在劳动合同解除或者终止前12个月的平均工资低于当地最低工资标准的，按照当地最低工资标准计算。劳动者工作不满12个月的，按照实际工作的月数计算平均工资。

第四章　劳务派遣特别规定

第二十八条　用人单位或者其所属单位出资或者合伙设立的劳务派遣单位，向本单位或者所属单位派遣劳动者的，属于劳动合同法第六十七条规定的不得设立的劳务派遣单位。

第二十九条 用工单位应当履行劳动合同法第六十二条规定的义务，维护被派遣劳动者的合法权益。

第三十条 劳务派遣单位不得以非全日制用工形式招用被派遣劳动者。

第三十一条 劳务派遣单位或者被派遣劳动者依法解除、终止劳动合同的经济补偿，依照劳动合同法第四十六条、第四十七条的规定执行。

第三十二条 劳务派遣单位违法解除或者终止被派遣劳动者的劳动合同的，依照劳动合同法第四十八条的规定执行。

第五章　法律责任

第三十三条 用人单位违反劳动合同法有关建立职工名册规定的，由劳动行政部门责令限期改正；逾期不改正的，由劳动行政部门处2000元以上2万元以下的罚款。

第三十四条 用人单位依照劳动合同法的规定应当向劳动者每月支付两倍的工资或者应当向劳动者支付赔偿金而未支付的，劳动行政部门应当责令用人单位支付。

第三十五条 用工单位违反劳动合同法和本条例有关劳务派遣规定的，由劳动行政部门和其他有关主管部门责令改正；情节严重的，以每位被派遣劳动者1000元以上5000元以下的标准处以罚款；给被派遣劳动者造成损害的，劳务派遣单位和用工单位承担连带赔偿责任。

第六章　附　则

第三十六条 对违反劳动合同法和本条例的行为的投诉、举报，县级以上地方人民政府劳动行政部门依照《劳动保障监察条例》的规定处理。

第三十七条 劳动者与用人单位因订立、履行、变更、解除或者终止劳动合同发生争议的，依照《中华人民共和国劳动争议调解仲裁法》的规定处理。

第三十八条 本条例自公布之日起施行。

中华人民共和国劳动争议调解仲裁法

（2007年12月29日第十届全国人民代表大会常务委员会第三十一次会议通过　2007年12月29日中华人民共和国主席令第80号公布　自2008年5月1日起施行）

目　录

第一章　总　则
第二章　调　解
第三章　仲　裁
　第一节　一般规定
　第二节　申请和受理
　第三节　开庭和裁决
第四章　附　则

第一章　总　则

第一条 为了公正及时解决劳动争议，保护当事人合法权益，促进劳动关系和谐稳定，制定本法。

第二条 中华人民共和国境内的用人单位与劳动者发生的下列劳动争议，适用本法：

（一）因确认劳动关系发生的争议；

（二）因订立、履行、变更、解除和终止劳动合同发生的争议；

（三）因除名、辞退和辞职、离职发生的争议；

（四）因工作时间、休息休假、社会保险、福利、培训以及劳动保护发生的争议；

（五）因劳动报酬、工伤医疗费、经济补偿

或者赔偿金等发生的争议；

（六）法律、法规规定的其他劳动争议。

第三条　解决劳动争议，应当根据事实，遵循合法、公正、及时、着重调解的原则，依法保护当事人的合法权益。

第四条　发生劳动争议，劳动者可以与用人单位协商，也可以请工会或者第三方共同与用人单位协商，达成和解协议。

第五条　发生劳动争议，当事人不愿协商、协商不成或者达成和解协议后不履行的，可以向调解组织申请调解；不愿调解、调解不成或者达成调解协议后不履行的，可以向劳动争议仲裁委员会申请仲裁；对仲裁裁决不服的，除本法另有规定的外，可以向人民法院提起诉讼。

第六条　发生劳动争议，当事人对自己提出的主张，有责任提供证据。与争议事项有关的证据属于用人单位掌握管理的，用人单位应当提供；用人单位不提供的，应当承担不利后果。

第七条　发生劳动争议的劳动者一方在十人以上，并有共同请求的，可以推举代表参加调解、仲裁或者诉讼活动。

第八条　县级以上人民政府劳动行政部门会同工会和企业方面代表建立协调劳动关系三方机制，共同研究解决劳动争议的重大问题。

第九条　用人单位违反国家规定，拖欠或者未足额支付劳动报酬，或者拖欠工伤医疗费、经济补偿或者赔偿金的，劳动者可以向劳动行政部门投诉，劳动行政部门应当依法处理。

第二章　调　解

第十条　发生劳动争议，当事人可以到下列调解组织申请调解：

（一）企业劳动争议调解委员会；

（二）依法设立的基层人民调解组织；

（三）在乡镇、街道设立的具有劳动争议调解职能的组织。

企业劳动争议调解委员会由职工代表和企业代表组成。职工代表由工会成员担任或者由全体职工推举产生，企业代表由企业负责人指定。企业劳动争议调解委员会主任由工会成员或者双方推举的人员担任。

第十一条　劳动争议调解组织的调解员应当由公道正派、联系群众、热心调解工作，并具有一定法律知识、政策水平和文化水平的成年公民担任。

第十二条　当事人申请劳动争议调解可以书面申请，也可以口头申请。口头申请的，调解组织应当当场记录申请人基本情况、申请调解的争议事项、理由和时间。

第十三条　调解劳动争议，应当充分听取双方当事人对事实和理由的陈述，耐心疏导，帮助其达成协议。

第十四条　经调解达成协议的，应当制作调解协议书。

调解协议书由双方当事人签名或者盖章，经调解员签名并加盖调解组织印章后生效，对双方当事人具有约束力，当事人应当履行。

自劳动争议调解组织收到调解申请之日起十五日内未达成调解协议的，当事人可以依法申请仲裁。

第十五条　达成调解协议后，一方当事人在协议约定期限内不履行调解协议的，另一方当事人可以依法申请仲裁。

第十六条　因支付拖欠劳动报酬、工伤医疗费、经济补偿或者赔偿金事项达成调解协议，用人单位在协议约定期限内不履行的，劳动者可以持调解协议书依法向人民法院申请支付令。人民法院应当依法发出支付令。

第三章　仲　裁

第一节　一般规定

第十七条　劳动争议仲裁委员会按照统筹规划、合理布局和适应实际需要的原则设立。省、自治区人民政府可以决定在市、县设立；直辖市人民政府可以决定在区、县设立。直辖市、设区的市也可以设立一个或者若干个劳动争议仲裁委员会。劳动争议仲裁委员会不按行政区划层层设立。

第十八条　国务院劳动行政部门依照本法有关规定制定仲裁规则。省、自治区、直辖市人民政府劳动行政部门对本行政区域的劳动争议仲裁工作进行指导。

第十九条　劳动争议仲裁委员会由劳动行政部门代表、工会代表和企业方面代表组成。劳动争议仲裁委员会组成人员应当是单数。

劳动争议仲裁委员会依法履行下列职责：

（一）聘任、解聘专职或者兼职仲裁员；

（二）受理劳动争议案件；

（三）讨论重大或者疑难的劳动争议案件；

（四）对仲裁活动进行监督。

劳动争议仲裁委员会下设办事机构，负责办理劳动争议仲裁委员会的日常工作。

第二十条　劳动争议仲裁委员会应当设仲裁员名册。

仲裁员应当公道正派并符合下列条件之一：

（一）曾任审判员的；

（二）从事法律研究、教学工作并具有中级以上职称的；

（三）具有法律知识、从事人力资源管理或者工会等专业工作满五年的；

（四）律师执业满三年的。

第二十一条　劳动争议仲裁委员会负责管辖本区域内发生的劳动争议。

劳动争议由劳动合同履行地或者用人单位所在地的劳动争议仲裁委员会管辖。双方当事人分别向劳动合同履行地和用人单位所在地的劳动争议仲裁委员会申请仲裁的，由劳动合同履行地的劳动争议仲裁委员会管辖。

第二十二条　发生劳动争议的劳动者和用人单位为劳动争议仲裁案件的双方当事人。

劳务派遣单位或者用工单位与劳动者发生劳动争议的，劳务派遣单位和用工单位为共同当事人。

第二十三条　与劳动争议案件的处理结果有利害关系的第三人，可以申请参加仲裁活动或者由劳动争议仲裁委员会通知其参加仲裁活动。

第二十四条　当事人可以委托代理人参加仲裁活动。委托他人参加仲裁活动，应当向劳动争议仲裁委员会提交有委托人签名或者盖章的委托书，委托书应当载明委托事项和权限。

第二十五条　丧失或者部分丧失民事行为能力的劳动者，由其法定代理人代为参加仲裁活动；无法定代理人的，由劳动争议仲裁委员会为其指定代理人。劳动者死亡的，由其近亲属或者代理人参加仲裁活动。

第二十六条　劳动争议仲裁公开进行，但当事人协议不公开进行或者涉及国家秘密、商业秘密和个人隐私的除外。

第二节　申请和受理

第二十七条　劳动争议申请仲裁的时效期间为一年。仲裁时效期间从当事人知道或者应当知道其权利被侵害之日起计算。

前款规定的仲裁时效，因当事人一方向对方当事人主张权利，或者向有关部门请求权利救济，或者对方当事人同意履行义务而中断。从中断时起，仲裁时效期间重新计算。

因不可抗力或者有其他正当理由，当事人不能在本条第一款规定的仲裁时效期间申请仲裁的，仲裁时效中止。从中止时效的原因消除之日起，仲裁时效期间继续计算。

劳动关系存续期间因拖欠劳动报酬发生争议的，劳动者申请仲裁不受本条第一款规定的仲裁时效期间的限制；但是，劳动关系终止的，应当自劳动关系终止之日起一年内提出。

第二十八条　申请人申请仲裁应当提交书面仲裁申请，并按照被申请人人数提交副本。

仲裁申请书应当载明下列事项：

（一）劳动者的姓名、性别、年龄、职业、工作单位和住所，用人单位的名称、住所和法定代表人或者主要负责人的姓名、职务；

（二）仲裁请求和所根据的事实、理由；

（三）证据和证据来源、证人姓名和住所。

书写仲裁申请确有困难的，可以口头申请，由劳动争议仲裁委员会记入笔录，并告知对方当事人。

第二十九条　劳动争议仲裁委员会收到仲裁申请之日起五日内，认为符合受理条件的，应当受理，并通知申请人；认为不符合受理条件的，应当书面通知申请人不予受理，并说明理由。对劳动争议仲裁委员会不予受理或者逾期未作出决定的，申请人可以就该劳动争议事项向人民法院提起诉讼。

第三十条　劳动争议仲裁委员会受理仲裁申请后，应当在五日内将仲裁申请书副本送达被申请人。

被申请人收到仲裁申请书副本后，应当在十日内向劳动争议仲裁委员会提交答辩书。劳动争议仲裁委员会收到答辩书后，应当在五日内将答辩书副本送达申请人。被申请人未提交答辩书的，不影响仲裁程序的进行。

第三节　开庭和裁决

第三十一条　劳动争议仲裁委员会裁决劳动争议案件实行仲裁庭制。仲裁庭由三名仲裁员组成，设首席仲裁员。简单劳动争议案件可以由一名仲裁员独任仲裁。

第三十二条　劳动争议仲裁委员会应当在受理仲裁申请之日起五日内将仲裁庭的组成情况书面通知当事人。

第三十三条　仲裁员有下列情形之一，应当回避，当事人也有权以口头或者书面方式提出回避申请：

（一）是本案当事人或者当事人、代理人的近亲属的；

（二）与本案有利害关系的；

（三）与本案当事人、代理人有其他关系，可能影响公正裁决的；

（四）私自会见当事人、代理人，或者接受当事人、代理人的请客送礼的。

劳动争议仲裁委员会对回避申请应当及时作出决定，并以口头或者书面方式通知当事人。

第三十四条　仲裁员有本法第三十三条第四项规定情形，或者有索贿受贿、徇私舞弊、枉法裁决行为的，应当依法承担法律责任。劳动争议仲裁委员会应当将其解聘。

第三十五条　仲裁庭应当在开庭五日前，将开庭日期、地点书面通知双方当事人。当事人有正当理由的，可以在开庭三日前请求延期开庭。是否延期，由劳动争议仲裁委员会决定。

第三十六条　申请人收到书面通知，无正当理由拒不到庭或者未经仲裁庭同意中途退庭的，可以视为撤回仲裁申请。

被申请人收到书面通知，无正当理由拒不到庭或者未经仲裁庭同意中途退庭的，可以缺席裁决。

第三十七条　仲裁庭对专门性问题认为需要鉴定的，可以交由当事人约定的鉴定机构鉴定；当事人没有约定或者无法达成约定的，由仲裁庭指定的鉴定机构鉴定。

根据当事人的请求或者仲裁庭的要求，鉴定机构应当派鉴定人参加开庭。当事人经仲裁庭许可，可以向鉴定人提问。

第三十八条　当事人在仲裁过程中有权进行质证和辩论。质证和辩论终结时，首席仲裁员或者独任仲裁员应当征询当事人的最后意见。

第三十九条　当事人提供的证据经查证属实的，仲裁庭应当将其作为认定事实的根据。

劳动者无法提供由用人单位掌握管理的与仲裁请求有关的证据，仲裁庭可以要求用人单位在指定期限内提供。用人单位在指定期限内不提供的，应当承担不利后果。

第四十条　仲裁庭应当将开庭情况记入笔录。当事人和其他仲裁参加人认为对自己陈述的记录有遗漏或者差错的，有权申请补正。如果不予补正，应当记录该申请。

笔录由仲裁员、记录人员、当事人和其他仲裁参加人签名或者盖章。

第四十一条　当事人申请劳动争议仲裁后，可以自行和解。达成和解协议的，可以撤回仲裁申请。

第四十二条 仲裁庭在作出裁决前,应当先行调解。

调解达成协议的,仲裁庭应当制作调解书。

调解书应当写明仲裁请求和当事人协议的结果。调解书由仲裁员签名,加盖劳动争议仲裁委员会印章,送达双方当事人。调解书经双方当事人签收后,发生法律效力。

调解不成或者调解书送达前,一方当事人反悔的,仲裁庭应当及时作出裁决。

第四十三条 仲裁庭裁决劳动争议案件,应当自劳动争议仲裁委员会受理仲裁申请之日起四十五日内结束。案情复杂需要延期的,经劳动争议仲裁委员会主任批准,可以延期并书面通知当事人,但是延长期限不得超过十五日。逾期未作出仲裁裁决的,当事人可以就该劳动争议事项向人民法院提起诉讼。

仲裁庭裁决劳动争议案件时,其中一部分事实已经清楚,可以就该部分先行裁决。

第四十四条 仲裁庭对追索劳动报酬、工伤医疗费、经济补偿或者赔偿金的案件,根据当事人的申请,可以裁决先予执行,移送人民法院执行。

仲裁庭裁决先予执行的,应当符合下列条件:

(一)当事人之间权利义务关系明确;

(二)不先予执行将严重影响申请人的生活。

劳动者申请先予执行的,可以不提供担保。

第四十五条 裁决应当按照多数仲裁员的意见作出,少数仲裁员的不同意见应当记入笔录。仲裁庭不能形成多数意见时,裁决应当按照首席仲裁员的意见作出。

第四十六条 裁决书应当载明仲裁请求、争议事实、裁决理由、裁决结果和裁决日期。裁决书由仲裁员签名,加盖劳动争议仲裁委员会印章。对裁决持不同意见的仲裁员,可以签名,也可以不签名。

第四十七条 下列劳动争议,除本法另有规定的外,仲裁裁决为终局裁决,裁决书自作出之日起发生法律效力:

(一)追索劳动报酬、工伤医疗费、经济补偿或者赔偿金,不超过当地月最低工资标准十二个月金额的争议;

(二)因执行国家的劳动标准在工作时间、休息休假、社会保险等方面发生的争议。

第四十八条 劳动者对本法第四十七条规定的仲裁裁决不服的,可以自收到仲裁裁决书之日起十五日内向人民法院提起诉讼。

第四十九条 用人单位有证据证明本法第四十七条规定的仲裁裁决有下列情形之一,可以自收到仲裁裁决书之日起三十日内向劳动争议仲裁委员会所在地的中级人民法院申请撤销裁决:

(一)适用法律、法规确有错误的;

(二)劳动争议仲裁委员会无管辖权的;

(三)违反法定程序的;

(四)裁决所根据的证据是伪造的;

(五)对方当事人隐瞒了足以影响公正裁决的证据的;

(六)仲裁员在仲裁该案时有索贿受贿、徇私舞弊、枉法裁决行为的。

人民法院经组成合议庭审查核实裁决有前款规定情形之一的,应当裁定撤销。

仲裁裁决被人民法院裁定撤销的,当事人可以自收到裁定书之日起十五日内就该劳动争议事项向人民法院提起诉讼。

第五十条 当事人对本法第四十七条规定以外的其他劳动争议案件的仲裁裁决不服的,可以自收到仲裁裁决书之日起十五日内向人民法院提起诉讼;期满不起诉的,裁决书发生法律效力。

第五十一条 当事人对发生法律效力的调解书、裁决书,应当依照规定的期限履行。一方当事人逾期不履行的,另一方当事人可以依照民事诉讼法的有关规定向人民法院申请执行。受理申请的人民法院应当依法执行。

第四章 附 则

第五十二条 事业单位实行聘用制的工作人员与本单位发生劳动争议的,依照本法执行;

法律、行政法规或者国务院另有规定的，依照其规定。

第五十三条 劳动争议仲裁不收费。劳动争议仲裁委员会的经费由财政予以保障。

第五十四条 本法自 2008 年 5 月 1 日起施行。

中华人民共和国社会保险法

（2010 年 10 月 28 日第十一届全国人民代表大会常务委员会第十七次会议通过　根据 2018 年 12 月 29 日第十三届全国人民代表大会常务委员会第七次会议《关于修改〈中华人民共和国社会保险法〉的决定》修正）

目　录

第一章　总　则
第二章　基本养老保险
第三章　基本医疗保险
第四章　工伤保险
第五章　失业保险
第六章　生育保险
第七章　社会保险费征缴
第八章　社会保险基金
第九章　社会保险经办
第十章　社会保险监督
第十一章　法律责任
第十二章　附　则

第一章　总　则

第一条　为了规范社会保险关系，维护公民参加社会保险和享受社会保险待遇的合法权益，使公民共享发展成果，促进社会和谐稳定，根据宪法，制定本法。

第二条　国家建立基本养老保险、基本医疗保险、工伤保险、失业保险、生育保险等社会保险制度，保障公民在年老、疾病、工伤、失业、生育等情况下依法从国家和社会获得物质帮助的权利。

第三条　社会保险制度坚持广覆盖、保基本、多层次、可持续的方针，社会保险水平应当与经济社会发展水平相适应。

第四条　中华人民共和国境内的用人单位和个人依法缴纳社会保险费，有权查询缴费记录、个人权益记录，要求社会保险经办机构提供社会保险咨询等相关服务。

个人依法享受社会保险待遇，有权监督本单位为其缴费情况。

第五条　县级以上人民政府将社会保险事业纳入国民经济和社会发展规划。

国家多渠道筹集社会保险资金。县级以上人民政府对社会保险事业给予必要的经费支持。

国家通过税收优惠政策支持社会保险事业。

第六条　国家对社会保险基金实行严格监管。

国务院和省、自治区、直辖市人民政府建立健全社会保险基金监督管理制度，保障社会保险基金安全、有效运行。

县级以上人民政府采取措施，鼓励和支持社会各方面参与社会保险基金的监督。

第七条　国务院社会保险行政部门负责全国的社会保险管理工作，国务院其他有关部门在各自的职责范围内负责有关的社会保险工作。

县级以上地方人民政府社会保险行政部门负责本行政区域的社会保险管理工作，县级以上地方人民政府其他有关部门在各自的职责范围内负责有关的社会保险工作。

第八条　社会保险经办机构提供社会保险服务，负责社会保险登记、个人权益记录、社会保险待遇支付等工作。

第九条 工会依法维护职工的合法权益,有权参与社会保险重大事项的研究,参加社会保险监督委员会,对与职工社会保险权益有关的事项进行监督。

第二章 基本养老保险

第十条 职工应当参加基本养老保险,由用人单位和职工共同缴纳基本养老保险费。

无雇工的个体工商户、未在用人单位参加基本养老保险的非全日制从业人员以及其他灵活就业人员可以参加基本养老保险,由个人缴纳基本养老保险费。

公务员和参照公务员法管理的工作人员养老保险的办法由国务院规定。

第十一条 基本养老保险实行社会统筹与个人账户相结合。

基本养老保险基金由用人单位和个人缴费以及政府补贴等组成。

第十二条 用人单位应当按国家规定的本单位职工工资总额的比例缴纳基本养老保险费,记入基本养老保险统筹基金。

职工应当按国家规定的本人工资的比例缴纳基本养老保险费,记入个人账户。

无雇工的个体工商户、未在用人单位参加基本养老保险的非全日制从业人员以及其他灵活就业人员参加基本养老保险的,应当按照国家规定缴纳基本养老保险费,分别记入基本养老保险统筹基金和个人账户。

第十三条 国有企业、事业单位职工参加基本养老保险前,视同缴费年限期间应当缴纳的基本养老保险费由政府承担。

基本养老保险基金出现支付不足时,政府给予补贴。

第十四条 个人账户不得提前支取,记账利率不得低于银行定期存款利率,免征利息税。个人死亡的,个人账户余额可以继承。

第十五条 基本养老金由统筹养老金和个人账户养老金组成。

基本养老金根据个人累计缴费年限、缴费工资、当地职工平均工资、个人账户金额、城镇人口平均预期寿命等因素确定。

第十六条 参加基本养老保险的个人,达到法定退休年龄时累计缴费满十五年的,按月领取基本养老金。

参加基本养老保险的个人,达到法定退休年龄时累计缴费不足十五年的,可以缴费至满十五年,按月领取基本养老金;也可以转入新型农村社会养老保险或者城镇居民社会养老保险,按照国务院规定享受相应的养老保险待遇。

第十七条 参加基本养老保险的个人,因病或者非因工死亡的,其遗属可以领取丧葬补助金和抚恤金;在未达到法定退休年龄时因病或者非因工致残完全丧失劳动能力的,可以领取病残津贴。所需资金从基本养老保险基金中支付。

第十八条 国家建立基本养老金正常调整机制。根据职工平均工资增长、物价上涨情况,适时提高基本养老保险待遇水平。

第十九条 个人跨统筹地区就业的,其基本养老保险关系随本人转移,缴费年限累计计算。个人达到法定退休年龄时,基本养老金分段计算、统一支付。具体办法由国务院规定。

第二十条 国家建立和完善新型农村社会养老保险制度。

新型农村社会养老保险实行个人缴费、集体补助和政府补贴相结合。

第二十一条 新型农村社会养老保险待遇由基础养老金和个人账户养老金组成。

参加新型农村社会养老保险的农村居民,符合国家规定条件的,按月领取新型农村社会养老保险待遇。

第二十二条 国家建立和完善城镇居民社会养老保险制度。

省、自治区、直辖市人民政府根据实际情况,可以将城镇居民社会养老保险和新型农村社会养老保险合并实施。

第三章 基本医疗保险

第二十三条 职工应当参加职工基本医疗

保险，由用人单位和职工按照国家规定共同缴纳基本医疗保险费。

无雇工的个体工商户、未在用人单位参加职工基本医疗保险的非全日制从业人员以及其他灵活就业人员可以参加职工基本医疗保险，由个人按照国家规定缴纳基本医疗保险费。

第二十四条 国家建立和完善新型农村合作医疗制度。

新型农村合作医疗的管理办法，由国务院规定。

第二十五条 国家建立和完善城镇居民基本医疗保险制度。

城镇居民基本医疗保险实行个人缴费和政府补贴相结合。

享受最低生活保障的人、丧失劳动能力的残疾人、低收入家庭六十周岁以上的老年人和未成年人等所需个人缴费部分，由政府给予补贴。

第二十六条 职工基本医疗保险、新型农村合作医疗和城镇居民基本医疗保险的待遇标准按照国家规定执行。

第二十七条 参加职工基本医疗保险的个人，达到法定退休年龄时累计缴费达到国家规定年限的，退休后不再缴纳基本医疗保险费，按照国家规定享受基本医疗保险待遇；未达到国家规定年限的，可以缴费至国家规定年限。

第二十八条 符合基本医疗保险药品目录、诊疗项目、医疗服务设施标准以及急诊、抢救的医疗费用，按照国家规定从基本医疗保险基金中支付。

第二十九条 参保人员医疗费用中应当由基本医疗保险基金支付的部分，由社会保险经办机构与医疗机构、药品经营单位直接结算。

社会保险行政部门和卫生行政部门应当建立异地就医医疗费用结算制度，方便参保人员享受基本医疗保险待遇。

第三十条 下列医疗费用不纳入基本医疗保险基金支付范围：

（一）应当从工伤保险基金中支付的；

（二）应当由第三人负担的；

（三）应当由公共卫生负担的；

（四）在境外就医的。

医疗费用依法应当由第三人负担，第三人不支付或者无法确定第三人的，由基本医疗保险基金先行支付。基本医疗保险基金先行支付后，有权向第三人追偿。

第三十一条 社会保险经办机构根据管理服务的需要，可以与医疗机构、药品经营单位签订服务协议，规范医疗服务行为。

医疗机构应当为参保人员提供合理、必要的医疗服务。

第三十二条 个人跨统筹地区就业的，其基本医疗保险关系随本人转移，缴费年限累计计算。

第四章　工伤保险

第三十三条 职工应当参加工伤保险，由用人单位缴纳工伤保险费，职工不缴纳工伤保险费。

第三十四条 国家根据不同行业的工伤风险程度确定行业的差别费率，并根据使用工伤保险基金、工伤发生率等情况在每个行业内确定费率档次。行业差别费率和行业内费率档次由国务院社会保险行政部门制定，报国务院批准后公布施行。

社会保险经办机构根据用人单位使用工伤保险基金、工伤发生率和所属行业费率档次等情况，确定用人单位缴费费率。

第三十五条 用人单位应当按照本单位职工工资总额，根据社会保险经办机构确定的费率缴纳工伤保险费。

第三十六条 职工因工作原因受到事故伤害或者患职业病，且经工伤认定的，享受工伤保险待遇；其中，经劳动能力鉴定丧失劳动能力的，享受伤残待遇。

工伤认定和劳动能力鉴定应当简捷、方便。

第三十七条 职工因下列情形之一导致本人在工作中伤亡的，不认定为工伤：

（一）故意犯罪；
（二）醉酒或者吸毒；
（三）自残或者自杀；
（四）法律、行政法规规定的其他情形。

第三十八条 因工伤发生的下列费用，按照国家规定从工伤保险基金中支付：
（一）治疗工伤的医疗费用和康复费用；
（二）住院伙食补助费；
（三）到统筹地区以外就医的交通食宿费；
（四）安装配置伤残辅助器具所需费用；
（五）生活不能自理的，经劳动能力鉴定委员会确认的生活护理费；
（六）一次性伤残补助金和一至四级伤残职工按月领取的伤残津贴；
（七）终止或者解除劳动合同时，应当享受的一次性医疗补助金；
（八）因工死亡的，其遗属领取的丧葬补助金、供养亲属抚恤金和因工死亡补助金；
（九）劳动能力鉴定费。

第三十九条 因工伤发生的下列费用，按照国家规定由用人单位支付：
（一）治疗工伤期间的工资福利；
（二）五级、六级伤残职工按月领取的伤残津贴；
（三）终止或者解除劳动合同时，应当享受的一次性伤残就业补助金。

第四十条 工伤职工符合领取基本养老金条件的，停发伤残津贴，享受基本养老保险待遇。基本养老保险待遇低于伤残津贴的，从工伤保险基金中补足差额。

第四十一条 职工所在用人单位未依法缴纳工伤保险费，发生工伤事故的，由用人单位支付工伤保险待遇。用人单位不支付的，从工伤保险基金中先行支付。

从工伤保险基金中先行支付的工伤保险待遇应当由用人单位偿还。用人单位不偿还的，社会保险经办机构可以依照本法第六十三条的规定追偿。

第四十二条 由于第三人的原因造成工伤，第三人不支付工伤医疗费用或者无法确定第三人的，由工伤保险基金先行支付。工伤保险基金先行支付后，有权向第三人追偿。

第四十三条 工伤职工有下列情形之一的，停止享受工伤保险待遇：
（一）丧失享受待遇条件的；
（二）拒不接受劳动能力鉴定的；
（三）拒绝治疗的。

第五章　失业保险

第四十四条 职工应当参加失业保险，由用人单位和职工按照国家规定共同缴纳失业保险费。

第四十五条 失业人员符合下列条件的，从失业保险基金中领取失业保险金：
（一）失业前用人单位和本人已经缴纳失业保险费满一年的；
（二）非因本人意愿中断就业的；
（三）已经进行失业登记，并有求职要求的。

第四十六条 失业人员失业前用人单位和本人累计缴费满一年不足五年的，领取失业保险金的期限最长为十二个月；累计缴费满五年不足十年的，领取失业保险金的期限最长为十八个月；累计缴费十年以上的，领取失业保险金的期限最长为二十四个月。重新就业后，再次失业的，缴费时间重新计算，领取失业保险金的期限与前次失业应当领取而尚未领取的失业保险金的期限合并计算，最长不超过二十四个月。

第四十七条 失业保险金的标准，由省、自治区、直辖市人民政府确定，不得低于城市居民最低生活保障标准。

第四十八条 失业人员在领取失业保险金期间，参加职工基本医疗保险，享受基本医疗保险待遇。

失业人员应当缴纳的基本医疗保险费从失业保险基金中支付，个人不缴纳基本医疗保险费。

第四十九条 失业人员在领取失业保险金期间死亡的，参照当地对在职职工死亡的规定，向其遗属发给一次性丧葬补助金和抚恤金。所需资金从失业保险基金中支付。

个人死亡同时符合领取基本养老保险丧葬补助金、工伤保险丧葬补助金和失业保险丧葬补助金条件的，其遗属只能选择领取其中的一项。

第五十条 用人单位应当及时为失业人员出具终止或者解除劳动关系的证明，并将失业人员的名单自终止或者解除劳动关系之日起十五日内告知社会保险经办机构。

失业人员应当持本单位为其出具的终止或者解除劳动关系的证明，及时到指定的公共就业服务机构办理失业登记。

失业人员凭失业登记证明和个人身份证明，到社会保险经办机构办理领取失业保险金的手续。失业保险金领取期限自办理失业登记之日起计算。

第五十一条 失业人员在领取失业保险金期间有下列情形之一的，停止领取失业保险金，并同时停止享受其他失业保险待遇：

（一）重新就业的；

（二）应征服兵役的；

（三）移居境外的；

（四）享受基本养老保险待遇的；

（五）无正当理由，拒不接受当地人民政府指定部门或者机构介绍的适当工作或者提供的培训的。

第五十二条 职工跨统筹地区就业的，其失业保险关系随本人转移，缴费年限累计计算。

第六章 生育保险

第五十三条 职工应当参加生育保险，由用人单位按照国家规定缴纳生育保险费，职工不缴纳生育保险费。

第五十四条 用人单位已经缴纳生育保险费的，其职工享受生育保险待遇；职工未就业配偶按照国家规定享受生育医疗费用待遇。所需资金从生育保险基金中支付。

生育保险待遇包括生育医疗费用和生育津贴。

第五十五条 生育医疗费用包括下列各项：

（一）生育的医疗费用；

（二）计划生育的医疗费用；

（三）法律、法规规定的其他项目费用。

第五十六条 职工有下列情形之一的，可以按照国家规定享受生育津贴：

（一）女职工生育享受产假；

（二）享受计划生育手术休假；

（三）法律、法规规定的其他情形。

生育津贴按照职工所在用人单位上年度职工月平均工资计发。

第七章 社会保险费征缴

第五十七条 用人单位应当自成立之日起三十日内凭营业执照、登记证书或者单位印章，向当地社会保险经办机构申请办理社会保险登记。社会保险经办机构应当自收到申请之日起十五日内予以审核，发给社会保险登记证件。

用人单位的社会保险登记事项发生变更或者用人单位依法终止的，应当自变更或者终止之日起三十日内，到社会保险经办机构办理变更或者注销社会保险登记。

市场监督管理部门、民政部门和机构编制管理机关应当及时向社会保险经办机构通报用人单位的成立、终止情况，公安机关应当及时向社会保险经办机构通报个人的出生、死亡以及户口登记、迁移、注销等情况。

第五十八条 用人单位应当自用工之日起三十日内为其职工向社会保险经办机构申请办理社会保险登记。未办理社会保险登记的，由社会保险经办机构核定其应当缴纳的社会保险费。

自愿参加社会保险的无雇工的个体工商户、未在用人单位参加社会保险的非全日制从业人员以及其他灵活就业人员，应当向社会保险经办机构申请办理社会保险登记。

国家建立全国统一的个人社会保障号码。个人社会保障号码为公民身份号码。

第五十九条 县级以上人民政府加强社会保险费的征收工作。

社会保险费实行统一征收，实施步骤和具体办法由国务院规定。

第六十条 用人单位应当自行申报、按时足额缴纳社会保险费，非因不可抗力等法定事由不得缓缴、减免。职工应当缴纳的社会保险费由用人单位代扣代缴，用人单位应当按月将缴纳社会保险费的明细情况告知本人。

无雇工的个体工商户、未在用人单位参加社会保险的非全日制从业人员以及其他灵活就业人员，可以直接向社会保险费征收机构缴纳社会保险费。

第六十一条 社会保险费征收机构应当依法按时足额征收社会保险费，并将缴费情况定期告知用人单位和个人。

第六十二条 用人单位未按规定申报应当缴纳的社会保险费数额的，按照该单位上月缴费额的百分之一百一十确定应当缴纳数额；缴费单位补办申报手续后，由社会保险费征收机构按照规定结算。

第六十三条 用人单位未按时足额缴纳社会保险费的，由社会保险费征收机构责令其限期缴纳或者补足。

用人单位逾期仍未缴纳或者补足社会保险费的，社会保险费征收机构可以向银行和其他金融机构查询其存款账户；并可以申请县级以上有关行政部门作出划拨社会保险费的决定，书面通知其开户银行或者其他金融机构划拨社会保险费。用人单位账户余额少于应当缴纳的社会保险费的，社会保险费征收机构可以要求该用人单位提供担保，签订延期缴费协议。

用人单位未足额缴纳社会保险费且未提供担保的，社会保险费征收机构可以申请人民法院扣押、查封、拍卖其价值相当于应当缴纳社会保险费的财产，以拍卖所得抵缴社会保险费。

第八章 社会保险基金

第六十四条 社会保险基金包括基本养老保险基金、基本医疗保险基金、工伤保险基金、失业保险基金和生育保险基金。除基本医疗保险基金与生育保险基金合并建账及核算外，其他各项社会保险基金按照社会保险险种分别建账，分账核算。社会保险基金执行国家统一的会计制度。

社会保险基金专款专用，任何组织和个人不得侵占或者挪用。

基本养老保险基金逐步实行全国统筹，其他社会保险基金逐步实行省级统筹，具体时间、步骤由国务院规定。

第六十五条 社会保险基金通过预算实现收支平衡。

县级以上人民政府在社会保险基金出现支付不足时，给予补贴。

第六十六条 社会保险基金按照统筹层次设立预算。除基本医疗保险基金与生育保险基金预算合并编制外，其他社会保险基金预算按照社会保险项目分别编制。

第六十七条 社会保险基金预算、决算草案的编制、审核和批准，依照法律和国务院规定执行。

第六十八条 社会保险基金存入财政专户，具体管理办法由国务院规定。

第六十九条 社会保险基金在保证安全的前提下，按照国务院规定投资运营实现保值增值。

社会保险基金不得违规投资运营，不得用于平衡其他政府预算，不得用于兴建、改建办公场所和支付人员经费、运行费用、管理费用，或者违反法律、行政法规规定挪作其他用途。

第七十条 社会保险经办机构应当定期向社会公布参加社会保险情况以及社会保险基金的收入、支出、结余和收益情况。

第七十一条 国家设立全国社会保障基金，由中央财政预算拨款以及国务院批准的其他方式筹集的资金构成，用于社会保障支出的补充、调剂。全国社会保障基金由全国社会保障基金管理运营机构负责管理运营，在保证安全的前提下实现保值增值。

全国社会保障基金应当定期向社会公布收支、管理和投资运营的情况。国务院财政部门、社会保险行政部门、审计机关对全国社会保障基金的收支、管理和投资运营情况实施监督。

第九章 社会保险经办

第七十二条 统筹地区设立社会保险经办机构。社会保险经办机构根据工作需要，经所在地的社会保险行政部门和机构编制管理机关批准，可以在本统筹地区设立分支机构和服务网点。

社会保险经办机构的人员经费和经办社会保险发生的基本运行费用、管理费用，由同级财政按照国家规定予以保障。

第七十三条 社会保险经办机构应当建立健全业务、财务、安全和风险管理制度。

社会保险经办机构应当按时足额支付社会保险待遇。

第七十四条 社会保险经办机构通过业务经办、统计、调查获取社会保险工作所需的数据，有关单位和个人应当及时、如实提供。

社会保险经办机构应当及时为用人单位建立档案，完整、准确地记录参加社会保险的人员、缴费等社会保险数据，妥善保管登记、申报的原始凭证和支付结算的会计凭证。

社会保险经办机构应当及时、完整、准确地记录参加社会保险的个人缴费和用人单位为其缴费，以及享受社会保险待遇等个人权益记录，定期将个人权益记录单免费寄送本人。

用人单位和个人可以免费向社会保险经办机构查询、核对其缴费和享受社会保险待遇记录，要求社会保险经办机构提供社会保险咨询等相关服务。

第七十五条 全国社会保险信息系统按照国家统一规划，由县级以上人民政府按照分级负责的原则共同建设。

第十章 社会保险监督

第七十六条 各级人民代表大会常务委员会听取和审议本级人民政府对社会保险基金的收支、管理、投资运营以及监督检查情况的专项工作报告，组织对本法实施情况的执法检查等，依法行使监督职权。

第七十七条 县级以上人民政府社会保险行政部门应当加强对用人单位和个人遵守社会保险法律、法规情况的监督检查。

社会保险行政部门实施监督检查时，被检查的用人单位和个人应当如实提供与社会保险有关的资料，不得拒绝检查或者谎报、瞒报。

第七十八条 财政部门、审计机关按照各自职责，对社会保险基金的收支、管理和投资运营情况实施监督。

第七十九条 社会保险行政部门对社会保险基金的收支、管理和投资运营情况进行监督检查，发现存在问题的，应当提出整改建议，依法作出处理决定或者向有关行政部门提出处理建议。社会保险基金检查结果应当定期向社会公布。

社会保险行政部门对社会保险基金实施监督检查，有权采取下列措施：

（一）查阅、记录、复制与社会保险基金收支、管理和投资运营相关的资料，对可能被转移、隐匿或者灭失的资料予以封存；

（二）询问与调查事项有关的单位和个人，要求其对与调查事项有关的问题作出说明、提供有关证明材料；

（三）对隐匿、转移、侵占、挪用社会保险基金的行为予以制止并责令改正。

第八十条 统筹地区人民政府成立由用人单位代表、参保人员代表，以及工会代表、专家等组成的社会保险监督委员会，掌握、分析社会保险基金的收支、管理和投资运营情况，对社会保险工作提出咨询意见和建议，实施社会监督。

社会保险经办机构应当定期向社会保险监督委员会汇报社会保险基金的收支、管理和投资运营情况。社会保险监督委员会可以聘请会计师事务所对社会保险基金的收支、管理和投资运营情况进行年度审计和专项审计。审计结果应当向社会公开。

社会保险监督委员会发现社会保险基金收支、管理和投资运营中存在问题的，有权提出改正建议；对社会保险经办机构及其工作人员的违法行为，有权向有关部门提出依法处理建议。

第八十一条 社会保险行政部门和其他有关行政部门、社会保险经办机构、社会保险费征收机构及其工作人员，应当依法为用人单位和个人的信息保密，不得以任何形式泄露。

第八十二条 任何组织或者个人有权对违反社会保险法律、法规的行为进行举报、投诉。

社会保险行政部门、卫生行政部门、社会保险经办机构、社会保险费征收机构和财政部门、审计机关对属于本部门、本机构职责范围的举报、投诉，应当依法处理；对不属于本部门、本机构职责范围的，应当书面通知并移交有权处理的部门、机构处理。有权处理的部门、机构应当及时处理，不得推诿。

第八十三条 用人单位或者个人认为社会保险费征收机构的行为侵害自己合法权益的，可以依法申请行政复议或者提起行政诉讼。

用人单位或者个人对社会保险经办机构不依法办理社会保险登记、核定社会保险费、支付社会保险待遇、办理社会保险转移接续手续或者侵害其他社会保险权益的行为，可以依法申请行政复议或者提起行政诉讼。

个人与所在用人单位发生社会保险争议的，可以依法申请调解、仲裁，提起诉讼。用人单位侵害个人社会保险权益的，个人也可以要求社会保险行政部门或者社会保险费征收机构依法处理。

第十一章　法律责任

第八十四条 用人单位不办理社会保险登记的，由社会保险行政部门责令限期改正；逾期不改正的，对用人单位处应缴社会保险费数额一倍以上三倍以下的罚款，对其直接负责的主管人员和其他直接责任人员处五百元以上三千元以下的罚款。

第八十五条 用人单位拒不出具终止或者解除劳动关系证明的，依照《中华人民共和国劳动合同法》的规定处理。

第八十六条 用人单位未按时足额缴纳社会保险费的，由社会保险费征收机构责令限期缴纳或者补足，并自欠缴之日起，按日加收万分之五的滞纳金；逾期仍不缴纳的，由有关行政部门处欠缴数额一倍以上三倍以下的罚款。

第八十七条 社会保险经办机构以及医疗机构、药品经营单位等社会保险服务机构以欺诈、伪造证明材料或者其他手段骗取社会保险基金支出的，由社会保险行政部门责令退回骗取的社会保险金，处骗取金额二倍以上五倍以下的罚款；属于社会保险服务机构的，解除服务协议；直接负责的主管人员和其他直接责任人员有执业资格的，依法吊销其执业资格。

第八十八条 以欺诈、伪造证明材料或者其他手段骗取社会保险待遇的，由社会保险行政部门责令退回骗取的社会保险金，处骗取金额二倍以上五倍以下的罚款。

第八十九条 社会保险经办机构及其工作人员有下列行为之一的，由社会保险行政部门责令改正；给社会保险基金、用人单位或者个人造成损失的，依法承担赔偿责任；对直接负责的主管人员和其他直接责任人员依法给予处分：

（一）未履行社会保险法定职责的；

（二）未将社会保险基金存入财政专户的；

（三）克扣或者拒不按时支付社会保险待遇的；

（四）丢失或者篡改缴费记录、享受社会保险待遇记录等社会保险数据、个人权益记录的；

（五）有违反社会保险法律、法规的其他行为的。

第九十条　社会保险费征收机构擅自更改社会保险费缴费基数、费率，导致少收或者多收社会保险费的，由有关行政部门责令其追缴应当缴纳的社会保险费或者退还不应当缴纳的社会保险费；对直接负责的主管人员和其他直接责任人员依法给予处分。

第九十一条　违反本法规定，隐匿、转移、侵占、挪用社会保险基金或者违规投资运营的，由社会保险行政部门、财政部门、审计机关责令追回；有违法所得的，没收违法所得；对直接负责的主管人员和其他直接责任人员依法给予处分。

第九十二条　社会保险行政部门和其他有关行政部门、社会保险经办机构、社会保险费征收机构及其工作人员泄露用人单位和个人信息的，对直接负责的主管人员和其他直接责任人员依法给予处分；给用人单位或者个人造成损失的，应当承担赔偿责任。

第九十三条　国家工作人员在社会保险管理、监督工作中滥用职权、玩忽职守、徇私舞弊的，依法给予处分。

第九十四条　违反本法规定，构成犯罪的，依法追究刑事责任。

第十二章　附　　则

第九十五条　进城务工的农村居民依照本法规定参加社会保险。

第九十六条　征收农村集体所有的土地，应当足额安排被征地农民的社会保险费，按照国务院规定将被征地农民纳入相应的社会保险制度。

第九十七条　外国人在中国境内就业的，参照本法规定参加社会保险。

第九十八条　本法自 2011 年 7 月 1 日起施行。

工 伤 保 险 条 例

（2003 年 4 月 27 日中华人民共和国国务院令第 375 号公布　根据 2010 年 12 月 20 日《国务院关于修改〈工伤保险条例〉的决定》修订）

第一章　总　　则

第一条　为了保障因工作遭受事故伤害或者患职业病的职工获得医疗救治和经济补偿，促进工伤预防和职业康复，分散用人单位的工伤风险，制定本条例。

第二条　中华人民共和国境内的企业、事业单位、社会团体、民办非企业单位、基金会、律师事务所、会计师事务所等组织和有雇工的个体工商户（以下称用人单位）应当依照本条例规定参加工伤保险，为本单位全部职工或者雇工（以下称职工）缴纳工伤保险费。

中华人民共和国境内的企业、事业单位、社会团体、民办非企业单位、基金会、律师事务所、会计师事务所等组织的职工和个体工商户的雇工，均有依照本条例的规定享受工伤保险待遇的权利。

第三条　工伤保险费的征缴按照《社会保险费征缴暂行条例》关于基本养老保险费、基本医疗保险费、失业保险费的征缴规定执行。

第四条　用人单位应当将参加工伤保险的有关情况在本单位内公示。

用人单位和职工应当遵守有关安全生产和职业病防治的法律法规，执行安全卫生规程和标准，预防工伤事故发生，避免和减少职业病危害。

职工发生工伤时，用人单位应当采取措施使工伤职工得到及时救治。

第五条 国务院社会保险行政部门负责全国的工伤保险工作。

县级以上地方各级人民政府社会保险行政部门负责本行政区域内的工伤保险工作。

社会保险行政部门按照国务院有关规定设立的社会保险经办机构（以下称经办机构）具体承办工伤保险事务。

第六条 社会保险行政部门等部门制定工伤保险的政策、标准，应当征求工会组织、用人单位代表的意见。

第二章 工伤保险基金

第七条 工伤保险基金由用人单位缴纳的工伤保险费、工伤保险基金的利息和依法纳入工伤保险基金的其他资金构成。

第八条 工伤保险费根据以支定收、收支平衡的原则，确定费率。

国家根据不同行业的工伤风险程度确定行业的差别费率，并根据工伤保险费使用、工伤发生率等情况在每个行业内确定若干费率档次。行业差别费率及行业内费率档次由国务院社会保险行政部门制定，报国务院批准后公布施行。

统筹地区经办机构根据用人单位工伤保险费使用、工伤发生率等情况，适用所属行业内相应的费率档次确定单位缴费费率。

第九条 国务院社会保险行政部门应当定期了解全国各统筹地区工伤保险基金收支情况，及时提出调整行业差别费率及行业内费率档次的方案，报国务院批准后公布施行。

第十条 用人单位应当按时缴纳工伤保险费。职工个人不缴纳工伤保险费。

用人单位缴纳工伤保险费的数额为本单位职工工资总额乘以单位缴费费率之积。

对难以按照工资总额缴纳工伤保险费的行业，其缴纳工伤保险费的具体方式，由国务院社会保险行政部门规定。

第十一条 工伤保险基金逐步实行省级统筹。

跨地区、生产流动性较大的行业，可以采取相对集中的方式异地参加统筹地区的工伤保险。具体办法由国务院社会保险行政部门会同有关行业的主管部门制定。

第十二条 工伤保险基金存入社会保障基金财政专户，用于本条例规定的工伤保险待遇，劳动能力鉴定，工伤预防的宣传、培训等费用，以及法律、法规规定的用于工伤保险的其他费用的支付。

工伤预防费用的提取比例、使用和管理的具体办法，由国务院社会保险行政部门会同国务院财政、卫生行政、安全生产监督管理等部门规定。

任何单位或者个人不得将工伤保险基金用于投资运营、兴建或者改建办公场所、发放奖金，或者挪作其他用途。

第十三条 工伤保险基金应当留有一定比例的储备金，用于统筹地区重大事故的工伤保险待遇支付；储备金不足支付的，由统筹地区的人民政府垫付。储备金占基金总额的具体比例和储备金的使用办法，由省、自治区、直辖市人民政府规定。

第三章 工伤认定

第十四条 职工有下列情形之一的，应当认定为工伤：

（一）在工作时间和工作场所内，因工作原因受到事故伤害的；

（二）工作时间前后在工作场所内，从事与工作有关的预备性或者收尾性工作受到事故伤害的；

（三）在工作时间和工作场所内，因履行工作职责受到暴力等意外伤害的；

（四）患职业病的；

（五）因工外出期间，由于工作原因受到伤害或者发生事故下落不明的；

（六）在上下班途中，受到非本人主要责任的交通事故或者城市轨道交通、客运轮渡、火车事故伤害的；

（七）法律、行政法规规定应当认定为工伤

的其他情形。

第十五条 职工有下列情形之一的，视同工伤：

（一）在工作时间和工作岗位，突发疾病死亡或者在48小时之内经抢救无效死亡的；

（二）在抢险救灾等维护国家利益、公共利益活动中受到伤害的；

（三）职工原在军队服役，因战、因公负伤致残，已取得革命伤残军人证，到用人单位后旧伤复发的。

职工有前款第（一）项、第（二）项情形的，按照本条例的有关规定享受工伤保险待遇；职工有前款第（三）项情形的，按照本条例的有关规定享受除一次性伤残补助金以外的工伤保险待遇。

第十六条 职工符合本条例第十四条、第十五条的规定，但是有下列情形之一的，不得认定为工伤或者视同工伤：

（一）故意犯罪的；

（二）醉酒或者吸毒的；

（三）自残或者自杀的。

第十七条 职工发生事故伤害或者按照职业病防治法规定被诊断、鉴定为职业病，所在单位应当自事故伤害发生之日或者被诊断、鉴定为职业病之日起30日内，向统筹地区社会保险行政部门提出工伤认定申请。遇有特殊情况，经报社会保险行政部门同意，申请时限可以适当延长。

用人单位未按前款规定提出工伤认定申请的，工伤职工或者其近亲属、工会组织在事故伤害发生之日或者被诊断、鉴定为职业病之日起1年内，可以直接向用人单位所在地统筹地区社会保险行政部门提出工伤认定申请。

按照本条第一款规定应当由省级社会保险行政部门进行工伤认定的事项，根据属地原则由用人单位所在地的设区的市级社会保险行政部门办理。

用人单位未在本条第一款规定的时限内提交工伤认定申请，在此期间发生符合本条例规定的工伤待遇等有关费用由该用人单位负担。

第十八条 提出工伤认定申请应当提交下列材料：

（一）工伤认定申请表；

（二）与用人单位存在劳动关系（包括事实劳动关系）的证明材料；

（三）医疗诊断证明或者职业病诊断证明书（或者职业病诊断鉴定书）。

工伤认定申请表应当包括事故发生的时间、地点、原因以及职工伤害程度等基本情况。

工伤认定申请人提供材料不完整的，社会保险行政部门应当一次性书面告知工伤认定申请人需要补正的全部材料。申请人按照书面告知要求补正材料后，社会保险行政部门应当受理。

第十九条 社会保险行政部门受理工伤认定申请后，根据审核需要可以对事故伤害进行调查核实，用人单位、职工、工会组织、医疗机构以及有关部门应当予以协助。职业病诊断和诊断争议的鉴定，依照职业病防治法的有关规定执行。对依法取得职业病诊断证明书或者职业病诊断鉴定书的，社会保险行政部门不再进行调查核实。

职工或者其近亲属认为是工伤，用人单位不认为是工伤的，由用人单位承担举证责任。

第二十条 社会保险行政部门应当自受理工伤认定申请之日起60日内作出工伤认定的决定，并书面通知申请工伤认定的职工或者其近亲属和该职工所在单位。

社会保险行政部门对受理的事实清楚、权利义务明确的工伤认定申请，应当在15日内作出工伤认定的决定。

作出工伤认定决定需要以司法机关或者有关行政主管部门的结论为依据的，在司法机关或者有关行政主管部门尚未作出结论期间，作出工伤认定决定的时限中止。

社会保险行政部门工作人员与工伤认定申请人有利害关系的，应当回避。

第四章 劳动能力鉴定

第二十一条 职工发生工伤，经治疗伤情

相对稳定后存在残疾、影响劳动能力的，应当进行劳动能力鉴定。

第二十二条 劳动能力鉴定是指劳动功能障碍程度和生活自理障碍程度的等级鉴定。

劳动功能障碍分为十个伤残等级，最重的为一级，最轻的为十级。

生活自理障碍分为三个等级：生活完全不能自理、生活大部分不能自理和生活部分不能自理。

劳动能力鉴定标准由国务院社会保险行政部门会同国务院卫生行政部门等部门制定。

第二十三条 劳动能力鉴定由用人单位、工伤职工或者其近亲属向设区的市级劳动能力鉴定委员会提出申请，并提供工伤认定决定和职工工伤医疗的有关资料。

第二十四条 省、自治区、直辖市劳动能力鉴定委员会和设区的市级劳动能力鉴定委员会分别由省、自治区、直辖市和设区的市级社会保险行政部门、卫生行政部门、工会组织、经办机构代表以及用人单位代表组成。

劳动能力鉴定委员会建立医疗卫生专家库。列入专家库的医疗卫生专业技术人员应当具备下列条件：

（一）具有医疗卫生高级专业技术职务任职资格；

（二）掌握劳动能力鉴定的相关知识；

（三）具有良好的职业品德。

第二十五条 设区的市级劳动能力鉴定委员会收到劳动能力鉴定申请后，应当从其建立的医疗卫生专家库中随机抽取3名或者5名相关专家组成专家组，由专家组提出鉴定意见。设区的市级劳动能力鉴定委员会根据专家组的鉴定意见作出工伤职工劳动能力鉴定结论；必要时，可以委托具备资格的医疗机构协助进行有关的诊断。

设区的市级劳动能力鉴定委员会应当自收到劳动能力鉴定申请之日起60日内作出劳动能力鉴定结论，必要时，作出劳动能力鉴定结论的期限可以延长30日。劳动能力鉴定结论应当及时送达申请鉴定的单位和个人。

第二十六条 申请鉴定的单位或者个人对设区的市级劳动能力鉴定委员会作出的鉴定结论不服的，可以在收到该鉴定结论之日起15日内向省、自治区、直辖市劳动能力鉴定委员会提出再次鉴定申请。省、自治区、直辖市劳动能力鉴定委员会作出的劳动能力鉴定结论为最终结论。

第二十七条 劳动能力鉴定工作应当客观、公正。劳动能力鉴定委员会组成人员或者参加鉴定的专家与当事人有利害关系的，应当回避。

第二十八条 自劳动能力鉴定结论作出之日起1年后，工伤职工或者其近亲属、所在单位或者经办机构认为伤残情况发生变化的，可以申请劳动能力复查鉴定。

第二十九条 劳动能力鉴定委员会依照本条例第二十六条和第二十八条的规定进行再次鉴定和复查鉴定的期限，依照本条例第二十五条第二款的规定执行。

第五章　工伤保险待遇

第三十条 职工因工作遭受事故伤害或者患职业病进行治疗，享受工伤医疗待遇。

职工治疗工伤应当在签订服务协议的医疗机构就医，情况紧急时可以先到就近的医疗机构急救。

治疗工伤所需费用符合工伤保险诊疗项目目录、工伤保险药品目录、工伤保险住院服务标准的，从工伤保险基金支付。工伤保险诊疗项目目录、工伤保险药品目录、工伤保险住院服务标准，由国务院社会保险行政部门会同国务院卫生行政部门、食品药品监督管理部门等部门规定。

职工住院治疗工伤的伙食补助费，以及经医疗机构出具证明，报经办机构同意，工伤职工到统筹地区以外就医所需的交通、食宿费用从工伤保险基金支付，基金支付的具体标准由统筹地区人民政府规定。

工伤职工治疗非工伤引发的疾病，不享受工伤医疗待遇，按照基本医疗保险办法处理。

工伤职工到签订服务协议的医疗机构进行工伤康复的费用，符合规定的，从工伤保险基金支付。

第三十一条 社会保险行政部门作出认定为工伤的决定后发生行政复议、行政诉讼的，行政复议和行政诉讼期间不停止支付工伤职工治疗工伤的医疗费用。

第三十二条 工伤职工因日常生活或者就业需要，经劳动能力鉴定委员会确认，可以安装假肢、矫形器、假眼、假牙和配置轮椅等辅助器具，所需费用按照国家规定的标准从工伤保险基金支付。

第三十三条 职工因工作遭受事故伤害或者患职业病需要暂停工作接受工伤医疗的，在停工留薪期内，原工资福利待遇不变，由所在单位按月支付。

停工留薪期一般不超过12个月。伤情严重或者情况特殊，经设区的市级劳动能力鉴定委员会确认，可以适当延长，但延长不得超过12个月。工伤职工评定伤残等级后，停发原待遇，按照本章的有关规定享受伤残待遇。工伤职工在停工留薪期满后仍需治疗的，继续享受工伤医疗待遇。

生活不能自理的工伤职工在停工留薪期需要护理的，由所在单位负责。

第三十四条 工伤职工已经评定伤残等级并经劳动能力鉴定委员会确认需要生活护理的，从工伤保险基金按月支付生活护理费。

生活护理费按照生活完全不能自理、生活大部分不能自理或者生活部分不能自理3个不同等级支付，其标准分别为统筹地区上年度职工月平均工资的50%、40%或者30%。

第三十五条 职工因工致残被鉴定为一级至四级伤残的，保留劳动关系，退出工作岗位，享受以下待遇：

（一）从工伤保险基金按伤残等级支付一次性伤残补助金，标准为：一级伤残为27个月的本人工资，二级伤残为25个月的本人工资，三级伤残为23个月的本人工资，四级伤残为21个月的本人工资；

（二）从工伤保险基金按月支付伤残津贴，标准为：一级伤残为本人工资的90%，二级伤残为本人工资的85%，三级伤残为本人工资的80%，四级伤残为本人工资的75%。伤残津贴实际金额低于当地最低工资标准的，由工伤保险基金补足差额；

（三）工伤职工达到退休年龄并办理退休手续后，停发伤残津贴，按照国家有关规定享受基本养老保险待遇。基本养老保险待遇低于伤残津贴的，由工伤保险基金补足差额。

职工因工致残被鉴定为一级至四级伤残的，由用人单位和职工个人以伤残津贴为基数，缴纳基本医疗保险费。

第三十六条 职工因工致残被鉴定为五级、六级伤残的，享受以下待遇：

（一）从工伤保险基金按伤残等级支付一次性伤残补助金，标准为：五级伤残为18个月的本人工资，六级伤残为16个月的本人工资；

（二）保留与用人单位的劳动关系，由用人单位安排适当工作。难以安排工作的，由用人单位按月发给伤残津贴，标准为：五级伤残为本人工资的70%，六级伤残为本人工资的60%，并由用人单位按照规定为其缴纳应缴纳的各项社会保险费。伤残津贴实际金额低于当地最低工资标准的，由用人单位补足差额。

经工伤职工本人提出，该职工可以与用人单位解除或者终止劳动关系，由工伤保险基金支付一次性工伤医疗补助金，由用人单位支付一次性伤残就业补助金。一次性工伤医疗补助金和一次性伤残就业补助金的具体标准由省、自治区、直辖市人民政府规定。

第三十七条 职工因工致残被鉴定为七级至十级伤残的，享受以下待遇：

（一）从工伤保险基金按伤残等级支付一次性伤残补助金，标准为：七级伤残为13个月的本人工资，八级伤残为11个月的本人工资，九级伤残为9个月的本人工资，十级伤残为7个月的本人工资；

（二）劳动、聘用合同期满终止，或者职工本人提出解除劳动、聘用合同的，由工伤保险基金支付一次性工伤医疗补助金，由用人单位支付一次性伤残就业补助金。一次性工伤医疗补助金和一次性伤残就业补助金的具体标准由省、自治区、直辖市人民政府规定。

第三十八条　工伤职工工伤复发，确认需要治疗的，享受本条例第三十条、第三十二条和第三十三条规定的工伤待遇。

第三十九条　职工因工死亡，其近亲属按照下列规定从工伤保险基金领取丧葬补助金、供养亲属抚恤金和一次性工亡补助金：

（一）丧葬补助金为6个月的统筹地区上年度职工月平均工资；

（二）供养亲属抚恤金按照职工本人工资的一定比例发给由因工死亡职工生前提供主要生活来源、无劳动能力的亲属。标准为：配偶每月40%，其他亲属每人每月30%，孤寡老人或者孤儿每人每月在上述标准的基础上增加10%。核定的各供养亲属的抚恤金之和不应高于因工死亡职工生前的工资。供养亲属的具体范围由国务院社会保险行政部门规定；

（三）一次性工亡补助金标准为上一年度全国城镇居民人均可支配收入的20倍。

伤残职工在停工留薪期内因工伤导致死亡的，其近亲属享受本条第一款规定的待遇。

一级至四级伤残职工在停工留薪期满后死亡的，其近亲属可以享受本条第一款第（一）项、第（二）项规定的待遇。

第四十条　伤残津贴、供养亲属抚恤金、生活护理费由统筹地区社会保险行政部门根据职工平均工资和生活费用变化等情况适时调整。调整办法由省、自治区、直辖市人民政府规定。

第四十一条　职工因工外出期间发生事故或者在抢险救灾中下落不明的，从事故发生当月起3个月内照发工资，从第4个月起停发工资，由工伤保险基金向其供养亲属按月支付供养亲属抚恤金。生活有困难的，可以预支一次性工亡补助金的50%。职工被人民法院宣告死亡的，按照本条例第三十九条职工因工死亡的规定处理。

第四十二条　工伤职工有下列情形之一的，停止享受工伤保险待遇：

（一）丧失享受待遇条件的；

（二）拒不接受劳动能力鉴定的；

（三）拒绝治疗的。

第四十三条　用人单位分立、合并、转让的，承继单位应当承担原用人单位的工伤保险责任；原用人单位已经参加工伤保险的，承继单位应当到当地经办机构办理工伤保险变更登记。

用人单位实行承包经营的，工伤保险责任由职工劳动关系所在单位承担。

职工被借调期间受到工伤事故伤害的，由原用人单位承担工伤保险责任，但原用人单位与借调单位可以约定补偿办法。

企业破产的，在破产清算时依法拨付应当由单位支付的工伤保险待遇费用。

第四十四条　职工被派遣出境工作，依据前往国家或者地区的法律应当参加当地工伤保险的，参加当地工伤保险，其国内工伤保险关系中止；不能参加当地工伤保险的，其国内工伤保险关系不中止。

第四十五条　职工再次发生工伤，根据规定应当享受伤残津贴的，按照新认定的伤残等级享受伤残津贴待遇。

第六章　监督管理

第四十六条　经办机构具体承办工伤保险事务，履行下列职责：

（一）根据省、自治区、直辖市人民政府规定，征收工伤保险费；

（二）核查用人单位的工资总额和职工人数，办理工伤保险登记，并负责保存用人单位缴费和职工享受工伤保险待遇情况的记录；

（三）进行工伤保险的调查、统计；

（四）按照规定管理工伤保险基金的支出；

（五）按照规定核定工伤保险待遇；

（六）为工伤职工或者其近亲属免费提供咨询服务。

第四十七条 经办机构与医疗机构、辅助器具配置机构在平等协商的基础上签订服务协议，并公布签订服务协议的医疗机构、辅助器具配置机构的名单。具体办法由国务院社会保险行政部门分别会同国务院卫生行政部门、民政部门等部门制定。

第四十八条 经办机构按照协议和国家有关目录、标准对工伤职工医疗费用、康复费用、辅助器具费用的使用情况进行核查，并按时足额结算费用。

第四十九条 经办机构应当定期公布工伤保险基金的收支情况，及时向社会保险行政部门提出调整费率的建议。

第五十条 社会保险行政部门、经办机构应当定期听取工伤职工、医疗机构、辅助器具配置机构以及社会各界对改进工伤保险工作的意见。

第五十一条 社会保险行政部门依法对工伤保险费的征缴和工伤保险基金的支付情况进行监督检查。

财政部门和审计机关依法对工伤保险基金的收支、管理情况进行监督。

第五十二条 任何组织和个人对有关工伤保险的违法行为，有权举报。社会保险行政部门对举报应当及时调查，按照规定处理，并为举报人保密。

第五十三条 工会组织依法维护工伤职工的合法权益，对用人单位的工伤保险工作实行监督。

第五十四条 职工与用人单位发生工伤待遇方面的争议，按照处理劳动争议的有关规定处理。

第五十五条 有下列情形之一的，有关单位或者个人可以依法申请行政复议，也可以依法向人民法院提起行政诉讼：

（一）申请工伤认定的职工或者其近亲属、该职工所在单位对工伤认定申请不予受理的决定不服的；

（二）申请工伤认定的职工或者其近亲属、该职工所在单位对工伤认定结论不服的；

（三）用人单位对经办机构确定的单位缴费费率不服的；

（四）签订服务协议的医疗机构、辅助器具配置机构认为经办机构未履行有关协议或者规定的；

（五）工伤职工或者其近亲属对经办机构核定的工伤保险待遇有异议的。

第七章 法律责任

第五十六条 单位或者个人违反本条例第十二条规定挪用工伤保险基金，构成犯罪的，依法追究刑事责任；尚不构成犯罪的，依法给予处分或者纪律处分。被挪用的基金由社会保险行政部门追回，并入工伤保险基金；没收的违法所得依法上缴国库。

第五十七条 社会保险行政部门工作人员有下列情形之一的，依法给予处分；情节严重，构成犯罪的，依法追究刑事责任：

（一）无正当理由不受理工伤认定申请，或者弄虚作假将不符合工伤条件的人员认定为工伤职工的；

（二）未妥善保管申请工伤认定的证据材料，致使有关证据灭失的；

（三）收受当事人财物的。

第五十八条 经办机构有下列行为之一的，由社会保险行政部门责令改正，对直接负责的主管人员和其他责任人员依法给予纪律处分；情节严重，构成犯罪的，依法追究刑事责任；造成当事人经济损失的，由经办机构依法承担赔偿责任：

（一）未按规定保存用人单位缴费和职工享受工伤保险待遇情况记录的；

（二）不按规定核定工伤保险待遇的；

（三）收受当事人财物的。

第五十九条 医疗机构、辅助器具配置机构不按服务协议提供服务的，经办机构可以解除服务协议。

经办机构不按时足额结算费用的，由社会保险行政部门责令改正；医疗机构、辅助器具配置机构可以解除服务协议。

第六十条 用人单位、工伤职工或者其近亲属骗取工伤保险待遇，医疗机构、辅助器具配置机构骗取工伤保险基金支出的，由社会保险行政部门责令退还，处骗取金额2倍以上5倍以下的罚款；情节严重，构成犯罪的，依法追究刑事责任。

第六十一条 从事劳动能力鉴定的组织或者个人有下列情形之一的，由社会保险行政部门责令改正，处2000元以上1万元以下的罚款；情节严重，构成犯罪的，依法追究刑事责任：

（一）提供虚假鉴定意见的；

（二）提供虚假诊断证明的；

（三）收受当事人财物的。

第六十二条 用人单位依照本条例规定应当参加工伤保险而未参加的，由社会保险行政部门责令限期参加，补缴应当缴纳的工伤保险费，并自欠缴之日起，按日加收万分之五的滞纳金；逾期仍不缴纳的，处欠缴数额1倍以上3倍以下的罚款。

依照本条例规定应当参加工伤保险而未参加工伤保险的用人单位职工发生工伤的，由该用人单位按照本条例规定的工伤保险待遇项目和标准支付费用。

用人单位参加工伤保险并补缴应当缴纳的工伤保险费、滞纳金后，由工伤保险基金和用人单位依照本条例的规定支付新发生的费用。

第六十三条 用人单位违反本条例第十九条的规定，拒不协助社会保险行政部门对事故进行调查核实的，由社会保险行政部门责令改正，处2000元以上2万元以下的罚款。

第八章　附　则

第六十四条 本条例所称工资总额，是指用人单位直接支付给本单位全部职工的劳动报酬总额。

本条例所称本人工资，是指工伤职工因工作遭受事故伤害或者患职业病前12个月平均月缴费工资。本人工资高于统筹地区职工平均工资300%的，按照统筹地区职工平均工资的300%计算；本人工资低于统筹地区职工平均工资60%的，按照统筹地区职工平均工资的60%计算。

第六十五条 公务员和参照公务员法管理的事业单位、社会团体的工作人员因工作遭受事故伤害或者患职业病的，由所在单位支付费用。具体办法由国务院社会保险行政部门会同国务院财政部门规定。

第六十六条 无营业执照或者未经依法登记、备案的单位以及被依法吊销营业执照或者撤销登记、备案的单位的职工受到事故伤害或者患职业病的，由该单位向伤残职工或者死亡职工的近亲属给予一次性赔偿，赔偿标准不得低于本条例规定的工伤保险待遇；用人单位不得使用童工，用人单位使用童工造成童工伤残、死亡的，由该单位向童工或者童工的近亲属给予一次性赔偿，赔偿标准不得低于本条例规定的工伤保险待遇。具体办法由国务院社会保险行政部门规定。

前款规定的伤残职工或者死亡职工的近亲属就赔偿数额与单位发生争议的，以及前款规定的童工或者童工的近亲属就赔偿数额与单位发生争议的，按照处理劳动争议的有关规定处理。

第六十七条 本条例自2004年1月1日起施行。本条例施行前已受到事故伤害或者患职业病的职工尚未完成工伤认定的，按照本条例的规定执行。

最高人民法院关于审理劳动争议案件适用法律问题的解释（一）

(2020年12月25日最高人民法院审判委员会第1825次会议通过　2020年12月29日最高人民法院公告公布　自2021年1月1日起施行　法释〔2020〕26号)

为正确审理劳动争议案件，根据《中华人民共和国民法典》《中华人民共和国劳动法》《中华人民共和国劳动合同法》《中华人民共和国劳动争议调解仲裁法》《中华人民共和国民事诉讼法》等相关法律规定，结合审判实践，制定本解释。

第一条　劳动者与用人单位之间发生的下列纠纷，属于劳动争议，当事人不服劳动争议仲裁机构作出的裁决，依法提起诉讼的，人民法院应予受理：

（一）劳动者与用人单位在履行劳动合同过程中发生的纠纷；

（二）劳动者与用人单位之间没有订立书面劳动合同，但已形成劳动关系后发生的纠纷；

（三）劳动者与用人单位因劳动关系是否已经解除或者终止，以及应否支付解除或者终止劳动关系经济补偿金发生的纠纷；

（四）劳动者与用人单位解除或者终止劳动关系后，请求用人单位返还其收取的劳动合同定金、保证金、抵押金、抵押物发生的纠纷，或者办理劳动者的人事档案、社会保险关系等移转手续发生的纠纷；

（五）劳动者以用人单位未为其办理社会保险手续，且社会保险经办机构不能补办导致其无法享受社会保险待遇为由，要求用人单位赔偿损失发生的纠纷；

（六）劳动者退休后，与尚未参加社会保险统筹的原用人单位因追索养老金、医疗费、工伤保险待遇和其他社会保险待遇而发生的纠纷；

（七）劳动者因为工伤、职业病，请求用人单位依法给予工伤保险待遇发生的纠纷；

（八）劳动者依据劳动合同法第八十五条规定，要求用人单位支付加付赔偿金发生的纠纷；

（九）因企业自主进行改制发生的纠纷。

第二条　下列纠纷不属于劳动争议：

（一）劳动者请求社会保险经办机构发放社会保险金的纠纷；

（二）劳动者与用人单位因住房制度改革产生的公有住房转让纠纷；

（三）劳动者对劳动能力鉴定委员会的伤残等级鉴定结论或者对职业病诊断鉴定委员会的职业病诊断鉴定结论的异议纠纷；

（四）家庭或者个人与家政服务人员之间的纠纷；

（五）个体工匠与帮工、学徒之间的纠纷；

（六）农村承包经营户与受雇人之间的纠纷。

第三条　劳动争议案件由用人单位所在地或者劳动合同履行地的基层人民法院管辖。

劳动合同履行地不明确的，由用人单位所在地的基层人民法院管辖。

法律另有规定的，依照其规定。

第四条　劳动者与用人单位均不服劳动争议仲裁机构的同一裁决，向同一人民法院起诉的，人民法院应当并案审理，双方当事人互为原告和被告，对双方的诉讼请求，人民法院应当一并作出裁决。在诉讼过程中，一方当事人撤诉的，人民法院应当根据另一方当事人的诉讼请求继续审理。双方当事人就同一仲裁裁决分别向有管辖权的人民法院起诉的，后受理的人民法院应当将案件移送给先受理的人民法院。

第五条　劳动争议仲裁机构以无管辖权为由对劳动争议案件不予受理，当事人提起诉讼的，人民法院按照以下情形分别处理：

（一）经审查认为该劳动争议仲裁机构对案件确无管辖权的，应当告知当事人向有管辖权的劳动争议仲裁机构申请仲裁；

（二）经审查认为该劳动争议仲裁机构有管辖权的，应当告知当事人申请仲裁，并将审查意见书面通知该劳动争议仲裁机构；劳动争议仲裁机构仍不受理，当事人就该劳动争议事项提起诉讼的，人民法院应予受理。

第六条　劳动争议仲裁机构以当事人申请仲裁的事项不属于劳动争议为由，作出不予受理的书面裁决、决定或者通知，当事人不服依法提起诉讼的，人民法院应当分别情况予以处理：

（一）属于劳动争议案件的，应当受理；

（二）虽不属于劳动争议案件，但属于人民法院主管的其他案件，应当依法受理。

第七条　劳动争议仲裁机构以申请仲裁的主体不适格为由，作出不予受理的书面裁决、决定或者通知，当事人不服依法提起诉讼，经审查确属主体不适格的，人民法院不予受理；已经受理的，裁定驳回起诉。

第八条　劳动争议仲裁机构为纠正原仲裁裁决错误重新作出裁决，当事人不服依法提起诉讼的，人民法院应当受理。

第九条　劳动争议仲裁机构仲裁的事项不属于人民法院受理的案件范围，当事人不服依法提起诉讼的，人民法院不予受理；已经受理的，裁定驳回起诉。

第十条　当事人不服劳动争议仲裁机构作出的预先支付劳动者劳动报酬、工伤医疗费、经济补偿或者赔偿金的裁决，依法提起诉讼的，人民法院不予受理。

用人单位不履行上述裁决中的给付义务，劳动者依法申请强制执行的，人民法院应予受理。

第十一条　劳动争议仲裁机构作出的调解书已经发生法律效力，一方当事人反悔提起诉讼的，人民法院不予受理；已经受理的，裁定驳回起诉。

第十二条　劳动争议仲裁机构逾期未作出受理决定或仲裁裁决，当事人直接提起诉讼的，人民法院应予受理，但申请仲裁的案件存在下列事由的除外：

（一）移送管辖的；

（二）正在送达或者送达延误的；

（三）等待另案诉讼结果、评残结论的；

（四）正在等待劳动争议仲裁机构开庭的；

（五）启动鉴定程序或者委托其他部门调查取证的；

（六）其他正当事由。

当事人以劳动争议仲裁机构逾期未作出仲裁裁决为由提起诉讼的，应当提交该仲裁机构出具的受理通知书或者其他已接受仲裁申请的凭证、证明。

第十三条　劳动者依据劳动合同法第三十条第二款和调解仲裁法第十六条规定向人民法院申请支付令，符合民事诉讼法第十七章督促程序规定的，人民法院应予受理。

依据劳动合同法第三十条第二款规定申请支付令被人民法院裁定终结督促程序后，劳动者就劳动争议事项直接提起诉讼的，人民法院应当告知其先向劳动争议仲裁机构申请仲裁。

依据调解仲裁法第十六条规定申请支付令被人民法院裁定终结督促程序后，劳动者依据调解协议直接提起诉讼的，人民法院应予受理。

第十四条　人民法院受理劳动争议案件后，当事人增加诉讼请求的，如该诉讼请求与讼争的劳动争议具有不可分性，应当合并审理；如属独立的劳动争议，应当告知当事人向劳动争议仲裁机构申请仲裁。

第十五条　劳动者以用人单位的工资欠条为证据直接提起诉讼，诉讼请求不涉及劳动关系其他争议的，视为拖欠劳动报酬争议，人民法院按照普通民事纠纷受理。

第十六条　劳动争议仲裁机构作出仲裁裁决后，当事人对裁决中的部分事项不服，依法提起诉讼的，劳动争议仲裁裁决不发生法律效力。

第十七条 劳动争议仲裁机构对多个劳动者的劳动争议作出仲裁裁决后，部分劳动者对仲裁裁决不服，依法提起诉讼的，仲裁裁决对提起诉讼的劳动者不发生法律效力；对未提起诉讼的部分劳动者，发生法律效力，如其申请执行的，人民法院应当受理。

第十八条 仲裁裁决的类型以仲裁裁决书确定为准。仲裁裁决书未载明该裁决为终局裁决或者非终局裁决，用人单位不服该仲裁裁决向基层人民法院提起诉讼的，应当按照以下情形分别处理：

（一）经审查认为该仲裁裁决为非终局裁决的，基层人民法院应予受理；

（二）经审查认为该仲裁裁决为终局裁决的，基层人民法院不予受理，但应告知用人单位可以自收到不予受理裁定书之日起三十日内向劳动争议仲裁机构所在地的中级人民法院申请撤销该仲裁裁决；已经受理的，裁定驳回起诉。

第十九条 仲裁裁决书未载明该裁决为终局裁决或者非终局裁决，劳动者依据调解仲裁法第四十七条第一项规定，追索劳动报酬、工伤医疗费、经济补偿或者赔偿金，如果仲裁裁决涉及数项，每项确定的数额均不超过当地月最低工资标准十二个月金额的，应当按照终局裁决处理。

第二十条 劳动争议仲裁机构作出的同一仲裁裁决同时包含终局裁决事项和非终局裁决事项，当事人不服该仲裁裁决向人民法院提起诉讼的，应当按照非终局裁决处理。

第二十一条 劳动者依据调解仲裁法第四十八条规定向基层人民法院提起诉讼，用人单位依据调解仲裁法第四十九条规定向劳动争议仲裁机构所在地的中级人民法院申请撤销仲裁裁决的，中级人民法院应当不予受理；已经受理的，应当裁定驳回申请。

被人民法院驳回起诉或者劳动者撤诉的，用人单位可以自收到裁定书之日起三十日内，向劳动争议仲裁机构所在地的中级人民法院申请撤销仲裁裁决。

第二十二条 用人单位依据调解仲裁法第四十九条规定向中级人民法院申请撤销仲裁裁决，中级人民法院作出的驳回申请或者撤销仲裁裁决的裁定为终审裁定。

第二十三条 中级人民法院审理用人单位申请撤销终局裁决的案件，应当组成合议庭开庭审理。经过阅卷、调查和询问当事人，对没有新的事实、证据或者理由，合议庭认为不需要开庭审理的，可以不开庭审理。

中级人民法院可以组织双方当事人调解。达成调解协议的，可以制作调解书。一方当事人逾期不履行调解协议的，另一方可以申请人民法院强制执行。

第二十四条 当事人申请人民法院执行劳动争议仲裁机构作出的发生法律效力的裁决书、调解书，被申请人提出证据证明劳动争议仲裁裁决书、调解书有下列情形之一，并经审查核实的，人民法院可以根据民事诉讼法第二百三十七条规定，裁定不予执行：

（一）裁决的事项不属于劳动争议仲裁范围，或者劳动争议仲裁机构无权仲裁的；

（二）适用法律、法规确有错误的；

（三）违反法定程序的；

（四）裁决所根据的证据是伪造的；

（五）对方当事人隐瞒了足以影响公正裁决的证据的；

（六）仲裁员在仲裁该案时有索贿受贿、徇私舞弊、枉法裁决行为的；

（七）人民法院认定执行该劳动争议仲裁决违背社会公共利益的。

人民法院在不予执行的裁定书中，应当告知当事人在收到裁定书之次日起三十日内，可以就该劳动争议事项向人民法院提起诉讼。

第二十五条 劳动争议仲裁机构作出终局裁决，劳动者向人民法院申请执行，用人单位向劳动争议仲裁机构所在地的中级人民法院申请撤销的，人民法院应当裁定中止执行。

用人单位撤回撤销终局裁决申请或者其申

请被驳回的，人民法院应当裁定恢复执行。仲裁裁决被撤销的，人民法院应当裁定终结执行。

用人单位向人民法院申请撤销仲裁裁决被驳回后，又在执行程序中以相同理由提出不予执行抗辩的，人民法院不予支持。

第二十六条 用人单位与其他单位合并的，合并前发生的劳动争议，由合并后的单位为当事人；用人单位分立为若干单位的，其分立前发生的劳动争议，由分立后的实际用人单位为当事人。

用人单位分立为若干单位后，具体承受劳动权利义务的单位不明确的，分立后的单位均为当事人。

第二十七条 用人单位招用尚未解除劳动合同的劳动者，原用人单位与劳动者发生的劳动争议，可以列新的用人单位为第三人。

原用人单位以新的用人单位侵权为由提起诉讼的，可以列劳动者为第三人。

原用人单位以新的用人单位和劳动者共同侵权为由提起诉讼的，新的用人单位和劳动者列为共同被告。

第二十八条 劳动者在用人单位与其他平等主体之间的承包经营期间，与发包方和承包方双方或者一方发生劳动争议，依法提起诉讼的，应当将承包方和发包方作为当事人。

第二十九条 劳动者与未办理营业执照、营业执照被吊销或者营业期限届满仍继续经营的用人单位发生争议的，应当将用人单位或者其出资人列为当事人。

第三十条 未办理营业执照、营业执照被吊销或者营业期限届满仍继续经营的用人单位，以挂靠等方式借用他人营业执照经营的，应将用人单位和营业执照出借方列为当事人。

第三十一条 当事人不服劳动争议仲裁机构作出的仲裁裁决，依法提起诉讼，人民法院审查认为仲裁裁决遗漏了必须共同参加仲裁的当事人的，应当依法追加遗漏的人为诉讼当事人。

被追加的当事人应当承担责任的，人民法院应当一并处理。

第三十二条 用人单位与其招用的已经依法享受养老保险待遇或者领取退休金的人员发生用工争议而提起诉讼的，人民法院应当按劳务关系处理。

企业停薪留职人员、未达到法定退休年龄的内退人员、下岗待岗人员以及企业经营性停产放长假人员，因与新的用人单位发生用工争议而提起诉讼的，人民法院应按劳动关系处理。

第三十三条 外国人、无国籍人未依法取得就业证件即与中华人民共和国境内的用人单位签订劳动合同，当事人请求确认与用人单位存在劳动关系的，人民法院不予支持。

持有《外国专家证》并取得《外国人来华工作许可证》的外国人，与中华人民共和国境内的用人单位建立用工关系的，可以认定为劳动关系。

第三十四条 劳动合同期满后，劳动者仍在原用人单位工作，原用人单位未表示异议的，视为双方同意以原条件继续履行劳动合同。一方提出终止劳动关系的，人民法院应予支持。

根据劳动合同法第十四条规定，用人单位应当与劳动者签订无固定期限劳动合同而未签订的，人民法院可以视为双方之间存在无固定期限劳动合同关系，并以原劳动合同确定双方的权利义务关系。

第三十五条 劳动者与用人单位就解除或者终止劳动合同办理相关手续、支付工资报酬、加班费、经济补偿或者赔偿金等达成的协议，不违反法律、行政法规的强制性规定，且不存在欺诈、胁迫或者乘人之危情形的，应当认定有效。

前款协议存在重大误解或者显失公平情形，当事人请求撤销的，人民法院应予支持。

第三十六条 当事人在劳动合同或者保密协议中约定了竞业限制，但未约定解除或者终止劳动合同后给予劳动者经济补偿，劳动者履行了竞业限制义务，要求用人单位按照劳动者在劳动合同解除或者终止前十二个月平均工资的 30% 按月支付经济补偿的，人民法院应予支持。

前款规定的月平均工资的 30% 低于劳动合同履行地最低工资标准的，按照劳动合同履行地最低工资标准支付。

第三十七条 当事人在劳动合同或者保密协议中约定了竞业限制和经济补偿，当事人解除劳动合同时，除另有约定外，用人单位要求劳动者履行竞业限制义务，或者劳动者履行了竞业限制义务后要求用人单位支付经济补偿的，人民法院应予支持。

第三十八条 当事人在劳动合同或者保密协议中约定了竞业限制和经济补偿，劳动合同解除或者终止后，因用人单位的原因导致三个月未支付经济补偿，劳动者请求解除竞业限制约定的，人民法院应予支持。

第三十九条 在竞业限制期限内，用人单位请求解除竞业限制协议的，人民法院应予支持。

在解除竞业限制协议时，劳动者请求用人单位额外支付劳动者三个月的竞业限制经济补偿的，人民法院应予支持。

第四十条 劳动者违反竞业限制约定，向用人单位支付违约金后，用人单位要求劳动者按照约定继续履行竞业限制义务的，人民法院应予支持。

第四十一条 劳动合同被确认为无效，劳动者已付出劳动的，用人单位应当按照劳动合同法第二十八条、第四十六条、第四十七条的规定向劳动者支付劳动报酬和经济补偿。

由于用人单位原因订立无效劳动合同，给劳动者造成损害的，用人单位应当赔偿劳动者因合同无效所造成的经济损失。

第四十二条 劳动者主张加班费的，应当就加班事实的存在承担举证责任。但劳动者有证据证明用人单位掌握加班事实存在的证据，用人单位不提供的，由用人单位承担不利后果。

第四十三条 用人单位与劳动者协商一致变更劳动合同，虽未采用书面形式，但已经实际履行了口头变更的劳动合同超过一个月，变更后的劳动合同内容不违反法律、行政法规且不违背公序良俗，当事人以未采用书面形式为由主张劳动合同变更无效的，人民法院不予支持。

第四十四条 因用人单位作出的开除、除名、辞退、解除劳动合同、减少劳动报酬、计算劳动者工作年限等决定而发生的劳动争议，用人单位负举证责任。

第四十五条 用人单位有下列情形之一，迫使劳动者提出解除劳动合同的，用人单位应当支付劳动者的劳动报酬和经济补偿，并可支付赔偿金：

（一）以暴力、威胁或者非法限制人身自由的手段强迫劳动的；

（二）未按照劳动合同约定支付劳动报酬或者提供劳动条件的；

（三）克扣或者无故拖欠劳动者工资的；

（四）拒不支付劳动者延长工作时间工资报酬的；

（五）低于当地最低工资标准支付劳动者工资的。

第四十六条 劳动者非因本人原因从原用人单位被安排到新用人单位工作，原用人单位未支付经济补偿，劳动者依据劳动合同法第三十八条规定与新用人单位解除劳动合同，或者新用人单位向劳动者提出解除、终止劳动合同，在计算支付经济补偿或赔偿金的工作年限时，劳动者请求把在原用人单位的工作年限合并计算为新用人单位工作年限的，人民法院应予支持。

用人单位符合下列情形之一的，应当认定属于"劳动者非因本人原因从原用人单位被安排到新用人单位工作"：

（一）劳动者仍在原工作场所、工作岗位工作，劳动合同主体由原用人单位变更为新用人单位；

（二）用人单位以组织委派或任命形式对劳

动者进行工作调动；

（三）因用人单位合并、分立等原因导致劳动者工作调动；

（四）用人单位及其关联企业与劳动者轮流订立劳动合同；

（五）其他合理情形。

第四十七条 建立了工会组织的用人单位解除劳动合同符合劳动合同法第三十九条、第四十条规定，但未按照劳动合同法第四十三条规定事先通知工会，劳动者以用人单位违法解除劳动合同为由请求用人单位支付赔偿金的，人民法院应予支持，但起诉前用人单位已经补正有关程序的除外。

第四十八条 劳动合同法施行后，因用人单位经营期限届满不再继续经营导致劳动合同不能继续履行，劳动者请求用人单位支付经济补偿的，人民法院应予支持。

第四十九条 在诉讼过程中，劳动者向人民法院申请采取财产保全措施，人民法院经审查认为申请人经济确有困难，或者有证据证明用人单位存在欠薪逃匿可能的，应当减轻或者免除劳动者提供担保的义务，及时采取保全措施。

人民法院作出的财产保全裁定中，应当告知当事人在劳动争议仲裁机构的裁决书或者在人民法院的裁判文书生效后三个月内申请强制执行。逾期不申请的，人民法院应当裁定解除保全措施。

第五十条 用人单位根据劳动合同法第四条规定，通过民主程序制定的规章制度，不违反国家法律、行政法规及政策规定，并已向劳动者公示的，可以作为确定双方权利义务的依据。

用人单位制定的内部规章制度与集体合同或者劳动合同约定的内容不一致，劳动者请求优先适用合同约定的，人民法院应予支持。

第五十一条 当事人在调解仲裁法第十条规定的调解组织主持下达成的具有劳动权利义务内容的调解协议，具有劳动合同的约束力，可以作为人民法院裁判的根据。

当事人在调解仲裁法第十条规定的调解组织主持下仅就劳动报酬争议达成调解协议，用人单位不履行调解协议确定的给付义务，劳动者直接提起诉讼的，人民法院可以按照普通民事纠纷受理。

第五十二条 当事人在人民调解委员会主持下仅就给付义务达成的调解协议，双方认为有必要的，可以共同向人民调解委员会所在地的基层人民法院申请司法确认。

第五十三条 用人单位对劳动者作出的开除、除名、辞退等处理，或者因其他原因解除劳动合同确有错误的，人民法院可以依法判决予以撤销。

对于追索劳动报酬、养老金、医疗费以及工伤保险待遇、经济补偿金、培训费及其他相关费用等案件，给付数额不当的，人民法院可以予以变更。

第五十四条 本解释自2021年1月1日起施行。

人力资源社会保障部、最高人民法院关于劳动人事争议仲裁与诉讼衔接有关问题的意见（一）

（2022年2月21日 人社部发〔2022〕9号）

各省、自治区、直辖市人力资源社会保障厅（局）、高级人民法院，解放军军事法院，新疆生产建设兵团人力资源社会保障局、新疆维吾尔自治区高级人民法院生产建设兵团分院：

为贯彻党中央关于健全社会矛盾纠纷多元预防调处化解综合机制的要求，落实《人力资源社会保障部最高人民法院关于加强劳动人事争议仲裁与诉讼衔接机制建设的意见》（人社部发〔2017〕70号），根据相关法律规定，结合工作实践，现就完善劳动人事争议仲裁与诉讼衔接有关问题，提出如下意见。

一、劳动人事争议仲裁委员会对调解协议仲裁审查申请不予受理或者经仲裁审查决定不予制作调解书的，当事人可依法就协议内容中属于劳动人事争议仲裁受理范围的事项申请仲裁。当事人直接向人民法院提起诉讼的，人民法院不予受理，但下列情形除外：

（一）依据《中华人民共和国劳动争议调解仲裁法》第十六条规定申请支付令被人民法院裁定终结督促程序后，劳动者依据调解协议直接提起诉讼的；

（二）当事人在《中华人民共和国劳动争议调解仲裁法》第十条规定的调解组织主持下仅就劳动报酬争议达成调解协议，用人单位不履行调解协议约定的给付义务，劳动者直接提起诉讼的；

（三）当事人在经依法设立的调解组织主持下就支付拖欠劳动报酬、工伤医疗费、经济补偿或者赔偿金事项达成调解协议，双方当事人依据《中华人民共和国民事诉讼法》第二百零一条规定共同向人民法院申请司法确认，人民法院不予确认，劳动者依据调解协议直接提起诉讼的。

二、经依法设立的调解组织调解达成的调解协议生效后，当事人可以共同向有管辖权的人民法院申请确认调解协议效力。

三、用人单位依据《中华人民共和国劳动合同法》第九十条规定，要求劳动者承担赔偿责任的，劳动人事争议仲裁委员会应当依法受理。

四、申请人撤回仲裁申请后向人民法院起诉的，人民法院应当裁定不予受理；已经受理的，应当裁定驳回起诉。

申请人再次申请仲裁的，劳动人事争议仲裁委员会应当受理。

五、劳动者请求用人单位支付违法解除或者终止劳动合同赔偿金，劳动人事争议仲裁委员会、人民法院经审查认为用人单位系合法解除劳动合同应当支付经济补偿的，可以依法裁决或者判决用人单位支付经济补偿。

劳动者基于同一事实在仲裁辩论终结前或者人民法院一审辩论终结前将仲裁请求、诉讼请求由要求用人单位支付经济补偿变更为支付赔偿金的，劳动人事争议仲裁委员会、人民法院应予准许。

六、当事人在仲裁程序中认可的证据，经审判人员在庭审中说明后，视为质证过的证据。

七、依法负有举证责任的当事人，在诉讼期间提交仲裁中未提交的证据的，人民法院应当要求其说明理由。

八、在仲裁或者诉讼程序中，一方当事人陈述的于己不利的事实，或者对于己不利的事实明确表示承认的，另一方当事人无需举证证明，但下列情形不适用有关自认的规定：

（一）涉及可能损害国家利益、社会公共利益的；

（二）涉及身份关系的；

（三）当事人有恶意串通损害他人合法权益可能的；

（四）涉及依职权追加当事人、中止仲裁或者诉讼、终结仲裁或者诉讼、回避等程序性事项的。

当事人自认的事实与已经查明的事实不符的，劳动人事争议仲裁委员会、人民法院不予确认。

九、当事人在诉讼程序中否认在仲裁程序中自认事实的，人民法院不予支持，但下列情形除外：

（一）经对方当事人同意的；

（二）自认是在受胁迫或者重大误解情况下作出的。

十、仲裁裁决涉及下列事项，对单项裁决金额不超过当地月最低工资标准十二个月金额的，劳动人事争议仲裁委员会应当适用终局裁决：

（一）劳动者在法定标准工作时间内提供正常劳动的工资；

（二）停工留薪期工资或者病假工资；

（三）用人单位未提前通知劳动者解除劳动合同的一个月工资；

（四）工伤医疗费；

（五）竞业限制的经济补偿；

（六）解除或者终止劳动合同的经济补偿；

（七）《中华人民共和国劳动合同法》第八十二条规定的第二倍工资；

（八）违法约定试用期的赔偿金；

（九）违法解除或者终止劳动合同的赔偿金；

（十）其他劳动报酬、经济补偿或者赔偿金。

十一、裁决事项涉及确认劳动关系的，劳动人事争议仲裁委员会就同一案件应当作出非终局裁决。

十二、劳动人事争议仲裁委员会按照《劳动人事争议仲裁办案规则》第五十条第四款规定对不涉及确认劳动关系的案件分别作出终局裁决和非终局裁决，劳动者对终局裁决向基层人民法院提起诉讼、用人单位向中级人民法院申请撤销终局裁决、劳动者或者用人单位对非终局裁决向基层人民法院提起诉讼的，有管辖权的人民法院应当依法受理。

审理申请撤销终局裁决案件的中级人民法院认为该案件必须以非终局裁决案件的审理结果为依据，另案尚未审结的，可以中止诉讼。

十三、劳动者不服终局裁决向基层人民法院提起诉讼，中级人民法院对用人单位撤销终局裁决的申请不予受理或者裁定驳回申请，用人单位主张终局裁决存在《中华人民共和国劳动争议调解仲裁法》第四十九条第一款规定情形的，基层人民法院应当一并审理。

十四、用人单位申请撤销终局裁决，当事人对部分终局裁决事项达成调解协议的，中级人民法院可以对达成调解协议的事项出具调解书；对未达成调解协议的事项进行审理，作出驳回申请或者撤销仲裁裁决的裁定。

十五、当事人就部分裁决事项向人民法院提起诉讼的，仲裁裁决不发生法律效力。当事人提起诉讼的裁决事项属于人民法院受理的案件范围的，人民法院应当进行审理。当事人未提起诉讼的裁决事项属于人民法院受理的案件范围的，人民法院应当在判决主文中予以确认。

十六、人民法院根据案件事实对劳动关系是否存在及相关合同效力的认定与当事人主张、劳动人事争议仲裁委员会裁决不一致的，人民法院应当将法律关系性质或者民事行为效力作为焦点问题进行审理，但法律关系性质对裁判理由及结果没有影响，或者有关问题已经当事人充分辩论的除外。

当事人根据法庭审理情况变更诉讼请求的，人民法院应当准许并可以根据案件的具体情况重新指定举证期限。

不存在劳动关系且当事人未变更诉讼请求的，人民法院应当判决驳回诉讼请求。

十七、对符合简易处理情形的案件，劳动人事争议仲裁委员会按照《劳动人事争议仲裁办案规则》第六十条规定，已经保障当事人陈述意见的权利，根据案件情况确定举证期限、开庭日期、审理程序、文书制作等事项，作出终局裁决，用人单位以违反法定程序为由申请撤销终局裁决的，人民法院不予支持。

十八、劳动人事争议仲裁委员会认为已经生效的仲裁处理结果确有错误，可以依法启动仲裁监督程序，但当事人提起诉讼，人民法院已经受理的除外。

劳动人事争议仲裁委员会重新作出处理结果后，当事人依法提起诉讼的，人民法院应当受理。

十九、用人单位因劳动者违反诚信原则，提供虚假学历证书、个人履历等与订立劳动合同直接相关的基本情况构成欺诈解除劳动合同，劳动者主张解除劳动合同经济补偿或者赔偿金的，劳动人事争议仲裁委员会、人民法院不予支持。

二十、用人单位自用工之日起满一年未与劳动者订立书面劳动合同，视为自用工之日起满一年的当日已经与劳动者订立无固定期限劳动合同。

存在前款情形，劳动者以用人单位未订立书面劳动合同为由要求用人单位支付自用工之日起满一年之后的第二倍工资的，劳动人事争议仲裁委员会、人民法院不予支持。

二十一、当事人在劳动合同或者保密协议中约定了竞业限制和经济补偿，劳动合同解除或者终止后，因用人单位的原因导致三个月未支付经济补偿，劳动者请求解除竞业限制约定的，劳动人事争议仲裁委员会、人民法院应予支持。

图书在版编目（CIP）数据

HR 制度与流程合规管理全书：劳动合同法融入人力资源管理体系实战全攻略 / 韩铁华著. -- 北京 : 中国法治出版社, 2025.3. -- （企业管理与法律实用系列）. ISBN 978-7-5216-4442-5

Ⅰ. D922.52

中国国家版本馆 CIP 数据核字第 2024FU9002 号

策划编辑　杨智（yangzhibnulaw@126.com）
责任编辑　马春芳　　　　　　　　　　　　　封面设计　周黎明

HR 制度与流程合规管理全书：劳动合同法融入人力资源管理体系实战全攻略

HR ZHIDU YU LIUCHENG HEGUI GUANLI QUANSHU：LAODONG HETONGFA RONGRU RENLI ZIYUAN GUANLI TIXI SHIZHAN QUANGONGLÜE

著者/韩铁华
经销/新华书店
印刷/三河市紫恒印装有限公司

开本/730 毫米×1030 毫米　16 开　　　　　　印张/18.5　字数/291 千
版次/2025 年 3 月第 1 版　　　　　　　　　　2025 年 3 月第 1 次印刷

中国法治出版社出版

书号 ISBN 978-7-5216-4442-5　　　　　　　　定价：69.80 元

北京市西城区西便门西里甲 16 号西便门办公区
邮政编码：100053　　　　　　　　　　　　　传真：010-63141600
网址：http：//www.zgfzs.com　　　　　　　编辑部电话：010-63141816
市场营销部电话：010-63141612　　　　　　印务部电话：010-63141606

（如有印装质量问题，请与本社印务部联系。）